BASTEI
LÜBBE

Horst Althaus

RICHARD WAGNER

BASTEI LÜBBE

BASTEI-LÜBBE-TASCHENBUCH
Band 61 069

Printed in Western Germany 1982
Einbandgestaltung: Egon Möller
Titelbild: Richard Wagner, Ölgemälde von Karl Truppe
im Privatbesitz von Walter Grill, München

Gesamtherstellung: Ebner Ulm
ISBN 3-404-61069-5

Der Preis dieses Bandes versteht sich einschließlich
der gesetzlichen Mehrwertsteuer

Inhalt

Vorwort 9

Einleitung 13

1. »Wie sah mein Vater wohl aus . . .«
Die Ursprünge eines deutschen Musikers
29

2. »Wann dröhnt er, der Vernichtungsschlag . . .«
Vom Bankrott zur Großen Oper
39

3. »Den dürren Stab in Priesters Hand . . .«
Eine Traumwelt voller Zeichen und Wunder
51

4. »Ihrem Ende eilen sie zu . . .«
Der weisungsgebundene Theaterreformer
63

5. ». . . zur Sühne tausendjähr'ger Schmach«
Vom Biedermann zum Brandstifter
75

6. »Nicht Land noch Leute biete ich . . .«
Befreiungsschriften und Erlösergestalten
79

7. ». . . zu dir hat er mich hergeführt«
Tannhäuser trifft Madame Bovary
89

8. ». . . daß Freund Beckmesser es entstellt«
»Das Judentum in der Musik«
97

9. ». . . das Wunderreich der Nacht«
Tristans Zürcher Isolde
105

10. »O sink hernieder, Nacht der Liebe«
Das eingeschaltete Meisterwerk
121

11. »Er trägt einen schwach rosanen Hut . . .«
Franz Liszt – Anfänge einer Freundschaft
133

12. ». . . enden sah ich die Welt«
Wagners Großes Welttheater
141

13. ». . . was deutsch und echt, wüßt keiner mehr«
Der kompromißlose Meistersinger
159

14. ». . . daß er den Wahn fein lenken kann«
Ein neuer Bankrott und eine neue Isolde
173

15. »Weidet eu'r Aug an dem weihvollen Paar«
Der Künstler und der König
185

16. »Naht euch dem Strande«
Zwei Schiffbrüchige auf der Insel der Seligen
205

17. ». . . daß sie auch mal 'ne Ausnahm verträgt«
Das eingeschaltete Satyrspiel
221

18. »Vollendet das ewige Werk!«
Der Souverän in Bayreuth
231

19. ». . . eine gänzlich neue und herrliche Welt«
Wagners Großes Welttheater, Zweiter Teil
257

20. »Richard Wagner, Oberkirchenrat«
Auf dem Weg in den Kult
267

21. ». . . und aus sich wirkte, was ich nur will«
Friedrich Nietzsche – Propagandist und Abtrünniger
279

22. »Habt Acht vor dem nächtlichen Heer . . .«
Von Junkern, Juden, Jesuiten und Journalisten
291

23. »Hier wo mein Wähnen Frieden fand . . .«
Idyll und Weltanschauung
305

24. ». . . nach der Verdammnis Quell zu schmachten«
Geheimkorrespondenz mit Judith Gautier
315

25. ». . . doch kroch nie der Fisch aus der Kröte!«
Gobineau oder »Die Ungleichheit der menschlichen Rassen«
327

26. ». . . durchzückt von seligsten Genusses Schmerz«
Vorbereitungen zum Sterben
335

27. ». . . dein harret seine Ritterschaft«
Die geheime Tempelmusik vom Gral
351

28. ». . . daß heilig ich sterbe«
Der Tōd des Dionysos
363

Zeittafel 372

Bibliographie 375

Register 380

Vorwort

Eine neu vorgelegte Biographie Richard Wagners hat mit dem Einwand zu rechnen, daß das Schrifttum über ihn nicht gerade gering, ja daß die Zahl der Veröffentlichungen zu diesem Thema ohnehin schon so gewaltig angeschwollen sei und eine weitere sich also eigentlich erübrige. Es ist richtig: Zu keinem Musiker gibt es eine so umfangreiche Literatur, und auch die Weltgeschichte hat nicht viele Gestalten aufzuweisen, über die mehr geschrieben worden wäre als über Wagner. Warum also ein zusätzliches Buch über dieses Thema?

Ein solcher Einwand ist ernst zu nehmen und hat darum einiges für sich. Aber er hat gegen sich, daß er nur die halbe Wahrheit wiedergibt. Biographische Darstellungen über Wagner gehören in der überwiegenden Zahl einer weiter zurückliegenden Vergangenheit, dem ausgehenden neunzehnten Jahrhundert und den ersten drei Jahrzehnten des zwanzigsten an. Vom Buchhandel her sind sie nicht zugänglich. In der Folge hat die Neigung, abgerundete Lebensschilderungen zu geben, abgenommen – mit Gründen, wie sich wohl versteht. Die bis in unsere Gegenwart reichenden Jahre der zweiten Jahrhunderthälfte standen bekanntlich unter dem Trauma von Krieg und Nachkriegszeit. Es beginnt jetzt erst langsam in Vergessenheit zu geraten, daß es Jahre waren, in denen Wagner nicht immer in großer Gunst stand. Denn es ließ sich seine Mitwirkung an Ideen und Vorstellungen schwer abweisen, die Folgen verhängnisvoller Art nach sich gezogen hatten. Damit wurde Wagner – der Zeitgenosse Bismarcks und Zeuge der Reichsgründung von 1871 – zu einem Politikum.

Die Zahl der Beiträge, die sich mit diesen Fragen befaßten, ist nach 1945 bis zum heutigen Tage außerordentlich groß gewesen. So zutreffend sie in der Sache auch jeweils sein mochten: Bei vielen von ihnen konnte der Eindruck entstehen, als ob Wagner eher ein Politiker, ein Philosoph, ein Mystagoge oder Ideologe gewesen sei, der nebenher auch komponiert habe. Triebfeder zu solchen Auseinandersetzungen waren in vielen Fällen schlechterdings außerkünstlerische Gesichtspunkte. Es ging darin weniger oder überhaupt nicht um den Komponisten des *Meistersinger*-Vorspiels oder des *Tristan*-Akkords, es ging weniger um den

Musiker, der sich selbst in der Nachfolge Beethovens sah, sondern um den Verfasser irgendeines politischen Traktats. Richtig war, daß bei Wagner beides zutraf. Nur waren in solcher Sicht die Gewichte über Gebühr verschoben.

Mitgewirkt daran hat in ganz erheblichem Maße der Umstand, daß Wagner gern vom Ende des zurückgelegten Wegs, vom erreichten Ziel her, gesehen wurde. Gegen unüberwindbar scheinende Schwierigkeiten und gegen alle Wahrscheinlichkeit war es Wagner gelungen, mit dem Bau des Festspielhauses auf dem Hügel in Bayreuth und der Aufführung des *Ring des Nibelungen* seine kühnsten Träume Wirklichkeit werden zu lassen. Es hatte Zeiten gegeben, wo ihm selbst Zweifel kamen, ob er seine Pläne je in die Tat würde umsetzen können. Am Ende aber stand der unbestreitbare Sieg seiner Sache. Und dieser Eindruck war geblieben. In der Erinnerung gut aufbewahrt war der – je nach dem – gefeierte oder befehdete Meister von Bayreuth.

Das bedeutete aber auch: Jener Wagner, der dem von Bayreuth vorausgegangen war, trat auf merkwürdige Weise zurück. Der junge und mittlere Wagner gerieten in den Schatten des älteren.

Nicht daß es keine Zeugen oder Mitwissende von Wagners Vergangenheit gegeben hätte, nicht daß die Biographen darüber hinweggegangen wären; aber über allem stand doch der aus den Widrigkeiten seines Lebens siegreich hervorgegangene Schöpfer einer neuen Musik mit seinem Bayreuther Tempel und seiner ihm anhängenden »Gemeinde«. Aus dem Flüchtling von Riga, dem Hungernden von Paris, dem Aufständischen von Dresden, dem Exilierten und steckbrieflich Verfolgten war unter der Sonne der Gunst Ludwigs II. von Bayern ein Mann der Königskunst geworden, dem der Stil von Neuschwanstein und die unduldsame Begeisterung der »Wagnerianer« angelastet werden konnten.

Das entspricht genau jener Exklusivität, mit der man auch Wagners Werke zu betrachten begann – eine Exklusivität, die Wagner selbst strikt abgewiesen hat: Das Wagnersche Werk bietet seinen Zugang jedem an. Sein Erfolg auf den Opernbühnen aller Kontinente, der in unserer Gegenwart Ausmaße angenommen hat, die vor einigen Jahren noch unvorstellbar waren, beweist, wie richtig Wagner es selbst eingeschätzt hat.

Diesen Umständen hat auch eine neue Biographie Rechnung zu tragen. Für einen Wagner, den man sich kraft bestimmter Privilegien leistet, gibt es keine Zukunft, vor allem: sind die Ansprüche, und gerade von Wagners Seite her, schlecht begründet. Hier gilt es, noch manches zurechtzurücken, ist dies und das aus den Schlacken eines unfruchtbaren Traditionalismus herauszulösen. Über die freien und auch befreienden

Regiekonzeptionen, die von Wieland Wagner ausgingen und weiterwirken, läßt sich dabei nicht hinwegsehen. Die biographische Darstellung kann hierzu ebenfalls ihre Beiträge leisten. Abschließendes zu geben, macht sie sich nicht anheischig. Denn bei Wagner befindet man sich immer erst am Anfang.

Köln, im Mai 1980 Horst Althaus

Einleitung

Richard Wagner, der am 22. Mai 1813 geboren wurde, war immer auch schon ein Mensch des zwanzigsten Jahrhunderts. Dieser Bruch der Zeiten, der mitten durch ihn hindurchgeht, der ihn von der »Romantik« der Vergangenheit zehren und ihn zugleich zu einem vorwegnehmenden Zeitgenossen der Zukunft werden ließ, gehört zu seinem Leiden, das ihn zum Künstler machte. Denn Leiden ist die Grundvoraussetzung seiner Kunst. Das Pathos, das nicht nur seine Gegner ihm nachsagten, war hier noch in der eigentlichen Bedeutung des Wortes Leiden, Leiden auf eine unentstellte Weise. Diese ursprüngliche Lebenserfahrung, die ihm bis zum Ende blieb, schuf wie aus einer beständigen Stromzufuhr sein Wollen und Vollbringenkönnen.

Vieles, eigentlich alles, was in den Auseinandersetzungen für oder gegen Wagner frühere Generationen bewegt und aufgebracht hatte, ist heute gegenstandslos geworden. Die heftigen Kämpfe zwischen Wagner und Brahms etwa als den Häuptern zweier »Schulen« können uns inzwischen nicht mehr beunruhigen. In der Praxis des Musiklebens unserer Tage endete diese Auseinandersetzung nach dem Urteil des Publikums mit einem glatten Remis. Was der eine für Wagner anführte, war so bedeutungslos für die Struktur der Wagnerschen Tonfolgen wie das, was seine Widersacher gegen ihn vorzubringen wußten. Das Wagnersche Werk überstand Lob und Tadel gleichermaßen.

Dennoch charakterisiert der Widerstand gegen Wagner zugleich das Werk in seiner Ausnahmestellung. Kein Musiker in der Geschichte dieser Kunst ist, aus welchen Gründen auch immer, so erbarmungslos und zeitweise so erfolgreich bekämpft worden wie Wagner. Dieser Widerstand hat heute allgemein – mit Ausnahme des Staates Israel, wo Wagner auf der Verbotsliste steht – ein Ende gefunden. Die alten politischen, weltanschaulichen und musikästhetischen Parteien haben der Entwicklung zu einer breiten Wagnerrezeption in der ganzen Welt nicht standgehalten.

Für außermusikalische Bewegungen war das Wagnersche Werk immer anfällig gewesen – was mit Wagners eigener Lebensgeschichte eng zusammenhängt. Von seinen politischen und weltanschaulichen Vorstellungen her ließ er sich für die verschiedensten Positionen in Anspruch nehmen. Hier wog der eigentliche Bayreuther Stil seines letzten Lebensjahrzehnts besonders schwer, drängte er doch die Anschauungen der Anfänge und der mittleren Periode in den Hintergrund. Die »Wagneroper« konnte dann leicht als Ausdruck für kaum erträglichen Bombast, für das Neudeutsche des Bismarckschen Reichs und seine Ansprüche gesehen werden. Die schweren Bleche des *Ring*-Orchesters klangen drohend, bezeugten Kriegsinstinkte: Musik eines Volkes, das mit germanischen Göttern und Recken seine Vorgeschichte feierte und im Preislied des Hans Sachs seine noch unfertige nationale Kunst heraufbeschwor – eine Kunst, die noch nicht viel war und erst noch etwas werden wollte. Der Sieg des neuen Reichs beruhte demnach auf der Überlegenheit der germanischen Rasse, das Reich selbst trat die Nachfolge der alten, aus Indien stammenden »Urkönige« an und war dabei, seine Rechte auf die Weltherrschaft geltend zu machen. Hier gab es Bausteine, die sich leicht zur Errichtung einer politisch reaktionären »Wagnerwelt« verwenden ließen: Rauschhafte Besessenheit vom Tode, Blutrache und Blutsbrüderschaft, Aufmärsche, wie sie das Theater bisher noch nicht gekannt hatte, die herrischen Gebärden, Triumphe von Rasse und Art! Sie lagen als Versatzstücke bereit, dem Hitlerschen Deutschland mit – wie sich zeigen sollte – durchschlagender Wirkung zu Diensten zu stehen.

Das Gigantische und Übersteigerte verwischte die Grenze von Wirklichkeit und Theater. Wagner selbst war als Musiker und Dichter, als der er sich fühlte, ein Mann des Theaters gewesen, den eine bedrohliche Wirklichkeit in die Sicherheit der Kunst, als einer neuen, selbstgeschaffenen Wirklichkeit, hatte fliehen lassen. Deshalb wurde er zum Zauberer, Verwandler, Magier und natürlich auch Praktiker, einem der erfindungsreichsten, die es je gegeben hat. Als solcher trat er in seiner Zeit auf und erregte in Europa die Öffentlichkeit wie kein anderer Künstler. Wagner zwischen 1849 und 1883 als Erscheinung nicht wahrzunehmen, ist in einem Europa der »Freien Presse« schlechterdings unmöglich. Das müssen Bismarck und Marx, Kaiser Wilhelm I. und Lassalle erfahren. Das bestätigen Baudelaire in Paris und später George Bernard Shaw in London. Für Nietzsche wird Wagner zum Medium und Katalysator seines ganzen Denkens. In Petersburg und Moskau, in Bologna und Neapel etablieren sich schon sehr früh wagnerianische Hochburgen. Es gibt für keinen Operndirektor, keinen Musikkritiker, in welcher europäischen Stadt auch immer, die Möglichkeit, an Wagner vorbeizukommen. Noch in der Karikatur ist Wagner allgegenwärtig: der

Dirigent als Hexenmeister, dessen Name in Verbindung steht mit dem Venusberg und seiner schönen Teufelin; oder der Wagner des Schwanenritters, des einäugigen Wotan, der Götterfamilie, in der die Eifersucht herrscht, der gepanzerten Kriegsjungfrauen.

Wagners Wirkung war und ist Wirkung auf die Massen. Aber die Massen sind inzwischen größer geworden und die elektronischen Medien allumfassend. Bei Wagner und besonders im Spätwerk ist das Universum in Bewegung. Seine Kunst, in ihren Anfängen und Ansprüchen durchaus national und patriotisch, löst sich von den zeit- und volkseigentümlichen Besonderheiten und wird »Weltkunst«. Dem entspricht auch die Stoffwahl, die bei Wagner im Grunde zufällig ist. Er, der die griechische Tragödie im Auge hatte und ihre Wiederbelebung suchte, kommt aus Gründen, die in seinem noch von der Romantik lebenden Zeitalter lagen, zu ihrer Erneuerung mit den Mitteln der germanischen Welt, wie er sie sah. Griechisches und Nordisches werden hier zusammengeführt, aber auch Christliches und Heidnisches, was immer man unter dem einen wie dem andern verstehen will. Jesus von Nazareth und Buddha sind Gestalten, die für eine dichterisch-musikalische Gestaltung in Betracht kommen. Man sieht, die Grenzen in stofflicher Hinsicht lösen sich auf, die Kunst kommt im alten Sinn, den die Klassik noch kannte, wieder zu ihrem Recht: sie ist ohne Anfang und Ende. Sie läßt sich nicht eindeutig fassen, so wenig wie die Weltkugel, deren Rundheit ständige Bewegung schafft, jede feste Perspektive versetzt.

Natürlich steht bei Wagner am Anfang die Musik. Sie ist sein Element. Aber über Musik läßt sich Eigentliches nicht sagen. Davon war Wagner zeitlebens überzeugt. Spärlich sind seine Versuche, eigene musikalische Tonfiguren zu deuten. Die Musiktheoretiker, schon zu seiner Zeit, sind viel beredter und zum Teil bereits sehr geschwätzig gewesen. Wagner hat die Anfänge dieser Entwicklung, die zur Musikologie unserer Tage führte, mitbekommen, er hat sie mit Interesse, sogar gelegentlich mit zustimmendem Erstaunen, aber doch überwiegend mit Skepsis verfolgt. Selbst hat er sich auf diese Wege nicht begeben, auch nicht im Hinblick auf sein eigenes Werk.

Der Gegenstand, der bei Wagner – wie bei jedem anderen Musiker – beschrieben werden kann, ist, gemessen an der Musik als dem Einzigen, das wirklich gilt, immer nur zweiten Ranges. Aber er bleibt auch so noch bedeutend genug. Er zeigt uns Wagner als einen der großen Beweger des neunzehnten Jahrhunderts neben dem späten Goethe, Schopenhauer, Darwin, Feuerbach, Marx, Nietzsche – einen Beweger auf dem Wege ins zwanzigste Jahrhundert. Nicht umsonst steht Wagner mitten im revolutionären Geschehen von 1848/49 in vorderster Linie, auch wenn seine Beteiligung als Dresdner Hofkapellmeister weniger militärisch-aktionistischer Art war. Die Glaubenssätze der Revolution hat er schon vorher mitgeprägt und nachher nie wieder ganz vergessen. Man darf natürlich nicht zu hoch greifen und vom Musiker Richard Wagner auch noch eine ausgearbeitete politische Theorie erwarten. Aber Wagner sieht, wie unabhängig von ihm der jüngere Marx, im Anschluß an Feuerbach – und durch die spätere Lektüre Schopenhauers darin bestärkt – die Unbrauchbarkeit der jüdisch-christlichen Religion für den Menschen der Zukunft. Die Konkursmasse der Religion, wie sie eine spätere Zeit dann vor aller Augen offenlegte, beweist, wie weit voraussehend Wagners Blick für die Folgen gewesen war. Die Auseinandersetzung mit dem Judentum in seiner Zürcher Schrift *Das Judentum in der Musik* von 1850, die so viel Aufsehen erregte, ist nur Folge seiner Auseinandersetzung mit dem Christentum. Beide Verwerfungen historischer Religionen, über die man denken kann, wie man will, gehören – strenggenommen – zusammen. Sie wiederholen sich bis in die Gespräche seiner letzten Lebenswochen, wie es die Tagebücher Cosimas festhalten. Was Wagner konkret dem Christentum als historischer Einrichtung und dem Judentum als seiner Wurzel vorwirft, mag im einzelnen die empörten Erwiderungen verständlich machen; die auf Wagner folgende historisch-gesellschaftliche Entwicklung hat gleichwohl mehr für ihn gearbeitet, als er es selber damals für möglich halten konnte. Das hat überhaupt nichts zu tun mit der Rolle, wie sie das »Dritte Reich« Adolf Hitlers hierbei spielen sollte, das darin Vorwände für exzessive, bei Wagner nicht vorgesehene »Lösungen« fand.

Vor allem aber waren es politische Bewegungen, die sich des Wagnerschen Werks immer wieder angenommen und daraus gekeltert haben, was ihnen gelegen kam. So schien jener Richard Wagner von Bayreuth, dem es allen Anfeindungen zum Trotz und gegen alle Wahrscheinlichkeit gelungen war, seinen Festspielgedanken in die Tat umzusetzen, am Ende seines Wegs den Triumph des Wilhelminischen Deutschland zu demonstrieren. Was da an Recken und Riesen mit Schwertern und Speeren bewaffnet auf die Bühne drang, sprach für eine deutsch-germanische Kunst, der sich die graue Vorzeit ihrer Vergangenheit wieder in Erinnerung zu bringen begann. Das Selbstbewußtsein einer gerade zur neuen Einheit des »Reichs« gekommenen Nation konnte nicht besser instrumentiert werden als in den kriegerischen Klängen der Walkürenmusik, ließ sich nicht überzeugender aussprechen als in Hans Sachsens Preislied auf die »deutschen Meister«.

Und in der Tat: Wagner, der den Aufstieg Bismarcks verfolgt und gewünscht hatte, sah sich selbst als Wegbereiter des neuen Reichs, des Kaiserreichs, das 1871 im Spiegelsaal von Versailles verkündet wurde. Mehr als Bismarck, den er im persönlichen Gespräch für seine Festspielidee zu gewinnen suchte, wußte er, wie sehr die Kunst der Politik in die Hände arbeiten konnte. Bismarck ging auf die Wagnerschen Vorschläge, Berlin mit Bayreuth zu verbinden, nicht ein und war auch sonst von dem redelustigen Sachsen wenig angetan. Er ahnte nicht die Tragweite eines solchen Bündnisses, das andere schon längst herausgespürt hatten.

Bei Wagner handelt es sich hier bereits um einen repräsentativ gewordenen und von Fürstengunst ausgezeichneten Komponisten, dessen Vergangenheit im feudalen und bürgerlich fest eingerichteten Deutschland um so mehr das Licht zu scheuen hat. Es ist die Vergangenheit eines Revolutionärs, der in der Frage des Eigentums und der historischen Religion einen utopischen Kommunismus mit allen vormarxschen Verwegenheiten vertreten hatte. Daß er das später nicht mehr wahrhaben will, spricht nicht dagegen, der Nachdruck, mit dem er es bestreitet, bestätigt es eher. Briefe an Freunde wie Uhlig und Röckel sprechen eine unwiderlegbare Sprache.

Nun, Wagner hatte ehrenwerte Gründe, sich so zu verhalten, wie er es tat. Schließlich war er zuerst und zunächst Musiker. An die Stelle der politischen Revolution von 1848/49 trat bei ihm, ohne daß er sich untreu werden mußte, die musikalische. Und die musikalische Revolution war von solch umbrechender Kraft, daß sie von niemandem in Zweifel gestellt werden konnte; sie bedeutete für seine Gegner wie seine Anhänger nicht nur die Ablösung einer alten Harmonie durch eine neue, sondern die Zerstörung, das mutwillige oder notwendige Ende der Musik oder was man darunter zu verstehen sich gewöhnt hatte. Wir wissen heute, daß der musikalische Fortschritt auf breiter Front vor sich ging, daß Liszt, Schumann, Berlioz, Brahms, Bruckner und andere daran teilhatten. Aber Wagner war und blieb der am meisten Ärgernis Erregende. So hoch die Wellen der Begeisterung schlugen, die Wogen des Hasses blieben nicht dahinter zurück.

Daran änderte auch der Umstand nichts, daß der Wagner der *Meistersinger* sich mit Staat und Gesellschaft, so wie sie nun einmal bestanden, ausgesöhnt hatte. So schien es jedenfalls. Er war durch Bayreuth, die Unterstützung Ludwigs II., die den Bau des Festspielhauses erst möglich gemacht hatte, die Organisierung von Wagner-Vereinen im In- und Ausland, ein in der Öffentlichkeit anerkannter, ein arrivierter Künstler geworden, ja geradezu eine Institution, die außerhalb des Staates und vielleicht noch höher als der Staat stand. Der steckbrieflich gesuchte sächsische »Terrorist« mußte einen merkwürdigen Wandel durchgemacht haben. So sahen es die, die seine Vorgeschichte kannten. Aus dem elenden, in Lumpen gekleideten Flüchtling der ersten Pariser Zeit war der Mann der Königskunst geworden; Bayreuth würde bald die Funktion einer »Fürstenschule« übernehmen, wo Söhne aus deutschen regierenden Häusern pädagogische Anleitungen für die im nationalen Sinn gebotene Heroik empfangen konnten.

Es bleibt denn auch eigenartig, daß sich in dem von Bayreuth angebotenen Wagnerbild die Vergangenheit verdunkelt, daß der für gültig erklärte Wagner jener Künstler ist, der das »Christentum« preist, das »Heilige« hochhält, »Kunst« und »Religion« in neuer Eintracht verbunden sein läßt. Mit dieser Umstilisierung war Wagner, der »Schrecken aller Frommen«, wie er den *Holländer*-Wagner sich selber nennen läßt, hoffähig geworden.

Doch das Bild täuscht, die Oberfläche ist trügerisch. Hier verwischen sich, bei genauem Zusehen, die Züge. Der große Einschnitt im Wagnerschen Werk liegt bekanntlich zwischen dem *Lohengrin* und dem *Rheingold*. Hier beginnt für viele, so auch für seine damalige Frau Minna, das unverständliche Wagnis, dem ihr Kopfschütteln galt. Von nun an macht Wagner ernst damit, kein Komponist mehr zu sein, der bloße »Opern« schreibt. Was folgt, sind Großschöpfungen, von denen jede ihre eigene unverwechselbare Struktur hat: *Tristan und Isolde* und die *Meistersinger von Nürnberg* lassen sich nicht über Hans Sachsens Leisten schlagen. Der musikalische Fortschritt, der mit den ersten Teilen des *Ring* beginnt, gleicht jenem wild bewegten Meer, auf dem die Fahrt unsicher, der Ausgang ungewiß, der ihn Wagende allein und ohne Zuspruch ist: Ein Musiker, der für Stimmen schreibt, bei denen es noch nicht sicher ist, ob die Natur sie überhaupt geschaffen hat; der mit Instrumenten Valeurs erzeugt und wieder eindeckt, die als Mischungen und Trübungen erst noch ausprobiert werden müssen.

Daß der *Parsifal* von seiner Entstehungsgeschichte und seiner Bestimmung als »Bühnenweihfestspiel« mit sakralem Anspruch her zu einem eigenen Stil gefunden hat, steht außer Frage. Wagner hat sich sehr genau darüber ausgesprochen. Daß er weiter geht als alles ihm vorausliegende, als die *Walküre* oder der *Tristan*, ist nicht allgemein anerkannt worden. Aber gerade der *Parsifal* mit der scheinbaren Rückkehr Wagners zu dem von ihm bekämpften Christentum als institutioneller Religion besorgt durch die Aufnahme von Elementen »heidnischer« Ekstase die Auflösung des Christlichen mehr, als der festlich sakrale Charakter das in der Form zugesteht. Anders gesagt: Bei der Abendmahlsfeier ist der Teufel los. Das gehört zur Innovation des *Parsifal.*

Aber Wagner vom *Parsifal* und damit von Bayreuth aus zu sehen, wie es nun schon seit einem Jahrhundert fast zur Gewohnheit geworden ist, trug von Anfang an große Gefahren in sich. Gewiß, Wagner war mit der Eröffnung seines Festspielhauses dahin gelangt, wohin er gelangen wollte, er hatte erreicht, worum er jahrzehntelang gekämpft hatte. Was dem vorausging, war Wegstrecke zum Ziel hin gewesen und wurde von ihm selbst als solche betrachtet. Mit dem erreichten Ziel lag nun ein festes Resultat vor. Aber es lag nicht nur Kunst vor, sondern auch Weltanschauung, Philosophie, Politik; und es war ein geronnener Stil entstanden, verbunden mit einem eigentümlichen Gehabe, das nicht jedermanns Sache war. Das war nun etwas weithin Sichtbares, eine wahre Weltsensation und schien sichere Indizien zu geben. Von hier nahmen Impulse ihren Ausgang, die zwar ihre Beglaubigung auf die Kunst zurückführten, sich aber doch so gut wie unabhängig gemacht hatten und mächtig zu wirken begannen: Prunk, Pomp, Pathos, Auflösung der alten Maßverhältnisse durch einen Gigantismus, der mit dem »Übermenschen« mehr als mit dem Menschen zu tun zu haben schien. Wagner, der das oberflächlich Deklamatorische der »Großen Oper« bekämpft, es sogar mit zum Anlaß für sein Reformwerk genommen hatte, wurde nun selbst als Erfüllung der Deklamation gesehen. Der historisierende Bühnenstil im letzten Viertel des Jahrhunderts kam dem entgegen und ging mit ihr ein Bündnis ein, das Generationen überdauerte. Die Gestalten im *Ring des Nibelungen* etwa, die mit bis dahin auf der Bühne unbekanntem Stimmvolumen auftraten, konnten für getreue Nachbildungen einer vorhistorischen Zeit gelten. Daß sie dabei oft kaum mehr als ihre eigenen Karikaturen waren, änderte daran nicht viel.

Hier kam manches zusammen: Ungewohntes und Umstürzendes mit der Unsicherheit eines neuen Bürgertums, das von der aufsteigenden Industrie nach oben getragen wurde und in die Künstlervilla »Wahnfried« seine Vertreter entsandte. Auch ein Künstler wie Wagner konnte sich seine Zeit nicht aussuchen und war keineswegs gefeit gegen die Stilgesinnung, die um ihn verbreitet wurde und auf die künstlerischen Strukturen Einfluß nahm. Durch jede Musik hindurch ist schließlich das ihrer Zeit Eigentümliche zu hören. Und daß diese Zeit voller Trivialitäten steckte, davon war Wagner wie viele seiner Zeitgenossen zutiefst überzeugt. Dazu kommt die Sprache des Dichters Wagner, die bekanntlich zahlreiche Beanstandungen erfahren hat, oft gerade von Autoritäten, die seichteste Literaturware belobigten und dabei ignorierten, daß Wagner auch hier seine Freunde hatte, darunter Gottfried Keller und Thomas Mann. So eigentümlich es heute klingen mag: Wagner verstand sich selbst als Dichter und wollte gar kein »Komponist« sein, weil ihn der Name an Hergebrachtes und zu Überwindendes in der Musik erinnerte. Meyerbeer, den er verachtete, war für ihn ein »Komponist«. »Dichter« dagegen bedeutete schon während der Arbeit am *Holländer* ein Zusammenwirken des Wort- und Musikschöpferischen im Sinne der griechischen Tragödie. Sie war es, die ihm bei der Reform der Oper, das heißt der Erneuerung der Tragödie in der Form des Gesamtkunstwerks, wo »Tanz-, Ton- und Dichtkunst« zu einer neuen Eintracht zusammengeführt werden, vor Augen stand. Er sah in ihr und mehr noch in ihren Ursprüngen die Einheit der drei Künste am Werk, eine Einheit, die sie in der Folge verloren hatte. Dieser Gedanke von der musikalischen Herkunft der Tragödie, wo der Tragiker noch Dichter, Musiker und Pantomimiker zugleich gewesen war, verband ihn mit Nietzsche, der in Wagner den wiedererstandenen Dionysos, den eigentlichen Helden der griechischen Tragödie, zu erkennen glaubte.

In der anerkannten Universitätswissenschaft hat Nietzsches Gedanke von der »Geburt der Tragödie aus dem Geiste der Musik« bekanntlich wenig Resonanz und Gegenliebe gefunden. Aber so unzutreffend er – historisch gesehen – auch gewesen sein mag, die Vorstellung von drei Künsten, die sich in der Tragödie zu einer einzigen verbinden, war für Wagners eignes Werk unerläßlich. Ohne diesen »Wahn« hätte es die *Nibelungen* so wenig wie den *Tristan* gegeben. Und »Wahn« als Täuschung über die wirklichen Verhältnisse, als schöpferisch übermächtige Tätigkeit der Phantasie, gehörte zu Wagners Natur.

Der Wagner von »Wahnfried« hatte freilich den Weg des Werdens zum größten Teil schon hinter sich. Er war zu dem Monument geworden, mit dem die Nachwelt bestimmte Gedanken und Ideen zu verbinden begann. Aus dem Musiker Wagner wuchs der Philosoph und politische Schriftsteller mit festen Vorstellungen über »Volk« und »Rasse«. Damit stand Wagner nicht allein. Darwins Lehre von der Abstammung, die ihnen zugrunde lag, hat viele Deutungen erfahren, ist in die verschiedensten Philosophien eingegangen, hat Naturwissenschaftler, Historiker, Künstler und Schriftsteller während der zweiten Hälfte des neunzehnten Jahrhunderts beschäftigt. Der Auseinandersetzung mit ihr war nicht zu entgehen. »Darwinisten« waren mehr oder weniger alle, die den Menschen von seiner biologischen Art her verstanden, die Abstammung von der Auswahl und Zuchtwahl bestimmt sahen und die biblische Schöpfungsgeschichte den großen Illusionen zurechneten. Die Aufteilung der

Menschheit in Rassen begann, sich einzubürgern. Nicht nur Schopenhauer, der noch aus dem achtzehnten Jahrhundert stammte, oder der viel jüngere Gobineau, trugen dazu ihr Teil bei; das taten auch Marx und Engels und einander so unähnliche Köpfe wie Nietzsche und Zola. An der Tatsache selbst ließ sich nicht zweifeln. Was jedoch schwerer wog, waren die Wirkungen, die man in der Geschichte ablas, und die Folgerungen, die man daraus zog. Wagner setzte wie Gobineau auf die Ungleichheit der menschlichen Rassen. Damit traten die Risse, die schon sehr früh durch sein revolutionäres Weltbild geklafft hatten, noch stärker hervor und drohten es zu zerstören.

Man kann die Sache drehen und wenden, wie man will: Aber hier beginnt eine andere Wirkungsmacht Wagners, die im Außermusikalischen liegt und – wie es gar nicht anders sein konnte – im Zusammenhang mit der Musik auftritt und unübersehbare Folgeerscheinungen haben wird. Doch der Wagner der siebziger und achtziger Jahre mit seiner Gebärde des Elitären und Herrscherlichen zieht hier nur die Bewegungen der Zeit in ihrem Wandel nach. Der *Ring des Nibelungen* – das sehen wir aus dem Abstand heute klarer, als das früher möglich war – war ein Schlüsselwerk des neunzehnten Jahrhunderts gewesen, das diesen Wandel sichtbar werden ließ. Thomas Mann, der sich hier auskannte, verglich den *Ring* mit Zolas Roman »Les Rougon-Macquart«. Beides sind Familiengeschichten: In Frankreich ist es die Geschichte einer ins Bürgertum hineinwachsenden, in Deutschland einer aus Göttern, Halbgöttern und Helden bestehenden Familie, in der, hier wie dort, das Blut als »Art« eine Rolle spielt. Und darüber hinaus: Die Geschichte – im doppelten Sinn verstanden – bewegt sich auf ihre »Spätzeit« zu. In Frankreich, das für Wagners Lebens- und Leidensgeschichte eine so große Rolle gespielt hatte, geht das zweite Napoleonische Kaiserreich zugrunde. Es sind auch seine Trümmer, aus denen Bismarck sein Deutsches Kaiserreich errichtet. Wagner ist hellwacher Zeuge dieser Vorgänge, er bewegt sich ganz im national-deutschen Fahrwasser, ist Parteigänger Bismarcks und sieht ein neues Zeitalter heraufziehen.

Aber er ist ebenso hellsichtig für die drohenden Gefahren. Denn die Pracht des jungen Reichs ruht auf einem schlecht tragenden Boden und hat Züge des Falschen und künstlich Überhöhten. Es besteht der begründete Verdacht, daß die neue Welt nicht besser ist als die alte, die sich gerade anschickt, unterzugehen. Die Hoffnung auf den »deutschen Geist«, dem der *Ring des Nibelungen* gewidmet war, weicht wachsendem Mißtrauen. Neues meldet sich und zeigt erste verdächtige Früchte. Mag die Herrschaft der Industrie ein neues Zeitalter begründen und kühnste

Träume noch beflügeln: Der Künstler hat keine Erwartungen auf sie zu setzen. Die Maschine schafft eine neue Einsamkeit und eine Barbarei, wie die Vergangenheit sie nicht kannte. Und darum wiegt auch im kranken *Parsifal*-Ton die Trauer schwerer als die Hoffnung.

Das alles zeugt wieder gegen den inzwischen als staatsoffiziell ausgegebenen Wagner von Bayreuth. Ein solcher Wagner war in Wahrheit eine Erfindung seiner Witwe Cosima und Hans von Wolzogens, mochte Wagner selbst daran auch seinen Anteil gehabt haben. Der wirkliche Wagner mit seinem bewegten Lebenslauf sah anders aus, war durch viele Stürme hindurchgegangen, von denen man nachher nicht mehr gerne sprach. Er hatte nichts von der Blässe klassischer Ausgewogenheit, mit der Kunst und Religion jetzt wieder in ein künstliches Gleichgewicht gebracht worden waren. Im wirklichen Wagner hatten sich die Bewegungen von Revolution und Restauration widergespiegelt, waren mehr als siebzig Jahre, vom Sturz des ersten Napoleon bis sieben Jahre vor Abschluß der Bismarckära, gegenwärtig, die Umwälzungen eingeschlossen, die ganz Europa erschütterten. Sieht man Wagner nicht von seinem hochstilisierten Ende, sondern seinen Weg von den Anfängen her, steht vieles in einem anderen Licht.

Mit Kritik ist hier freilich nicht weiterzukommen, dem Charakter Wagners gegenüber nicht, noch weniger dem Künstler. Was kann schon Kritik bedeuten in einer Zeit, wo das eigentliche Musikschaffen einen so tiefen Niedergang hinter sich hat, wo eine von Subventionen künstlich am Leben gehaltene »Moderne« sich ständig selber denunziert. Auf das »Volk«, dem Wagner seinen eigenen Aufstieg mit verdankt, kann sie sich eben nicht berufen.

Daß der Bayreuther Stil des Wagnerianismus befremdliche Eigentümlichkeiten hatte, die Verkehrsformen zwischen Wagner und König Ludwig II. von Bayern nicht die unsrigen sind, der museale Andachtskult von Neuschwanstein, das Wagner übrigens nie betreten hat, die Grenzen zum Kitsch überschritt, mag so falsch nicht sein. Von einer Höherentwicklung der musikalischen Kultur seit jenen Jahren zu unserer Zeit hin kann jedoch ebensowenig gesprochen werden. Eher schon von einem Sturz. Unsere Zeit hat den großen technischen Neuerungen von Atomkraft, Rakete, Flugzeug, Automobil, Computer, Gesundheitsfürsorge, Versicherungswesen im Musikalischen so gut wie nichts entgegenzusetzen. Die Gewichte haben sich verschoben. Unverkennbar bleibt das Nachlassen der künstlerisch-schöpferischen Kräfte. Dazu kommt: Das Komponieren ist schwerer geworden, die Grundlagen, auf denen es stattfindet, haben sich verengt.

Wir wissen, daß Wagner zu seiner Zeit schon den Niedergang der Musik beobachtete und diese Einsicht ihn als Künstler bewegte, dem entgegenzuwirken. Die Klage darüber ist also nicht neu, aber die Rolle der Kunst, hier der Musik, in einem durch und durch technisierten Zeitalter ist eine ganz andere geworden. Wenn ein Komponist heutzutage in der Krise der Musik seinen Fall des Nichtverstandenwerdens mit der Wagnerschen oder einer anderen ähnlichen Situation im neunzehnten Jahrhundert vergleicht, dann greift diese Argumentation daneben. Die Verödung der Lebensverhältnisse, in denen die technische Entwicklung am weitesten fortgeschritten ist, hat der Musik den natürlichen Boden genommen, hat ihn mit einer Asphaltschicht überzogen, die organischem Leben ein Ende bereitet. Technische Instrumente und ihre Anwendung haben längst die Herrschaft über Lebensvorgänge angetreten. Ohne sie und die davon ausgehende Betreuung ist Leben schlechterdings undenkbar geworden. Schmerzen können nach Bedarf gestillt werden, riesige Entfernungen lassen sich durch moderne und komfortable Verkehrsmittel ohne große Anstrengungen zurücklegen. Was früher Abschied oder Trennung für immer bedeutete, braucht heute kein Gefühl der Trauer mehr zu bereiten. Bedürfnisse können auf der Stelle befriedigt, Mängel abgestellt werden. Und das, so oft man will oder bereit ist, die Kosten dafür zu tragen.

Zu unserem durchtechnisierten Zeitalter gehört die Wiederholbarkeit, die Chance zum neuen Versuch. Einen Filmstreifen, eine Schallplatte, ein Tonband kann man beliebig oft ablaufen lassen. Sie stehen zur Verfügung dessen, der den Apparat bedient. Das ist an sich nichts Besonderes, greift aber auf das Leben über, das jetzt dabei ist, seine Entschiedenheit und Einmaligkeit einzubüßen. Der unaufhebbare Gegensatz zwischen Sein und Nichtsein verliert seine Härte.

Das rührt indessen an Grundlagen, die für Wagner als Musiker und Tragiker galten. Man darf es nicht vergessen: Wagner hat sich als Schüler des Aischylos gefühlt, ebenso wie als Nachfolger Shakespeares und Beethovens. Für ihn als Künstler war dieses Gefühl lebensnotwendig. Hier gilt, daß Vorgänge einmalig sind, sich nicht nachträglichen Korrekturen unterziehen lassen, um vielleicht zu einem besseren Resultat, einem gefälligeren Ausgang zu führen. Kunst in diesem alten Verständnis von »Sein oder Nichtsein« ist immer auch eine Welt von »Blut und Tränen«. Sie widersetzt sich jedem Versuch einer Bewältigung durch die Maschine, jeder technischen Organisation bei ihrer Hervorbringung. In der Tragödie ist die Welt aufgerissen, erscheint der Mensch in blutbespritzter Gestalt, tritt er sterbend von der Bühne der Welt ab.

Wagner hat aus eigener Erfahrung die Folgen, die sich aus der Begegnung des Menschen mit Technik und Maschine für die Kunst ergeben, früh erkannt. Vom Aufkommen der gepanzerten Kriegsschiffe fühlte sich der Schöpfer des *Fliegenden Holländer* unmittelbar betroffen. Für Schiffe mit geblähten Segeln gab es keine Zukunft mehr. Ein Schicksal wie das des »ewigen Juden« des Ozeans würde es auf ihnen hinfort nicht mehr geben. Unwägbares wich dem rationell Berechenbaren, der »Zeitgeist« den Computern.

Damit war die Richtung einer in die Nähe der Maschine gebrachten Kunst bestimmt, längst bevor die Folgen sich offen zeigten. In eigens zu ihrer Verwaltung eingerichteten Zentren blüht die Kunst nicht mehr, gedeiht allenfalls ihre Reproduktion. Im Beton der Großstädte werden keine Opern oder Symphonien mehr geschrieben. Aufgeführt mögen sie hier wohl noch werden. Jeder Gedanke der Entwicklung wird dabei ad absurdum geführt. Entwicklung gibt es bei der Konstruktion von Automobilen, bei Fahrsicherheit und Komfort: Die Musik kennt wohl die Neuerung, aber sie kennt trotz gegenteiliger Behauptungen von Musikologen und Autoritäten der Musikkritik nach den letzten Höhepunkten bei Wagner, Brahms, Bruckner und einem nochmaligen Ausschwingen in deren Nachfolge nur die Rückläufigkeit, das Reduzieren kompositorischer Vorgänge, das Zusammenschrumpfen der in Bewegung gebrachten Tonmaterie. Richard Wagner spielt in diesen Zusammenhängen welthistorischen Ausmaßes insofern eine entscheidende Rolle, als er der einzige war, der als Musiker gleichzeitig philosophisch Rechenschaft über die von Technik, Industrie, Geldwirtschaft, Politik abhängigen Vorgänge gegeben hat. Nicht daß seine Philosophie von Irrtümern oder Täuschungen – vom »Wahn« – frei wäre. Aber sie hat großen Anteil am Lauf der Weltgeschichte bis in unsere Tage gehabt, gleichgültig, ob man diesen Lauf begrüßt oder nicht.

In seiner Zeit wurde Wagner als »unzeitgemäß« empfunden, als Erscheinung, die ihr nicht entsprach. Er sah sich selbst als Künstler, dem die bürgerlichen Maßstäbe zu klein waren und der mit allen Mitteln über sie hinausging. Allein darin lag schon viel vom Ärgernis, das bald mit seinem Namen verbunden sein sollte. Die Spuren, die seine Existenz hinterließ, sind tief und führen bis in unsere Gegenwart. Eigentliche Vorgänger hat er nicht gehabt. Wünscht man Vergleiche, bleibt nicht viel, vielleicht Michelangelo oder Leonardo da Vinci, die das aus jeder Norm herausfallende Leben des großen künstlerischen Individuums führten. Das mochte immerhin noch der Renaissance in Italien entsprechen. Aber Wagner ist in seinem Zeitalter durch Herkunft und Natur ein Fremder. Sucht man nach Gründen dafür, läuft man Gefahr, an der Oberfläche zu bleiben.

In den Lebensbildern Wagners ist immer viel die Rede vom Geld und seinem Hang zum Luxus. Daraus hat sich die unausrottbare Meinung von einem geldsüchtigen Manne gebildet, der unerschöpflich im Auffinden neuer Geldquellen und unbarmherzig in ihrer Ausbeutung war. Mithin ein sehr bedenklicher Charakter! Das ist leicht gesagt in der Zeit eines hochsubventionierten Kulturbetriebes mit gesicherten Rechten und Ansprüchen des Komponisten. Wagner als geborener Revolutionär wußte, daß eine Existenz wie die seine vom institutionalisierten Theater nichts zu erwarten hatte, daß es ein Überleben für ihn nur durch beständigen Kampf dagegen geben konnte. Er wußte von dem Unrecht, das dem Komponisten zugefügt wurde, indem er kein Recht auf einen Anteil am Gewinn bei der Einzelaufführung seines Werks hatte. Es ist bekannt, daß Wagner die Nutzungsrechte von Teilen des *Ring* zweimal verkaufte, einmal an Otto Wesendonk und ein zweites Mal an den Verleger Schott. Aber es war für ihn die einzige Möglichkeit, um beim Fehlen jeglichen Rechtsanspruchs nach dem Verkauf der Partitur überhaupt leben zu können.

Wäre Wagner in den Genuß geregelter Tantiemen gekommen, sein Lebensweg wäre ein anderer gewesen. Seine Einkünfte bestanden zunächst nur aus den Honoraren für die Partituren, die der Verleger an die Theater weiterveräußerte, ferner den Einnahmen durch Konzertaufführungen und schriftstellerische Arbeiten. Gerade das ließ ihn grundsätzlich auf mäzenatische Zuwendungen, Geldspenden, Kredite, Geschenke angewiesen sein, wenn er musikalisch produzieren wollte. Er mußte sich während des größten Teils seines schöpferischen Lebens Geld leihen mit dem festen Vorsatz, es nach dem eingetretenen Erfolg dem Gläubiger zurückzuerstatten, sofern man ihm die Schulden nicht erließ. Bis in seine fünfziger Jahre hinein befand er sich fortwährend auf der Flucht vor seinen Gläubigern oder vor politischen Instanzen, was bei ihm häufig zusammengehörte. Auch die Begegnung mit dem Bayernkönig Ludwig II. bedeutete kein Ende dieser unwürdigen Existenzbedingungen, sondern nur Eintritt in veränderte Umstände. Wagner hatte, wie wir aus den Tagebuchaufzeichnungen seiner Frau Cosima wissen, genau durchschaut, wie sehr die Misere durch ein großes Mäzenatentum auf höherer Ebene kultiviert werden konnte. Das erklärt zum Teil die Spannungen, die über Jahre sein Verhältnis zum König belasteten. Auch der Schriftsteller, bei dem Richtiges und Falsches sich immer kräftig mischen, hat niemals die Zustimmung seiner Gegner zu erlangen gesucht. Und schließlich entsprang sein Trieb, sich mit Luxus zu umgeben, dem Bedürfnis, das Elend einer umgetriebenen Künstlerexistenz zu verhüllen.

Am Ende stand bekanntlich unübersehbar, auch für seine Gegner, der Erfolg. Die Aufführung des *Ring* im eigens dafür erbauten Festspielhaus von Bayreuth brachte ihm begeisterte Ovationen, mochte auch die unbelehrbare Kritik von »Affenschande« sprechen und dem deutschen Volk die Zugehörigkeit zu den Kulturvölkern des Abendlandes bestreiten, sollte es jemals daran Gefallen finden, wie der Wiener Kritiker Speidel damals meinte. Wagner hatte nicht zu viel behauptet, wenn er im *Rückblick auf die Bühnenfestspiele des Jahres 1876* schrieb:

»Es erschien sehr wahrhaftig, daß so noch nie ein Künstler geehrt worden sei; denn hatte man erlebt, daß ein solcher zu Kaisern und Fürsten berufen worden war, so konnte niemand sich erinnern, daß je Kaiser und Fürsten zu ihm gekommen seien.«

Das war kaum zu hoch gegriffen. Aus Berlin war Kaiser Wilhelm I. in Bayreuth erschienen, aus Brasilien Kaiser Don Pedro II., dazu kamen der König von Württemberg, der Großherzog von Weimar, Vertreter der Öffentlichkeit, der Großindustrie, Gäste aus den verschiedensten europäischen Ländern und Amerika. Es kamen Anton Bruckner und Peter Tschaikowskij. Aber auch Zeugen seines Jahrzehnte währenden Elends waren da. Es kamen natürlich viele aus den Reihen der ausgemachten Gegner, die sehnlichst seine Niederlage herbeiwünschten. Das Nibelungen-Fest schien die Versöhnung des Revolutionärs mit den etablierten Mächten zu sein und war es auch in einer gewissen Weise. Aber deutlicher als dieser große und sehr vernehmliche Erfolg zeigt Wagners Satz in einem Brief an den alten Dresdner Freund Pusinelli während dieser Monate, welche Bewandtnis es wirklich damit hatte: »Ich und mein Werk haben keinen Boden in dieser Zeit«. Das besagte: Nichts hat sich am Mißverhältnis des Künstlers zur ihn umgebenden Welt geändert.

Eine Harmonisierung dieser gestörten Beziehung hat es auch auf dem Wege von der *Götterdämmerung* zum *Parsifal* nicht mehr gegeben. Der Ausblick war eher ein Ausblick ins Dunkel, denn es war ein Ausblick ins zwanzigste Jahrhundert mit seinen drohenden Kriegen und Erschütterungen, seinen Völkerbewegungen und -verschiebungen, der Katastrophe, die sich aus dem Untergang der alten Welt beim Übergang in eine neue abspielen mußte. Die Freundschaft mit Nietzsche, der als einziger auf seine Weise Wagner ebenbürtig war, ging bald nach den ersten Festspielen in die Brüche. Ihre Wege hatten sich getrennt. In Wagners neuem Sehen bildeten sich jedoch neue Übereinkünfte aus, es kam zu einem eigentümlichen Gleichklang mit dem Abtrünnigen. Wagner war überzeugt, daß alle in die Zukunft gesetzten Erwartungen trügerisch sind, ja die Zukunft sich geradezu im Gegensatz zu ihnen entwickelt. Hiervon konnte kaum einer ein sichereres Wissen haben als der Dichter-Komponist des *Ring*. Das lag außerhalb jedes Optimismus oder Pessimismus und besagte, daß die erwartete neue Welt das gleiche Ende zu gewärtigen habe wie die von ihr überwundene alte. Der *Ring des Nibelungen* war Symbol für den geschlossenen Kreislauf der Zeiten, von denen die eine der andern nachfolgt, um demselben Schicksal entgegenzugehen.

Über den Musiker Richard Wagner und seine Bedeutung für alles, was musikalisch nach ihm kam, läßt sich heute nicht mehr streiten. Alle seine Theaterwerke vom *Fliegenden Holländer* bis zum *Parsifal* gehören zum festen Repertoire der etwa vierzig Opern, auf die die Opernbühnen der Welt regelmäßig zurückgreifen. Auch der *Rienzi* erscheint manchmal auf dem Programm und hat in wirklich erarbeiteten Aufführungen vom üppig Melodischen der »Großen Oper«, die Wagner bald so anstößig fand, nicht das geringste eingebüßt. Im Musikalischen ist der »Fall Wagner« heute abgeschlossen.

Das gilt nicht für das Inszenatorische! In der eigentlichen Aufführungspraxis hat sich das alte Ärgernis schaffende Element der Wagnerkunst erhalten und ist in unseren Tagen wiederholt durchgebrochen. Hier hatte lange Friedhofsruhe geherrscht, nicht zuletzt wegen der Allmacht der Bayreuther Traditionsverwaltung, die in festen Händen lag und stark genug war, jeder ernst zu nehmenden Opposition mit Hilfe eines über die großen Opernhäuser wachenden, die Kritik beeinflussenden Stammes ergebener Wagnerianer wirksam entgegenzutreten. Die Folge war gewesen, daß seit dem Tode des Komponisten die »Wagneraufführung« mehr als ein halbes Jahrhundert lang überall, wo sie stattfand, nach einigermaßen feststehenden Konventionen vor sich ging und jeden Anstoß zur unerlaubten Neuerung vermied. Am Gesamtablauf war so gut wie nichts zu ändern gewesen.

Erst als Wieland Wagner sich mit seinen Neueinstudierungen in bisher unbekannte Zonen vorwagte und die mit dem Segen des traditionellen Bayreuth versehene Inszenierung des *Ring* von Heinz Tietjen, dem Gewährsmann von Winifred Wagner als der Hausherrin, gewissermaßen in Pension schickte, änderte sich die Szene, wurden Wege in eine unerwartete Richtung gewiesen, wurde Wagner von der Last manch zweifelhafter Überlieferung befreit, an der seine Musikdramen lange Zeit schwer zu tragen hatten.

Wieland Wagner hat Bayreuth kräftig entrümpelt. Das Ergebnis war, daß von Wagner eine neue Wirkung ausging: Schauder, Schrecken, Leidenschaften brachen sich Bahn als das, was keinem geschichtlichen Wandel unterworfen ist, und was derart die neue Welt mit der alten verbindet. Im Taumel der Tragödie als kultischem Opferungsakt, wie die Griechen sie ursprünglich sahen, zieht sich das Chaos gleichnishaft auf einen einzigen Ort zusammen.

Umstürzender noch war die Leipziger *Ring*-Inszenierung von Joachim Herz in der Ausstattung von Rudolf Heinrichs. Für den Bau von Walhall als Zwingburg hatte der Brüsseler Justizpalast die Vorlage abgegeben, bürgerliche Architektur aus der »Wagner-Zeit«, die allein durch ihren Anblick Respekt und Beklommenheit auslöst. In diesen Bau war die Kaisertreppe des Wiener Burgtheaters eingelegt mit der darauf montierten Germania des Niederwalddenkmals. Nibelheim war als Fabrik gesehen, Alberich trat als Industrieller auf, und die Rheintöchter brauchten keine schwimmenden Fabelwesen mehr zu sein, sondern wurden zu leibhaftigen Mädchen der Produktion, mit denen der Produzent gerne geschlafen hätte. Von hier aus gesehen setzte gleich zu Anfang die Musik als »ungeheures industrielles Inferno« ein, wie Herz sie verstanden wissen wollte.

Das alles ließ sich mit dem Werk machen. Als dann Chéreau in seiner Bayreuther Jubiläumsinszenierung des *Ring* von 1976 die aktuellen Zeitbezüge auf seine Weise spektakulär herausarbeitete, der Rhein sich in ein Staubecken verwandelte, Wotan als Zivilist erschien, Siegfried die Werbung für Gunther bei Brünnhilde im Frack vortrug, da sprang der Tumult von der Bühne auf das Publikum über. Man kann über Stil, Geschmack, künstlerische Höhe der musikalisch-szenischen Gesamtdarstellung in dieser Form streiten: Das Ziel der Tragödie, die Mitwirkung von Darstellern und Publikum am Schreckenstaumel des kultischen Akts, war hier auf unfreiwillige Weise erreicht. Wagner als Streitobjekt für eine weltweite Öffentlichkeit hatte sich wieder einmal bewährt.

1. »Wie sah mein Vater wohl aus . . .«

Die Ursprünge eines deutschen Musikers

»Wie sah mein Vater wohl aus? –
Ha! gewiß, wie ich selbst!
Denn wär wo von Mime ein Sohn,
müßt er nicht ganz
Mime gleichen?«
Siegfried, Zweiter Aufzug

»Wer ist dein Vater?
– Das weiß ich nicht . . .
Dein Name denn?
– Ich hatte viele,
doch weiß ich ihrer keinen mehr.«
Parsifal, Erster Aufzug

1813! Kurz vor Mittag des 16. Oktober dringt Geschützdonner nach Leipzig herüber. Es wird vier Tage dauern, ehe er wieder verstummt, die Rauchsäulen am Himmel sich langsam verziehen. Napoleon ist besiegt. Die Niederlage bedeutet für ihn den Anfang vom Ende, sie leitet die Wende ein. Die geschlagenen Franzosen weichen zurück. Leipzigs Bürger hinter ihren Mauern machen unliebsame Bekanntschaft mit einer Armee, die sie erst kürzlich gastfrei aufgenommen und beherbergt hatten. Aber warum sich dem entgegenstellen, das ohnehin zum Fallen bestimmt ist?

Der Sinn der Bewohner steht von jeher nach anderem. Die Stadt ist eine selbstbewußte bürgerliche Metropole, in der das Gewerbe blüht, ein Umschlagplatz für den Handel. Sie hat nie demjenigen ihre Tore verschlossen, der Erwartungen auf Gewinn weckte. Geschicklichkeit und Geschäftigkeit sind an dieser Kreuzung der Handelsstraßen von Norden nach Süden und von Osten nach Westen stets gefragt gewesen. Der erworbene Reichtum, der nicht von gestern ist, gestattet darüber hinaus Umgang in großzügigeren Formen, wie sie sonst in Deutschland nicht leicht ihresgleichen finden. Leipzig ist eine Stadt, in der sich eine gewisse Weltläufigkeit von selber versteht, in der Wissenschaften und Künste zu Hause sind. Der Rang der Universität ist unbestritten, das Ansehen der Literatur durch eine große Vergangenheit gesichert. Leipzig bedeutete einmal Gottsched, den strengen Gesetzgeber einer schon selbstbewußt werdenden deutschen Literatur, es bedeutete den jungen Lessing, der Theologe und Theaterschriftsteller in einer Person war, es bedeutete den Jurastudenten Goethe, der im »Faust« mit seinen bekannten Versen der Stadt das artigste Kompliment gemacht hatte:

Es ist ein klein Paris
Und bildet seine Leute.

Kürzer und treffender ließ es sich nicht sagen.

Als die zur Flucht angetretenen Franzosen noch einmal die Stadt durchstreifen, bald gefolgt von den nachsetzenden Verbündeten, den Russen, Preußen, Österreichern, ist der auf dem Brühl im »rot und weißen Löwen« geborene Sohn des Polizeiaktuarius Friedrich Wagner gerade fünf Monate alt. Von dem wenigen, was die Biographen über seine allerfrüheste Jugend wissen, gehört das zum Wichtigsten: Wagners Wiege steht auf dem Schlachtfeld. Krieg mit Flammen, die alles niederreißen, ist ein von den ersten Lebenswochen mitgegebenes Grundelement. In welcher Weise dieser Umstand in ihm gewirkt hat, können wir nicht sagen, aber wir kennen ihn als Tatsache.

Die kriegerischen Oktobertage des Jahres 1813 sind als die »Völkerschlacht bei Leipzig« in die Geschichte eingegangen. Sie bedeuten nicht nur einen Umschwung, der sich im Schicksal Napoleons vollzieht, sie bedeuten, daß eine Zeit ihrem Ende entgegengeht und eine andere im Heraufziehen begriffen ist. Mit Napoleon waren Erwartungen der französischen Revolution über Europa verbreitet worden. Napoleon, der »Weltgeist zu Pferde«, wie Hegel ihn nannte, hatte sich als Überwinder der Revolution gefühlt, aber auch als ihr Vollender. An die Parole der »Freiheit, Gleichheit, Brüderlichkeit« hat er als Gegner der altlegitimistischen Mächte auch dann noch geglaubt, als er sie durch sein Kaisertum schon längst selbst außer Kraft gesetzt hatte. Von nun an werden langsam, aber immer entschiedener die Gewichte sich der anderen Seite zuneigen. Aus der Asche der Revolution, deren Feuer mit dem Ende Napoleons ganz ausgelöscht ist, wird die Restauration hervorgehen, jene »Heilige Allianz« aus Rußland, Österreich und Preußen mit dem Ziel, dem durch die Revolution in Bewegung gebrachten Ungeist entgegenzuwirken und, so gut es eben geht, die alte vorrevolutionäre Ordnung der Dinge wiederherzustellen. Damit ist der Verlauf des Jahrhunderts in seiner Richtung vorbestimmt. Wer sich auf den Weg ins eben begonnene Jahrhundert macht, wird mit den hier widerstreitenden Kräften zu rechnen haben und in ihren Kampf verwickelt werden. Revolution oder Restauration: das ist hier die Frage.

So ist der neue Erdenbewohner auf dem Brühl in den blutigen Wandel der Weltgeschichte hineingeboren und unbewußt ihr Zeuge geworden.

Auf dem Brühl bedeutet: Handel und Wandel, ein Quartier mit auf Erwerb bedachter Bevölkerung, kleine Leute, Handwerker, Ladeninhaber. Beamte mit bescheidener Lebensführung sind so ziemlich das höchste, was sich hier niedergelassen hat. Wer hier wohnt, tritt nicht mit einem Anspruch auf, hat beim herrschenden gesellschaftlichen Wertkodex in solcher Gesellschaft von Händlern und Juden nicht den geringsten Anlaß dazu.

Der Krieg, der über Leipzig hinweggegangen ist, ohne der Stadt indessen viel Schaden anzutun, läßt die Familiengeschichte des sächsischen Polizei-Bürokraten Friedrich Wagner zurücktreten. Aber auch sie hatte schon ihre Wende erlebt. Friedrich Wagner war kein Pedant. Selbst Abkömmling eines Geschlechtes, in dem es lutherische Kantoren und Lehrer gegeben hatte, war er dem Leben und seinen angenehmen Seiten stets aufgeschlossen gewesen, ein Freund der Geselligkeit, reges Mitglied eines privaten Theatervereins, in den Garderoben junger Schauspielerinnen kein Unbekannter. Die Rolle, die er wegen häufiger Abwesenheit in der Familie nicht spielen konnte, spielte dafür der Schauspieler Ludwig Geyer, der Freund des Hauses.

In der Tat werden die Dinge am Ende nicht ganz nach Wagners Geschmack gegangen sein. Als ihm mit Richard das neunte Kind seiner Ehe geboren wird, ist er nicht gewillt, es als seinen Sohn anzuerkennen. Geyer befindet sich mit der »Secondaschen Schauspielercompagnie« bereits zur Vorbereitung der Sommersaison im böhmischen Teplitz. Da geschieht das Sonderbare: Johanna Wagner, die gerade ihren Sohn Richard zur Welt gebracht hat, läßt ihre Familie in Leipzig zurück und macht sich, mitten im Krieg mit allen seinen Gefahren und Unwirtlichkeiten, auf den Weg. Eine Frau mit einem Neugeborenen auf dem Arm und ohne männliche Begleitung auf Reisen! Wohin? Nach Teplitz, wo sie laut Einschreibung in die polizeiliche Meldeliste nachgewiesenermaßen im gleichen Hause wie Geyer wohnt.

Was der Grund für die Reise war und was in Teplitz zwischen Johanna Wagner und Ludwig Geyer besprochen wurde, liegt im dunkeln. Die Sache nimmt sowieso ihren eigenen Verlauf. Sie sollte sich nicht zur Freude des so lange lebensfrohen Friedrich Wagner entwickeln. Eine Krankheit, Typhus, den der Krieg grassieren läßt, kommt zum Familienkummer dazu. Ein paar Monate nach der Geburt Richards, einige Wochen nach der Schlacht bei Leipzig, stirbt er.

Richard Wagner, ein Vaterloser! Richard Wagner, der in Wirklichkeit Richard Geyer ist, so, wie er sich nach der Heirat der Mutter mit dem Zimmerherrn auch nennt!

Seine wirkliche Herkunft hat Wagner gekannt. Daß daran heute noch gezweifelt werden kann, ist unverständlich. Nicht sagen läßt sich, wann Wagner in den Besitz dieser Kenntnisse gelangt ist. Für die Nachbarn und Bekannten auf dem Brühl ist Wagner immer der Sohn Ludwig Geyers gewesen, für die Leipziger insgesamt Abkömmling aus einem populären Viertel mit sehr gemischter Bevölkerung.

Von Ludwig Geyer, dessen Sohn nach bürgerlichen Moralvorstellungen er nicht hätte sein dürfen, gingen die stärksten Eindrücke auf den Heranwachsenden aus. Was bei Friedrich Wagners Liebe zum Theater noch dilettierende Züge hatte, ist beim Sänger und Berufsschauspieler Ludwig Geyer mit wirklichem Leben erfüllt. Geyer ist ein Tausendsassa, nebenbei Dichter und Maler, ein Mann, der sich in allen Sätteln zurechtfindet. Dieser zweite Ehemann der Mutter wird Vorbild für den jungen Richard, ihn bewundert er, an ihm hängt er.

Die Abstammung Richard Wagners von Ludwig Geyer wäre einer ausführlichen Behandlung nicht wert, hätte Wagner sein Wissen nicht selbst so dezidiert unterdrückt und wäre sie nicht so reich an Folgerungen, die man aus ihr gezogen hat. Daß Wagner an ihr und sogar schwer zu tragen hatte, war natürlich. Nietzsche hat er während der Zeit ihrer Freundschaft darüber ins Vertrauen gezogen, und der setzt später seine Kenntnis in das böse Wort vom »Geyer, der fast schon ein Adler ist« um.

Tatsächlich wird dem Vater Geyer gelegentlich – und das wiegt in diesem Fall schwerer – die jüdische Herkunft nachgesagt. Der junge, durch kleinen Wuchs auffallende Richard Wagner hat sehr früh mit Anspielungen auf seine uneheliche und zugleich jüdische Abstammung zu rechnen. Noch Adorno hält sie für ausgemacht. Aber es gibt einen untrüglichen Beweis dafür, daß Geyer kein Jude war. Der Vater Ludwig Geyers war Actuarius in Eisleben, und die sächsischen Beamtenmatrikel kennen keine Juden in Staatsdiensten. Indessen ist Richard Wagner durch die Geschichte seiner Herkunft von allerfrühester Jugend an mit der Erfahrung vertraut, sich gegen solchen Verdacht wehren zu müssen, und wir werden noch sehen, auf welche Weise das geschieht.

Nach Geyers Tod siedelt der Rest der Familie nach Dresden über. Vorübergehend, wie sich zeigen wird. Das bedeutet Eintreten in ein verändertes Milieu und mehr noch: eine andere gesellschaftliche Organisation. Vom bürgerlichen Leipzig in das höfische Dresden, aus einer dem Erwerb zugetanen mit einer gewissen Behäbigkeit lebenden Welt in eine um die Residenz herum angelegte, von ihr regierte. Dort reiche Kaufleute, die stolz auf ihren Besitz sind, hier ein Adel, der von der Hofliste nach Ämtern und Chargen hierarchisch gestaffelt auftritt. Der Glanz der alten Residenz Augusts des Starken zeigt natürlich im nachnapoleonischen Zeitalter schon Spuren des Verbleichens. Aber der Adel als Institution und Klasse wird nach dem Zusammenbrechen aller Erneuerungshoffnungen aus dem Schatten langsam wieder heraustreten, in den ihn die Siege Napoleons zeitweilig hineingedrängt hatten. Das Höfische erhält jetzt in Politik und Diplomatie jenen Metternich-Stil des Taktierens und Lavierens, einschließlich des diskreten, doch ernst zu nehmenden Einsatzes des Polizeiapparats.

Für Wagner, der die Kreuzschule besucht, ist Dreh- und Angelpunkt des Interesses das Hoftheater, das heißt Carl Maria von Weber, der Komponist des »Freischütz«, der ihn bei der Aufführung des eigenen Werkes zu exaltierter Begeisterung hinreißt. An die Stelle Geyers als seinem Vorbild rückt Weber. Sein Wunsch ist jetzt: Dirigieren. Und das heißt: Dirigieren wie Weber. Auf die Dresdner Zeit folgt wegen erneuter Umsiedlung bald wieder Leipzig, und zwar mit einer großen Enttäuschung für den Schüler. Wagner, der die Nicolaischule besucht, wird von der Sekunda in die Tertia zurückversetzt, was ihm die Schule für immer verleidet. Die Flucht aus diesem in der autobiographischen Schrift *Mein Leben* ausführlich beschriebenen Schmerz führt ihn mit gesteigerter Lust der Musik zu.

Aber Musik bedeutet für Wagner nicht in erster Linie Musizieren auf einem Instrument. Er nimmt zwar Privatstunden im Klavierspielen, worauf der Violinunterricht folgt, doch zu einer großen Fertigkeit hat er es auf keinem Instrument je gebracht. Er hat sich auch niemals ernsthaft darum bemüht. Noch im Alter erklärt er, daß er Klavier eigentlich nicht spielen könne. Er erzählt in seiner Lebensbeschreibung, wie er mit seinen Übungen auf der Geige die Nachbarschaft drangsaliert habe, um das Instrument schließlich zu deren großer Zufriedenheit ganz aufzugeben. Als Musiker ist Wagner kein Wunderkind wie Mozart, der mit virtuoser Gewandtheit seine Zuhörer entzückte. Schon sehr früh ist für ihn Musik im wesentlichen Komponieren, ein eigentümliches, an kein Instrument gebundenes Musik-Machen. Das erstaunt bei einem Musiker, der später eine bis dahin unbekannte Sinnlichkeit der Klangfarben durch die Instrumentierung erreicht.

Was in dieser Fremdheit gegenüber dem Instrument und seiner manuellen Beherrschung zutage tritt, ist etwas, was Freunde wie Feinde an ihm wahrgenommen und auch ausgesprochen haben; was wiederum vom Standpunkt des entschiedenen Wagnerianismus strikt zurückgewiesen wird, aber dennoch einiges für sich hat. Es existiert in Wagner ein Element des Dilettantischen. Nietzsche hat es früh bemerkt, Thomas Mann hat es beim Namen genannt; und beide waren mit der Wagnerschen Kunst und ihren Grundlagen auf das beste vertraut. Das ist ein Umstand sehr komplexer Art. Wir begegnen darin Wagners Natur in ihrem Rohzustand, seiner Herkunft, seinem Verhältnis zur musikalischen Tradition, seiner Ausbildung zum Musiker.

Als Musiker ist Wagner nicht rückwärts gewandt. Sein eigentliches musikalisches Urerlebnis ist Beethoven, dessen A-Dur-Symphonie er im Leipziger Gewandhaus hört. Beethoven ist sein Gott und wird es bis zum Lebensende bleiben. Aber Beethoven wird von ihm als Naturkraft verstanden, nicht als ein Komponist auf einer bestimmten historischen Stufe der Musik. Zu diesen Einsichten gelangt er erst später. Dazu kommen die Eigentümlichkeiten des von ihm selbst geschilderten Musikunterrichts. Musik ist bei aller Begabung Geyers als seinem frühesten Mentor keine Familienangelegenheit wie beim jungen Mozart. Wagner hat nicht wie Beethoven in Josef Haydn einen großen Komponisten zum Lehrmeister. Was er in Leipzig beim Gewandhausmusiker Gottlieb Müller an Kenntnissen in der Harmonie beigebracht bekommt, ist redlich, solide, aber dem Schüler letztlich doch nicht angemessen. Das gilt selbst für den fachlich weit besseren Unterricht beim Thomaskantor Weinlig. Die sichersten Aufschlüsse über seine Ausbildung gibt er uns selber, wenn er von E. T. A. Hoffmanns Kapellmeister Kreisler spricht, bei dem er Belehrung sucht. Kreisler, eine phantastische Existenz der Romantik, eine Spukgestalt, die sich nicht greifen läßt, verschafft ihm Eingang in ein dunkles Wissen. Hier bricht eine Sphäre des Unwirklichen in seine ersten Kunstübungen ein. Bei Friedrich Wieck, dem zukünftigen Schwiegervater Robert Schumanns und damaligem Inhaber einer Leihbücherei besorgt er sich gegen eine Gebühr Logiers »Methoden des Generalbasses«. Dieses Werk wird er später auf eine briefliche Anfrage hin als das Buch bezeichnen, aus dem er »das Komponieren gelernt« habe. Zur Ausbildung in der Leipziger Zeit gehört die Bekanntschaft mit Mozarts »Requiem« und das Studium der Partitur des »Don Giovanni«, den er über alles von Mozart je Geschaffene stellt.

Der eigentliche Weg zum Komponieren, wie es ihm vorschwebt, ist dagegen das Abschreiben der Partitur von Beethovens Siebter Symphonie. Wohin man auch sieht: alles ist bloß provisorisch, nichts in diesem Lernen hat die Konventionen einer Anleitung oder eines festen Lehrplans für sich. Es ist die Ausbildung eines Autodidakten, der sich aus dem eigenen Instinkt heraus Schritt für Schritt der musikalischen Tradition bemächtigt, der von außen an sie herantritt, dem das Lernen schwerfällt, weil er schon die Widerstände des Neuen, Niegehörten gegen das Bestehende in sich hat. Wagner hat so gut wie nichts von einem geborenen Genie an sich, das sich in der Musik wie in seinem natürlichen Element bewegt, mit schlafwandlerischer Sicherheit das Richtige tut. Das Gegenteil trifft zu. Die Aneignung des musikalisch Erlernbaren kann nur mühsam, mit einer gewissen Gewaltsamkeit erfolgen und gelingt, wie wir wissen, nie ganz.

Es gibt im Leipziger Jugendwerk aus dieser Zeit denn auch nichts, was veranlassen könnte, auf künftige Größe zu schließen. Wagners erster Versuch ist *Leubald und Adelaide*. Ein Gymnasiastendrama, nicht mehr, das für den Schüler nachteilige Folgen hat, weil darüber der Schulunterricht vernachlässigt wird! Aber etwas läßt aufmerken an diesem an sich nicht bemerkenswerten Stück. Es bleibt nicht in der bloßen Planung stecken, sondern wird zu Ende gebracht. Und weiter: der sechzehnjährige Schüler der Nicolaischule macht sich daran, die Musik dazu zu schreiben. Schon hier sind die Rudimente der Wagnerkunst erkennbar: zuerst die selbstgeschaffene Dichtung, dann die Komposition.

Diese erste dramatisch-musikalische Betätigung fällt in die Zeit wachsender politischer Unruhe. Im Juli 1830 kommt es in Paris zur Revolution, durch die die Bourbonen der älteren Linie vertrieben werden. Die mit Hilfe des aufständischen Volkes zur Macht gebrachte Bürgermonarchie Louis Philippes tritt an ihre Stelle. Die Wellen der Bewegung schlagen weit, Belgien, Spanien, Italien werden von ihnen erfaßt, in Deutschland sind Demokraten, Studenten, bürgerliche Intelligenz das eigentliche Element für die politische Gärung. Neben einigen Residenzen, wo fürstliche Dynastien zur Abdankung gezwungen werden, sind

Universitätsstädte Schauplatz von Aufständen. Wie Börne, Heine und sein Altersgenosse Büchner steht auch Wagner auf der Seite der Revolutionäre. Die Leipziger »Revolution« ist freilich nur ein Abklatsch der Pariser Ereignisse. Das Ganze stellt sich bald als Spuk heraus, der schnell verflogen ist.

Immerhin war damit schon die Richtung für den künftig eingeschlagenen Weg gekennzeichnet. Mit dem Scheitern des Gymnasiasten wird sich das Außenseitertum des Richard Geyer weiter verfestigen. Was er sucht, worin er sich wohl fühlt, ist die Gesellschaft der Studenten, zu denen er, ohne Schulabschluß, gar nicht gehört: »Saxonia« in »Grün-Weiß«, Schläger, Kommers mit Bier und »Landesvater«, Duelle; das ist die Welt, die er wünscht und die ihn aufnimmt. Er sucht die Partie. Er, der Kleinwüchsige in der Gesellschaft roher studentischer Riesen, provoziert. Er fordert heraus und muß sich, um überhaupt als satisfaktionsfähig zu gelten, die Inskription der Universität verschaffen. Er – die Ausnahme – erhält sie – ausnahmsweise – als »Student der Musik«. Das Duell mit dem in Leipzig gefürchteten Kontrahenten findet, zum Glück für ihn, nicht statt. Aber der »Gnom« hat sich Respekt verschafft.

Die Monate seiner Aktivität als Korpsstudent, wo mit Bier und Gesang die Nacht zum Tage wird, mit Umzügen und Ausflügen über Land, sind bald vergessen. Wagner, der künftige »Altdeutsche«, der später mit schwarzem Barett, blauer Samtweste und roten Borden auftreten wird, ist dabei, ins Lager der »Jungdeutschen« überzugehen. Die »Jungdeutschen« sind die literarischen Vertreter der politischen Emanzipationsbewegung. Weg von der Klassik mit ihren antiken Maßvorstellungen, weg von der Rückständigkeit des Obrigkeitsstaats unter der Aufsicht einer reaktionären Polizei, weg von den Vorurteilen eines verfaulenden Christentums! Der Schriftsteller und Künstler hat politisch zu sein. Er steht im Dienst des Kampfes für die Glückseligkeit auf Erden, er verdächtigt nicht mehr die Freiheit des Liebesgenusses, sondern macht sie zu seiner Sache. In Heinses Künstlerroman »Ardinghello«, der schon 1785 erschienen, über den die klassische Bewegung aber hinweggegangen war, findet die junge Generation die Vorschriften für die rechte Lebensführung. Das war, gemessen an der geltenden Moral, subversiv im allerhöchsten Maße, enthielt aber für die heranwachsende Avantgarde alles, was sie wünschen konnte. Hier lagen die Lebensrezepte für Börne und Heine und darüber hinaus für die Künstlerexistenzen vor, mit denen Wagner über kurz oder lang in Beziehung treten sollte. Mit der Lektüre von Heinses Roman steuert Wagner schon die Richtung auf einen neuen Kreis von Gesinnungsgenossen an, dem er durch seinen eigenen Lebensweg für einige Zeit verbunden bleibt: Schriftsteller, Künstler, politische Revolutionäre.

Da ist Gutzkow, der in seinem Roman »Wally, die Zweiflerin« die Geschichte einer Emanzipierten schreibt, die im Deutschland der »Heiligen Allianz« den Versuch macht, frei über sich zu verfügen. Die Veröffentlichung brachte dem Autor Anklage wegen Gotteslästerung und einen Monat Gefängnis. Da ist Laube, später berühmtester Direktor des Wiener Burgtheaters, aber in den dreißiger Jahren als Schriftsteller und Journalist auf der Seite der vorrevolutionären Opposition und als solcher mehr als zwei Jahre in Haft. Das geht weiter bis zu dem Dirigenten, Schriftsteller und Revolutionär Röckel, der dreizehn Jahre schweren Kerker abbüßen muß – später, nach seiner Entlassung, wird er von Wagner, der über den *Meistersingern* sitzt, aufs wärmste empfangen werden. Hier zeigt es sich: Der alte »Saxone«, der eben noch mit altadligen Kommilitonen auf du und du stand, ist auf dem Wege in die politisch-kriminelle Vereinigung.

2. »Wann dröhnt er, der Vernichtungsschlag . . .«

Vom Bankrott zur Großen Oper

»Tag des Gerichtes! Jüngster Tag!
Wann brichst du an in meine Nacht?
Wann dröhnt er, der Vernichtungsschlag,
mit dem die Welt zusammenkracht?
Wann alle Toten auferstehn,
dann werde ich in Nichts vergehn!
Ihr Welten, endet euren Lauf!
Ew'ge Vernichtung, nimm mich auf!«

Der Fliegende Holländer, Erster Aufzug

Die Spuren der »jungdeutschen« Periode treten zum Vorschein in Wagners frühen Bühnenwerken, zuerst in den *Feen*, dann im *Liebesverbot*. Die *Feen* waren in Würzburg beendet worden, wo Wagner zu Beginn seiner Theaterlaufbahn zwei Winter lang als Chordirektor gewirkt hatte. Sie sind seine erste abgeschlossene Oper, die noch erhalten ist, deren Aufführung er selbst freilich nie erlebte. Das *Liebesverbot* dagegen, das er während seiner kurzen anschließenden Kapellmeistertätigkeit in Magdeburg selbst dirigierte, fand beim Publikum keine rechte Resonanz. Es wurde nur einmal vollständig gespielt. Am zweiten Abend führte ein Theaterskandal das frühzeitige Ende herbei. Natürlich war das Libretto von Wagner selbst eingerichtet – nach Shakespeares Lustspiel

»Maß für Maß«. Das ganze Danebengreifen zeigt sich im Untertitel: »Große komische Oper«. Wagner vereinfacht die englische Vorlage und zieht die Geschichte auf den Grundkonflikt zwischen maßvoller und maßloser Liebe zusammen. Das Finale als Bekenntnis zur grenzenlosen Freiheit des erotischen Genusses bezeugt, auf welcher Seite Wagner stand.

So unerheblich das Werk ist, so zeigt es doch, wie »in der Luft liegende« Ideen aufgegriffen und verarbeitet werden. Das »junge Deutschland« schaut nach Frankreich und auf den bürgerlichen Fortschritt, den die Juli-Revolution gebracht hat. Den Gegner sucht man in den Siegern von 1815, aus denen vor allem Rußland als die Hauptmacht der Reaktion hervorragt, die auf grausamste Weise die Polen unterdrückt: Ihnen widmet Wagner 1836 eine *Polonia-Ouvertüre*. Vorbild ist England mit seinen bürgerlichen Freiheiten: darum eine *Rule-Britannia-Ouvertüre*. Abschluß und Höhepunkt der Trilogie soll eine Napoleon-Ouvertüre sein, die aber ungeschrieben bleibt. Das Klima hat sich bereits geändert. Napoleon, der Verlierer von ehemals, ist das Idol der Opposition innerhalb der Siegermächte geworden. In dieser Luft wächst Wagner jetzt heran, beginnt der Aufstieg aus den suchenden Anfängen, bei denen der Wille dem Können noch weit überlegen ist.

Es scheint sich die typische Laufbahn des Theaterkapellmeisters anzubahnen. Wechsel von Ort zu Ort, immer abhängig von Erfolg, Zufall, Glück, kaufmännischem Geschick der Direktion. In Magdeburg war nach dem Durchfall des *Liebesverbot* die Truppe aufgelöst worden. In Königsberg geht das Theater mit Wagner als Opernkapellmeister in Bankrott. Die Schauspielerin Minna Planer, die er dort heiratet, hat – das wird sie ihm des öfteren in Erinnerung rufen – als Mann einen stellungslosen Musiker gefunden.

Trotz ziemlicher Erfolglosigkeit sind dies keine unglücklichen Jahre für Wagner gewesen – gemessen an dem, was ihn erwartete: Die Wende zur Misere setzte erst jetzt ein. Riga! Das Wort steht für ein kurzes Hoffen und Aufsteigen vor dem Sturz ins Bodenlose. Das Angebot, Kapellmeister am Stadttheater Riga zu werden, hörte sich gut an. Die Direktion lag in den Händen von Karl von Holtei, einem erfahrenen Mann der Bühnenpraxis, dem die Aufgabe oblag, die Bürgerschaft dieser im fernsten Osten des deutschen Sprachgebiets gelegenen Stadt zu unterhalten. Es begann alles ganz gut. Zum ersten Mal hatte Wagner Gelegenheit, in längeren Zeiträumen bei der Vorbereitung einer Aufführung zu disponieren. An Zahl der Aufführungen stand Mozart obenan. Aber der Spielplan, aufs Ganze gesehen, wurde beherrscht von der französischen Oper – Méhul, Cherubini, Spontini – und Bellini. Nicht ganz heutigen Vorstellungen entsprechend dürfte die Tatsache sein, daß Wagner den Italiener gegen Angriffe aus Rigaer Zeitungen verteidigte, wenn er über dessen »Norma« schrieb:

»Es ist vielleicht selbst keine Sünde, wenn man vorm Schlafengehen noch ein Gebet zum Himmel schickte, daß den deutschen Komponisten doch endlich einmal solche Melodien und eine solche Art, den Gesang zu behandeln, einfallen möchten – Gesang, Gesang und abermals Gesang, ihr Deutschen!«

Wer das sagt, hat sich – so erstaunlich das klingen mag – nie in seinem Leben geändert. Es spricht daraus das Bekenntnis zur Melodie. Wagners Musik ist nie etwas anderes gewesen und wird nichts anderes sein als Melodie. Wenn er sich später gegen den Belcanto wendet, dann ist das nicht gegen den Schönklang der Melodie an sich gerichtet, sondern gegen den flachen Geschmack darin.

Bei den Proben arbeitete Wagner mit außergewöhnlicher Hingabe, über die sich sein Theaterdirektor noch später beklagt: »Wagner quälte mein Personal mit stundenlangen, endlosen Proben; nichts war ihm recht, nichts gut genug, nichts fein genug nuanciert.« Der Erfolg bestätigte ihn. Die Aufführungen wurden, wenn nicht stets gut befunden, so doch in der Stadtöffentlichkeit lang und breit besprochen. Der Kapellmeister war eine stadtbekannte Persönlichkeit.

Man darf sich von den Rigaer Theaterverhältnissen keine falschen Vorstellungen machen. Das Riga von 1837 ist in unserer Zeit wie Pompeji eine Sache für Archäologen. Karl Friedrich Glasenapp, dessen »Leben Richard Wagners« heute wegen mancher Absonderlichkeiten von vielen verhöhnt, aber in den berichteten Tatsachen von allen Wagnerbiographen ausgebeutet wird, hat es noch aus eigener Anschauung genau gekannt und in seiner Darstellung vor unseren Augen erstehen lassen. Die schon zu Wagners Zeiten altertümliche Hauptstadt Livlands stand unter russischer Oberhoheit. Aber das Russentum spielte hier keine maßgebliche Rolle. Der deutschen Bevölkerung, durchweg lutherisch, war im orthodoxen Rußland konfessionelle und kulturelle Selbständigkeit garantiert. Dem Adel, der nachgeborene Söhne zu versorgen hatte, lag Petersburg näher als Berlin oder Dresden. Das durch Handel, Gewerbe und Seefahrt reich gewordene Bürgertum genoß eine Freizügigkeit, wie Preußen sie nie gekannt hatte.

Für sich und seine Frau findet Wagner zunächst eine beengte Unterkunft in der Altstadt, zieht aber dann bald in eine angenehme Wohnung in der Petersburger Vorstadt. Der Compagnie steht ein Theatersaal mit beschränkten Raumverhältnissen zur Verfügung. Die Bühne ist sehr klein. Und darum wird das üblicherweise vor dem Szenarium plazierte Orchester von vierundzwanzig Mann in eine leichte Versenkung abgesetzt. Die Folge: eine außergewöhnlich gute Akustik. Sie ist von Wagner immer wieder gerühmt worden. Bei der Anlage des Bayreuther Festspielhauses mit dem »unsichtbaren Orchester« war Riga und sein Theater in Kleinformat das Vorbild.

Natürlich stellt sich die fortwährende Wiederholung des hier gespielten Repertoires auf die Dauer doch als ermüdend heraus:

»Der typische Geist unserer Opernvorstellungen erfüllte mich mit Ekel . . . beim Dirigieren unserer gewöhnlichen Opern überfiel mich ein nagendes Wehgefühl«,

wird er im Rückblick auf Riga sagen. Er findet hier, was er braucht: die Bestätigung, daß dem Opernbetrieb der Charakter des Unerträglichen anhaftet. »Oper« wird zum Synonym für die Banalität, ist etwas, dem der Kampf anzusagen ist. Bei diesem Gefühl, das ihn befällt, schwindet die Freude an der Theatertätigkeit immer mehr. Querelen stellen sich ein. Holtei hatte sein Unternehmen mit der Kalkulation gegründet, hübsche Schauspielerinnen einflußreichen Persönlichkeiten der Stadt privat zugänglich zu machen. Es gibt Verwicklungen. Wagners Frau spielt, seiner Darstellung in *Mein Leben* zufolge, eine zumindest unkluge Partie. Wagner durchschaut die Dinge, sieht auch, wie Holtei eine Intrige anlegt, um ihn zu Fall zu bringen. Mit den Künstlern hat er wenig privaten Umgang. Er erledigt seine Arbeit und geht nach Hause, wenn sie im Theater getan ist. Hier ist er der, der uns vor allem interessiert: der Komponist des *Rienzi.*

Im Sommer 1837 hatte er Bulwers historischen Roman »Cola Rienzi« gelesen. In Riga macht er sich sogleich daran, den Operntext zu entwerfen. Das Buch war ein Erfolg in der Nachfolge Scotts und dessen in ganz Europa verschlungenen Romanen der Vergangenheitsverklärung geworden. Als Thema entsprach es nicht nur dem Zeitgeschmack, sondern kam auch den Bedürfnissen einer auf Emanzipation des Bürgertums bedachten Jugend entgegen. Es war romantisch-heroisch und politisch zugleich: Rienzi, der Sohn eines Gastwirts, der im vierzehnten Jahrhundert den Versuch unternimmt, das versunkene Römische Reich wiederherzustellen und dabei zugrunde geht. Der Stoff war historisch belegt und bot alles auf, was das Textbuch eines dem Fortschritt verpflichteten Opernkomponisten enthalten sollte: den Kampf der neuen gegen die alten Mächte; den Plebejer, der gegen das korrupte Patriziat im Namen des Volkes antritt, mit dessen Sache seine eigene verbinden will und im

Unglück vom Volk im Stich gelassen wird. Die Szenerie versprach Theater allergrößten Stils. Der Adel erschien in schlechtem Licht. Er war wie damals, so jetzt, der Feind der Freiheit. Nur gut, daß sich die großen Familien, hier die Colonna, da die Orsini, selbst bekämpften. Sonst hätte es noch schlimmer ausgesehen. Das Stück beginnt mit einer Entführungsszene: Vor dem Hause Rienzis ist eine Leiter angelegt, auf der Irene, die Tochter, aus dem Hause geschleppt wird, um Orsini zugeführt zu werden. Es erfolgt das Dazwischentreten Colonnas. Degen werden gezogen, der Streit wird zum Streit der Familienparteien und dehnt sich auf das Volk aus, spaltet es in feindliche Fraktionen. Das Thema der verfolgten bürgerlichen Unschuld ist angeschlagen. Der Vater, der auftritt, um die Beleidigung zu rächen und zugleich das Volk, das geknechtete, durch den Adel gedemütigte, zu führen!

Diese Vermischung von privatem Schicksal und öffentlicher Sache ist vom jungen Stückeschreiber schon mit beachtlichem Geschick behandelt. Keine Frage: Er steht auf der Seite Rienzis. Dessen Wollen mag zwar vermessen sein, aber es ist immer groß. Wenn er schließlich fällt, dann darum, weil seine edlen Träume über die Wirklichkeit dieser Welt hinausgingen und weil böse Mächte an seinem Untergang mitgewirkt haben. Der Kirche ist nicht zu trauen. Sie überlebt, weil sie stets auf der Seite der Stärkeren steht. Aber noch dem sterbenden Rienzi bleibt ein Trost, als die Flammen vom Kapitol schon über ihn hereinbrechen: Rom, das sich dem letzten Römer entgegengestellt hat, hat seinen Untergang verdient. Mag es denn zugrunde gehn! Das »entartet Volk« hat es nicht anders gewollt. Mit dem Fluch auf den Lippen und der Tochter Irene in den Armen wird er vom Feuermeer erfaßt. So weit das Libretto.

Und dann geht es ans Komponieren. Eine Riesenpartitur beginnt. Dazu müssen die Nächte herhalten. Ein alter, verstimmter Flügel wird traktiert, daß die Saiten zerspringen: Arien, Duette, Chöre. Die Melodie triumphiert. Was Wagner vorschwebt, ist ein Werk im Stile Meyerbeers. »Große tragische Oper« wird er im Untertitel den *Rienzi* nennen. Wenn er komponiert, befindet er sich im Rauschzustand, vergißt er das Mißliche seiner Lage. Wirtschaftliche Sorgen quälen ihn. Geld, das er hat, muß ausgegeben werden, ebenso wie das, das er noch nicht hat. Die Schulden wachsen. Aber wenn zu den von ihm entworfenen Aufzügen die festlichen Märsche klingen, wenn er einsinken kann in die Üppigkeit der schönen Melodie, fallen alle Sorgen von ihm ab. Dann ist er frei, tritt er heraus aus dem Elend seiner ärmlichen Theaterexistenz. Und überhaupt das Theater in seiner bestehenden Form: verlogen, seicht und korrupt. Wenn es noch eines Beweises bedurft hätte: Holtei hat ihn geliefert. Die Entscheidung ist längst gefallen. Riga wird nur eine Etappe sein, wie Würzburg, Magdeburg, Königsberg, doch wichtiger wegen der ersten beiden Akte des *Rienzi*, die hier komponiert wurden.

Wagner hat längst Umschau gehalten. Was ihn von der miserablen Provinz im Osten wegzieht, ist ein Theater, wo er sein Werk auch aufführen kann. Die Miniaturbühne von Riga mit dem schwach besetzten Orchester kann dieses Theater nicht sein. Was er sucht, ist die Nähe Meyerbeers, ist die »große Oper«, die Wirkung in Paris. Die Abreise wird vorbereitet, heimlich, damit die Gläubiger nicht gewarnt werden. Mit Hilfe von Schmugglern gelangt das Ehepaar Wagner nach Pillau, auf preußischem Gebiet gelegen. Paßkontrollen werden auf Schleichwegen umgangen, selbst der riesige Bernhardiner Robber, der sie begleitet, weiß offenbar, was auf dem Spiel steht, und gibt keinen Laut von sich – was Wagner ihm zeitlebens dankbar vermerkt! Das alte Segelschiff »Thetis«, mit sieben Mann Besatzung und beschränkter Seetüchtigkeit, nimmt die drei Flüchtlinge an Bord. Als erster Landungsort ist London bestimmt. Unterwegs gerät das Schiff in einen Sturm. Es muß im Skagerrak die Richtung ändern und die Insel Boröya an der norwegischen Südküste anlaufen. Um es wieder flottzumachen, sind Ausbesserungen erforderlich. Derweil steigt Wagner am Fjord herum und sucht bei seinen Wanderungen während des erzwungenen Aufenthaltes etwas vom Hinterland zu erkunden, bevor die Reise weitergeht.

Bei den Aufregungen während der stürmischen Überfahrt hatten sich in Wagner Wirklichkeit und Phantasie vermischt. Aus Freude über die Rettung singen die Matrosen ein Seemannslied. Vor Wagners Auge steigt dabei die Gestalt des Fliegenden Holländers aus jener Sage vom Gespensterschiff auf, die er durch Heines Erzählung kennt. Die Melodie nimmt ihn gefangen. Er verbindet sie mit der spukhaften Erscheinung des Holländers. Im Echo des Schiffsrufs, das von den Felsen zurückhallt, war das *Holländer*-Signal als Leitmotiv gefunden.

Nach der abenteuerlichen Unterbrechung wird London erreicht. Hier Station zu machen, hatte für Wagner noch einen naheliegenden Grund. Er will Bulwer, dem Verfasser des Rienzi-Romans, den er zum Drama umgeschrieben hat, seine Aufwartung machen, um ihm das Libretto zu überreichen. Aber der Lord ist für ihn nicht zu sprechen. Alle Erwartungen richten sich jetzt auf Frankreich, das eigentliche Ziel der Reise, im besonderen aber auf Meyerbeer. Von ihm erhofft er Verständnis, Zuspruch und natürlich in erster Linie die notwendigen Empfehlungen. Meyerbeer befindet sich, obwohl Saison ist, in der Sommerfrische. Er wohnt in Boulogne-sur-Mer, als der Ankömmling mit allen Anzeichen einer anstrengenden Reise in das Ferienmilieu einbricht. Meyerbeer braucht sich über mangelnde Berühmtheit nicht zu beklagen. Die Zeitungen schreiben, wo er sich gerade aufhält. Wagner begibt sich also nach der Ankunft ohne langen Aufschub zu ihm und wird mit Liebenswürdigkeit empfangen. Er findet, was er sucht: entgegenkommendes Verständnis und Aussicht auf Förderung bei den in Frage kommenden Pariser Opernkreisen. Wagner ist hingerissen, seine Dankbarkeit geradezu überströmend. Eine Empfehlung an den Direktor der Großen Oper kann er mitnehmen, die Protektion durch den Verleger Schlesinger wird zugesagt, dazu die fördernde Bekanntschaft mit dem literarischen Paris und der für den Erfolg unerläßlichen Zeitungswelt zu suchen dringend angeraten. Wagners Landung in Frankreich scheint gelungen, der Meister der großen französischen Oper ihm gewogen.

In Paris macht er sich gleich auf den Weg, die ihm von Meyerbeer genannten Personen zu besuchen. Er erlebt ein Fiasko: Unverständnis und verschlossene Türen. Wagner mag fehlgehen, wenn er später Meyerbeer der Heimtücke beschuldigt und ihm vorwirft, ihn auf die falsche Fährte gebracht zu haben. Meyerbeer hatte zumindest in Boulogne alles getan, was in seiner Kraft lag. Ein junger gescheiterter, landflüchtiger Kapellmeister mit zwei noch nicht einmal durchinstrumentierten Akten einer Oper, die kaum zur Hälfte fertig ist! Ihm ist in Paris nicht so ohne weiteres zu helfen. Bei der Wiederbegegnung zeigt sich Meyerbeer nicht überrascht über die Mißerfolge. Wagner wird es nicht vergessen können. Und er war im Recht, wenn er bei Meyerbeer kein allzugroßes Interesse vermutete, einen Debütanten, der leicht Rivale werden konnte, unter den Flügeln seiner Protektion groß werden zu lassen.

So laufen die Dinge schlecht und schlechter. 1840 wird eine Wohnung in der Rue de Helder gemietet, nachdem die Kosten des kleinen Hotel garni bedenklich angewachsen waren. Das Geld wird knapper und fehlt zeitweise ganz. Musikalische Gelegenheitsarbeiten wie die Vertonung von Heines *Les deux Grenadiers,* Arrangements leichtester Musikware, der Verkauf von musikalischen Erzählungen an die Zeitungen helfen mehr schlecht als recht, sich und Minna über Wasser zu halten.

In seiner Novelle *Ein Ende in Paris* erzählt Wagner die Geschichte eines alten deutschen Musikers, der in Paris an Hunger zugrunde geht. Der Fall war dem Leben entnommen. Paris hatte genug von denjenigen, die durch Mißvergnügen am deutschen Alltag angelockt wurden. Nicht nur Heine und Börne, die Emigranten des Vormärz und des Nachmärz, sondern Handwerker und Musiker, dazu Lebenskünstler und Vagabunden. Auch Wagner gehörte zu den Angelockten. Nicht alle reüssierten, wie es später Jacques Offenbach tat, die meisten gingen namenlos unter. Wagner, »der deutsche Musiker in Paris«, der die Erzählung schreibt, ist dabei, auf den Tiefpunkt seines bisherigen Lebens zu kommen. Aus der Gestalt des sterbenden Freundes mit dem Vornamen R. und dem riesigen Neufundländer starrt ihn das eigene Elend an. In diesem Elend fühlt er, wie der Tod ihn und seine Frau streift. Briefe mit Bitten um Geld werden in alle Welt geschickt. Gewiß, im Kreise der Emigranten rückt man fest zusammen, hilft, wo es geht, aber die meisten von ihnen haben noch weniger als nichts; und Wagners karge Wohnung, in der das Bett in den Arbeitstisch verwandelt wird, ist meist abendlicher Treffpunkt. An den Freund Apel schreibt er – als Klage und Selbstanklage zugleich – am 20. September 1840:

»Für jetzt hätte ich aber gern meinem armen Weibe Medizin gekauft! Wie wird sie diesen Jammer überleben, und werde ich den ihrigen ertragen? – Herr Gott stehe mir bei, ich weiß mir nicht mehr zu helfen! – Alles, alles – alle letzten Quellen eines Hungernden habe ich erschöpft; ich Unglücklicher hatte bis jetzt die Menschen leider noch nicht gekannt. Geld – ist das Fluchwort, was alles Edle vernichtet . . . Den letzten kleinen Schmuck, das letzte notwendige Gerät seiner Frau zu Geld gemacht haben zu müssen, weil der Erlös der Trauringe nicht zureichte, Brot und Arznei anzuschaffen . . .«

In Paris nimmt er die abgebrochene Komposition des *Rienzi* wieder auf. Aber während der Arbeit schiebt sich die Erscheinung des Holländer weiter vor, gewinnt mehr und mehr Gewalt über ihn. Die Geschichte des Gespensterschiffs als Oper für Paris! Wagner trägt dem Direktor der Oper den Plan vor. Er hat die Dichtung wie die Musik der Konzeption nach schon im Kopf, weiß, wie die Sache zu machen ist. Die Verhandlungen ziehen sich über Monate hinweg in die Länge. Schließlich erfolgt die Entscheidung: Wagner möge das Libretto anfertigen und die Rechte darauf für fünfhundert Franken verkaufen. Die Ironie könnte nicht größer sein. Keine Rede von Musik! Sie wird einem von der Direktion bestimmten Komponisten in Auftrag gegeben. Wagner muß einwilligen. Er braucht das Geld. Als einziger Ausweg bleibt, sich die Vertonung der deutschen Originalfassung für das deutsche Operntheater selbst vorzubehalten.

Er begibt sich gleich an die Arbeit. Die fünfhundert Franken machen es möglich, ein Klavier zu mieten. Dann beginnt ein Schaffensvorgang, wie er konzentrierter nicht gedacht werden kann und sich auch in Zukunft bei Wagner nicht mehr wiederholen wird. Die materielle Not treibt das Werk geradezu aus ihm heraus.

Der Konzeption nach ist der *Fliegende Holländer* eine Oper in einem Akt. Das verlangt pausenloses Durchspielen. So hat Wagner es gesehen, und in dieser Richtung beginnt auch die heutige Aufführungspraxis sich wieder zu bewegen. Die Aufteilung der Oper in drei Akte ist eher äußerlicher Art. Das Holländer-Signal kehrt das Senta-Motiv um. Das zeigt, daß beide zusammengehören. In der Ballade der Senta des zweiten Akts ist die eigentliche Kernzelle des Ganzen. Sie hat Wagner als erstes komponiert. Steuermannslied und das Lied der Spinnerinnen sind unabhängige Einfälle, die als Einlagen in das organisch angelegte Ganze hineingenommen werden.

Wagner nennt den *Fliegenden Holländer* eine »Romantische Oper«. Und Geist der Romantik war hier in der dichtesten Form heraufbeschworen, Romantik, die sich mit dem Weltschmerz vereint, in ihm sich geradezu erfüllt: Der Holländer ist ein Umhergetriebener, er ist einer aus der großen Familie der Unglücklichen, an denen Europa so reich war. Er ist ein Bruder der Byronschen Helden, eines Manfred und eines Kain und ebenso von Puschkins Eugen Onegin. Und weil er den Weltschmerz als echte europäische Zeiterkrankung in sich trägt, darf er darauf rechnen, verstanden zu werden. Wagner bewegt sich hier wie immer auf der Höhe der Zeit. In der Todesangst beim Unwetter auf dem Meer war er dem gespenstischen Seemann begegnet. Der Holländer, ein zum ruhelosen Umherirren Verurteilter! Darin lag nach romantischem Verständnis Schicksal und Fluch. Nur die Treue einer Frau kann ihn erlösen, vor der ewigen Verdammnis bewahren. Was den Holländer zu seinem Los bestimmt hat, was ihn dazu verurteilt, außerhalb jeder menschlichen Gemeinschaft zu leben, ist letzten Endes unerklärlich. Das Gespensterschiff mit seiner unheimlichen Mannschaft taucht plötzlich auf und läßt mit furchtbarem Krach seinen Anker in den Grund sinken; es setzt sich ebenso schnell wieder in Bewegung und verschwindet in der Weite des Ozeans. Niemand weiß, woher es kam und wohin es segelt. Und ebenso ist es mit seinem Kapitän bestellt. Er tritt auf, gibt spärlichste Auskünfte über sich, fordert und tritt wieder ab, als die Menschenwelt nicht seinen Vorstellungen entspricht. Das Schlimmste aber ist: keine Aussicht auf ein Ende des Elends, noch nicht einmal darauf, sterben zu dürfen! Es bleibt nur die eine einzige Hoffnung auf die Weltkatastrophe, auf den Anbruch des Jüngsten Tags, den »Vernichtungsschlag, mit dem die Welt zusammenkracht«.

Die Weltkatastrophe als Möglichkeit, dem Elend ein Ende zu bereiten, die Existenz in »Nichts« aufzulösen: Walhall! Die Vorstellung vom Ende der Welt kündigt sich an, das Ende als Tag des Gerichtes, als Untergang wie das Zusammenbrechen von Lateran und Kapitol unter dem Flammenmeer im *Rienzi.* In der Verlorenheit des Holländer liegt zugleich die Verlorenheit des »deutschen Künstlers in Paris«, der hier nichts zu erwarten hat. Nicht zu vergessen: Der Dresdner Revolutionär von 1849 ist in Paris geboren worden, während der Arbeit am *Holländer,* als aus dem durchgelaufenen Schuhwerk des Flüchtlings aus Riga die Not leibhaftig herausschaut; als er wegen fünf Franken am Morgen von Meudon, wo er eine neue Wohnung gefunden hat, nach Paris wandert – das Geld für die Eisenbahn fehlt – und am Abend müde und erfolglos zu seiner Frau zurückkehrt. Das Frankreich, das er hier kennenlernt und nie vergessen wird, ist die Welt des Bürgerkönigtums, der Demokratie, des Zweikammersystems, des politischen Fortschritts, der es den politischen Emigranten zum Asyl empfahl, aber auch der Konjunkturen und Krisen, des zur Schau gestellten Reichtums der aufsteigenden bürgerlichen Klasse und der grenzenlosen Armut, die sie schaffen hilft. Auf diesem Boden nimmt der gespenstische Seemann Gestalt an. In seiner Phantastik lebt das Rätselhafte dessen, der hier mit dem Anspruch des »Genies« auftritt. Der Gedanke an seine Ausnahmenatur hält ihn am Leben, er ist das einzige, das hoffen läßt. Und die Kraft zur Hoffnung ist bei Wagner groß, so groß wie die zum Musik-Machen.

Der *Fliegende Holländer* wird in einem Zuge zu Ende komponiert. In sieben Wochen! Man merkt es ihm an. Das Werk ist – wie kein anderes von Wagner – aus einem Guß. Während es entsteht – zusammen mit der Niederschrift der Dichtung braucht Wagner acht Monate dazu –, wird der *Rienzi* abgeschlossen. Die Arbeit am *Rienzi* als der konventionellen »Großen Oper« im Meyerbeer-Stil geht in ihrer Schlußphase gleichzeitig mit der Komposition des *Holländer,* dem Werk der kühnen Neuerungen, vor sich. Im *Holländer* ist Wagner zum ersten Mal er selbst. Hier sind die Folgerungen aus dem ganzen Mißvergnügen seiner Praxis als Theaterkapellmeister gezogen. Zwar ist die Nummernoper mit ihren aneinandergereihten Rezitativen, Arien und Duetten im Grundgerüst beibehalten, aber sie hat die Banalität des Herkömmlichen verloren, eben das, was er bei der Oper der französischen und italienischen Schule bekämpft. Die Harmonik kennt Untertöne von bisher unbekannter dramatischer Wildheit. Im »Johoe, Hojohe!« der Senta-Ballade erfährt der stilisierte Operngesang den Einbruch menschlicher Naturlaute. Die Frauenstimme wird in einer ganz neuen Lage hörbar gemacht. Da ist nichts mehr zu finden von der im Takt zu schlagenden »italienischen« Melodie mit ihren Schleifen und Reprisen oder vom abgemessenen Marschtempo, wie es der *Rienzi* noch kannte. Gleich mit der Ouvertüre schlägt der musikalische Neuerer zu. Sie ist nicht mehr vorangestellte Einleitung, sondern die ganze Oper in abgekürzter Form und dabei selbständiges symphonisches Musikstück. So jedenfalls in ihrer endgültigen Fassung aus späterer Zeit.

Rienzi und *Fliegender Holländer* sind beim ersten Pariser Aufenthalt Wagners die Siege, die er gegen das zeitweise zur Katastrophe gewordene Elend erkämpft hat. Möbel waren verpfändet worden, ein Mietkontrakt – nicht rechtzeitig gekündigt – ließ Vorauszahlungen für ein ganzes Jahr fällig werden. Freilich fehlt auch nicht die Idylle in dieser Zeit der Bedrängnis. Im Wald von Meudon sammelt er mit seiner Frau Pilze und fragt sich in der Einsamkeit: Was hat mich eigentlich hierhergebracht? Warum bin ich nicht dort, wo es besser mit mir stünde? Wer bin ich? Wo komme ich her? Das ist Siegmund. Nachdenken über die Ursachen für das Verworfensein des von aller menschlichen Normalität Ausgeschlossenen!

Mit dem Abschluß des *Rienzi* bereitet sich die Wende vor. Aus Dresden trifft die Nachricht ein, daß er vom Königlich-Sächsischen Hoftheater angenommen sei. Wagner reist hin, um die Aufführung vorzubereiten. Am 20. Oktober 1842 findet sie statt. Das bedeutet Erfüllung kühnster Träume: Nachdem der Kapellmeister Reißiger ihm in der sechsten Aufführung den Taktstock übergeben hatte, stand er selbst vor dem Orchester Carl Maria von Webers.

Man kann gegen den *Rienzi* sagen, was man will, aber mit ihm, nicht erst mit dem *Fliegenden Holländer*, beginnt die neue Ära in der Geschichte der Oper. Das Werk bedeutet Brechen mit allen bis dahin geltenden Zeitproportionen. Die Aufführung beginnt um sechs Uhr abends. Als das Publikum das Theater verläßt, ist schon der neue Tag angebrochen. Dabei hat es noch nicht einmal die vollständige Oper zu hören bekommen. An Dekorationen ist in Dresden nicht gespart worden. Tichatscheck, den Wagner gewünscht hat, singt die Titelpartie, Wilhelmine Schröder-Devrient den Adriano. Das Publikum ist begeistert. Einen Erfolg wie beim *Rienzi* wird Wagner bis zur Münchner Premiere der *Meistersinger* nicht mehr erleben. Er selbst ist freilich nicht ohne Befremden. Schon bei der ersten Aufführung des *Rienzi* rückt er von ihm ab. Das ist der Stil nicht, der ihm vorschwebt.

Mit dem Erfolg durfte Wagner zufrieden sein. Die Hungerjahre in Paris waren nicht umsonst gewesen. Ohne Minnas Hilfe freilich wäre er zugrunde gegangen. Der Erfolg des *Rienzi* hatte ihm die Herzen der Dresdner erobert und das Hoftheater veranlaßt, ihm die vakante Stelle eines Hofkapellmeisters anzutragen. Wenn er sich entschloß, das Amt anzunehmen, dann waren es vor allem die wirtschaftlichen Verhältnisse, die ihn dazu zwangen, und das Drängen seiner Frau. Minnas Gesundheit hatte in den Pariser Jahren Schaden gelitten. Sie bedurfte dringender Erholung. Gleich nach der Rückkehr von Paris hatte sie eine Kur in Teplitz angetreten, während Wagner, bevor er mit den Proben zum *Rienzi* begann, noch eine Fußreise durch Böhmen unternahm. Auf dem Schrekkenstein bei Aussig entstanden die ersten Entwürfe zu einem Werk, das als Oper in drei Akten gedacht war und »Der Venusberg« heißen sollte.

Nach dem Erfolg des *Rienzi* war das Dresdner Publikum mit der Ankündigung des *Fliegenden Holländer* auf eine ähnliche Sensation gefaßt. Wagner wußte, um wieviel mehr das neue Werk seinen eigenen Anforderungen entsprach. Die Uraufführung war zunächst für Berlin vorgesehen, scheiterte aber am Widerstand des Berliner Intendanten. Was dann die Dresdner am 2. Januar 1843 zu hören bekamen, ging für viele in eine andere Richtung als die erwartete. Das Werk zeigte damals allerdings auch noch Mängel in der Instrumentation. Wagner, der sich dessen voll bewußt war, verbesserte sie in der Folge bis in die Zeit der Arbeit am *Tristan*. Die Ouvertüre erhielt ihren jetzigen Schluß erst 1852 bei der Vorbereitung für die Zürcher Aufführung.

Dennoch wurde die Wiedergabe des Werks mit der Schröder-Devrient als Senta und Wächter als Holländer zu einem großen Erfolg. Das war vor allem dem verständigeren Teil des Publikums zu verdanken, der sehr wohl das Neue herausspürte, das vom *Rienzi* wegführte und auf eine andere Bahn wies. Indessen wußte Wagner, daß sich sein Name in Dresden auf den *Rienzi* gründete. Wenn der *Fliegende Holländer* nach vier Aufführungen vom Spielplan verschwand, lag das freilich an einer Reihe von für das Werk ungünstigen Zufällen und besagt nichts über die beifällige Aufnahme. Vier Wochen nach der Premiere des *Holländer*, den er schon selbst dirigiert hatte, tritt er offiziell die Nachfolge des zweiten Kapellmeisters Rastrelli an. Sein musikalischer Vorgesetzter ist Karl Reissiger, der sich mit der Oper »Die Felsenmühle« und dem Festspiel »Der Erde reinstes Glück« bei den Dresdnern einen respektablen Namen gemacht hatte.

3. »Den dürren Stab in Priesters Hand ...«

Eine Traumwelt voller Zeichen und Wunder

»Heil! Heil! Der Gnade Wunder Heil!
Erlösung ward der Welt zuteil.
Es tat in nächtlich heil'ger Stund
der Herr sich durch ein Wunder kund:
Den dürren Stab in Priesters Hand
hat er geschmückt mit frischem Grün:
dem Sünder in der Hölle Brand,
soll so Erlösung neu erblühn!«

Tannhäuser, Dritter Aufzug

Im April 1842, an einem frühlingshaften Tag, hatte Wagner mit Minna Paris verlassen, um nach Dresden zurückzukehren. Die Reise war ungemütlich. An der Grenze setzte ein Wettersturz mit heftigem Schneetreiben ein. In Deutschland empfing sie der Winter. Wagner erzählte später, welche Bedeutung das für ihn hatte, und spricht von einem »Abenteuer von fast ähnlicher Gattung wie unsere frühere Seereise«:
»Einen wirklichen Lichtblick gewährte mir die Begegnung der Wartburg, an welcher wir in der einzigen sonnenhellen Stunde dieser Reise vorbeifuhren. Der Anblick des Bergschlosses, welches sich, wenn man von Fulda herkommt, längere Zeit bereits sehr vorteilhaft darstellt, regte mich ungemein warm an. Einen seitab von ihr gelegenen ferneren Berg-

rücken stempelte ich sogleich zum ›Hörselberg‹ und konstruierte mir so, in dem Tal dahinfahrend, die Szene zum dritten Akt meines ›Tannhäusers‹, wie ich sie seitdem als Bild in mir festhielt, und später dem Pariser Dekorationsmaler Désplechin, mit genauer Angabe meines Planes, zur Ausführung anwies.«

Die Landschaft erschien im Kontrast zwischen Frühling und Winter wie ein künstliches Paradies der Romantik, das sich sofort in ein Bühnenbild umsetzen ließ. Pläne zum *Tannhäuser* waren bereits in Paris gefaßt worden. Wieder war es Heine, von dem er auf den Stoff gewiesen wurde, und zwar durch ein frech parodierendes Gedicht mit der Warnung, sich nicht wie Tannhäuser in die Hände der Venus zu begeben:

Der Teufel, den man Venus nennt,
Er ist der Schlimmste von allen;
Erretten kann ich dich nimmermehr
Aus seinen schönen Krallen.

In Paris war Wagner sehr intensiv Studien zur altdeutschen und mittelalterlichen Mythologie nachgegangen und hatte sein Wissen gründlich erweitert, bevor er sich ans Schreiben des Textes machte. Er begann damit, als er im Sommer 1842 in Teplitz zur Kur weilte, zusammen mit dem Notieren musikalischer Einfälle. Es folgten dann die Arbeitsvorgänge in der »klassischen« Reihenfolge, also Komposition des fertigen Textes und schließlich Ausschreiben der Partitur. Zu Beginn des Jahres 1845 war die Arbeit abgeschlossen.

Am 19. Oktober kann der Dresdner Hofkapellmeister seine neue Oper *Tannhäuser und der Sängerkrieg auf Wartburg* an eben der gleichen Stelle wie früher den *Rienzi* und den *Fliegenden Holländer* uraufführen. Die kleine, aber sehr schwere und ungünstig plazierte Rolle der Venus singt Wilhelmine Schröder-Devrient, Wagners Idol aus früher Jugend, von ihm lebenslang als die größte Sängerin ihrer Zeit und als Vorbild für alle betrachtet. Sie war die Leonore gewesen, die in der Aufführung vom 3. November 1822 in Beethovens Gegenwart dem bis dahin erfolglosen »Fidelio« zum Durchbruch verholfen hatte. Sie hatte Schuberts Vertonung des »Erlkönig« vor Goethe gesungen und war von ihm deswegen sehr belobigt worden. Als junger unbekannter Musiker in der Ausbildung hatte Wagner ihr einen Brief geschrieben, in dem er die Würdigung ihrer Kunst zugleich mit dem Hinweis auf seine eigene künftige Größe verband. Mit andern Worten: Er stellt ihr sein Genie in Aussicht. Der Brief war kein Meisterwerk an gelungener Höflichkeit, aber von der Empfängerin aufbewahrt worden und wird jetzt von ihr hervorgeholt. Seine Voraussagen haben sich bewahrheitet. Aber das kann dem alles in allem mäßigen Erfolg des *Tannhäuser* an diesem Abend keinen zusätzlichen Effekt verschaffen. Denn der *Tannhäuser* leidet noch an schweren Geburtswehen. Aus ihnen wird er nie ganz herauskommen. Der Gedanke an den *Tannhäuser* bleibt für Wagner bis zum Lebensende mit Belastungen verbunden: eine »Oper«, die erst noch geschrieben werden muß!

Das verwundert, denn an Zahl der Aufführungen steht er – bei kleineren und mittleren Bühnen zum Teil auch heute noch – lange allen andern Opern Wagners voran. Das gilt besonders für ausgewählte Stücke wie die Ouvertüre – ein Prunkstück für Laienorchester mit schweren Bläsern – oder den Pilgerchor als Paradenummer für Festkonzerte von Männergesangvereinen. Der *Tannhäuser* bedeutet Triumph der Melodie als neuem Schöngesang auf den Grundlagen einer von den Italienern wegführenden Harmonie.

Die Schwierigkeiten beginnen mit dem Text, sie liegen in den Anforderungen, die von ihm her an die Regie gestellt werden. In heutigen guten Aufführungen besorgt ein inzwischen entwickeltes System von Aushilfen, diese Schwierigkeiten zu überspielen. Der Stoff ist wieder hochromantisch, gründet sich auf die mittelalterliche Legende vom Ritter, der in den Berg der Venus geht und mit der schönen Bergdame leidenschaftliche Beziehungen unterhält. Als er der vielen Liebe überdrüssig ist, will sie ihn nicht mehr ziehen lassen. Aber wie gut seine Absichten auch sein mögen: Wer sich mit der Venus eingelassen hat, der ist fortan persona non grata, ist für immer verloren, seine Rückkehr in die Menschenwelt nicht möglich.

Indessen ist das Tannhäuser-Venusberg-Thema nur die eine Hälfte der Geschichte. Die andere behandelt das Sagenmotiv des Sängerkriegs. Beide Hälften, die ursprünglich unabhängig voneinander existierten, zusammenzubringen, war die Aufgabe, die sich für Wagner bei der Abfassung des Librettos stellte. Und damit begann die umständliche Geschichte der Flickschustereien, die Text, Partitur, Regiekonzeption beim *Tannhäuser* bis auf den heutigen Tag haben über sich ergehen lassen müssen. Damit begann auch die später hinzukommende und heute immer noch erhebliche Frage nach der »Dresdner« und den beiden »Pariser« Fassungen mit ihren verschiedenen Arrangements, bei denen Wagner sich selbst nicht ganz sicher war, sowie der »Wiener« Fassung. Stein des Anstoßes aus verschiedenen Gründen waren von Anfang an die Venusbergszenen, die schwer im Zusammenhang darstellbar sind und dann auch zum Anlaß für den Pariser »Tannhäuser-Skandal« wurden.

Natürlich war der *Tannhäuser* von der Zeit der ersten Planung während der schweren französischen Jahre her auf ganz bestimmte Vorstellungen gegründet. In ihn geht der Protest des »deutschen Musikers« gegen eine zur Ware herabgehandelte Kunst ein. Ein solcher Kunstbetrieb wird dem französischen Bürgerkönigtum mit seinen nivellierenden, ganz auf den Erwerb setzenden Tendenzen zugeschrieben. In Venusbergwelt und Wartburg treten diese Gegensätze hervor: Hier Verführung durch ein aufreizendes Bacchanal, dort schöne romantische Einfachheit. Hier Venus – dort Elisabeth. Hier Teufelin – dort Maria. So einfach scheint das alles zu sein.

Aber die Gegensätze kennen eine Umkehrung. Das eigentliche Raffinement des musikalischen Erneuerers liegt in den Venusbergszenen. Hier ist zu hören, was über das Romantisch-Altertümliche der Wartburg-Musik hinausführt. Und darum sind die Venusbergszenen ärgerniserregend in vieler Hinsicht gewesen: Zum Mißlingen im Aufbau kommt das zu seiner Zeit Anstößige, begleitet von den skandalösen Tonfiguren des musikalischen Fortschritts. Der ganze Textentwurf des *Tannhäuser* ist Zeugnis dafür, wie die Zusammenkoppelung der beiden Welten dramaturgisch scheitert. Aber wie sie als Gegensätze den Menschen in zwei Hälften aufspalten, zeigt ein Theatereinfall, der zu den genialsten Wagners überhaupt gehört: In der zweiten Szene des ersten Akts sucht Venus ihren Geliebten daran zu hindern, sie zu verlassen. Tannhäuser reißt sich los mit den Worten: ». . . mein Heil ruht in Maria!« Darauf erfolgt ein »furchtbarer Schlag«. Die Venus verschwindet. Es wird dunkel. Musik überspielt den Szenenwechsel mit Umbau der Dekorationen. Als es langsam hell wird, findet sich Tannhäuser »plötzlich in einem schönen Tal«, über ihm »blauer Himmel.«

Es ist die uns bekannte Frühlingslandschaft mit Wartburg und Hörselberg, deren Eindruck Wagner von der Reise zwischen Paris und Dresden mitgenommen hatte. Die Phantasielandschaft ist belebt: Man hört das Geläute von Schafsglocken, ein junger Hirte mit der Schalmei ist zu sehen. Im Hintergrund, aber dem Auge zunächst noch verborgen, ziehen Pilger heran. Ihr Gesang ist zu Anfang leise und schwillt erst beim Näherkommen immer stärker an. Was wir hier erleben, ist eine totale Verwandlung. Ihre Wirkung ist vollkommen, erreicht Auge und Ohr zugleich. Die Ekstase des Venusbergs ist durch das Zwischenspiel des Orchesters zur Idylle geworden. Hier erscheint uns Wagner als der, der er immer auch ist, als Magier und Verwandler, der sich in den Mitteln auskennt, das Visionäre ins Machbare des Theaters umzusetzen.

Im *Tannhäuser* tritt das sehr persönliche Lebensthema des »Künstlers« Richard Wagner in neuer Fassung auf. Darin ist der Tannhäuser mit dem Holländer und dem Lohengrin verwandt, daß seine Beziehung zur menschlichen Normalität einen Sprung hat. Hier liegt freilich die Verwandtschaft aller großen Wagnerschen Gestalten. Denn das ist es, was sie von Wagner ausgehen läßt. Darin besitzen sie ihren heimlichen Verbindungsstrang, der sie mit Kopf und Herz zu Wagner zurückführt. Das aber macht sie nicht nur verloren in der Welt, sondern auch unmöglich. Ein Tannhäuser, der im ritterlichen Sängerwettstreit ein Preislied auf die Liebesgöttin singt, der sich in einer von anerkannten Tabus zusammengehaltenen Gesellschaft – um es in der Sprache unserer Zeit zu sagen – zur schrankenlosen Sexualität öffentlich bekennt, hat darin seinen Platz verloren. Er hat in ihr nichts zu bestellen. Der Boden bricht unter seinen Füßen zusammen. Wagner gibt an ihn ebenso wie an den Holländer, später den Siegmund und den Siegfried, seine eigene polizeinotorische Lebenssituation ab. Seine Gläubiger hatten ihn in Riga zur Flucht getrieben, in Paris droht ihm Gefängnis, bevor er in Dresden zum steckbrieflich verfolgten politischen Täter wird, der sich über zwanzig Jahre lang in Deutschland nicht sehen lassen darf, gegen den es Übereinkünfte deutscher Fürstenhöfe mit ihren Theaterintendanturen gibt. Nur Laxheit bei den verfolgenden Strafbehörden, das Bedürfnis, seine Musik zu hören, allerhöchste Freunde, die die Hand über ihn halten, verhindern die Verhaftung, die rechtlich bei seinen Aufenthalten in Deutschland durchaus möglich gewesen wäre.

Der ritterliche Tannhäuser, der gegen die geltende Moral verstößt, tut dies als »Sänger«. Damit rückt er der eigentlichen persönlichen Welt Wagners näher. Der Sängerwettstreit des *Tannhäuser* ist der erste, einfachere Versuch gegenüber dem komplizierteren, diatonisch angelegten in den *Meistersingern* mit Walter von Stolzing als Preisträger. Kein Zweifel: Der *Tannhäuser* ist kein striktes Weiterentwickeln der symphonisch gewordenen Oper im Sinn des *Holländer* und dessen neuer Harmonik. Im Instrumentieren mag er hier und da weiter gehen, so bei der Oboe, mit der der Hirte seine »Schalmei« bläst. Das war instrumental bis dahin nicht zu hören gewesen. Aber es gibt kräftige Rückschläge in die üppig-volle *Rienzi*-Melodie, was die Kritiker immer wieder zu Einwänden gegen diese Oper veranlaßt hat. Der »Einzug der Gäste« in die Wartburghalle erfolgt im aus dem *Rienzi* wohlbekannten Marschtakt. Der Sängerwettstreit mit seinen die Arie teilweise wiederherstellenden Partien kennt sehr wohl »italienische« Schönstellen. Jeder Vortrag der Sänger, ob Wolfram, Walther oder Biterolf hat seinen eigenen Wohlklang. Steigerung erfolgt mit dem Auftritt Tannhäusers und seiner Aufforderung an die andern, sich auch in den Venusberg zu begeben. Die bestehende Gesellschaft ist damit an ihrem Lebensnerv getroffen. Tumult, Taumel, Chaos brechen aus. Es ist ans Ideal der »reinen Jungfrau« gerührt, die bei intakter bürgerlicher Moral immerhin einiges gilt. Die Tragödie gelangt in ihr eigentliches Element. Hier brechen die Gegensätze durch. Wo eine Venus ist, kann die Heilige nicht fehlen. Schwanken zwischen irdischer und himmlischer Liebe bedeutet für das neunzehnte Jahrhundert noch etwas. Das greift tief in den Lebensbereich Richard Wagners ein, macht aus Tannhäuser seinen autobiographischen Helden. Daß er in Tannhäuser das Geltende in Frage stellt, sagt viel über seine eigene Parteinahme aus.

Die Dresdner Uraufführung mit Wagners Nichte Johanna als Elisabeth war übrigens kein großer Erfolg. Wagner sah die Schuld vor allem in der Heiserkeit Tichatscheks, der die auch heute noch als außerordentlich schwierig geltende Partie des Tannhäuser sang. Aber sie lag gewiß nicht weniger in dem unglücklichen Schluß, den Wagner auch sofort als revisionsbedürftig erkannte. Es fand nicht wie in der heute gespielten Fassung das Wiederauftreten der Venus statt, die Zuschauer bekamen keine Leiche der Elisabeth zu sehen und auch der jüngere Pilger, der mit dem grünenden Stab dem armen Tannhäuser gegen alle Erwartungen die ihm zuteil gewordene Gnade anzeigt, fehlte. Man hatte in Dresden eine noch unfertige Oper gespielt.

Immerhin: Trotz der Zurückhaltung des Publikums gegenüber dem *Tannhäuser* bewegt sich Wagner schon auf einer sicheren Straße des Erfolgs. *Holländer* und *Tannhäuser* sind Opern der konventionellen »Melodie«. Diese Linie wird der *Lohengrin* fortsetzen. Das wird auch die gern behauptete Zusammengehörigkeit dieser drei Werke rechtfertigen.

Der *Lohengrin* mit seiner romantisch-mittelalterlichen Symbolik ist lange das bekannteste aller Wagnerschen Werke gewesen. Das war vielleicht nicht immer musikalisch begründet. Die Oper schien unter dem Zeichen des Schwans zu stehen. Ein Schwan zieht einen Kahn, in dem sich ein Ritter befindet und schwimmt damit die Schelde hinauf und hinunter: Das Bild war zu schön, als daß man es leicht hätte vergessen können. Der Schwan wird Ornament, dessen sich Maler und Kunsthandwerker annehmen. Es erscheint in mit Geld aus den Gründerjahren gebauten Fabrikantenvillen auf buntem Glas, als Einlegearbeit in Holz auf getäfelten Wänden. In Bayern wird König Ludwig II. sein Schloß Neuschwanstein auch zu seinem Angedenken errichten lassen. Das führt weiter und geht bis in die Karikaturen des »Simplizissimus«, wo der

Schwan zur sofort verstandenen Anspielung auf Wagner und den Wagnerianismus wird.

Das war natürlich äußerlich gesehen und hat mit Musik nichts zu tun, entstammt übrigens einer späteren Zeit, aber es bezeugt die Popularität des *Lohengrin*-Stoffes. Zum Kitsch entstellt war das Lohengrin-Ornament ein Mittel, die Wagnerkunst erfolgreich lächerlich zu machen.

Der Komponist des *Lohengrin* kommt also vom *Tannhäuser* her. Wieder liegen die Anfänge der Beschäftigung in Böhmen, der Landschaft, von der Wagner ungeheuer angezogen ist und der er inspirierende Kraft für sein Schaffen zuschreibt. Erste Pläne zum *Lohengrin* faßt er im Juli 1845 in Marienbad zusammen mit noch unfertigen Entwürfen zu den *Meistersingern*. Wieder ist es ein Stoff der mittelalterlichen Sage und die Sagengestalt in das verherrlichende Licht der Romantik getaucht. Und wieder schlüpft der Künstler Richard Wagner in sie hinein. Lohengrin ist Lichtgestalt, er bewegt sich in der Aura des Wunders. Seine Erscheinung als vom Schwan herangeführter Ritter ist unerklärlich. Sie ruht im Geheimnis des Grals, hat hier Ausgang und Endpunkt.

Das ist natürlich eine Mystik sehr anspruchsvoller Art und nicht nach jedermanns Geschmack. Es greift hoch und bietet Anlässe für wirksame ironische Einwände. Aber es ist konsequentes Weitergehn des mit dem *Holländer* angetretenen Wegs. Die Forderungen des Helden werden noch einmal heraufgeschraubt. Denn das von Lohengrin verbreitete Wunder ist auch das Wunder der Kunst und des Künstlers. Nüchtern und bei Tage besehen erscheint das absurd, zumindest befremdlich und könnte Wagnergegnern zu leichtem Spiel verhelfen. Doch das Wunder von Kunst und Künstlertum ist von eigentümlicher und neuer Art. Unter der Schicht des banalen Pomps und des vermessen scheinenden Anspruchs ist Wagner immer ernst zu nehmen. Sein Jahrhundert, das künftige Bewegungen vorbereitet, ist selbst schon in Bewegung geraten. Das Wunder im Sinn der Religionen hat seine Kraft verloren. Wagner sagt darüber später:

»Auch ›Lohengrin‹ ist kein eben nur der christlichen Anschauung entwachsenes, sondern ein uralt menschliches Gedicht; wie es überhaupt ein gründlicher Irrtum unsrer oberflächlichen Betrachtungsweise ist, wenn wir die spezifisch christliche Anschauung für irgendwie urschöpferisch in ihren Gestaltungen halten.«

Das heißt immer auch: Der neue Künstler als Magier und Zauberer, der auf seine Weise Wunder verrichtet, verfügt über ältere Einsichten als das Christentum sie hat. Das Christentum schöpft selbst nur aus Quellen, die lange vor ihm geflossen sind.

Mit diesen Vorstellungen war der Komponist des *Lohengrin* ins Vorfeld der Revolution gelangt. Seine Entstehungsgeschichte bis zur ersten Aufführung in Weimar im Jahre 1850 fällt denn auch zwischen Vor- und Nachwirren des Dresdner Aufstandes mit Wagners unmittelbarer Beteiligung. Es bleibt darum eigentümlich, wie im *Lohengrin* das Künstlerbewußtsein auf das extremste hochgetrieben wird. Die Geschichte des Lohengrin, sein »Fall«, lag im bedingungslosen Fordern. Der Schwanenritter als unwirkliche Erscheinung ist plötzlich da – niemand weiß, woher er kommt –, tritt im Augenblick der höchsten Gefahr für die schutzlose Elsa ein, erwirbt damit Rechte auf sie, verweigert jede Auskunft über sich und verläßt sie, die gerade seine Frau geworden ist, als sie scheu und liebend seine Herkunft wissen möchte.

Nie sollst du mich befragen
noch Wissens Sorge tragen,
woher ich kam der Fahrt,
noch wie mein Nam' und Art!

Hier liegt das Gebot, das die Lichtgestalt erhebt. Sie will hingenommen werden als das, was sie ist. Zweifel sind nicht gestattet. Wo der geringste Anflug des In-Frage-Stellens – ob zu Recht oder Unrecht, bleibt gleich – nur vermutet wird, sinkt die aus dünnen Fäden gesponnene Beziehungswelt ein.

Das ist wiederum autobiographisch im allerhöchsten Maße. Hier war an Persönlichstes gerührt, wird Inneres nach Außen gewendet. Die Geschichte von Lohengrin und Elsa ist zugleich sublimierte Ehegeschichte von Richard Wagner und Minna, der schönen Schauspielerin, die er ins Engagement nach Riga mitnimmt und dann in seinen Sturz in Paris hineinzieht. Die starke erotische Beziehung, wie sie zwischen beiden von den Anfängen bis in die erste Zürcher Zeit bestanden hat, war auf ihrer Seite immer durchsetzt von Zweifeln an der Kunst des Mannes. In der wirtschaftlichen Not als treuer Begleiterin dieser Ehe wird herummäkelnde Verständnislosigkeit zu einem von Wagner beklagten Dauerübel. Die Briefe der Sammlung Burrell, von der offiziellen Bayreuther Hausgeschichtsschreibung ihrem Inhalt nach unterdrückt, weil sie nicht dem gewünschten Bilde des »Meisters« entsprachen, zeichnen zeitweise rücksichtslos geführte Kämpfe Mann gegen Frau und umgekehrt nach. Die Erfolglosigkeit des Ehemanns, der in Paris ihren Schmuck versetzt hatte, gab ihr als Frau nicht unrecht. Wenn Wagner später, als dann erste Erfolge einzusetzen begannen, die Rezepte für diese Erfolgswerke gewissermaßen zerriß und mit der Arbeit am *Ring* die Gefahr des Scheiterns offenbar suchte, mußte ihr das wie ein Selbstmord erscheinen: Zerstörerisch für ihre Ehe hat es in jedem Fall gewirkt.

Die Situation des Mißlingens ist im *Lohengrin* schon auf klassische Weise auseinandergesetzt. Und gerade damit nimmt er eine Sonderstellung ein. Wagner nennt ihn »das allertragischste Gedicht«. Das verdient beachtet zu werden. Im *Holländer* läßt am Ende der gespenstische Seemann die Segel aufspannen. Während das Schiff unter den Rufen der Mannschaft abfährt, stürzt sich Senta ins Meer. Aber die Bühnenanweisung, die unbedingt befolgt werden muß, besagt: »In weiter Ferne entsteigen dem Wasser der Holländer und Senta, beide in verklärter Gestalt; er hält sie umschlungen.«

Die Oper als Musiktragödie setzt Erwartungen in Zukünftiges. Tannhäuser stirbt bekanntlich im Heil der Gnade. Für Tristan und Isolde bedeutet Sterben Eingehen in die Ewigkeit der Liebe:

So starben wir, um ungetrennt, ewig einig, ohne End', ohn' Erwachen, ohne Bangen, namenlos in Lieb umfangen, ganz uns selbst gegeben, der Liebe nur zu leben.

Am Ende der *Götterdämmerung* fällt mit Walhall die alt gewordene Welt der Götter in die Unschuld der Natur zurück. *Parsifal* steht von Anfang an unter dem Zeichen der Erlösung. Wohin man sieht, bleiben Tod, Untergang, Leiden überhaupt bei Wagner an die Hoffnung gebunden. Der *Lohengrin* ist die Ausnahme. Die Musik der Oper hat Wagner vom dritten Akt her komponiert. Er wendet sich dann dem ersten Akt zu und schließt mit dem zweiten, wo die musikalisch schwierige Szene zwischen Ortrud und Telramund ihn immer wieder zu Aufschüben an der Arbeit veranlaßt hatte. Und vom Ende her muß das Werk auch verstanden werden. Vergeblich sind die Rufe Elsas nach Lohengrin, den der Schwan bereits in die Ferne entführt hat. Jede Aussicht auf Versöhnung fehlt. Die Beziehung des Paares ist hoffnungslos zerstört.

Es gibt hier vieles, was in dieser Symbolwelt psychologisch nicht einsichtig gemacht wird. Wagner wußte das. Unwahrscheinlich ist die Szene, in der Lohengrin vor allem Volk sich von Elsa lossagt, nachdem sie gegen das Frageverbot verstoßen hat. Ida von Lüttichau, mit der Wagner im Gegensatz zu ihrem Mann, dem Direktor der Dresdner Hofoper, gut stand, macht ihn darauf aufmerksam. Wagner bestätigt es. Es gibt viele derartige Störungen, durch die diese Traumwelt mit ihren vielschichtigen Beziehungen aufgerissen wird. Versuche, den *Lohengrin* psychologisch oder gar psychoanalytisch aufzuschlüsseln, können denn auch nie vollständig gelingen. Es bleibt immer ein Rest, der nicht aufgeht. Wagner, der im *Lohengrin* zum ersten Mal eine bereits weit entwickelte Technik der Anwendung des »Leitmotivs«, und zwar psychologisierend, verwendet, ist am Ende eben doch kein Psychologe, sondern Komponist. Es wirkt bei ihm immer die Naivität des großen Künstlers mit, den Systeme irgendwelcher theoretischer Art wenig kümmern. So ist das Frageverbot mit einer – sehr bekannt gewordenen – melodischen Figur verbunden. Sie klingt vor dem Verstoß einmal ganz flüchtig, dann wieder drohend auf, als Elsa im Begriffe steht, es zu übertreten. Welche »Gesetzmäßigkeit« dahintersteht, ist schwer zu sagen. Das gilt übrigens für die Führung des Leitmotivs überhaupt und läßt sich von Operndirigenten bestätigen: Es kann unerwartet auftreten und es kann fehlen, wo man es vom Text her erwarten dürfte. Im Gesamtentwurf als Zusammenwirken von Wort und Musik spricht die Partitur immer ihre eigene Sprache. Sie nimmt die dichterisch-musikalische Handlung auf ganz freie Weise in den Strom der melodischen Fortbewegung hinein.

Man kann den *Lohengrin,* voll beladen mit ausschweifender Ritterromantik, nicht aus der Zeit und der schon bürgerlich werdenden Welt herauslösen. Im Hintergrund steht bei allem die bürgerliche Ehe – hier als Verbindung einer männlichen Lichtgestalt mit einer verständnislosen Erdenbürgerin. Die Frage lautet nur: Wen trifft die Schuld? Zweifellos beide. Schuld ist, daß Lohengrin, der aus der geheimnisvollen Sphäre des Grals kommt, an der Wirklichkeit vorbeilebt; schuld ist, daß Elsa unbedacht das Geheimnis dieser Sphäre in Frage stellt. Schuld an der Problematik ist Wagners Künstlerbewußtsein: Die Welt ist eingeteilt in die kleine Schar der Wissenden und die Masse der Unwissenden – eine Unterscheidung, die auf dem weiteren Weg zum *Parsifal* hin an Bedeutung noch gewinnt.

Hier wird dann das »allertragischste Gedicht« rissig; denn der Entwurf Lohengrins als Lichtträger steht ja in direktem Zusammenhang mit Wagners Entwicklung zum politischen Revolutionär. Er verkörpert das Prinzip des Fortschritts gegenüber der Reaktion. Die Reaktion, das sind die finsteren Mächte, die in der Gestalt der Ortrud auftauchen, das ist die Magie dieses vorchristlichen Zauberwesens, das mit den altgermanischen Göttern im Bunde steht. Hier Lohengrin – Elsa, dort Ortrud – Telramund. So stehen sich in diesem Kampf zwischen Hell gegen Dunkel die Parteien gegenüber, die am Ende selbst zerfallen.

In einem Brief an Franz Liszt vom 30. Januar 1852 hat Wagner einen Kommentar zum Wesen der Ortrud gegeben, der uns ihren Charakter erhellt und auch direkt in Wagners politische Tendenzen einführt. Er zeigt nicht nur, daß er im *Lohengrin* die Rückständigkeit der deutschen Verhältnisse bekämpft, sondern was er als Kennzeichen dieser Rückständigkeit sieht. »Ortrud«, so schreibt er an seinen späteren Schwiegervater, »ist eine Reaktionärin, eine nur auf das Alte Bedachte und deshalb allem Neuen Feindgesinnte«. Warum sie das ist, erklärt er im gleichen Brief so:

»Es ist eine Liebe in diesem Weibe, die Liebe zu der Vergangenheit, zu untergegangenen Geschlechtern, die entsetzlich wahnsinnige Liebe des Ahnenstolzes, der sich nur als Haß gegen alles Lebende, wirklich Existierende äußern kann . . . Wir kennen in der Geschichte keine grausameren Erscheinungen als politische Frauen.«

Solches im Zusammenhang mit dem *Lohengrin* und seiner blühenden Melodik zu hören, verwundert zunächst. Darin lag ein Teil seines politischen Bekenntnisses, allerdings mit einigen Merkwürdigkeiten. Es ist bekanntlich der Wagner des *Lohengrin,* der in die Wirren der Revolution von Dresden hineingezogen wird und aktiven Anteil daran hat, so utopisch und phantastisch seine Aktivitäten auch immer gewesen sein mögen. Seine Anschauungen über die Rolle der Religion für die Weltgeschichte, für den Menschen überhaupt, hatten schon erste Eindrücke von Feuerbachs Philosophie aufgenommen. Sie hatten an seinem Bilde vom Mythos gerade im Blick auf den *Lohengrin* mitgewirkt. Gott ist nicht Schöpfer des Menschen, sondern selbst Geschöpf des menschlichen Vorstellungsvermögens. Das alles befindet sich nun in fortwährender Vermischung mit den politischen Emanzipationsideen der »Jungdeutschen« – die dem Emanzipierten Recht auf Genuß ausdrücklich einräumen – und dem Anarchismus Bakunins, der Rußland verlassen hatte und bei seinem Auftreten in Europa überall Aufsehen erregte. So befindet sich denn auch das politische Denken in einem Zustand der Gärung. Festes, Sicheres ist eigentlich nirgendwo mehr zu finden.

Wagner will politische Veränderung im Sinne der neuen Ideen und hat Grund, in seinem Brotamt als Königlich Sächsischer Kapellmeister mit der Theaterdirektion höchst unzufrieden zu sein. Aber – der Brief an Liszt sagt es –: Die politische Tat selbst ist abstoßend, Frauen sollten davon grundsätzlich ausgeschlossen sein. Unbemerkt bleibt, daß er damit selbst auf die Seite derer gerät, die er so nachdrücklich bekämpft. Die revolutionäre Theorie der frühen französischen Sozialisten, die er durch seine in Paris gewonnenen Anschauungen zusammen mit Feuerbachschen und Bakuninschen Ideen in den deutschen Verhältnissen zur Anwendung bringen möchte, ist nachweisbar nicht seine Stärke. Als Theoretiker und Praktiker der Revolution, der er auf seine Weise war, gehört er zu den Utopisten aus der zu Ende gehenden Phase des französischen vorwissenschaftlichen Sozialismus. Was Marx und Engels im »Kommunistischen Manifest« von 1848 über sie bemerken, trifft auf Wagner haarscharf zu: »Deutsche Philosophen, Halbphilosophen und Schöngeister bemächtigten sich gierig dieser Literatur und vergaßen nur, daß bei der Einwanderung jener Schriften aus Frankreich die französischen Lebensverhältnisse nicht gleichzeitig nach Deutschland eingewandert waren.«

4. »Ihrem Ende eilen sie zu . . .«

Der weisungsgebundene Theaterreformer

»Ihrem Ende eilen sie zu,
die so stark im Bestehen sich wähnen –
Fast schäm ich mich
mit ihnen zu schaffen;«
Das Rheingold, Vierte Szene

Das Lebensschiff Wagners war nach den Stürmen von Paris in das zunächst ruhigere Gewässer seiner Dresdner Kapellmeistertätigkeit eingelaufen und gerät jetzt in Zonen, die es erneut in heftiges Schwanken bringen. Die Zeit, in der an den *Lohengrin* letzte Hand gelegt wird, fällt in die Dresdner Aufstände, ihre Vor- und Nachgeschichte. Für die Uraufführung in Weimar wird der nach der Revolution politisch Verfolgte vergeblich freies Geleit erbeten. Aus alledem läßt sich abzeichnen: Die Veränderung der politischen Weltverhältnisse wie privater und beruflicher Umstände haben ihn seit langem für einen Wandel reif gemacht. Was dann kommt, ereignet sich orkanartig und stößt den Dresdner Musikbeamten ins Chaotisch-Verworrene zurück, aus dem er an den sächsischen Hof gekommen war.

Dieser seit langem vorbereitete Umbruch zeigt sich beim *Lohengrin* in der Gestalt der Ortrud, die als Vertreterin der finsteren Gegenpartei – wie im *Tannhäuser* die Venus – Partie des raffinierten musikalischen Fortschritts ist. Ortrud steht für eine Furcht und Grauen erregende germanische Götterwelt, gegen die das Licht des neuen Christentums strahlt. Daß nun das Heidentum für Wagner selbst zur neuen mythologischen Wirklichkeit wird, ist eine nach der Arbeit am *Lohengrin* einsetzende Entwicklung. Erst jetzt, als Wagner in die neue Unordnung des Umhergetriebenen gerät, tritt die altgermanische Welt aus ihrer Düsternis heraus und nimmt Gestalt an: die eigentliche Wagner-Welt des *Ring* mit ihren nordischen Göttern, Helden, Riesen, Zwergen und Drachen.

Aber auch musikalisch vollzieht sich im *Lohengrin* ein Umschwung. Franz Liszt lobte die »Einheit der Konzeption und des Stils« dieser Oper und fand, »daß es in derselben keine melodische Phrase und noch viel weniger ein Ensemblestück oder überhaupt irgendeine Stelle gibt, welche getrennt vom Ganzen in ihrer Eigentümlichkeit und in ihrem wahren Sinne verstanden werden kann.« Das weist schon auf Künftiges, auf den *Tristan,* dem seiner organisch aufgebauten Form nach vollkommensten Werk. Die alte Nummernoper, deren Prinzip im *Tannhäuser* wieder kräftig aufgelebt war, wird nun endgültig fallengelassen. Die Leitmotive bilden schon klare Ansätze zu einem Netz, das zum ersten Mal zusammenhängend im *Ring* ausgespannt wird. Dazu die Neuartigkeit der Chöre! Der Pilgerchor im *Tannhäuser* hat noch ganz deutlich Züge der großen melodischen Einlage. Ähnlich herauslösbar aus dem Ganzen sind das Steuermannslied und das Spinnerinnenlied im *Fliegenden Holländer.* Im *Lohengrin* dagegen übernehmen gleich zu Beginn die Chöre den die Handlung vorwärtstreibenden Part. Sie sind von Anfang bis Ende in die Oper integriert. Das große Duett zwischen Ortrud und Telramund im zweiten Akt mit seinen kühnen Klangfiguren und seiner wilden rhythmischen Bewegtheit ist schon kein Duett im herkömmlichen Sinn mehr, sondern bereits dramatischer Zwiegesang. Und dann: Auch mit der Tradition der Opernouvertüre ist im *Lohengrin* gebrochen. Das führt weit über den *Holländer* hinaus. An den Anfang ist ein »Vorspiel« gestellt, in dem die Gralswelt musikalisch aufscheint. Der *Lohengrin*-Klang ist ganz anderer Art, das Tonmaterial anders aufbereitet. Mit der Arbeit an dieser Oper war die alte Romantik, die hier zum Höhepunkt geführt wurde, gleichzeitig fragwürdig geworden. Mit ihr hatte sich Wagner auf eine neue Krise zubewegt, eine Krise seines eigenen Lebens, die aber aufs engste mit der europäischen Krise verbunden war, von ihr im weiteren Verlauf ihre Richtung erhalten wird.

Wagners Jahre als Dresdner Kapellmeister brachten durch sein Amt und die damit verbundene geregelte Berufstätigkeit zunächst einen gewissen bürgerlichen Zug in seine Künstlerexistenz. Er ist königlicher Beamter, trägt als solcher die vorgeschriebene hellgraue Dienstuniform, seine Zukunft sowie die seiner Frau ist durch den Pensionsfonds gesichert. Die Lebensumstände haben sich langsam etwas erfreulicher gestaltet. Wagner hatte sich nicht nach dem Amt gedrängt. Not und Rücksicht auf seine Frau legten es ihm nahe. Die Dresdner Oper ist die erste in Deutschland. Für die Schröder-Devrient gibt es keine Konkurrenz. Tichatscheck gilt als Heldentenor von hohen Graden. Mit Wagner wird der Rang des Hauses noch weiter gefestigt.

Ein erstes, sehr bescheidenes Domizil bezieht er mit seiner Frau in der Töpfergasse. Es geht darum, zunächst einmal das Bettlerhafte in der äußeren Erscheinung abzulegen. Angenehmere Räume finden die beiden dann bald in der Ostra-Allee mit Blick auf den Zwinger. Später mietet man eine etwas billigere Wohnung im obersten Geschoß des Marcolinischen Palais in der Friedrichstadt.

Dresden ist in dieser Zeit der vierziger Jahre längst aus dem Schatten des beweglicheren Leipzig herausgetreten, in dem es so lange gestanden hatte. Es ist sogar mehr als je geistiger Anziehungspunkt geworden. In Dresden hat sich Tieck niedergelassen, der »König der Romantik«, der Verfasser des »Blaubart«, des »Gestiefelten Kater«, der über fünfzig Jahre lang die Traumbedürfnisse seiner Zeitgenossen befriedigt hatte. Während Goethe gelobt wurde, wurde Tieck gelesen. In seinen Übersetzungen Shakespeares zusammen mit den beiden Brüdern Schlegel war Shakespeare fast zu einem »deutschen Dichter« gemacht worden. In ihm verkörpert sich noch einmal die Romantik, aus der das Wagnersche Musikdrama geboren wurde. Tieck galt zwar in Deutschland schon als aus der Mode gekommen, seine Art der Phantastik hatte sich überlebt, wie überhaupt die Romantik von den »Jungdeutschen« für überholt erklärt wurde. Auch Wagner war diesen Tendenzen gefolgt und stand auf der Seite der literarischen Avantgarde. Stoff und Anregung für den *Fliegenden Holländer* und den *Tannhäuser* verdankte er Heine – und der war schließlich einer ihrer Wortführer.

Nun beginnen die Dinge, sich zu verwischen. In Dresden wird Wagner auf Gutzkow treffen, einen der eifrigsten unter den »Jungdeutschen«, der als Dramaturg am Hoftheater die Stelle antritt, die Tieck sechzehn Jahre innegehabt hatte. Damit wird später eine Herausforderung für Wagner verbunden sein, als er im Ärger über die Leitung des Hoftheaters den Plan verfolgt, die Gesamtdirektion über Oper und Schauspiel zu übernehmen. Das würde die Ausschaltung seines Gegners Gutzkow bedeutet haben, der ähnliche Pläne hatte. Das Vorhaben scheiterte, weil es scheitern mußte. Zum ersten wurde es von den stürmischen Maitagen zunichte gemacht, zum zweiten wäre Wagner nie der Mann gewesen, ein Hoftheater zu leiten.

Wagners Tätigkeit als Kapellmeister war keineswegs unproblematisch. Im Orchester selbst ist er bestehenden Widerständen gegen ihn nie ganz Herr geworden. Er hat darüber in seiner Lebensbeschreibung offen berichtet. So ist Theodor Uhlig, vielleicht der beste Freund in seinem Leben, ursprünglich ein Mann der antiwagnerischen Clique gewesen und erst, als der Dirigent das Ausmaß seines großen Talents als Geiger erkannte, auf seine Seite herübergetreten. Neben seiner Musikalität schätzte Wagner seine Grundanständigkeit. Mit Uhlig führt er später während des zweiten Pariser Aufenthalts jene Korrespondenz, die die offizielle Bayreuther Wagnergeschichtsschreibung zu vertuschen suchte, weil sie nicht ins Bild paßte. Uhlig galt dunklen Mutmaßungen zufolge als natürlicher Sohn des Königs von Sachsen. Nach seinem Tod in jungen Jahren hat Wagner später – allerdings ohne Erfolg – versucht, dessen nachgelassene musikalische Schriften drucken zu lassen. Zu seinem bevorzugten Umgang gehört während dieser Zeit auch August Röckel, dritter Kapellmeister der Hofoper. Für die katholische Hofkirche hatte man einen Katholiken zum Musikdirektor gesucht und Röckel war, weil er, als geborener Grazer, dessen Vater Beethoven nahegestanden hatte, die passende Konfessionszugehörigkeit besaß, dazu ernannt worden. Als Land mit protestantischer Bevölkerung wurde Sachsen seit dem Konfessionswechsel Augusts des Starken im Zusammenhang mit seiner Erlangung der polnischen Königskrone von einem katholischen Haus regiert. Röckel hatte also auch die königlichen Privatgottesdienste musikalisch zu gestalten. Er ist sogar als Komponist hervorgetreten, gab es aber bald auf, als er Wagners Musik kennenlernte. Zum Freundeskreis zählt ebenfalls Semper, der als Architekt den »Semper-Stil« aus Elementen der florentinischen Frührenaissance begründet, mit europäischen Nachwirkungen. Neben Wagner und Röckel ist er der entschiedenste Verfechter der politischen Veränderung.

Nicht zum Freundeskreis Wagners gehört Robert Schumann, der mit seiner Frau 1844 aus Leipzig nach Dresden übersiedelte. Clara Schumann, die vor einer großen Karriere als Pianistin steht, ist der Ansicht, daß der Musikdirektor Hiller in Dresden der einzige sei, mit dem man über Musik reden könne. Damit wird die tiefe Kluft sichtbar, die zwischen Wagner und Schumann liegt. Clara Schumann mochte übrigens Recht haben: mit Wagner war schlecht reden, jedenfalls wird Schumann immer, wenn er es versuchte, zum bloßen Zuhören verurteilt. Das ermüdet ihn so, daß er das Gespräch mit Wagner am Ende nicht mehr sucht. Umgekehrt klagt Wagner über Schumanns Verschlossenheit, er findet sich von ihm nicht angeregt und legt wenig Wert darauf, den Verkehr fortzusetzen. Aber er schickt ihm Schüler zum Unterrichten ins Haus. Wagners forscher Redelust steht Schumanns etwas ungelenke Art gegenüber. Dazu die völlige Verständnislosigkeit gegenüber dem andern! Was Wagner von Schumanns »Genoveva« mitbekommt, die gerade im Entstehen begriffen ist, beeindruckt ihn überhaupt nicht. Er lehnt diese wirklich große Musik ab. Schumann hat sich immerhin an Wagner ein Vorbild genommen, die Dichtung für seine damals geplanten Opern selbst zu schreiben. Als Typus ist Schumann, der Herausgeber der »Neuen Zeitschrift für Musik«, akademischer, von nervöser Bürgerlichkeit, die den kleineren Formen näher steht. Über Wagners *Tannhäuser*-Partitur schüttelt er den Kopf, ist aber dann doch überrascht von der Schönheit der Melodien, als er das Werk in der Oper hört.

Wagners Kapellmeistertätigkeit in Dresden bedeutet, allen Widerständen zum Trotz, die seitens der Direktion, Teilen des Orchesters und der öffentlichen Meinung, insbesondere der Hofkreise gegen ihn aufgebaut werden, eine große Zeit. Daß in ihm der erbliche Nachfolger Carl Maria von Webers zu sehen sei, hatte er durch einen symbolischen Akt demonstriert: die Überführung der Asche Webers aus London, wo er während einer Konzertreise verstorben und anschließend beigesetzt worden war, nach Dresden. Wagner spricht am neuen Grabe und dirigiert ein von ihm selbst komponiertes Lied, für das er auch den Text verfaßt hatte. In seine Ägide fällt die Einladung an Mendelssohn, sein Oratorium »Saul« selbst zu leiten. Bei der Uraufführung von Mendelssohns Musik zu Shakespeares »Sommernachtstraum« steht Wagner persönlich am Pult. Im Winter 1844 kommt auf seine Veranlassung Spontini nach Dresden, um eine Neueinstudierung der »Vestalin« zu leiten. Die Aufführung selbst leidet unter einem Schönheitsfehler: Die Schröder-Devrient als Darstellerin der Hauptrolle sticht wegen ihres erheblich gewordenen Körperumfangs unvorteilhaft gegen Wagners Nichte Johanna, die die ältere Hohepriesterin darstellt, ab. Es bleibt der Eindruck, daß sie auf das Ende ihrer Karriere zusteuert. Das wird übrigens Wagners Umgang mit ihr erschweren.

Wagners Dresdner Amt und die damit verbundenen dienstlichen Verhältnsse hatten von Anfang an in gewissem Gegensatz zu seinem Herkommen und seiner Natur gestanden. Als Kapellmeister war er bis dahin – gleich aus welchen Gründen – über kurz oder lang überall gescheitert. Entweder war es der Bankrott eines Theaters gewesen oder ein Skandal im Zusammenhang mit einem eigenen, weniger gelungenen Opernwerk. In Riga fielen Schulden, Intrigen und Mißvergnügen am Dirigentenalltag mit einer allzu leichten musikalischen Kost zusammen, um ihm die Arbeit zu verleiden. So kann Wagner bei Dienstantritt in Dresden die Misere des banalen Opernbetriebs nicht übersehen, der natürlich auch hier besteht. Trotz Mozart und Carl Maria von Weber! So übernimmt er seine Stelle in der Absicht, Mißstände abzustellen.

Aber unversehens ist er mit dem neuen Amt »Hofkünstler« geworden, der in ein System der höfischen Hierarchie eingebaut ist. Die Oper hat ihre gesellschaftlichen Funktionen und der Baron von Lüttichau als Direktor der Königlichen Oper wird ihn zuzeiten gehörig daran erinnern. Der Komponist des *Holländer* und *Tannhäuser*, der »Schrecken aller Frommen«, »der Sünde fluchbeladner Sohn«, ist weisungsgebunden. Mit dieser Erfahrung aus der Praxis des Hoftheaterinstituts heraus ist das Ende seiner Tätigkeit schon abzusehen, nachdem sie gerade erst begonnen hat. Lüttichau ist der Gegner. Wagners Darstellung über das Verhältnis zu seinem Vorgesetzten in *Mein Leben* schwächt hier ab. Die Briefe sagen es anders. Da geht es um die alte Gewohnheit der Verwaltungsbehörde, dem Künstler ins Handwerk zu pfuschen, ihn an die Leine zu legen. Wagner schlägt im Blick auf Lüttichau auf vielfache Weise zurück. Seine Maßnahmen reichen vom Vernachlässigen seiner musikalischen Dienstpflichten bis zum Versuch, im Theater die Alleinherrschaft zu übernehmen; vom Eingeständnis, daß »er in sein dienstliches Verhältnis nicht passe« bis zu einem Entwurf über die »Organisation eines deutschen Nationaltheaters für das Königreich Sachsen«. Kommt es zu der von Wagner dringend vorgeschlagenen Theaterreform, gibt es für Lüttichau keinen Platz mehr. Denn:

»Der Direktor des Nationaltheaters wird von sämtlichen Mitgliedern des aktiven Theaterpersonales, sowie von sämtlichen Mitgliedern des vaterländischen Dichter- und Komponistenvereines nach Stimmenmehrheit erwählt.«

So heißt es in dem von Wagner verfaßten Programm. Im vorgesehenen Gremium hätte Wagner als einziger gleich zwei Stimmen gehabt. Es ist dann weder zur Wahlversammlung noch zum »Nationaltheater« gekommen. Die Revolution, in deren Namen die Forderungen von »Reform« und »Nationaler Einheit« erhoben worden waren, wischte die Papiere selbst wieder vom Tisch. Es wird niemals mehr die Rede davon sein.

Das gehört natürlich bereits zu den Umtrieben des Aufrührers, als der Wagner sich dann im geeigneten Augenblick zeigen wird. Auf dieser Linie bewegen sich Anschauungen und Strategie des Hofkapellmeisters, auf ihr seine Schriften aus etwas späterer Zeit und auch seine Rede vom 14. Juni 1848, die er im »Vaterlandsverein« hält unter dem Titel: *Wie verhalten sich republikanische Bestrebungen dem Königtume gegenüber?* Die Rede konnte für die Zuhörer von damals kein reines Vergnügen gewesen sein. Das Thema erweckte Erwartungen und Befürchtungen zugleich: Hat der königliche Hofkapellmeister etwas mit der Republik im Sinn? Will er sich am Sturz der Monarchie in Sachsen beteiligen? Der Inhalt der Rede ist darum wichtig, weil sie Wagners Anschauungen jener Zeit wiedergibt, die in ihren Grundlagen bis zum Lebensende unverändert bleiben werden. Wie steht der fortschrittliche Künstler zum Frankfurter Paulskirchenparlament, das gegen die Vielzahl der fürstlichen Interessen die »Deutsche Einheit« will, wie steht er zur Monarchie, in deren Diensten er sich befindet, über deren Administration er so harte Klage führt?

Die Frage der »Nationalen Einheit« war für Wagner ebenso wie für Giuseppe Verdi in Italien eine Schlüsselfrage der Politik wie der Kunst. Wenn in der großen Eingangsszene des *Lohengrin* am Scheldeufer von Antwerpen die Sachsen und Thüringer vor dem König Heinrich »mit Gott für Deutschen Reiches Ehr'« nachdrücklich eintreten, dann geschieht das im Stil des Patrioten von 1848. Und der ist auch aus seiner Rede herauszuhören. Ein neuer »Freistaat« im Sinne von Frankfurt, ja – aber an seiner Spitze der »erbliche König«! Weder Republikaner und Demokraten noch Monarchisten konnten an diesen Gedanken übermäßige Freude finden. Der Gegner des historischen Adels, der Wagner war, läßt auch im Umsturzklima dieser Jahre nicht vom Königsgedanken. Der neue Staat, wie er ihn sich wünscht, ist für ihn ein Staat der »Freien« mit dem König als dem »Freiesten«. Darin lag natürlich viel von der Romantik der germanischen Königsidee und der mittelalterlichen Reichsidee, die in der »Wagnerkunst« dann geradezu offiziell zusammengeführt werden. Daran muß man denken, denn sonst erscheint der Übergang des Dresdner Aufrührers zum Freund und Schützling des Bayernkönigs Ludwigs II. wie ein heilloser Bruch mit seiner Vergangenheit. Aber ein solches Verhältnis zum Monarchen war eben kein solcher Bruch mit alten Anschauungen, sondern in ihnen bereits angelegt gewesen und von ihnen vorbereitet worden. Nur die Umstände, die Anmaßung der Theaterverwaltung, die Unterdrückung des bürgerlichen Künstlers durch eitle Hofchargen, das ganze Elend der fürstlichen Politik mit Polizeiapparat, Zensur und Bürokratie, hatten es in Dresden dazu nicht kommen lassen. So jedenfalls sieht es Wagner.

Wagners Schwierigkeiten mit der Intendanz sind seinen Gegnern im

Orchester nicht unwillkommen. Die Clique um den Konzertmeister Lipinski fühlt sich in ihrem heimlichen wie offenen Widerstand ermuntert. Fragen der richtigen Tempi spielen eine Rolle. Das Orchester ist vieles anders gewohnt. Man verhandelt im Hoftheaterausschuß darüber. Wagner ist bereit, Forderungen der Musiker zu erfüllen, sich ins Altgewohnte zu schicken. Das bedeutet kein Nachgeben, wohl aber Anlaß, nach Neuem auszuschauen, einen andern Wirkungskreis ins Auge zu fassen. Wagner sieht das Ende seiner Kapellmeistertätigkeit langsam heraufziehen. Hier kommt eins zum andern. Die häuslichen Verhältnisse mit Minna sind nicht die allerbesten, sie sind nicht schlecht, aber auch nicht ermunternd. Im längst komponierten Schluß des *Lohengrin* ist sogar schon eine private Entscheidung gefallen, noch ehe Wagner sich dessen ganz bewußt geworden war.

Die hehre Macht, die Wunder meiner Art,
die Kraft, die mein Geheimnis mir bewahrt, –
wollt ich dem Dienst des reinsten Herzens weih'n; –
was rissest du nun mein Geheimnis ein?
Jetzt muß ich, ach! von dir geschieden sein!

Anderes steigt bereits vor seinen Augen auf. Er liest die Völsunga-Saga, die Edda, die Grimmschen Sagen. »Alles was ist, endet.« In Dresden wäre eine Veränderung der Verhältnisse von Grund auf höchst willkommen für Wagner. Seine materielle Lage ist hier trotz leidlicher und langsam steigender Einkünfte so hoffnungslos wie eh und je. Alte Schulden werden durch neu aufgenommene abgedeckt.

Jetzt, wo die Lage, wie sie ist, für ihn wenig Verheißungsvolles hat, wachsen bei Wagner die Erwartungen in die Revolution.

Ihrem Ende eilen sie zu,
die so stark im Bestehen sich wähnen.

In dieser Zeit des Wartens auf das Ende einer alten und den Beginn einer neuen Ära wird der Grundklang des *Ring* vorgebildet. Der Gedanke vom Untergang als Erlösung gerät ins Politische. Frische Erinnerungen aus Paris melden sich, die ganze Natur Wagners wird in diesen Vorbereitungen zur welthistorischen Veränderung mobilisiert. Nietzsche, der hier ganz unverdächtiger Zeuge ist, kann später im »Fall Wagner« erklären: »Wagner hat, sein halbes Leben lang, an die Revolution geglaubt, wie nur irgendein Franzose an sie geglaubt hat.« In *Mein Leben* schreibt Wagner seinem Freunde Röckel die Konzeption eines Arbeiterstaats zu, während er selbst auf den Spaziergängen mehr der Zuhörer dieser Zukunftsvisionen gewesen sei. Aber seine Autobiographie ist ursprünglich für den Bayernkönig gedacht gewesen und schwächt die später unpassenden Dinge ab. Wagner war nicht der Mann, ihm entgegengesetzte Vorstellungen einfach hinzunehmen. Die Wahrheit wird dann auch durch andere Zeugnisse klar bestätigt. Der »Sozialist« Röckel, wie Wagner seinen Kollegen nennt, und er selbst kommen sich während dieser Zeit in ihren Anschauungen ziemlich nahe. Und so ist sein Plan zur Reorganisation des Dresdner Theaters auf die von ihm damals erwartete gewaltsame Veränderung der politischen Verhältnisse eingestellt. Er rechnet damit wie mit einer unabänderlichen Tatsache. Weil die Männer des Umsturzes, wenn er erst erfolgt ist, im Theater einen entbehrlichen Luxus sehen werden – was Wagner angesichts des bestehenden Theaters nicht unverständlich findet –, muß das Theater, um überhaupt weiter existieren zu können, in seiner ganzen Struktur von Grund auf geändert werden. Und er wäre der Mann, der dazu in der Lage ist. Mit dem ausgearbeiteten Reformpapier wird er über Lüttichaus Kopf hinweg beim Minister vorstellig und begegnet hier wieder – wie erwartet – der Administration, die scheinbare Aufgeschlossenheit mit Mißtrauen und taktischem Lavieren verbindet. Dieser Schritt Wagners, zusammen mit seiner Rede vor dem »Vaterlandsverein«, hat ihn dann in den Augen der Direktion unmöglich gemacht.

Wagners Reformplan ist indessen ein großes Papier. Es zeigt den sehr durchdachten Aufbau der sächsischen Hoftheaterorganisation auf, der mit Wagners Vorschlägen weiter vervollkommnet werden soll. Das geht bis in die Ausbildungs- und Anstellungsbedingungen der Orchestermusiker hinein, sieht ganz neuzeitliche Regelungen etwa für Pensionen der Chormitglieder, ihrer Rechte im Falle von Krankheit, herabgeminderter Arbeitsfähigkeit, Alter usw. vor.

Damit hatte er sich bei Lüttichau das Urteil selbst gesprochen. Man läßt ihn den Unwillen des Hofes und der ihm nahestehenden Kreise spüren. Um aus dieser für ihn sehr unerfreulichen Luft wenigstens zeitweise herauszukommen und eine Veränderung des Klimas abzuwarten, bittet er um Urlaub und reist nach Wien. Wien, Stadt für eine neue Tätigkeit! Das ist die Absicht. Es ist gar nicht erstaunlich, sondern paßt ausgezeichnet in das Bild, das Wagner später verwischen möchte und das doch immer wieder ganz offen hervortritt, wenn man sieht, wie er sich den größten Teil seines Aufenthaltes in demokratisch-republikanischen Zirkeln bewegt. Als er nach Dresden zurückkehrt und seine Tätigkeit wiederaufnimmt, gilt er als Mann dieser Kreise, bekommt er Theaterbeifall von da, wo ihre Anhänger sitzen. Die Königin dagegen läßt ihn nach einer

Aufführung der »Norma« ihren Tadel wegen schlechten Dirigierens ausrichten. Dem Dirigenten der Oper »Robert der Teufel« wird bescheinigt, daß er den Takt falsch geschlagen habe.

Aber auch Wagner macht hier erste Rechnungen auf, die er später präsentieren wird. Er wird nie vergessen, daß die herrschenden Hofkreise nicht zu seinem wirklichen Anhang gehörten, daß an seinen Erfolgen die Unterstützung des einfachen Volks mitgewirkt hat. Und noch etwas anderes gehört schon in das Resümee der Dresdner Jahre: Lipinski hatte die Intrigen im Orchester gegen ihn eingefädelt, ihn bei den Mitgliedern in große Schwierigkeiten gebracht. Nachdem ihn Meyerbeer bei seiner Ankunft in Frankreich und seinem Versuch, dort festen Fuß zu fassen, auf die falsche Fährte gebracht und Mendelssohn sein Entgegenkommen, den »Saul« in Dresden zur Aufführung zu bringen, mit Undank bezahlt hatte, ist sein Urteil über den jüdischen Charakter verfestigt worden.

Wagner wird zu allen in Dresden strittig gewordenen Fragen Stellung nehmen und er wird das in sehr ausführlicher Form tun. Hier tritt ein neuer Anspruch hervor. Die Erfahrungen sollen in ein großes System der Weltanschauung eingebracht werden. Wagner fühlt sich durch die Zeitverhältnisse bestätigt. Es stimmt: Die Welt war ins Schwanken geraten. Religion, Königtum, die Herrschaft der Aristokratie sind in ihrem hergebrachten Verständnis in die Krise geraten. Mit allem hatte Wagner unmittelbar zu tun gehabt. Eine Neuorientierung schien unerläßlich.

Die Auseinandersetzung mit dem Umbruch, der sich abzuzeichnen beginnt, ist in den Dresdner Kapellmeisterjahren vorbereitet worden. Hier liegt die Vorbereitung zur Theorie, zum weltanschaulichen Konzept, zur Philosophie. Interessant bleibt, daß Wagners Schriften zur Musik so wenig über Kompositorisches oder Musiktechnisches bringen. Wer hier belehrt werden möchte, wird kaum fündig werden. Was ihn als Schriftsteller interessiert, ist Geschichtlich-Weltanschauliches, Philosophisches, sind Fragen des Stoffes, des Gehaltes, der Handlung, der Darstellung eines Bühnenwerks, der Charakterisierung der Gestalten. Das hat mehrere Gründe. Wagner besitzt kein Vertrauen in die Sprache, sich über das »ganz Andere« der Musik auszudrücken. Außerdem weiß er zu wenig darüber, denn er ist – und das im wahrsten Sinne – eben kein Musikologe. Für ihn ist – ob zu Recht oder Unrecht, soll dahingestellt bleiben – das Künstlerisch-Technische, in den Fragen der Harmonie etwa, nur aus einem weltanschaulichen Gesamtzusammenhang verständlich.

Während er gegen Ende der Dresdner Jahre dabei ist, den *Lohengrin* abzuschließen, bilden sich durch die Beschäftigung mit dem Nibelungen-Stoff schon Grundlagen zu einem neuen Werk heraus. Mit dem *Lohengrin* endet die Periode der von der alten Arie noch nicht ganz gelösten Oper der konventionellen Melodie. Das geschieht unter dem Eindruck der über Europa hereinbrechenden Veränderungen von 1848 und führt zu den Anfängen des Nibelungen-Werkes. Es bedeutet zugleich Hinwendung zu einer veränderten Harmonik, der Entwicklung der »Leitmotive«, der Instrumentationstechnik bis zur Erweiterung des Orchesters. *Siegfrieds Tod* als früher dramatischer Entwurf zum späteren *Ring* – er wird später in der *Götterdämmerung* Verwendung finden – wird ausdrücklich in der Absicht konzipiert, sich vom modernen Theater zu entfernen. Das geht während der letzten Dresdner Zeit noch nicht auf dem Papier vor sich, sondern spielt sich als Absicht und Entwurf in Wagners Kopf ab. Hier bereitet sich langsam ein neuer Bruch vor, der viel ärgerlicher ist als der mit der italienischen Melodie, mit dem noch in den folgenden Generationen die Operntheater und ihr Publikum nur schwer fertig geworden sind. Das wird ein Bruch sein, der auch Wohlgesinnte, die eigene Frau eingeschlossen, gegen ihn aufbringt. Die Verwirrung ist zunächst unvermeidbar. Zuerst soll die konventionelle Oper des italienisch-französischen Mischtyps, die »Bankiers-Musik« im Stile Meyerbeers, möglichst zusammen mit dem Theaterinstitut, auf dem sie gespielt wird, von einer auf die Zukunft setzenden Oper, die gar keine mehr sein darf, vertrieben werden. Damit nicht genug, soll an die Stelle eben jener Oper, die keine mehr sein darf, etwas Neues treten, für das das menschliche Vorstellungsvermögen eigentlich nicht ausreicht. Das mag fassen, wer fassen kann!

Das Ärgernis Wagner bereitet sich darauf vor, neue Formen anzunehmen. Wenn Wagner in seiner Darstellung der Dresdner Tätigkeit diese Jahre als erste Reifezeit für den späteren *Ring* erwähnt, geschieht dies im Blick auf die äußeren Ereignisse. Während er in schwere Stürme privater, beruflicher und politischer Natur hineingerät, ist er bereits dabei, im Geist in einer neuen Weltgegend sich umzusehen und dort Aufenthalt zu suchen: in felsiger Landschaft, mit germanischen Göttern und Helden belebt. Das Nacheinander im biographischen Ablauf täuscht, denn in Wirklichkeit fällt hier Grundverschiedenes und sogar Widersprüchliches zusammen. Der Theaterkapellmeister und Freund Röckels ist zugleich der Freund Bakunins, der sich in Dresden tagsüber in einem Versteck aufhält und abends in Wagners Wohnung erscheint, wo die Hausfrau das Essen vorbereitet hat. Hier und auf gemeinsamen Spaziergängen, wo er sich vor seinen Verfolgern sicher weiß, kann der russische

Anarchist seine großen Visionen vom gewaltigen Feuer, das die bestehende Welt – und das verhaßte Rußland zuerst – niederbrennen wird, Wagner ausführlich darstellen. Wagner, der in seiner Autobiographie ausdrücklich hervorhebt, das Irreale in Bakunins ganzer Existenz erkannt zu haben, ist zweifellos damals selbst im Bann dieser Vorstellungen. Denn Feuer, das vernichtend wie reinigend um sich greift, ist sein eigenes Element. Es ist Urstoff der Natur und zugleich ihr Mittel, sich selbst zu »natürlichen Verhältnissen« zurückzuführen.

Hier bereitet sich, obwohl noch unausgesprochen, eine neue Wende in seiner Kunst vor. Der Komponist und mittlerweile in Dresden stadtbekannte Freund reformerischer Bestrebungen, des Fortschritts innerhalb der von der Monarchie gesetzten Grenzen, ist schon dabei, für seine eigene Kunst diese Reformen und diesen Fortschritt nicht mehr zu wollen. War er als Komponist und Mann der Öffentlichkeit immer auf der Höhe der Zeit, setzt jetzt in den letzten Dresdner Monaten die Ablehnung dieser modernen Ideale ein. Das dringt nicht sogleich nach außen, ist vor allem während der bewegten Wochen des politischen Umbruchs nicht sichtbar, aber es wird als Bewußtseinszustand schon in die Zukunft mitgenommen.

5. ». . . zur Sühne tausendjähr'ger Schmach«

Vom Biedermann zum Brandstifter

»Der Tag ist da, die Stunde naht
zur Sühne tausendjähr'ger Schmach!
Er schaue der Barbaren Fall
und freier Römer hohen Sieg!
So stimmt denn an den Schlachtgesang,
er soll der Feinde Schrecken sein!«
Rienzi, Dritter Akt

Was sich im Frühling des Jahres 1849 in Dresden abspielt, hatte hier nicht seine Ursprünge. Wieder wie 1830 sind es verspätet eindringende und schon sehr abgeschwächte Wellenbewegungen, die von stürmischeren Ereignissen ausgehen. Wieder liegt der eigentliche Herd der Unruhe in Paris, wo die Herrschaft des Bürgerkönigs durch eine Krise an ihr Ende gelangt, die sie selbst erzeugt hat. Die Regierung wird im Februar 1848 von den Aufständischen abgesetzt, der König Louis Philippe muß nach England fliehen. Revolutionäre hatten ihn an die Macht gebracht, Revolutionäre werden ihn jetzt – achtzehn Jahre später – davonjagen. Im Gefolge dieser Ereignisse breiten sich die Erschütterungen aus. Der europäische Kontinent beginnt zu beben. In Italien glaubt die nationale Einigungsbewegung ihre Stunde gekommen. In Wien regieren die Aufständischen. Metternich tritt in aller Eile die heimliche Flucht an. Ein Zeitalter ist an sein Ende gelangt. In Berlin kommt es zu Straßenkämpfen! Die königlichen Truppen räumen zeitweise die Stadt. In München dankt Ludwig I. ab.

Dresden wird zum Hauptschauplatz der sächsischen Revolution, aber eben mit gehöriger Verzögerung. Die Revolution ist hier eine der zweiten Stunde, eine Aktion im Nachholverfahren. Das macht auch manche groteske Züge verständlich, die sich dabei abspielen.

Die Motive zum Ausbruch der Aufstände vom 4. Mai sind verschiedener Art und in manchem widerspruchsvoll. Es soll die Frankfurter Reichsverfassung durchgesetzt werden. Aber der königliche Hof hat einen Grund gefunden, ihre Geltung für Sachsen abzulehnen, und zwar, weil Friedrich Wilhelm IV. von Preußen die angebotene Kaiserkrone ausgeschlagen habe. Die Parteien formieren sich. Der König von Sachsen bildet eine neue Regierung, um gegen jeden Widerstand entschlossen vorzugehen. Die Preußen werden vorsichtshalber zu Hilfe gerufen, Barrikaden werden errichtet, doch schon am nächsten Tag ziehen es Hof und Regierung vor, Dresden zu verlassen. Eine provisorische Revolutionsregierung wird gebildet, die aber bald gezwungen ist, sich auf eine Waffenruhe einzulassen. Das bedeutet natürlich Zeitgewinn für den Gegner. Denn in der Zwischenzeit können die zu Hilfe gerufenen Preußen herangeführt werden, während die Aufständischen ohne Verstärkung bleiben. Der Ring, der sich um sie legt, schneidet sie von möglichem Entsatz ab. Nun nehmen die Dinge ihren Lauf. Die Soldaten der Königspartei dringen in die Dresdner Innenstadt vor und treffen hier auf die Barrikaden, von wo aus sie heftig beschossen werden. Befehlshaber der Aufständischen ist Bakunin mit seinem wallenden Bart, der sich jedoch wenig Siegeschancen ausrechnet und mit einer Zigarre im Mund die Kämpfenden beaufsichtigt. Er bleibt dabei, wie Wagner ihm nachsagt, recht kaltblütig. Der Widerstand gegen eine erdrückende Übermacht ist immerhin zäh und erreicht, daß die Freischärler einen geordneten Rückzug aus der Stadt antreten können.

Der Königlich-Sächsische Hofkapellmeister und sein Freundeskreis stehen in diesem Kampf nicht auf der Königlich-Sächsischen Hofseite. Seine Natur, sein Lebensweg, seine dienstlichen Umstände mußten Wagner geradezu zu ihrem natürlichen Gegner machen. Paris war nicht nur Lebensschule gewesen, es hatte ihn auch mit jenem französischen Sozialismus vertraut gemacht, Proudhon vor allem, den er, in Form radikaler Eigentumsverneinung, bis in seine letzten Lebenstage nie ganz überwinden wird. An Besitz, Gold und Geld haftet ein »Fluch«, von dem Zerstörung und Selbstzerstörung ausgehen! Das ist der *Ring des Nibe-*

lungen. Die Konzeption der Siegfried-Tragödie arbeitet schon in ihm. Weiter: die Frage der Religion. Nach Feuerbach ist die Religion als Ausgeburt des menschlichen Geistes in ihrer historisch gewordenen Form ein furchtbares Verhängnis. Der »neue Mensch«, das ist ein von der historischen Religion frei gewordener Mensch; das Christentum aber ein vom jüdischen Stamm ausgehender Ast, in dessen Namen die griechische Tragödie zerstört worden ist! Daß für den Dresdner Hofmusiker ein Mann wie Bakunin von großer Anziehungskraft sein mußte, ist zu verstehen. Wir wissen, daß umgekehrt Bakunin die Rolle Wagners bei den Dresdner Ereignissen nicht sehr hoch veranschlagt hat. Er verteilte Flugblätter und sucht beim Anrücken der Preußen mit einem Plakat die sächsischen Soldaten vom Vorgehen gegen die eigenen Landsleute abzuhalten. Damit ist seine eigentliche aktive Teilnahme an den Kämpfen schon beendet. Im vorgerückten Stadium der Kämpfe bezieht er einen Beobachtungsposten auf dem Turm der Kreuzkirche und macht sich Gedanken darüber, wie er mit seiner Frau aus der Stadt herauskommen kann.

Wenige Tage später ist der Aufstand nach einigen Nachgefechten endgültig zusammengebrochen. Die Strafen sind hart. Röckel und Bakunin werden zum Tode verurteilt. Die Strafe bei Röckel wird aber dann in lebenslänglichen Kerker umgewandelt, Bakunin später an Rußland ausgeliefert. Wagner hat Glück. Durch Zufall entkommt er der Gefangennahme. Das Zuchthaus von Waldheim, in dem Röckel für mehr als ein Jahrzehnt verschwindet, wäre ihm sicher gewesen. Jetzt bleibt nur die sofortige Flucht aus dem Lande. Er begibt sich nach Jena, um mit seiner Frau zusammenzutreffen, von der er durch die Ereignisse getrennt worden war.

Was nun? Wagner ist ein Illegaler geworden, gilt als Aufrührer, nach heutigem Sprachgebrauch Mitglied einer terroristischen Vereinigung. Das wird ihm mehr als zwanzig Jahre seines Lebens in der Öffentlichkeit anhängen, mit allen Konsequenzen für seine Wirksamkeit in Deutschland. Daß man in Dresdner Polizeikreisen seine Aktivitäten während der Kämpfe als beträchtlich, größer als sie vielleicht waren, ansah, beweist der Steckbrief, den man dem Flüchtigen hinterherschickte:

> »Der unten etwas näher bezeichnete Königl. Capellmeister
> *Richard Wagner von hier*
> ist wegen wesentlicher Teilnahme an der in hiesiger Stadt stattgefundenen aufrührerischen Bewegung zur Untersuchung zu ziehen, zur Zeit aber nicht zu erlangen gewesen. Es werden daher alle Polizeibehörden auf denselben aufmerksam gemacht und ersucht,

Wagnern im Betretungsfalle zu verhaften und davon uns schleunigst Nachricht zu erteilen.
Dresden, den 16. Mai 1849
Die Stadt-Polizei-Deputation
von Oppell.
Wagner ist 37–38 Jahre alt, mittlere Statur, hat braunes Haar und trägt eine Brille.«

Die Anklagen gegen ihn sind schwer. Während der Aufstände war das alte Opernhaus angezündet worden. Wagner wird beschuldigt, der Brandstifter zu sein. Er wird sich gegen diese Beschuldigung entschieden zur Wehr setzen und beschwört brieflich seine Frau, der man einen solchen Ehemann anlastet, ihnen keinen Glauben zu schenken.

Ein Beschluß, was zu tun ist, muß jetzt schnell gefaßt werden. In Weimar rät Liszt ihm, mit Paris einen neuen Versuch zu wagen. Also zurück dahin, woher er gekommen war? Nun – wo gäbe es sonst für einen Komponisten, der Opern schreibt, jetzt andere Möglichkeiten? Die deutschen Hofbühnen sind ihm versperrt. Liszt sorgt für den erforderlichen Reisezuschuß, der Jenenser Professor Widmann gibt ihm seinen eigenen Paß. Es empfiehlt sich natürlich dringend, preußisches Gebiet zu meiden, und darum wählt Wagner den Umweg über Bayern und die Schweiz. Am Morgen des 28. Mai 1849, nach der Fahrt über den Bodensee, ist er jenseits der Grenze. Unmittelbar nach der Ankunft im Städtchen Rorschach schreibt er an Minna:

»Glücklich bin ich auf dem Schweizerboden angekommen! . . . In Lindau wurde einzig der Paß verlangt und ohne Umstände nach der Schweiz visiert . . . in einer halben Stunde geht es weiter nach St. Gallen und Zürich . . . Ich bin im Sichern!«

Die Maitage des Jahres 1849, die so stürmisch begonnen hatten, endeten bewegt, aber friedlich. Wagner war noch einmal davon gekommen.

Wagner ist ein Landflüchtiger geworden. Und dies nicht zum ersten Mal. Aber Aufstand, Verfolgung und Flucht bieten zugleich unzählige neue Möglichkeiten. Sie werden ihm die Freiheit vom leidigen Brotamt bringen und, was sogar noch mehr bedeutet: Mit einem einzigen Schlag ist Wagner die bedrückende Last seiner Dresdner Schulden losgeworden.

6. »Nicht Land noch Leute biete ich . . .«

Befreiungsschriften und Erlösergestalten

»Nicht Land noch Leute biete ich,
noch Vaters Haus und Hof:
einzig erbt ich
den eig'nen Leib –
lebend zehrt ich den auf.
Nur ein Schwert hab ich,
selbst geschmiedet . . .«
Götterdämmerung, Erster Aufzug

Die Schweiz war von Wagner natürlich als Durchreiseland gedacht gewesen. Der Aufenthalt in Zürich ist denn auch nur kurz. Sein Ziel ist Paris, das er kennt und von dem er sich dennoch etwas verspricht.

Wagners Aussichten mußten hier nicht schlecht sein. Er konnte sich erinnern, daß gegen Ende seines Pariser Aufenthalts seine Lebensverhältnisse sich etwas gebessert hatten. Also warum hier nicht fortfahren, vor allem nachdem sich bei seinen Opern erste Erfolge eingestellt haben und immerhin eine siebenjährige Kapellmeistertätigkeit hinter ihm liegt? Sein Ende in Dresden und mehr noch die Umstände hatten Aufsehen erregt. Das brauchte ihm in Paris nicht zu schaden. Im Frankreich der liberalen Bourgeoisie war für einen Mann seiner politischen Couleur Platz – zumindest würde er nicht als gefährliches Element eingestuft werden. Nur: Der Zeitpunkt seines Eintreffens war ungünstig. Die Revolution, die von Frankreich ausgegangen war und deren Funken verspätet nach Dresden gelangten, war auch hier zu Ende. Neben die Bankiers, für die Meyerbeer erklärtermaßen komponiert hatte, traten jetzt die Industriellen der neuen Schwerindustrie. Mit dem Prinzen Bonaparte als Drahtzieher des politischen Umsturzes drang langsam jene Verödung in die kulturelle Landschaft ein, von der in der Bürgermonarchie noch nicht eigentlich gesprochen werden konnte. Es kündeten sich die verkrustenden Züge der Reaktion an.

Meyerbeer indessen hatte überlebt. Seine Oper »Der Prophet«, für die das Scheitern der Gleichheitsideen Thema ist, gibt eine Probe seiner Anpassungsfähigkeit gegenüber den neuen Forderungen des Tagesgeschmacks. Mit ihm hat Wagner gleich nach seinem Eintreffen eine zufällige Begegnung, die von beiden als peinlich empfunden wird. Dieser letzte Beweis von Meyerbeers Anpassungsvermögen genügt Wagner. In einem Brief an den Freund Ferdinand Heine schildert er seine Sicht der Lage:

»Acht Tage in Paris genügten, um mich über den gewaltsamen Irrtum aufzuklären, in den ich hineingezogen worden war. Erlaß es mir, Dir hier umständlich über die empörende Nichtswürdigkeit des Pariser Kunsttreibens, namentlich auch was die Oper betrifft, mich auszulassen. In den letzten Jahrzehnten sind unter Meyerbeers Geldeinflusse die Pariser Opernkunstangelegenheiten so stinkend scheußlich geworden, daß sich ein ehrlicher Mensch nicht mit ihnen abgeben kann.«

Meyerbeers Ermunterungen, eine neue Oper zu schreiben oder eine schon geschriebene für die Aufführung vorzubereiten, betrachtet Wagner als perfiden Versuch, ihn auch jetzt wieder in Paris zum Scheitern zu bringen.

Es bleibt nur eins: Wieder zurück in die Schweiz! Der kurze Aufenthalt in Zürich, die entgegenkommende Aufnahme bei Freunden um Alexander Müller, Patrioten mit 48er Gesinnung, hatten ihn mehr beeindruckt, als er zunächst glaubte. Dazu die Natur, das Hochgebirge, der freundliche See, der Freisinn der Bevölkerung: Das war unerwartet und ganz nach seinem Geschmack gewesen. Mit zwanzig Franken als einziger Barschaft trifft er in Zürich ein. Hier will er sich niederlassen. Ein Zimmer mit Bett bei Müller ist das erste bescheidene, mit allerlei Unannehmlichkeiten verbundene Quartier, das er bezieht.

Was ihn schon in Paris beunruhigt hatte, war natürlich die Zukunft seiner Ehe mit Minna. Minna hatte auf seine Briefe nicht geantwortet. Es war nicht zu übersehen: Sie machte ihm Vorwürfe. Mit seiner politischen Agitation, seinen Reden und Programmen, dem Umgang mit dem anarchistischen Berserker Bakunin, der alle Welt entweder »hängen« oder »köpfen« lassen wollte, hatte er ihrem Dasein als Frau eines Königlich-Sächsischen Hofkapellmeisters ein jähes Ende bereitet. Sie war doch Zeuge der Gespräche gewesen, die er geführt hatte, kannte die Provokationen, mit denen er gegenüber seinem Vorgesetzten Lüttichau aufgetreten war; sie wußte auch, wie sehr er am Ende seine Dienstpflichten vernachlässigt hatte, wußte, daß er ein Mann der Volkspartei war, bei dem nicht ausgeschlossen werden konnte, daß er beim Brand des Opernhauses seine Hand mit im Spiele hatte. Nun steht sie da – ohne Mann, ohne Geld, ohne Zukunft! Wagner ist sich der Schwierigkeit der Lage bewußt. Er überlegt, was zu tun ist, fühlt vor, läßt durch Zwischenträger nachfragen, will Gewißheit. Minnas Situation ist in der Tat katastrophal. Sie ist auf den Erlös vom Verkauf der Möbel angewiesen und auf die Hilfe von Verwandten. Ein Brief an Wagner sagt, was sie von ihm hält. Er hatte alles gewissenlos aufs Spiel gesetzt, hatte vor allem ihre Warnungen überhört, sich eines besseren Umgangs mit Lüttichau zu befleißigen. Nun werden zwischen Zürich und Dresden Erklärungen ausgetauscht. Auf Klagen folgen Versuche der Entschuldigung. Minna gibt kein Zeichen der Versöhnung zu erkennen. Wagner wirft sich vor, durch frühere Nachgiebigkeit ihre Charaktermängel noch begünstigt zu haben. Ihre Halsstarrigkeit sieht er als Folge seiner Güte.

Es kommt dann schließlich doch das, was bei der Lage der Dinge kommen mußte: Minna kündigt ihre Ankunft an. Sie will es noch einmal versuchen. Was hätte sie auch sonst tun sollen? Wagner wird ihr entgegenfahren und in Rorschach das Schiff über den Bodensee ankommen sehen, das seinen Besuch bringt: Minna mit Nathalie, der als Schwester ausgegebenen Tochter, sowie dem Hündchen Peps und dem Papagei Papo als mitgeführter Menagerie. Die Frau droht sofort mit der Rückreise, wenn sein Benehmen Anlaß zu Klage geben sollte. Wagner sieht, wie sie gealtert ist. Man muß Mitleid mit ihr haben.

In Zürich nimmt man eine Wohnung. Aus der Verkaufsmasse des Mobiliars hatte Minna den schlechten Breitkopfschen Flügel herausgelassen und zusammen mit musikalischen Manuskripten und einem Nibelungenstich, der über dem Schreibtisch der Dresdner Wohnung gehangen war, nach Zürich aufgegeben. Sonst ist Zürich nicht ihr Geschmack, es ist eng und kleinlich, verglichen mit der sächsischen Residenz. Den Umgang ihres Mannes mit dem »Staatsschreiber« Jakob Sulzer mißbilligt sie, weil sie der Zusatz »Schreiber« stört. Sie muß erst über seine Funktion als höchstem Zürcher Beamten aufgeklärt werden.

Einrichten des Hausstandes war nun eine Sache, in der die Wagners ihre Übung hatten. Die Begleitumstände sind dabei nicht andere als früher. Immer wieder das alte Lied: Es fehlt an Geld. Um den Nahrungssorgen zu begegnen, will Wagner Vorlesungen halten. Minna weist das entschieden zurück. Sie ist die Frau eines Opernkomponisten und wünscht, daß er Paris im Auge behält und hier sein Fortkommen sucht. Da das Honorar für den Traktat *Die Kunst und die Revolution* erfreulich hoch ist, läßt sie zu, daß er sich der weiteren schriftstellerischen Tätigkeit zuwendet. Und darin liegt denn auch der bedeutendste Teil seiner Produktivität jener ersten Zürcher Zeit. Er nimmt die durch die Maitage und ihre Folgen unterbrochenen Studien wieder auf.

Hegel war bereits in Dresden in sein Gesichtsfeld getreten. Von Feuerbach hatte er gehört, kannte schon bestimmte seiner Gedanken, fühlte sich auch von ihnen angezogen. In Zürich kommt er dazu, dessen »Gedanken über Tod und Unsterblichkeit« zu lesen. Was ihn beeindruckt, ist die Konsequenz im Sinne der politischen Ereignisse, die er selbst hinter sich hatte. Im Philosophischen fühlt sich Wagner als Amateur und schätzt den Vorzug jener Philosophie, keine Philosophie zu haben. Aber Feuerbach spricht ihn an, weil er durch ihn eigene Vorstellungen bestätigt findet. Wenn Feuerbach den Gedanken der Unsterblichkeit von jedem religiösen Gottesglauben loslöst und ihn auf das Kunstwerk überträgt, konnte er der Zustimmung Wagners sicher sein. Die Religion selbst in der hergebrachten Form des Christentums in Frage gestellt zu sehen, was die Befreiung des Menschen vom Druck des Autoritätsglaubens bedeutete, lag ganz auf der Linie des *Tannhäuser*-Komponisten. Was er vom Christentum hält, steht bereits in seiner Schrift *Die Kunst und die Revolution*, die er unmittelbar nach seiner Ankunft in Zürich verfaßte:

»Die *Heuchelei* ist überhaupt der hervorstechendste Zug, die eigentliche Physiognomie der ganzen christlichen Jahrhunderte bis auf unsere Tage, und zwar tritt dieses Laster ganz in dem Maße immer greller und unverschämter hervor, als die Menschheit aus ihrem inneren unversiegbaren Quell, und trotz des Christentums, sich neu erfrischte und der Lösung ihrer wirklichen Aufgabe zureifte.«

Deutlicher war es nicht mehr zu sagen. Das Christentum hat die menschliche Natur, die an sich gut ist, verdorben, aber es kann die Fortentwicklung der Menschheit am Ende doch nicht verhindern. Nun, das war für den »National«, ein französisches Journal, gedacht und mochte in Frankreich die entsprechende Zustimmung finden. Solche Kritik enthielt viel vom Ideengut des französischen Sozialismus und insbesondere von Proudhon, den er in Zürich liest und von dem er sich in seiner wirtschaftlichen Not getröstet fühlt. Gerade diese Kritik aber kann helfen, die heute einseitig hervorgekehrten Urteile Wagners über das »Judentum« in den richtigen Proportionen zu sehen.

In seinen jetzt in Zürich verfaßten philosophischen Schriften rechnet Wagner mit allen den Mächten ab, die er für seine persönliche Misere verantwortlich sieht. Das war subjektiv im allerhöchsten Maße und würde weniger Interesse erwecken, wenn sie nicht zugleich schon Wagners eigenes Zukunftsprogramm enthielten. Was er über die Fragen des Staats und einer von Grund auf verdorbenen Gesellschaft sagt, gehört zu den Früchten seiner Gespräche mit Bakunin und Röckel, was er über die »Religion« vorträgt, kann man bei Feuerbach philosophisch sicher fundierter erfahren. Hier mochte das Mißvergnügen an den eigenen Lebensumständen die Feder führen. Aber zugleich sind diese wenig erfreulichen Lebensumstände Anlaß, um seine ganze Zuständigkeit als Künstler, und zwar gegen die Ansprüche einer die Kunst im wahrsten Sinne des Worts vernichtenden Religion, zu begründen. Wagner ist ein Kenner der Antike, insbesondere der griechischen Welt. Er hat als Schüler in Leipzig und sogar noch einmal ganz kurz während des ersten Aufenthalts in Paris zwischen der Musik und der griechischen Literatur als Lebensberuf geschwankt. Man kann seine Kenntnisse des alten Griechenland – das bestätigt heute Wolfgang Schadewaldt – gar nicht hoch genug einschätzen. Und eben dieser Kenner Griechenlands macht das Christentum mit seiner ursprünglichen Feindschaft gegen das Schöne für den Untergang der griechischen Tragödie verantwortlich. Die mehr als zweitausendjährige Pause zwischen der griechischen Tragödie und Shakespeare ist dem Christentum zuzuschreiben. Das Drama – und das muß er ja schließlich wissen – hat sich während des Verfalls in seine Bestandteile aufgelöst: »Die Pfaffen bemächtigen sich der Rhetorik«, die »Musik« ist eine Sache des »Kirchenchors« geworden.

Das war natürlich alles nur flüchtig entworfen, aber es zeigt die Richtung an, auf die er hinauswill. Es geht um Wiederherstellung der verlorengegangenen Einheit. Die Bestandteile sind wieder einzusammeln und zu einem großen Ganzen zusammenzufügen. Es kann keine Frage sein, wer diese unerläßliche Aufgabe zu bewerkstelligen imstande ist. Das würde freilich nur im Zuge einer großen Menschheitsrevolution erfolgen. Zwar ist gerade ein Versuch zur Erneuerung der Menschheit gescheitert, aber das bedeutet im Blick auf ihr Ziel und ihre Notwendigkeit wenig. Eine solche Revolution ist schon darum notwendig, weil nur durch sie ein Theater für die neu zu begründende Tragödie geschaffen werden kann. Und die neu zu begründende Tragödie wird das Musikdrama des kleinen Sachsen im Zürcher Exil sein.

Hier vermischten sich natürlich wieder Wunsch und Wirklichkeit. Das Programm für die Reorganisierung des Dresdner Hoftheaters war auf ein utopisches Land bezogen, in dem das Unmögliche Wirklichkeit wird. In dem neuen, erst noch zu schaffenden Theater für das »Kunstwerk der Zukunft« wird das Publikum »unentgeltlichen Zutritt zu den Vorstellungen« haben. Selbstverständlich hat der Verfasser auch das Fazit einer fast zweitausend Jahre alten verchristlichten Welt gezogen. Für das historische Christentum ist nicht sein Stifter verantwortlich zu machen. Im Gegenteil: Er ist ja selbst durch die Institution der Kirche schnöde verraten worden. Und darum schwebt ihm auch hier, wo man sich mit der Welt, wie sie ist, abzufinden hat, das Zusammengehen von griechischen und den noch nicht von der Kirche entstellten christlichen Idealen vor. Die neue Kunst bedeutet Verbrüderung von Jesus und Apollo.

Das klingt natürlich merkwürdig, sogar befremdlich und hat auch so gewirkt. Als Wagner auf der Flucht aus Dresden in Weimar bei Liszt Unterschlupf suchte, hatte er ihm und der Fürstin Carolyne von Sayn-Wittgenstein von seinem Plan gesprochen, eine Oper *Jesus von Nazareth* zu schreiben. Das wäre dann das Werk im Anschluß an den *Lohengrin* gewesen. Die Reaktion bei den beiden Zuhörern war Bestürzung, die sich bei Liszt in langem Schweigen äußerte. Die Episode zeigt, wie Wagner sich über sich selbst nicht im klaren war. Was wird der nächste Stoff sein? Ist der Stifter des Christentums der neue Held? Soll Wagner sich als Tragiker in der griechischen Welt der Atriden umsehen? Oder in der Welt des germanischen Altertums, das von der deutschen Romantik wiederentdeckt worden war? Hier war die Wahl zu treffen.

Man kann natürlich in den theoretischen Schriften Wagners den Versuch sehen, die Entscheidung weiter aufzuschieben. Er befindet sich jetzt nicht im Vollbesitz seiner musikalisch-kreativen Kräfte. Das wird auch später immer wieder Anlaß sein, um irgendeine Broschüre zu schreiben. Aber mitten in seinen Utopien regt sich schon der Wille, aus diesen Utopien selber Formen hervorgehen zu lassen. Das Griechenland, von dem er in seinen Schriften über *Kunst und Revolution*, über *Das Kunstwerk der Zukunft* oder *Oper und Drama* fortwährend spricht, hat natürlich mit dem historischen Land der Antike nichts zu tun. An seinem Bild wirkt immer frommer »Wahn« mit. Aber ohne Griechenland und ohne die Illusionen darüber wird das »neue Kunstwerk« nicht zustande kommen. Wagner wiederholt eine alte und sehr bedeutungsvolle Frage: Wie ist es zum Untergang der Antike gekommen? Darüber hatten andere schon ausführlich nachgedacht, in Frankreich Montesquieu, in England Gibbon, in Deutschland kein Geringerer als Goethe. Hier befindet sich Wagner also zunächst auf gut vorbereitetem Boden. Hatte das Christentum an der Zerstörung der alten Schönheit in der Kunst an hervorragender Stelle mitgewirkt, waren Kunst und Künstler dann – so wie Wagner in Dresden – in die Hände der Fürsten gefallen, so ist ihnen in der frischen Gegenwart ein noch viel schlimmerer Feind entstanden: die Industrie. Hier meldet sich wieder Bakunin, der die großen Städte in Schutt und Asche versinken lassen will, hier meldet sich Proudhon mit seiner Kritik am Eigentum. Mit der Industrie als der neuen und gefährlichen Form des Wirtschaftens hat das Theater, wie es Wagner vorschwebt, zu rechnen. Gegen sie, die alles aufspaltet und auseinandernimmt, die alte schöne antike Einheit zugrunde richtet, wird das Kunstwerk der Zukunft – dargestellt in der gleichnamigen Schrift – zu schaffen sein.

Mit diesem Vorspann hat sich Wagner den Boden bereitet, auf dem er seine Theorie von eben diesem Kunstwerk der Zukunft errichtet. Man muß gleich dazu sagen: Wäre der Absichtserklärung Wagners nicht später die künstlerische Praxis nachgefolgt, so hätten die Zürcher Schriften viel von ihrem Interesse eingebüßt. Daß sie bald nach ihrem Erscheinen eine so unerhörte Wirkung haben sollten, erscheint bei der heutigen Lektüre nicht ohne weiteres verständlich. Aber sie haben ihm Nietzsche zugeführt. Und sie wurden vom bayrischen Kronprinzen Ludwig geradezu verschlungen und haben ihn entscheidend für Wagner gewonnen. Hier war zu lesen, daß die Musik nicht nur eine Kombination von Klangfiguren ist, sondern daß ihr der Wille zugrunde liegt, eine abgestorbene Form – das Drama – zu neuem Leben zu bringen. Der Gedanke war der: Im Verlaufe einer langen Entwicklung, die in Wirklichkeit aber Verfall bedeutete, ist der Tragödie die alte Zusammengehörigkeit von Sprache, Musik und Gebärde – wie sie die Griechen erlebt hatten – verlorengegangen. Die Tragödie ist somit gewissermaßen Opfer von Zivilisationsschäden geworden. Es ist ihr unterwegs die Musik abhanden gekommen.

Nietzsche, der junge Basler Professor für klassische Philologie, wird einige Jahre später eine ähnliche Sicht der Dinge haben und noch schärfer kommentieren. Für ihn, der sich auskennt in der vorklassischen griechischen Welt und ihren Anfängen, die auf vorderasiatische Kulte zurückgehen, ist die Musik das eigentliche Zeugungselement der Tragödie. Musik und mimische Gebärde gehen dem Wort voran. Das mochte genial geschaut sein, hatte aber alle wissenschaftlichen Autoritäten gegen sich. Bei seinen Fachkollegen von der Universität wird Nietzsche durch dergleichen Auslassungen bald erledigt sein.

Aber was wissenschaftlich vielleicht falsch, zumindest nicht zu beweisen war, konnte mächtiger Antrieb für den Künstler sein. So jedenfalls liegen die Dinge hier. Zusammenführen der drei voneinander losgelösten Künste zu einer einzigen Kunst: Das ist die selbstgestellte Aufgabe Wagners für das neue Gesamtkunstwerk. Wenn später Nietzsche Dionysos als den Gott des Rausches und der Begeisterung aus den Nebeln einer noch vorgriechischen Mythologie heraufsteigen läßt, dann kann sich Wagner als der neue Dionysos fühlen.

Man sieht: Der Anspruch Wagners in diesen Schriften ist grenzenlos. Nicht nur die Gestalt des Dionysos ist auf den Verfasser zugeschnitten. Er greift außerdem nach den beiden Vorbildern dieser Kunst, wie er sie nun vor Augen hat: Shakespeare und Beethoven. So groß sie auch immer sein mögen, man erkennt hier ihre Mängel: Dem einen fehlt die Musik, dem andern das Wort. Hieraus wird ersichtlich, wie hoch Wagner Beethovens Neunte Symphonie, wo im Schlußsatz das Wort der Musik zu Hilfe kommt, für seine eigenen Bestrebungen einschätzte. Denn hier war Beethoven ihm vorangegangen.

Damit sind wir an die Wurzeln des neuen Wagner herangeführt. Der Wille wird vernehmbar kundgetan, mit allem Vorhergehenden zu brechen. Es wird schon in Maßverhältnissen gedacht, die bis dahin unbekannt waren. Ein Gigantismus, der geradezu als Parallele zum Gigantismus der neuen Maschinenindustrie zu verstehen ist, kündet sich an.

Das Kunstwerk der Zukunft war Ludwig Feuerbach »in dankbarer Verehrung gewidmet« gewesen. Eine spätere Generation der Wagnerfreunde hat diese Widmung an den materialistischen Philosophen als peinlich empfunden, so daß sie beim Nachdruck an versteckter Stelle erschien. Aber ohne Feuerbach als Bezugspunkt bleibt die Schrift, in der der Mensch aus der Macht der historisch gewordenen Religion entlassen wird, in vielem unverständlich.

Die Zürcher Revolutionsschriften bis zu *Oper und Drama* als der an Umfang größten wären nicht möglich gewesen, wenn der Komponist den Schriftsteller nicht beständig beaufsichtigt hätte. Er schreibt an seinen Aufsätzen und gleichzeitig bilden sich bei ihm schon neue Tonfigurationen aus, die nach Abschluß seiner Programmschriften zu Papier gebracht werden.

Was ihn als Musiker beschäftigte, war in den Schriften nur flüchtig gestreift worden. Der Stoff, um den es geht, die Nibelungengeschichte, hatte schon in Dresden eine wichtige Bearbeitungsstufe hinter sich. Vor seiner Flucht war der dichterische Entwurf des *Jungen Siegfried* noch fertiggestellt worden. In Zürich liest er ihn im kleinen Kreise einigen

Freunden vor. Die Motiv-Welt des späteren *Ring* ist dabei, sich musikalisch schon in Bewegung zu setzen.

Also nicht Jesus von Nazareth, sondern Siegfried! Es ist ein Siegfried, der kaum etwas mit dem der Nibelungensage gemein hat, eine Gestalt, in die die Erfahrungen von Wagners schwerer Pariser Zeit eingegangen sind. Wenn wir es nicht durch Wagner selber wüßten, wäre es vom Text des frühen Entwurfs her nicht so ohne weiteres zu glauben, daß in ihr die Motive des französischen Sozialismus im Sinne Proudhons wirksam werden. Die Spuren sind fast alle verwischt. Aber einige haben sich immerhin erhalten. Der Held der germanischen Sage in der Nähe eines Doktrinärs der vormarxschen Ökonomie! Das klingt merkwürdig. In seinem Aufsatz *Die Kunst und die Revolution* hatte Wagner von dem »schönen und starken freien Menschen« gesprochen, von jenem »Apollo«, den die Griechen als Idol erdacht hatten. Die Reihe, die vom Tannhäuser zum Lohengrin führt, läßt sich damit mühelos fortsetzen. Was Wagner jetzt in der Gestalt des Siegfried vorschwebt, ist eine Steigerung zur letzten und höchsten Idealität, so wie er mit der Konzeption des Gesamtkunstwerks ein Unternehmen im Auge hat, das alles bisher auf dem Theater Mögliche hinter sich lassen sollte. An den Freund Uhlig schreibt er am 12. November 1851 mit Blick auf das Geplante:

»Mit dieser meiner neuen Konzeption trete ich gänzlich aus allem Bezug zu unserem heutigen Theater und Publikum heraus: ich breche bestimmt und für immer mit der formellen Gegenwart.«

Hier ist es zu hören: Alle Brücken zu der für gültig erklärten Kultur sind abgerissen. Darin liegt Absage an das Bestehende, an die Welt, wie sie ist und wie er sie so schmerzlich erfahren hatte. Das Elend darin ist so gewaltig, weil die Menschen versagt haben. Dem Freund Kietz vertraut er am 30. Dezember 1851 an:

»In allem wurzelt bei uns der Knechtssinn: daß wir Menschen sind, weiß keiner in Frankreich außer höchstens etwa Proudhon – und auch der nur unklar! –, im ganzen Europa sind mir aber die Hunde lieber als diese hündischen Menschen. An einer Zukunft verzweifle ich dennoch nicht; nur die furchtbarste und zerstörendste Revolution kann aber aus unseren zivilisierten Bestien wieder ›Menschen‹ machen.«

Die Dresdner Ereignisse und was ihnen folgte, haben – wie hier zu sehen ist – keinen Sinneswandel bewirkt. Das einzige, was bleibt, ist die Erneuerung der Menschheit durch gewaltsamen Umsturz. So sieht er die Dinge. Zur Erneuerung der Menschheit ist ein neuer Mensch notwendig, der noch nicht vom Fluch des Goldes getroffen ist und für diese erneuerte Menschheit als Symbol steht. Siegfried! Mit ihm wird die griechische

Lichtgestalt des Apollo ins Germanische gewandelt. Kennzeichen des neuen Freien, der von der Macht des Goldes frei machen soll, ist die Eigentumslosigkeit.

Der neue Freie stützt sich nicht auf Besitz und Herkommen; alles, was er in die Waagschale zu werfen hat, verdankt er der eigenen Kraft und ihrer Anwendung. War da nicht wieder einiges aus der eigenen Lebensgeschichte genommen? Nur wird hier schon höher gegriffen. Siegfried ist nicht mehr bloß Sänger wie Tannhäuser oder Schwanenritter, umgeben von der geheimnisvollen Aura des Grals, wie Lohengrin, sondern als Erneuerer der Welt ein Verbündeter, ja Verwandter des Gottes Wotan. Wir verstehen das Schweigen Liszts und seiner Freundin, die das Autobiographische in den Wagnerschen Helden kannte, als er ihnen von seinem *Jesus von Nazareth* sprach. Nun geht der Anspruch des »Erlösers« aus dem nicht weiter ausgeführten Werk auf Siegfried über. Der Siegfried, der den Drachen tötet, befreit die vom Gold geknechtete Menschheit. Wenn Wagner etwas später, am 30. Januar 1853, in einem Brief an Liszt vom »Qualm und dem Industriepestgeruch unserer städtischen Zivilisation« spricht, dann ist damit der Drache der neuen Zeit als Feind gemeint. Dann ist damit auch schon auf die *Ring*-Tragödie in ihrer endgültigen Gestalt hingewiesen.

7. ». . . zu dir hat er mich hergeführt«

Tannhäuser trifft Madame Bovary

»Den Gott der Liebe sollst du preisen!
Er hat die Saiten mir berührt,
er sprach zu dir aus meinen Weisen,
zu dir hat er mich hergeführt.«
Tannhäuser, Zweiter Akt

Um die Jahreswende 1849/50 erhält Wagner einen Brief. Es ist darin die Rede von einer Jessie Taylor, die er von Dresden her, allerdings nur flüchtig, kannte. Sie lebt jetzt in Bordeaux, Cours du Jardin Public, als Frau eines reichen Weinhändlers namens Laussot. Jessie ist sehr musikinteressiert, spielt auch selber Klavier und hat den Wunsch, Wagner bei sich in ihrem Hause zu sehen. Ihr Mann steht ihren künstlerischen Neigungen, ohne sie selbst zu teilen, verständnisvoll gegenüber und freut sich, ihr mit der an Wagner ergehenden Einladung einen Gefallen zu tun.

Der Brief aus Bordeaux kam Wagner nicht ungelegen. Mit ihm fällt plötzlich ein neuer Hoffnungsstrahl in sein trübes Zürcherleben. Die ihm mitgeteilten Lebensumstände seiner Bekannten aus Dresden, die jetzt im Süden Frankreichs lebt, versprechen einiges. Sie sind durchaus nach seinem Geschmack.

Wagner befindet sich mit Minna wieder in einer Krisensituation. Sie will, daß er sich in Paris umsieht, und Wagner hat das Gefühl, daß sie ihn gegen seinen Willen in die ihm so verhaßt gewordene Stadt treibt. Nur widerstrebend macht er sich auf die Reise. Er will versuchen, seinen Operntext *Wieland der Schmied* an einen Komponisten zu verkaufen, wie er es schon mit dem *Fliegenden Holländer* getan hatte. Die Sache mißlingt, aber Wagner nutzt die Gelegenheit und reist von Paris gleich nach Bordeaux weiter.

Die Verhältnisse hier sind so, wie er sie sich vorgestellt hatte. Sie konnten gar nicht besser sein. Zwar schreibt er noch von Bordeaux pathetisch an Minna von der Unverbrüchlichkeit seiner Liebe, aber sonst lassen sich die Dinge mit Jessie gut an. Der Vergleich mit Minna fällt glatt zu deren Ungunsten aus. Minna ist vierzig, Jessie etwa zweiundzwanzig. Die eine ist nörgelnd, unzufrieden, die andere kritiklos bewundernd. In Zürich erwartet man, daß er Geld mit nach Hause bringt, in Bordeaux geht man daran, die wirtschaftliche Lage des Künstlers für die nächsten Jahre zu sichern. Dort demütigende Kleinlichkeit im Haushalt, hier sorglose, großzügige Lebensführung.

Die Waage schlägt eindeutig für Bordeaux aus. Ein neuer Umstand spielt mit hinein: In Dresden hat die Familie Ritter, die Wagners künstlerischen Lebensweg von früh an verfolgte, in Erfahrung gebracht, in welcher Notlage er sich befindet. Julie Ritter denkt an eine Hilfsaktion für den bedrängten Künstler. In einer lebhaften Korrespondenz zwischen Bordeaux und Dresden werden die Möglichkeiten einer solchen Rettungsmaßnahme erörtert, mit Wagner als Ratgeber. Jessie ist die Tochter eines reichen englischen Advokaten. Ihre verwitwete Mutter, die bei ihr lebt, trifft mit Julie Ritter die Verabredung, Wagner für zwei Jahre eine Rente von jeweils dreitausend Franken auszusetzen. Das war eine Summe, mit der sich etwas anfangen ließ.

Was sich nun im Hause Laussot tut, war kaum anders zu erwarten gewesen. Es wird musiziert. Die Hausherrin spielt selbst die schwierige Beethovensonate für das Hammerklavier und bekommt von Wagner Empfehlungen für den rechten Ausdruck bei ihrer Interpretation. Jessie kennt sich aus in der Mythologie der Wagnerschen Werke. Die Beziehung zwischen Senta und dem Holländer, zwischen Tannhäuser und Elisabeth kann durchgespielt werden. Es ist die liebende Frau, die dem Umhergetriebenen Frieden und Erlösung in Aussicht stellt. Wieland der Schmied, von dem Wagner ihr als seinem neuen Helden erzählt, ist ihr lieber als Siegfried. Sie selbst sieht sich als seine Braut Schwanhilde, die ihr besser gefällt als Gutrune, Siegfrieds Frau. Tatsächlich ist sie in diesem Augenblick der Rettungsanker für Wagner. Durch ihre tatkräftige Vermittlung wird er – so sieht es jedenfalls aus – für die nächste Zukunft, bis die neuen Werke fertig sind und die alten durch keine politischen Maßnahmen mehr an ihrer Aufführung behindert werden, sorgenfrei leben dürfen. Das schafft den Boden, auf dem sich nun eine kurze Idylle abspielt. Tannhäuser war herangeeilt und hatte in der Gestalt Jessies seine Elisabeth gefunden, die zugleich etwas von einer Madame Bovary hatte. Wenn Wagner in die Tasten greift, das Vorspiel zum noch nicht aufgeführten *Lohengrin* oder die Gralserzählung intoniert, ist die junge Frau verloren. Hier ist ihm nicht zu widerstehen. Von hier setzt die Verführungskraft ein, der zu erliegen die Frau des Besitzers der Firma E. Laussot & Cie. – abgeschnitten von der großen Kunstwelt, wie sie sie von Dresden her kannte – ja ausdrücklich verlangt hatte.

Zunächst mag man sich das nicht ausdrücklich eingestanden haben. Man verbirgt es jedenfalls nach außen. Den Briefen, die Wagner an Minna schreibt, läßt Jessie einen eigenen folgen. Sie führt darin an, welche Freude der Gast dem Hause bereitet, und wünscht den Augenblick herbei, in dem sie seine Frau als ihre eigene Freundin sehen darf.

In Wirklichkeit haben die Dinge schon sehr bald ganz anders ausgesehen. Wagner beklagt sich bei Jessie über den unerträglichen Charakter seiner Frau, Jessie sieht sich in ihrem Wesen von ihrem Mann unverstanden. Hier, hinter den bürgerlichen Fassaden einer französischen Provinzstadt, bewegen sie sich: er, der vom Tannhäuser zum Lohengrin geworden war und seiner Frau Elsa schon das »Weh!« nachgerufen hatte, und sie, die wie Madame Bovary beständig die Stirn an die Fensterscheiben preßt mit sehnsüchtigem Blick in die Ferne. Man faßt denn auch den gemeinsamen Entschluß zur Flucht. In Griechenland oder dem Orient will man in neuer Freiheit die alten Fesseln abstreifen.

Dazu müssen Vorbereitungen getroffen werden. Wagner kehrt nach Paris zurück. Ein Brief an Minna soll die Lage klären. Er nennt die Unvereinbarkeit der Charaktere das Erzübel ihrer Ehe. Was dem einen alles ist, ist dem andern nichts:

»Du hängst mit ganzem Herzen am Besitz, an Haus, Hof, Gerät und Heimat, – ich verlasse das Alles, um ein Mensch sein zu können.«

Und weil es kein Mittel gibt, die Wege von zwei so grundverschiedenen Menschen jemals wieder zusammenzuführen, nennt er seiner »Leidensgefährtin« während vieler Jahre – bei gleichzeitiger Versprechung, ihr die Hälfte seiner Jahresrente zu überlassen – auch das Rezept, das hier helfen kann: »Einzige Heilung: Getrennt leben!«

Wir wissen ziemlich genau, wie die Geschichte weitergeht. Minna schreibt auf diesen Brief sofort die Entgegnung, schickt sie aber nicht ab, sondern reist unverzüglich nach Paris. Sie will das, was ihr Mann mitgeteilt hat, aus seinem eigenen Munde hören. Wir kennen das Konzept des Briefes und es gibt uns gute Auskünfte über die Vorhaltungen, die Wagner von seiner Frau als tägliches Brot gereicht bekam.

Als sie in Paris ankommt, ist Wagner nicht auffindbar. Der Freund Kietz, den er ins Vertrauen gezogen hatte, soll ihr erklären, daß er mit unbekanntem Ziel abgereist sei. Tatsächlich setzt er sich, nachdem er einige Tage außerhalb von Paris untergetaucht war, in den Zug und fährt nach Genf.

Der Brief aber, den Minna in Zürich geschrieben, jedoch nicht abgeschickt hatte, weil sie ja mit ihrem Mann persönlich darüber sprechen wollte, ist ein Dokument, über das man nicht ohne weiteres hinweggehen kann. Er gehört, wie übrigens die ganze Laussot-Geschichte, zu den vom Bayreuth Cosimas unterdrückten Tatsachen. Die Briefschreiberin wendet darin verschiedene Strategien an, die keine einheitliche Linie verraten. Sie sucht ihren Mann zu halten, bestreitet das aber entschieden, sie redet auf ihn ein, indem sie vor allem auf das Mißverhältnis seines Briefes zu seinen früheren Erklärungen hinweist; alle Vorwürfe seien unwahr, »Du . . . belügst Dich endlich selbst, um eine abscheuliche Handlungsweise, die Du abermals an mir begehst, zu beschönigen.« Die Zürcher Freunde werden als Zeugen angeführt und außerdem: Warum kommen die Angriffe erst jetzt, »wenn Du Dich schon seit unsrer Verheiratung so grenzenlos unglücklich . . . mit mir gefühlt hast?« Es wird die Erinnerung an gemeinsame Zeiten des Glücks und der Zufriedenheit beschworen und auch der Umstand, »daß Du Alles, was Du Schönes geschaffen, nur in meiner Umgebung schufst.« Die Unzufriedenheit mit seinem Dresdner Amt wird ihm vorgeworfen, und damit auch der Grund für das eigentliche Verhängnis genannt. Schuld an allem war der Verkehr mit Bakunin und Röckel, die namentlich genannt werden. Sie haben ihm den Kopf verdreht: »Nur so viel war mir mit meinem einfachen Verstande klar, daß Dir aus dem revolutionären Treiben kein Heil erblühen würde.«

Wagner hat diesen Brief nicht zu lesen bekommen, dafür aber einen andern, der ihm in dem Augenblick, wo er eintraf, alles durcheinanderbrachte. Er steht gerade im Begriff, nach Marseille abzureisen, als ihm Jessie mitteilt: Sie hat ihre Mutter in den Fluchtplan eingeweiht, die hat es ihrem Mann mitgeteilt, und beide sind entschlossen, ihn zu vereiteln. Eugène Laussot drohe sogar, Wagner zu erschießen! Jessie ist nach allem, was sie über Wagner gehört hat, nicht mehr bereit, mit ihm auf und davon zu gehn. Wagners Reaktion ist folgende: Er schreibt an ihren Mann, fährt nach Bordeaux zurück und begibt sich zum eigentlichen Ziel der Reise. Aber Monsieur Laussot hatte es vorgezogen, seine Frau auf das Land zu schicken, und läßt sich selbst ebensowenig blicken. In seiner Lebensbeschreibung schildert Wagner anschaulich, wie er ins unverschlossene Haus eintritt, die Treppen nach oben steigt und schließlich, als ihm niemand begegnet, den für Jessie bestimmten Brief in ihrem Zimmer niederlegt.

Laussot hatte vorsorglich noch etwas anderes getan: Er hatte die Polizei benachrichtigt, um den unheimlichen Gast abschieben zu lassen. Wagner war tatsächlich nicht im Besitz eines vorschriftsmäßig vom Gesandten unterschriebenen Passes. Wegen seines schlechten Gesundheitszustandes gewährte man ihm auf seine Bitte zwei Tage Zeit, um sich in einem kleinen Hotel auszuruhen. Dann setzte er sich in den Zug und verließ Bordeaux für immer.

So war seine Geschichte mit Jessie auf sehr schnelle Weise zu Ende gegangen. Widerstandslos hatten sich die beiden in das ihnen von der Außenwelt bereitete Schicksal gefügt. Von irgendeinem Versuch, die Dinge zu wenden, kann bei keinem der beiden die Rede sein. Es war ein romantischer Fluchtplan gefaßt worden, man hatte sich eine kurze Zeit von der Woge leidenschaftlicher Gefühle tragen lassen – und dann war mit einem Male alles aus. Vielleicht hatte sich diese kurze Beziehung auch nur nach den stilistischen Gesetzmäßigkeiten des französischen Provinzromans abgespielt. Jedenfalls endet die Geschichte ohne die geringste Spur von Tragik und eigentlich sehr blaß.

Wagner hatte seine Freundin verloren und mit ihr das Geld, das sie aufzubringen versprochen hatte. Es bleiben jetzt nur die Ritters als einzige der so dringend benötigten Gönner. Und es bleibt Minna, mit der man neue Übereinkünfte zu treffen, vor der man zunächst einmal die Gründe zur Rechtfertigung zu suchen hat. Als erstes begibt er sich an den Genfer See, nach Villeneuve, wo die Familie Ritter wohnt. Große Lust, nach Zürich zurückzukehren, hat er nicht. Seinen siebenunddreißigsten Geburtstag im Mai 1850 feiert er mit Julie Ritter und ihrem Sohn Karl, der ihm nahesteht. Mit ihm unternimmt er auch eine Bergwanderung. Hier in der Einsamkeit des Hochgebirges – Wagner beschreibt es sehr eindrucksvoll – überkommt ihn der Wunsch, nicht mehr zurückzukehren. Für den Rückzug aus der Welt ist nun statt Griechenland oder Kleinasien ein entlegenes Schweizer Gebirgstal ausgesucht. Er schreibt in *Mein Leben*:

»Immer darauf bedacht, wie ich es nur anfinge, aus der Welt zu verschwinden, wählte ich mir eine möglichst wilde Gebirgswildnis, in welche ich mich mit Karl zurückzuziehen beschloß. Wir suchten zu diesem

Zwecke das einsame Visper-Tal im Kanton Wallis auf; mit ziemlicher Beschwerde drangen wir durch die noch sehr unwegsamen Pfade bis nach Zermatt vor. Dort, am Fuße des ungeheueren und wunderbar schönen Matterhorns, konnten wir uns allerdings als von der ganzen Welt abgeschlossen ansehen.«

Doch die Weltflucht ins Hochgebirge erweist sich als nicht bekömmlich. Die Ereignisse der letzten Wochen haben seine Nerven zerrüttet. Angstzustände und Schweißausbrüche überkommen ihn. Nach einigen Tagen schon sucht man wieder die Nähe der Stadt. Der junge Karl Ritter, der sich auch in dieser Einsamkeit nicht wohl fühlt, wird als Späher nach Zürich geschickt. Er soll Erkundigungen über Minnas Geneigtheit einholen, den Flüchtigen wieder aufzunehmen. Inzwischen bringt auch die Post, die man sich hatte nachschicken lassen, gute Nachricht. Liszt in Weimar hat die Partitur des *Lohengrin* studiert und will gleich damit beginnen, die Uraufführung vorzubereiten. Von Julie Ritter trifft der Rat ein, sich die Sache mit Jessie nicht zu sehr zu Herzen zu nehmen. Und schließlich kommt Karl Ritter mit der frohen Botschaft von Minnas Bereitschaft, zu den alten Verhältnissen zurückzukehren. Wagner fährt nicht sofort, sondern schreibt erst einen Brief, der mit einer langen Erklärung die gute Aufnahme bei Minna vorbereiten soll.

Der Brief ist zwar ein Versuch zur Rechtfertigung, enthält aber Töne von erneuter Anklage bis zur Ermahnung und sogar Drohung. Von Bitte um Verzeihung ist so gut wie nichts zu hören. Alles beruht, so erklärt der zur Heimkehr bereite Ehemann, auf einem Mißverständnis Minnas. Ihre vergebliche Reise nach Paris bestand im Grunde nur aus einer Verkettung von Zufällen und Irrtümern. Er ist selber ein Opfer verzweifelter Umstände gewesen, und zwar durch den unglücklichen Zustand, den sie bei ihm verursacht hat. Wenn er früher nicht davon gesprochen habe, dann nur, um jede Grausamkeit ihr gegenüber zu vermeiden. In seinem Abschiedsschreiben habe er als »menschlicher Arzt« gehandelt, der seinen Patienten an die »Trennung« gewöhnen wollte, die ihm damals in seinem Unglück notwendig erscheinen mußte. Nie hätte er sich scheiden lassen, nie die andere geheiratet! Wo er auf die eigentliche Geschichte mit Jessie eingeht, tut er das in einer Art Psychologie, die sich an die Bereitschaft zum Verstehen wendet. Jessie ist in der Abgeschiedenheit einer für alles Höhere verständnislosen Welt den Kaufmannsinteressen ihres Mannes unter Beihilfe der eigenen Mutter geopfert worden. Was lag daher näher, als hier helfend und fördernd zur Stelle zu sein. Es fehlt freilich der Ton der Nachsicht gegenüber Minna nicht ganz. Er hat in den Wirren der letzten Wochen und Monate bemerkt und hebt es lobend hervor, »daß Deine Liebe stärker war als Dein Irrtum«. Damit ist seinem eigenen Bedürfnis, zu verzeihen, Genüge getan. Der Brief endet schließlich mit einer ernsthaften Aufforderung an seine Frau, zu der zurückzukehren er entschlossen ist:

»Gieb Dir Mühe, solches Unglück für die Zukunft von uns beiden fern zu halten! Sei unbefangen gegen mich, und bemühe Dich überhaupt etwas mehr und freundlicher auf mein ganzes Wesen und Denken einzugehen!«

Minna macht sich so ihre Gedanken, während sie den Brief liest und setzt handschriftlich an den Rand die Bemerkung: »Von der Polizei aus Bordeaux fortgetrieben – schönes Ende !! –«

Sie hatte ihn richtig verstanden und versieht ihn mit einer Nachschrift: »Nicht diesem Brief, der viel unwahre Beschuldigungen so wie Beleidigungen enthält, nur meiner allzu großen Liebe, die mich das Vorgefallene vergessen und verzeihen läßt, danke ich die Wiedervereinigung!«

Wie immer man auch die Dinge sehen mag: Richard Wagner wird noch einmal nach Hause zurückkehren.

8. ». . . daß Freund Beckmesser es entstellt«

»Das Judentum in der Musik«

»Ich sag Euch Herrn, das Lied ist schön;
nur ist's auf den ersten Blick zu ersehn,
daß Freund Beckmesser es entstellt.
Doch schwör ich, daß es euch gefällt,
wenn richtig Wort und Weise
hier einer säng im Kreise;«
Die Meistersinger von Nürnberg, Dritter Aufzug

Das Ärgernis Richard Wagner, das um die Mitte des neunzehnten Jahrhunderts die europäische Öffentlichkeit zu erregen beginnt, war aufs engste verbunden mit dem Aufsatz *Das Judentum in der Musik.* Es ist oft genug gesagt worden, daß gerade diese Schrift den Widerstand gegen Wagner erst wirklich mobilisiert hat. Man kann die heute fast unverständlich erscheinende Erbitterung, mit der Kämpfe für und gegen Wagner über Jahrzehnte hinweg geführt wurden, am Ende nur von diesem Hintergrund her ganz verstehen. Die Folgen des Artikels sind auch heute noch nicht ausgestanden. So quittiert der Staat Israel mit seinem Aufführungsverbot für Wagnersche Musik noch heute den sehr wohl zutreffenden Tatbestand, demzufolge Wagner für das Judentum einer der verhängnisvollsten Gegner und Widersacher gewesen ist – und zwar in seiner ganzen, vieltausendjährigen Geschichte. Kann man hier mit Recht von »Wagner und seinen Folgen« sprechen, so haben sich zweifellos die Folgen von den Absichten gelöst und selbständig gemacht. Denn Wagners Gegnerschaft zum Judentum, wie sie tatsächlich bestanden hat, hat nichts gemein mit dem organisierten Antisemitismus als Bewegung, der sich zwar auf sie berufen mochte, aber dabei Züge annahm, wie sie bei Wagner nicht einmal im Ansatz zu finden sind. Von der Lebensgeschichte Richard Wagners aus gesehen ist es nicht zulässig, dieser Schrift besondere Beachtung zu schenken. Als Wagner im August 1850 in Zürich den Aufsatz über *Das Judentum in der Musik* verfaßt, ist er in den Augen des sächsischen Ministers Beust ein politischer Terrorist, der nicht nur die Dresdner Oper in Brand gesteckt, sondern auch – wie man ihm nachsagt – Handgranaten zur Unterstützung des Aufstandes nach Prag geschickt habe. In *Mein Leben* erzählt er, wie er sich während der Dresdner Straßenkämpfe von der Frau des Sängers Tichatschek, seinem Tannhäuser, die im Hause befindlichen Jagdgewehre unter dem Vorwand aushändigen lassen wollte, sie könnten sonst requiriert werden. Der Flüchtling hatte sich gerade erst in *Kunst und Revolution* die »beklagenswerte Einwirkung des Christentums« vorgenommen und dabei der Kirche als »sinnlich wahrnehmbaren weltlichen Despotismus« vorgeworfen, die menschliche Natur auf das schwerste geschädigt zu haben. Neben den Priestern befinden sich Feudalherren und Industrielle unter den Angeklagten. In ihnen allen sieht er seine Gegner. Von Juden ist hier noch nicht die Rede. Ihnen ist eine eigene und in der Tat unmäßig harte, aber die andern Gegner an Feindseligkeit keineswegs übertreffende Schrift vorbehalten. Im Gesamtzusammenhang der Zürcher Veröffentlichungen ist der Aufsatz gegen das »Judentum« nichts Außergewöhnliches. Außergewöhnlich wird er erst durch die Bedeutung, die man ihm schon zu Lebzeiten Wagners beimißt und die er dann durch Nachwirkungen in der Zukunft bekommen hat.

Die Motive zur Abfassung des verhängnisvollen Aufsatzes liegen sowohl in den äußeren Umständen wie in seiner Natur. Wir sind in der günstigen Lage, sie ziemlich genau zu kennen, weil Wagner sich als Schriftsteller, Briefschreiber und in Gesprächen offen darüber ausgelassen hat. Aber die Kenntnisse darüber, mit denen wir von Wagner reichlich bedient werden, sagen nicht alles. Sie sagen nichts über die Allergie, die er gegenüber dem »Jüdischen« bezeugt. Hier muß man in anderen Zonen forschen. Hier kann unmöglich die im bürgerlichen Sinne »verbotene« Herkunft draußen bleiben, das Schlüsselerlebnis einer im Dunkeln liegenden Vergangenheit. Das ist der Holländer, Lohengrin, Siegmund, Siegfried, Tristan. Die Umstände der Herkunft, der Geburt, der

Zeugung sind nicht ganz klar, dürfen nicht ans Tageslicht. Das ist Richard Geyer, der auf dem Brühl in Leipzig geboren wurde – einem Viertel, das von manchen Autoren als »jüdisch« bezeichnet wird –, vom ersten Tag seines Lebens an bestraft durch die Unsicherheit seiner bürgerlichen Ursprünge. Die Vermutungen sind nach allen Seiten hin offen. Hier gilt es, sich zur Wehr zu setzen. Unvergleichbar ist von früh an Wagners Wille, nicht verwechselt zu werden. Jedem möglichen Verdacht muß von vornherein entgegentreten werden.

Die Stellung des Judentums ist im nachnapoleonischen Deutschland keine starke, trotz des Toleranzpatents in Preußen. Im übrigen entfernt man sich langsam von der Aufklärung. Geringes Vertrauen auf die Tragfähigkeit des Judentums ist unter Juden selbst weit verbreitet. Wagner wird dreizehn Jahre nach Heinrich Heine und fünf Jahre vor Karl Marx geboren. Beide haben als Konvertiten im Laufe ihres Lebens nichts mehr mit dem Judentum zu tun. Marx will überhaupt nicht daran erinnert werden, er nimmt das Buch von Bruno Bauer über die Judenfrage in einer Rezension zum Anlaß, das Judentum theoretisch aus den Angeln zu heben. Dagegen hat Wagners Zürcher Judenschrift Kennzeichen eines harmlosen Dilettanten.

Er verfaßt sie, kurz nachdem er als erneut Schiffbrüchiger aus Frankreich zurückgekehrt ist. Jetzt hat er Zeit, sich dem Gegner zuzuwenden, den er, neben den anderen schon bekämpften, bisher ausgelassen hatte. Er zieht das Resümee: Da ist Meyerbeer, dem er den Versuch vorwirft, ihn in Paris zum zweiten Mal in aufgestellte Fallen hineingelockt zu haben, da ist Schlesinger, der sich in seinem Musikalienhandel an Wagners Partituren und Arrangements bereichert hat. Er denkt an Dresden: Mendelssohn, dem er dort das Dirigieren ermöglichte, hat dabei sein musikalisches Unverständnis und seine Undankbarkeit bewiesen. Und ist nicht der Konzertmeister Lipinski, der in der Hofkapelle gegen ihn intrigierte und sich nicht davon abbringen ließ, ihn beim Spielen durch vorgezogenen Strich zu ärgern, ein polnischer Jude?

Hier waren persönliche Dinge die treibende Kraft. Wagner hat in seiner Lebensbeschreibung und seinen Briefen ausführlich darüber gesprochen. Er deckt selber eine Seite seiner Natur auf, wenn er am 18. April 1851 an Franz Liszt schreibt:

»Ich hegte einen langverhaltenen Groll gegen diese Judenwirtschaft, und dieser Groll ist meiner Natur so notwendig, wie Galle dem Blute.«

Er wird diese Anschauungen auch ohne konkrete Ursachen zum Ausdruck bringen. Zum Leidwesen von Liszt, der ihn warnt und darin Gründe für seine äußere Erfolglosigkeit sieht! Bei seinen späteren Konzertreisen nach Londen hat er wegen seiner Bemerkungen gegenüber Journalisten den größten Teil der Presse bereits gegen sich, bevor er noch den Taktstock gehoben hat. Dieser Zug wird bleiben und tritt sogar bei der *Parsifal*-Uraufführung noch einmal ausdrücklich hervor, wo er den Kapellmeister Levi, der jüdischer Herkunft ist, beauftragt, das »christliche« Bühnenweihfestspiel zu dirigieren: gewissermaßen als Erweis der Gnade, die sich Ausnahmen vorbehält.

Hier war die Gegnerschaft zum Judentum auf dem Boden des Deutschen Reichs von 1871 bereits institutionalisiert worden. Sie hatte bis dahin eine lange Entwicklung durchgemacht. Die Anfänge sahen ganz anders aus. Wagner stand in den dreißiger und vierziger Jahren – wie wir wissen – als Mann der »Volkspartei« auf der Seite der bürgerlichen Emanzipationsbewegung. Hier lagen die Gründe der Revolution von 1848. Zur Emanzipation des Bürgers trat beim »Jungen Deutschland« die Emanzipation der Frau, die Emanzipation des Fleisches. So bei Wagners Dresdner Kollegen und Konkurrenten Gutzkow. Dazu kommt die Emanzipation des Judentums, ohne die die Bewegung unvollständig gewesen wäre. »Als wir für Emanzipation der Juden stritten« – heißt es in Wagners Schrift über die Periode seines eigenen »Liberalismus« als Jugendverfehlung –, geschah dies, weil »in uns selbst der Drang nach sozialer Befreiung zu deutlicherem Bewußtsein erwachte.« Wir hören es: Wagner selbst stand auf der Seite derer, die die Integration der Juden in den Staat, der eigentlich ein christlicher war, forderten. Die Frage, um die es ging, bewegte die Gemüter, forderte zur Stellungnahme auf. Wie stand es um die Emanzipation der Juden? Konnte sie bei Lage der Dinge überhaupt gelingen? War nicht alle Hoffnung darauf umsonst? Marx wird auf seine Weise eine Antwort geben, die theoretisch entwickelter ist als die Wagners: Die Emanzipation kann gar nicht gelingen, weil ein Jude, der sich emanzipieren läßt, kein Jude mehr ist und weil er selbst nicht emanzipiert. Sie kann auch darum nicht gelingen, weil der Bürger des christlichen Staats als Bürger selbst nicht emanzipiert ist. Er kann schlecht etwas von dem geben, was er nicht hat.

Wagners Judenschrift geht von der gleichen Tatsache aus, daß nämlich das Streben nach Gleichberechtigung des Juden als Programmpunkt der sozialen Befreiungsbewegung um die Jahrhundertmitte erfolglos geblieben ist. Etwas anderes ließe sich beim besten Willen auch nicht behaupten. Aber das sind im Grunde nur Vorfragen, die zum eigentlichen Thema hinführen: dem Judentum in der Musik.

Bekanntlich hat Wagner in seiner Schrift den Juden die »Unfähigkeit der musikalischen Kunstart« nachgesagt. Die Behauptung, so wie sie ausgesprochen wurde, läßt sich nicht halten und ist durch den großen Anteil jüdischer Musiker auf erdrückende Weise widerlegt. Daß sie überhaupt gewagt werden konnte, lag zunächst in Wagners grundsätzlicher Ablehnung des Judentums begründet. Aber sie fügt sich sehr wohl in seine Anschauungen vom Christentum ein, dem er die Zerstörung der griechischen Tragödie zugeschrieben hatte. Beides zusammen lag auf der Linie seiner Absage an jede Form des Monotheismus in den historisch gewordenen Religionen. Hier kehrt er wieder zu Feuerbach als seinem Ausgangspunkt zurück. Es ging ihm bei seiner Beschäftigung mit dem Phänomen der Religion weniger um Christentum und Judentum an sich, sondern um deren Beziehung zur Kunst: zur Tragödie und zur Musik. Hier kennt er sich aus, hier spricht er als Bevollmächtigter in eigener Sache. Und hier sieht er die Folgen in wenig günstigem Licht.

Was er der Religion – einmal dem Christentum, ein andermal dem Judentum – als Berufener in der Sache der Kunst vorwirft, ist aus Ideen gezogen, die um die Mitte des Jahrhunderts gleichsam in der Luft liegen. Religion schafft jenes Angebot an Träumen, die den Sklaven in den Stand setzen, das Leben zu ertragen. Religion ist der »Seufzer der bedrängten Kreatur« oder »Opium des Volkes«, wie Marx es fast um die gleiche Zeit sagt. Daß Befreiung des Menschen immer auch Befreiung von der Religion mit ihren Vorurteilen und »Drogen« sei, war eine Feuerbachsche Einsicht, die sehr viel galt. Wenn die Kirche des Mittelalters sich der Pflege der Künste widmet, dann schmückt sie sich mit fremden Federn, denn sie ist in ihren Anfängen den Künsten nicht freundlich gesinnt gewesen. Der Vorwurf der Kunstfeindschaft, den Wagner dem Judentum macht, findet sich bei Feuerbach ebenso wie bei Marx. Und hier sind wir wieder beim Wagnerschen Thema. Musik ist dem Juden von seiner Religion her nicht mitgegeben. Der Gemeindegesang in der Synagoge bietet Musik in ihrer Entstellung, ebenso wie – das war in *Kunst und Revolution* schon gesagt worden – der christliche Kirchengesang den Chor der alten Tragödie travestiert. Um sich der Musik zu nähern, um sie sich anzueignen, muß der Jude aus dem Getto heraustreten. So wie Mendelssohn! Mendelssohn – das wird ihm hier von Wagner ausdrücklich bestätigt – hat sich als Musiker vom jüdischen Gemeindegesang entfernt. Musik mit den »feinsten, glättesten und kunstfertigsten Figuren«, wie er sie schreibt, war in der Synagoge nicht zu erlernen. Ähnliches gilt für Meyerbeer. Er wird zwar von Wagner hier nicht mit Namen genannt, aber »jener berühmte Opernkomponist«, der die »Täuschung« besorgt, die »Krankheit der Langeweile« durch »Kunstgenüsse zu heilen«, ist niemand anderes als sein Pariser Intimfeind.

Damit ist Wagner gleichzeitig bei seinem alten Vorwurf angelangt, die Oper zum Mittel der bloßen Unterhaltung für einen beschränkten Zuschauerkreis der »bürgerlichen Gesellschaft« zu machen. Bei diesem Mißbrauch treten die Schäden der modernen Zivilisation für ihn deutlich zutage. Moderne »Zivilisation«, Verstädterung, Industriegesinnung, Luftverunreinigung, Bankensystem, Judentum gehören bei Wagner ursächlich zusammen. Hier wird mit generalisierendem kulturphilosophischen Handwerkszeug gearbeitet. Aber das Schema, das nicht von Wagner stammt, sondern von ihm in seiner Schrift nur nachgezeichnet worden ist, wird gewaltige Wirkungen ausüben. Der Gedanke von einer innerlich zersetzten, biologisch und moralisch angefaulten westlichen Zivilisation im Gegensatz zu einer gesunden, auf agrarischen Grundlagen ruhenden Kultur wird hier eine Stütze haben. Der Vorstellung war Zukunft beschieden. Sie wirkte weit ins zwanzigste Jahrhundert hinein, fand Eingang in völkische Systeme, nationale Anbauprogramme und Siedlungstheorien. In Spenglers später weit verbreitetem »Untergang des Abendlandes« bildet sie eine Kernthese. Expressionistische Maler kennen geradezu als Lieblingsvorstellung aufgeborstene Straßen der Großstadt, Häuser auf schwankendem Grund, bei denen nur der Augenblick des endgültigen Zusammenbrechens noch aussteht. Man ist sogleich an Wagners Unheilsvisionen erinnert. An Uhlig schreibt er am 22. Oktober 1850:

»Wie wird es uns aber erscheinen, wenn das ungeheure Paris in Schutt gebrannt ist, wenn der Brand von Stadt zu Stadt hinzieht, wenn sie endlich in wilder Begeisterung diese unausmistbaren Augiasställe anzünden, um gesunde Luft zu gewinnen? – Mit völligster Besonnenheit und ohne allen Schwindel versichere ich Dir, daß ich an keine andere Revolution mehr glaube, als an die, die mit dem Niederbrande von Paris beginnt.«

Paris steht stellvertretend für alle großen Städte, ist das Symbol für die zum Untergang bestimmte Zivilisation. Und es ist die Stadt, in der Meyerbeer Erfolg hat, Heine berühmt und Wagner glücklos ist.

In diesem anarchistischen Ausbruch wird dem Turmbau der modernen Welt nichts Gutes vorausgesagt. Das mochte in Erfüllung gehen oder nicht, in jedem Fall findet sich hier der Brand wieder, der im *Rienzi* Kapitol und Lateran verschlungen hatte und am Ende der *Götterdämmerung* Walhall niederreißen wird. Wagner denkt in solchen Bildern und bereitet zusammen mit ihnen sein musikalisches Material vor. Das wiegt schwerer als Ankündigungen künftiger Geschehnisse, schwerer auch als Urteil und Prognose des Kulturphilosophen. Aber so herbeigesucht seine

Bausteine für jene Zivilisationswelt auch sein mögen, die dann zu irgendeinem Zeitpunkt zusammenbrechen wird: bei der Einschätzung der Musik innerhalb dieser Entwicklung wirkt der Instinkt des großen Musikers mit. Hier Mozart und Beethoven, die in der Sprache Wagners noch vorzivilisatorisch sind, dort die Zerrissenheit der »Moderne«. Die Musik ist angesichts dieser Verhältnisse nicht im Aufstieg begriffen. Unheil kündigt sich an. Wir befinden uns bei Wagners Vorbereitungen zum *Ring des Nibelungen.* Das heißt hier: Die Kunst ist dabei, ihren alten tragfähigen Grund langsam zu verlieren.

Wagner hatte in seiner Schrift *Das Judentum in der Musik* die Warnungen vor der modernen Zivilisation mit der Judenfrage verbunden. Darin lag der Fehlgriff und auch die Wirkung zur Zukunft hin. Thematisch Neues war hier nicht aufgeboten. Lösungen zur Judenfrage vorzutragen, gehörte zur Tagesordnung. Emanzipation mit den Folgen des gleichen Rechts für alle Staatsbürger kam dabei nicht in Frage, aus anderen Gründen als bei Marx, der sie für theoretisch und praktisch undurchführbar hielt. Wagners Empfehlung ist ganz auf sein Naturell zugeschnitten, sie widersetzt sich jeder Verallgemeinerung. Sie erscheint am Ende der Schrift wie der Überraschungsschlag eines Theaterstücks vor dem Fallen des Vorhangs: Wagner macht bei der Verurteilung der Juden eine einzige Ausnahme. Das ist Börne. Börne, das Vorbild der »Jungdeutschen« und Idol der nach 1830 heranwachsenden demokratischen Generation, hatte mit seiner Aufgabe des Judentums ein Beispiel gegeben. Ihm zu folgen, das ist der Rat, den Wagner gibt. Einziges radikales Mittel ist: »Aufhören, Jude zu sein.« Indem der Jude sich als Jude selber aufhebt, kommt er drohenden Gefahren zuvor und setzt ein für alle gültiges Zeichen.

Das war in der Tat eine Patentlösung im Sinn der allergrößten Vereinfachung. Einziges Kennzeichen des Juden ist am Ende sein Bekenntnis, das zu wechseln ganz in seinem – natürlich noch »jüdischen« – Ermessen liegt. Man hat das Gefühl, daß der Verfasser nach einem Kompromiß sucht und den Leser mit einem solchen, ihm offenbar brauchbar erscheinenden Vorschlag entlassen möchte. Hier bricht in Wagner der Harmoniker durch, der freilich seine Ansätze nicht zu Ende führt.

Der Aufsatz erschient 1850 in der Septembernummer von Brendels »Neuer Zeitschrift für Musik«, unterzeichnet von K. Freigedank. Mit den Umständen vertraute Leser der Zeitschrift wußten sofort, wer sich dahinter verbarg. Liszt gegenüber, der Wagner nicht verhehlt, in ihm sofort den Verfasser des Aufsatzes erkannt zu haben, erklärt er die Gründe:

»Nicht aus Furcht, sondern um zu vermeiden, daß die Frage in das nackte Persönliche verschleppt würde, erschien ich pseudonym.«

Aber er hat nie die Absicht gehabt, die Verfasserschaft abzustreiten, sondern gibt sie immer, wenn er darauf angesprochen wird, unumwunden zu. In einer neuen Auflage von 1869 erscheint die mit einem Vorwort versehene Schrift mit voller Namensnennung. Aber da waren die Anschauungen Wagners schon andere geworden.

9. ». . . das Wunderreich der Nacht«

Tristans Zürcher Isolde

». . . das Wunderreich der Nacht,
aus der ich einst erwacht:
das bietet dir Tristan,
dahin geht er voran:
ob sie ihm folge
treu und hold?
Das sag' ihm nun Isold'!«

Tristan und Isolde, Zweiter Aufzug

Die Schweiz, in die der politische Flüchtling mit gefälschtem Paß gekommen war, hatte Wagner freundlich aufgenommen. Das Land selbst, das in diesen stürmischen Jahren den Durchbruch zur heutigen Form der liberalen, auf kantonaler Grundlage aufgebauten Konföderation erfährt – Resultat der Kriege zwischen den im Zeichen des Fortschritts stehenden protestantischen Kantonen und den katholischen Urkantonen –, ist gerade dabei, seine Züge als Bewahrer der neuen politischen Freiheit anzunehmen. Die Schweiz als Land, das Asyl gewährt, das sich dem Verfolgten öffnet, hat jetzt seine eigentliche Geburtsstunde. Das heißt: Der Mythos, der sich hier auszubilden beginnt, wird auf seine Wirklichkeit hin erprobt und ist den Forderungen des Tages gewachsen. Das bedeutet nicht wenig in einem Europa, das unter der Vorherrschaft von Großmächten steht. Der politische Flüchtling, der hier ankommt, ist um diese Zeit noch keine verdächtige Existenz, vor der man sich vorzusehen hat. Als Emigrant steht er gerade seiner politischen Anschauungen wegen im Ansehen.

So war es für Wagner nicht schwer gewesen, unter der bürgerlich-demokratischen Intelligenz in Zürich Freunde zu finden. Der aus den Diensten entlassene Sächsische Hofkapellmeister wird als Gleichgesinnter aufgenommen. Er hat die Gabe, zu überzeugen und, wenn er will, für sich einzunehmen. So verkehrt er gleich in den angesehensten Kreisen der Stadt und des Staates. Leute des öffentlichen Lebens, Dichter, Musiker, Freunde der Kunst und der Philosophie sind sein übrigens sehr einflußreicher Umgang. Das Zürich von 1850 mit seiner im Handwerklichen, Gewerblichen und Bäuerlichen verwurzelten Bevölkerung ist noch nicht aufgespalten in die feindlichen Welten von Politik und Kunst. Es kennt gerade in Wagners Freund Gottfried Keller ihre Vereinigung. Der Dichter des »Grünen Heinrich«, ein Kauz und gewaltiger Trinker im Kreis seiner Kumpane, wird später das höchste Staatsamt in Zürich bekleiden.

Das sind für Wagner nach seinem Eintreffen außerordentlich günstige Umstände gewesen. Man kann sich vorstellen, daß er in den Zustand nervöser Depressionen fiel und einen Ohnmachtsanfall erlebte, als seine Frau ihn zwang, nach Paris zu reisen, um sich als Opernkomponist dort anzudienen. Es hatte sich bei ihrer Haushaltsführung langsam ein Zug zum Behaglichen eingestellt, das nur gestört wurde durch die Verschiedenheit der Eheleute. Wagners Mobiliar zusammen mit neu gekauften Teppichen und Vorhängen in grüner Seide zeigte schon erste Spuren einer Eleganz der Wohnungsausstattung, die von nun an für sein Arbeiten immer wichtiger werden wird. Seine Wohnung selbst wurde beliebter Treffpunkt für seine Schweizer Freunde und deutsche Emigranten, an denen in Zürich kein Mangel war.

Da ist zunächst Georg Herwegh zu nennen, für den sich selbst die Zürcher Polizei interessiert. Als Verfasser der »Gedichte eines Lebendigen« kann man in ihm den Berühmtesten unter Wagners damaligen Freunden sehen. Auch er ist Revolutionär, verheiratet mit der Tochter eines Berliner Bankiers, Verfechter eines Sozialismus des müden, schwermütigen Kavaliers mit ausgewählten Manieren. Als Erscheinung, bei der sich Wille zur politischen Aktion mit Weltschmerz verbindet, hat er die Neugierde der Zeitgenossen auf sich gelenkt. Wagner kannte ihn schon von Paris her. Beim Badischen Aufstand von 1848 hatte er an der Spitze eines deutsch-französischen Arbeiter-Freikorps gestanden und war nach der Niederlage in die Schweiz und nach Frankreich geflüchtet.

Einige Monate nach Wagner trifft er in Zürich ein. Es wird Herwegh sein, der den Anstoß zu Wagners Umschwenken in seiner philosophischen Weltanschauung geben wird. Allerdings in einer unerwarteten Weise! Herwegh weist ihn auf Schopenhauer hin, und Wagner macht sich nun an die Lektüre von dessen Hauptwerk »Die Welt als Wille und Vorstellung«. Das Buch wirkt auf ihn wie ein reinigendes Bad. Wie Schuppen fällt es ihm von seinen Augen: Was er selbst gedacht hatte, findet er bei Schopenhauer wieder. Die Musik als Ausdruck des Weltwillens, wie Schopenhauer sie versteht, entsprach seiner eigenen Erfahrung als Musiker. Was er unklar geahnt hatte, wird jetzt zur Gewißheit.

Zum alten Stamm der Schweizer Freunde Alexander Müller und Jakob Sulzer tritt bald Gottfried Keller hinzu. Der zwergenhaft und unbeholfen wirkende Verfasser des »Grünen Heinrich« schätzt Wagner außerordentlich und ist voll des Lobes über die Nibelungendichtung, die Wagner damals im kleinen Kreise vorliest. Umgekehrt kann Wagner bei Keller nur »Ansätze zu einer künstlerischen Entwicklung« sehen. Wie so oft ist er auch hier blind gegenüber der Bedeutung anderer Künstler:

»Glücklicherweise wußte man ihn, schon aus patriotischen Rücksichten, endlich im Staatsdienst unterzubringen, wo er als redlicher Mensch und tüchtiger Kopf jedenfalls gute Dienste leistete.«

Wagner hat, als er dies in »Mein Leben« schrieb, nicht gewußt, wer Gottfried Keller als Dichter eigentlich war.

Eines Tages trifft Semper ein, der alte Freund und Kampfgenosse, der schon in Dresden eine Probe als Meister der Baukonstruktion gegeben hatte: Seine Barrikade im Maiaufstand hatte sich als besonders stabil erwiesen. Da ihm Deutschland verschlossen bleibt, sucht er anderswo Fuß zu fassen, denkt an Paris, London oder Zürich. Mit Aufträgen ist zunächst nicht zu rechnen. In seiner bescheidenen Unterkunft entwirft er unentwegt Pläne, die sich vielleicht später einmal verwirklichen lassen. Eine seiner großen Leistungen wird der Bau des Zürcher Polytechnikums sein. Und auch Dresden sollte ihn eines Tages wieder aufnehmen. Die neue Dresdner Oper, Anfang der siebziger Jahre beendet, ist ein Semper-Bau.

Für kurze Zeit erscheint noch ein anderer junger Mann mit großer Zukunft auf der Zürcher Bildfläche: Karl Schurz, den es bald nach Amerika treibt, wo er sich im Sezessionskrieg als General der Nordstaaten auszeichnen wird. Er war aus dem Badischen geflohen und wartet nun in der Schweiz bessere Zeiten ab. Mit Wagner war ein Verständnis nicht zustande zu bringen. Wie sollte Wagner wissen, wohin die Zukunft Schurz verschlagen würde. Umgekehrt gibt Schurz zu, damals nicht allzuviel von Wagner gehalten zu haben. Sein Urteil über den Wagner der Zürcher Zeit zeigt sein klar und kritisch beobachtendes Auge: »Er galt als äußerst anmaßender, herrischer Geselle, mit dem niemand umgehen könne, und der seine Gattin, eine recht stattliche, gutmütige, aber geistig nicht hervorragend begabte Frau sehr schnöde behandelte. Wer damals seine großartige Laufbahn prophezeit hätte, würde wenig Glauben gefunden haben.«

Zu dieser Gesellschaft ungewöhnlicher Erscheinungen, die sich auf dem Boden des kleinen Schweizer Stadtstaats durch politische Umstände oder Zufall für ganz kurze Zeit zusammenfanden, gehört noch Friedrich Theodor Vischer. Er war kein Emigrant, sondern Professor der Ästhetik, ein kluger Schwabe, den kirchliche Engstirnigkeit und Berufsverbot gezwungen hatten, seine Lehrtätigkeit an das eidgenössische Polytechnikum zu verlegen. Er gehört zur Schule seines größeren Landsmannes Hegel. Seine Bedeutung ist auch heute kaum hoch genug anzusetzen. Da an den russischen Universitäten während der zweiten Hälfte des neunzehnten Jahrhunderts die Schriften Hegels durch die zaristische Zensur zeitweise verboten waren, trat für die Ästhetik Vischer an seine Stelle. Man sprach von Vischer und meinte Hegel. Seine in Zürich verfaßte Ästhetik ist in Rußland lange Zeit unangefochtenes philosophisches Kursbuch gewesen und war, wie seine Einflüsse auf die Ausbildung der marxistischen Kunst- und Literaturwissenschaft es zeigen, unersetzlich. In seiner Schrift »Vorschlag zu einer Oper« aus dem Jahre 1844 hatte Vischer den Nibelungen-Stoff ins Gespräch gebracht. Er ist auch der Mann dafür, einen Nibelungen-Zyklus als eigenen Entwurf für ein Opernlibretto auszuarbeiten. Schon darum kann er aus der Werkstatt des neuen Nibelungen-Dichters und -Komponisten gar nicht weggedacht werden. Im Unterschied zu Wagner aber gehört Vischer, wie Gottfried Keller erklärt, »der doktrinären und zünftigen Professorenpartei an«, mit der Wagner nichts zu tun hat.

So ist diese Zeit des Exils reich an Impulsen und Denkanstößen für Wagner. Die frühen fünfziger Jahre sind Übergangsjahre. Der *Lohengrin,* den Liszt, ohne daß Wagner anwesend sein durfte, in Weimar zur Aufführung brachte, bedeutete Abschluß der mittleren Periode. Mit den Nibelungen und der ersten Durcharbeitung des historischen und dichterischen Stoffs ist etwas Neues im Anzug. Wir sehen, wie wenig schlüssig sich Wagner darüber ist, welcher Weg bei seiner Behandlung einzuschlagen sei. Der Arbeitsfluß nach der Fertigstellung von *Siegfrieds Tod* in Dresden gerät ins Stocken. Die Maiereignisse, die Flucht, das neuerliche Scheitern in Paris, die Reisen nach Bordeaux, die Ehekrisen, seine schriftstellerische Tätigkeit bekräftigen eher den Eindruck, daß es mit dem Fortgang seiner eigentlich musikdramatischen Produktion so gut nicht aussieht. Wagner stellt sich um. Diese Umstellung bedeutet Ruhen des Musikers. Äußerlich gesehen ist Wagner indessen in fortwährender Bewegung. Da gab's in Zürich Baden im See, Kahnfahrten, lange Gebirgstouren mit Freunden wie dem jungen Karl Ritter, mit Herwegh und anderen, Besuche auf dem herrschaftlichen Landsitz von François Wille und seiner Frau Eliza in Mariafeld. Seine Gesundheit ist freilich nicht die beste. Er klagt über Beschwerden des Unterleibs, die er als Folgeerscheinungen der Pariser Elendsquartiere sieht. Von da kommt sein Bedürfnis nach Wasserkuren und das Vertrauen, das er in sie setzt. Ihretwegen war er in Teplitz und Marienbad gewesen. Zusammen mit langen Waldspaziergängen fühlt er seine künstlerische Produktivität durch sie unmittelbar angeregt. Die Wintermonate in unzulänglich heizbaren Wohnungen fallen fürs Komponieren sehr oft ganz aus oder sind wenig ergiebig. Er wartet in der Regel auf den Sommer, um wieder Musik zu machen. Das wird bei ihm so bleiben. In der Schweiz verspricht er sich von der Wasserkur in Albisbrunn, etwa drei Stunden von Zürich gelegen, vollkommene Wiederherstellung seiner Gesundheit. Vor allem das mit der Medizin eingenommene »Gift« soll durch das angepriesene Heilverfahren wieder aus dem Körper ausgeschieden werden. Ein ehemaliger sächsischer Offizier und verflossener Liebhaber der Schröder-Devrient leistet ihm Gesellschaft. Die Kur ist strapaziös:

»Früh um fünf Uhr zum Schwitzen eingewickelt, nach einigen Stunden in ein endlich nur noch vier Grad Wärme enthaltendes Bad gestürzt, worauf zur Erwärmung eine heftige Promenade durch den bald eisig sich einstellenden Spätherbst. Dazu Wasser-Diät ohne Wein, Kaffee oder Tee . . . Fernhaltung jeder geistigen Arbeit, dazu wachsende Anstrengung und Überreizung der Nerven; dies war das Leben, in welchem ich neun Wochen aushielt.«

Hier, zwischen Dampfkesseln, Kompressen und Packungen in äußerlich arbeitsfreier Zeit, tritt in seiner Vorstellung der Nibelungen-Stoff aus der Vorform von *Siegfrieds Tod* in die vierteilige Fassung der endgültigen *Ring*-Tragödie ein. Die Kur selbst ist wenig ergiebig. Er wird sie später in St. Moritz fortsetzen. Und während er im Badehaus mitten im Hochgebirge sich von der Befolgung der ärztlichen Vorschriften entnervt fühlt, wird er am Klanggerüst des *Ring* weiterbauen.

Die Zürcher Jahre sind von einer Vielfalt der Ereignisse charakterisiert, von Wanderungen, Reisen, Besuchen, wie vielleicht keine Zeit nachher mehr. Denn Wagner ist ungebunden. Es gibt keine amtlichen

Pflichten, die auf ihm lasten. Eine gelegentliche Dirigententätigkeit am Zürcher Theater übt er nur widerwillig aus und tritt sie lieber an Karl Ritter ab, den er als seinen Schüler betrachtet, der aber musikalisch nicht gut einschlägt und vom jungen Hans von Bülow abgelöst wird. Sein Verhältnis zu Karl Ritter ist lange Zeit problemlos, nicht zuletzt wegen der ständigen Zuwendungen von dessen Mutter. Bülow kannte Wagner von Dresden her. Er hatte in Leipzig Jura studiert, beschäftigte sich aber schon damals mehr mit Wagnerscher Musik und hat auch die Absicht, nach Beendigung seiner Studien Musiker zu werden. Das war in den Lebensverhältnissen, aus denen er kam, eine Sensation. Seine Eltern besaßen in der Schweiz ein Gut. Als er hörte, daß Wagner durch die Maiereignisse nach Zürich verschlagen worden sei, reist er ihm nach, um bei ihm seine musikalische Ausbildung fortzusetzen. Wagner ist es auch, der in einem langen Brief an Bülows Mutter alle Bedenken gegen die Musikerlaufbahn des Sohnes zerstreut. Cosima Liszt, die später zunächst Bülows Frau werden sollte, tritt zum ersten Mal während ihrer Zürcher Besuche in Wagners Gesichtskreis. Daß sich hier ein zweites Stück mit Tristan, Isolde und Marke vorbereiten sollte, war nicht vorauszusehen. Zumindest hat Wagner derartiges damals nicht bewegt, weil er sich gerade mitten in der Tristan-Tragödie mit seiner ersten Isolde befindet.

Dem deutschen Betrachter mochte es erscheinen, als wäre Wagner durch seine Flucht in die Schweiz in Vergessenheit geraten. Für den Opernkapellmeister mochte das gelten. Aber dieser Beruf hat ihn ohnehin nie befriedigt. Er meidet ihn, wo er kann. Anders verhält es sich mit Orchesterkonzerten, die er bereitwillig dirigiert. So nimmt er eine Einladung der Philharmonischen Gesellschaft in London an. Es lockt ihn das Wiedersehen mit einer Stadt, in die er durch Zufall auf der Reise von Riga nach Boulogne gelangt war. Er möchte Neues entdecken. Darum nimmt er auch die Unwirtlichkeiten einer auf vier Monate angesetzten Konzerttournee auf sich. Seine Unterkunft sucht er in der Umgebung des Regents-Park – er bevorzugt sie wegen der Rotbuchen, an die er sich von früher her erinnert. Sein ökologischer Instinkt läßt ihn für seine Wohnung die Nähe des Waldes, im idealen Fall der Parklandschaft wie in Biebrich, Penzing und später in Bayreuth suchen.

Die Londoner Konzerte sind beim Publikum und Orchester, nicht aber bei der Kritik ein Erfolg. Daran hatte Wagner selbst gebührenden Anteil. Er ließ keine Gelegenheit aus, die Presse zu provozieren. Der Musikreferent der »Times«, ein gewisser Mister Davison, ist ihm von vornherein feindlich gesinnt. Wagner hatte sich nicht an den in London geltenden Brauch gehalten, daß durchreisende Musiker den Kritikern ihre Aufwartung machen, um sie durch Aufmerksamkeiten verschiedenster Art günstig zu stimmen. Hier hält er sich an seine eherne Regel: Der Künstler soll seinen Erfolg nie der Kritik verdanken. Wer wie Wagner seine ohnehin bekannten Anschauungen so offen zur Schau trägt, darf sich in London nicht wundern, wenn die Presse über ihn herfällt. Übrigens war die Londoner Kritik lange Zeit die Stimmführerin für die kampagnenartig geführte Bekämpfung Wagners. Und das hatte seine Gründe.

Ohne daß es von Anfang zu erkennen gewesen wäre, hatte sich bei Wagner eine neue Wende vorbereitet, die beim gelebten Leben einsetzt, auf die Kunst hinüberschlägt und dann beides, Leben und Kunst, in ganz andere Bahnen leitet. 1852 sollte es beginnen. In die ersten Monate des Jahres fällt die Bekanntschaft mit dem Ehepaar Wesendonk. Otto Wesendonk, Mitbesitzer einer amerikanischen Textilfirma und mit der Alleinvertretung für Deutschland beauftragt, war erst vor kurzem von New York nach Zürich gekommen, um sich hier niederzulassen. Er hatte kaufmännische Jahre in Düsseldorf hinter sich, stammte aber wie seine Frau Mathilde, geborene Luckemeyer, Tochter eines Königlich-Preußischen Kommerzienrats, aus Elberfeld. Otto Wesendonk war 37, Mathilde 23 Jahre alt, als sie mit Wagner bekannt wurden. Sie hatten 1848 geheiratet, ein Sohn war kurz nach der Geburt gestorben. Im Sommer des gleichen Jahres 1851, als die Wesendonks in Zürich eintrafen und im Hotel »Baur au Lac« wohnten, um Bau und Einrichtung ihres künftigen Dauerwohnsitzes vorzubereiten, war Mathilde zum zweiten Mal Mutter geworden.

Die Bekanntschaft der Wesendonks mit Wagner erfolgte, eher zufällig, in der Wohnung von Marschall von Bieberstein, einem Freund Wagners aus Dresden und Emigrant wie er. Bald wird Wagner häufig im Hotel anzutreffen sein, und die Besuche werden von den Wesendonks erwidert. Auch die Frauen treten miteinander in Verkehr.

Otto Wesendonk steht in dem Ruf, ein sehr großes Vermögen erworben zu haben, und besitzt es wohl auch. In den Fragen des Geschmacks richtet er sich ganz nach den Wünschen seiner Frau und findet Freude darin, sich ihnen zu fügen. Der Eindruck, den beide machen, ist der liebenswürdiger Aufgeschlossenheit. Mathilde ist schön, leidenschaftlich an Musik interessiert. Man wohnt Konzerten bei, in denen Wagner dirigiert. Was liegt näher als diese Verbindung eines der Kunst aufgeschlossenen Ehepaares mit einem Musiker, der ihren Interessen und Wünschen in höchstem Maße entspricht. Es scheint Mathilde Wesendonk der zunächst leise treibende Teil gewesen zu sein. Ihre Bilder zeigen unter der stilisierten Schicht spätromantischer Sentimentalität den Zug der

Willensstärke, die sich aufs entschlossene Durchsetzen ihrer Absichten versteht. Von hier aus gesehen haben Bedenken Ottos gegenüber Wagner überhaupt keine Aussicht. Zwei Bilder, ein Gemälde von Dorner und ein Relief von J. Kopf geben wahrscheinlich sehr gute Auskunft über ihren Charakter: einmal bürgerliche Wohlgefälligkeit und das andere Mal ein Profil mit schön eingehaltenen Proportionen des Gesichts.

Zunächst herrscht der Ton heiterer Unverbindlichkeit vor. Wagner spielt auf dem Klavier, spricht über seine künstlerischen Pläne, entwikkelt seine Ideen. Mathilde hört zu. Und sie hört aufmerksam zu. Sie ist nicht nur für Musik empfänglich, sondern dichtet auch selber. Wagner – wir wissen es – steht in den Entwürfen zum *Ring*, sucht nach neuem Ausdruck, nach Erweiterung der Harmonie, probiert Klangfiguren aus, denen gegenüber *Tannhäuser* und *Lohengrin* altmodisch sind. Er macht Mathilde Wesendonk zur Zeugin der musikalischen Neuerung. Hier wird die romantische Klangwelt, in der sich Mathilde auskennt, der sie selber nahe steht, vor ihren Ohren geradezu gewaltsam durchbrochen.

Da bahnt sich etwas an, was nicht ganz verborgen bleiben konnte, was übrigens auch nicht verborgen werden sollte, weil es sich nicht verbergen ließ. Da wird langsam eine Einstimmigkeit erreicht, auf die die Umwelt reagieren muß.

Was keinem in Worten ich künde,
unausgesprochen
bleib' es ewig:
mit mir nur rat' ich,
red' ich zu dir

sagt Wotan zu Brünnhilde. So weit war es zwischen Wagner und Mathilde Wesendonk inzwischen gediehen. Wenn später diese Beziehung als eine der ganz großen schöpferischen Beziehungen zwischen einem Künstler und einer verständnisvollen Frau gesehen wird, vergleichbar mit der zwischen Goethe und der Frau von Stein, dann konnte das für die beiden übrigen Beteiligten damals nicht von der gleichen Bedeutung sein. Otto Wesendonk muß seinen Geschäften nachgehen, die herzleidende Minna sich immer wieder zur Kur begeben. Ihr Verhalten ist natürlich ein ganz verschiedenes, ergibt sich aus dem Verhältnis zum andern Eheteil. Die Ehe zwischen Otto und Mathilde Wesendonk ist glücklich, die zwischen Wagner und Minna in Wahrheit jetzt schon hoffnungslos zerstört, nur durch Notwendigkeiten auf beiden Seiten zusammengehalten. Für Wagner empfahl sie sich durch ihre Bequemlichkeit, für Minna zwang sie sich auf durch den Willen zum Leben. Wer hätte für ihren Unterhalt gesorgt, wenn auf Wagner, der selbst über keine festen Einnahmen verfügte und auf Spenden angewiesen war, nicht mehr mit Sicherheit gerechnet werden konnte. Als Schauspielerin war die ehemalige »jugendliche Liebhaberin« zu alt. Sie hätte in fremde Dienste treten müssen.

Otto Wesendonk verhält sich am klügsten. Gegen Wagner ist nichts auszurichten, so wenig wie gegen die Leidenschaft seiner Frau für die Musik, die in der Begegnung mit der Wagners auf das heftigste entzündet wird. Ein Ankämpfen wäre Auflehnung gegen Naturkräfte. Seinem verbindlichen Charakter entsprechend neigt er zur verständnisvollen Billigung, sieht er in Wagner seinen Freund, obwohl es ihm von dessen Seite nicht immer leicht gemacht wird, und hofft, daß seine Frau der Kinder wegen – es werden bis 1857 drei sein – an der Ehe festhält. Im übrigen hat Wagner damals nicht daran gedacht, sich von Minna zu trennen. Die gemeinsame Not hatte sie fest aneinandergekettet. Das Gefühl ihrer Zusammengehörigkeit verläßt ihn auch jetzt nicht. Viel vorteilhafter muß es ihm erscheinen, sich der Gunst einer jüngeren und schöneren Frau von der Behaglichkeit des gut geführten ehelichen Heimes aus zu erfreuen. Das eine mit dem andern zu verbinden! Es hat sich jetzt die ihm willkommene Konstellation – von in Wirklichkeit nur drei Beteiligten nämlich – herausgebildet – wie in Bordeaux. Nur war die Beziehung in dieser Form damals durch Intervention gescheitert. Diesmal kommt sie zustande. Und sie wird sich später noch einmal mit zwei andern Mitspielern wiederholen. Tristan, der in Südfrankreich von der Polizei nach Hause geschickt worden war, hat in Zürich seine Isolde gefunden. Und es ist auch König Marke zur Stelle. Alles andere zählt nicht. Das Spiel kann beginnen.

Die Bedingungen, die Wagner hier antrifft, sind ideale. Eine junge Frau, »ganz unbelehrt, ein weißes, unbeschriebenes Blatt«, wie sich Mathilde später selber im Rückblick auf diese Zeit genannt hat, weit geöffnet für das, was ihr hier entgegengebracht wird, und auf das feinste zurückwirkend! Das hatte es bei Wagner vorher nicht gegeben und wird sich auch später nicht mehr mit der gleichen Intensität einstellen. Dazu der Ehemann als Freund, der Geldmittel für den Komponisten zur Verfügung hält! Für das drei Tage dauernde Züricher Musikfest im Jahr 1853, das neuntausend Franken Unkosten verschlingt, bringt Otto Wesendonk den größten Teil auf. Wagner als Dirigent weiß sich gefällig zu erweisen und läßt die Wesendonks demonstrativ am Erfolg teilhaben. Mathilde rückt dezent in den Mittelpunkt der Zürcher musikliebenden Gesellschaft. Kein Wunder, daß sie später auf eifersüchtige Vorhaltungen Ottos »mit dem Tode« droht. Hier gibt es kein Zurück. Natürlich tuschelt man über »die Wesendonks«, kennt Geschichten, weiß sogar schon Einzelheiten.

Die Beziehung zwischen Wagner und Mathilde geht äußerlich gesehen in den Stilformen der romantischen Künstlerfreundschaft im musikalischen Salon mit der schönen, mäzenatisch auftretenden Hausherrin als Mittelpunkt vor sich. Das war Pariser Mode, die Liszt und die Gräfin d'Agoult so gut beherrschten, die Chopin zum Gegenstand anbetungswürdiger Verehrung werden ließ, in der der Pianist, der Virtuose, der Künstler zugleich den gesellschaftlichen Bedürfnissen eines kleinen, zur Soirée versammelten Zirkels entgegenzukommen hatte. Diese Pariser Mode war in Zürich eigentlich kaum recht am Platze und außerdem in den fünfziger Jahren schon ziemlich abgestanden. Bei Wesendonks wird nicht nur musiziert, es werden auch Gespräche über Literatur geführt und Urteile ausgetauscht. Es scheint die Zeit merkwürdig stillzustehen. Daß Wagner und Mathilde die Spanier lesen, Cervantes, Calderón, Lope de Vega, und sich daran begeistern, besagt hier einiges. Über allem steht für beide der historische Roman aus der Schule Scotts und Bulwers, stehen Hohenstaufenromane mit Burgen, Schlössern, Rittern und Edelfräulein. Hier spricht der Dichter und Komponist des *Tannhäuser* und des *Lohengrin,* der am *Ring des Nibelungen* arbeitet und dann ganz abrupt abbricht, um zum *Tristan* überzugehen, mit Mathilde Wesendonk die gleiche Sprache. Man ist im Geschmacklichen um 1855 kaum über die dreißiger Jahre hinausgekommen. Und entsprechend sind auch die Gedichte, die Mathilde Wesendonk verfaßt und Wagner vertont. Was heute als die *Wesendonk-Lieder* bezeichnet wird, war ursprünglich unter dem Titel *Fünf Dilettantengedichte* zur Veröffentlichung in Aussicht genommen. Versen der Wesendonk wie etwa: »Sonne, weinest jeden Abend / Dir die schönen Augen rot« war, nach dem Geschmack der Zeit, lyrische Schönheit nicht abzusprechen. Wagner komponiert meist sogleich, nachdem die Freundin ihm das Gedicht übergeben oder zugeschickt hat. In ihrer Harmonik gehen die Lieder aus dem Übergang von der *Walküre* und dem *Siegfried* zum *Tristan* hervor; das macht es verständlich, wenn Wagner sie damals als das Beste bezeichnet, was er komponiert habe. In diesem Verkehr wird Mathilde zum »Stern«, der aufzuleuchten beginnt in einer Zeit, in der Wagner sich dem Höhepunkt seiner künstlerischen Leistungsfähigkeit zubewegt. Mathilde regt an, prüft, ermuntert, wenn er von Mutlosigkeit befallen wird, wenn er während der Arbeit am *Ring* das Gefühl hat, daß sich vor ihm eine unübersteigbare Wand auftut. Was von Minna als Wahnwitz verworfen wird, beginnt in der Nähe Mathildes Gestalt anzunehmen. Und dann der Plan zum *Tristan*, den er während der Arbeit am *Siegfried* faßt, weil er das Bedürfnis hat, nach langen Jahren wieder etwas von sich auf der Bühne aufgeführt zu sehen. Es ist der Wunsch Mathildes, daß er gedichtet und komponiert wird. *Tristan und Isolde* über alles! Später, aus dem Abstand dazwischenliegender Jahre, kann er Mathilde Wesendonk bezeugen:

»Daß ich den Tristan geschrieben, danke ich Ihnen aus tiefster Seele in alle Ewigkeit.«

In diesen Wochen, Monaten, Jahren ist der Verkehr mit den Wesendonks der eigentliche tragende Grund für Wagners künstlerisches Schaffen. Abgesehen von Paris, wo der *Fliegende Holländer* in einem einzigen Zuge komponiert wurde, hat Wagner zu keiner Zeit unter einem härteren Druck beständiger Anspannung gestanden als hier. Nur zieht sich das jetzt über eine längere Zeit hin. Alles, was nach dem *Lohengrin* an Entscheidendem entworfen wurde, hat in Zürich seinen Ursprung, wird hier weiterentwickelt oder Mathilde Wesendonk verpflichtet sein. Das gilt, wie wir genau wissen, bis zu den *Meistersingern* und zum *Parsifal*.

Es muß Minna gewaltig ins Auge stechen, daß ihr Mann lange Besuche bei den Wesendonks macht, aber mehr noch und schlimmer: daß er hier von der Arbeit abgehalten wird. Die finanzielle Lage ist ohnehin schwierig genug. Durch den vermessenen Plan des *Ring* kann an keine raschen Einnahmen durch ein neues Werk gedacht werden. Statt an Fortschritte zu denken, schreibt er *Eine Sonate für das Album der Frau M. W.* und erscheint gewöhnlich zwischen fünf und sechs Uhr, um in der Dämmerstunde das am Tage Komponierte vorzuspielen.

Ein äußerer Einschnitt in die wechselvolle Beziehung der beiden Familien erfolgt im Jahre 1857. Otto Wesendonk hatte auf einer Anhöhe, dem sogenannten »Grünen Hügel« in der Nähe von Kilchberg, ein Anwesen gekauft, um dort eine Villa für seine Familie und seine Gemäldegalerie zu bauen. Auf dem Nachbargrundstück befindet sich ein kleines Sommerhaus. Wesendonk bietet Wagner an, das Terrain zu erwerben und ihm das Häuschen – gegen einen niedrigen Mietpreis – lebenslänglich zu überlassen. Ein »Asyl« für den Künstler und Flüchtling! Wagner ist einverstanden und übernimmt es, nachdem kleine notwendige Umbauten ausgeführt sind. Ein paar Monate später ziehen die Wesendonks in den neuen Prachtbau mit noch heute ansehnlichem Park ein: schwere, eigentlich für die Landschaft zu schwere »Renaissance«, die um diese Zeit selbst schon historisch, ja altmodisch geworden ist. Spätestens beim

Anblick dieser eigentümlichen Kulisse im nachgeahmten Palladio- und vorweggenommenen Böcklin-Stil wird klar, wie sehr Wagner als Mann des musikalischen Fortschritts gleichzeitig von stilistischer Rückwärtsgewandtheit umgeben war, wie seine Kunst aus der prunkenden Dekoration einer vergangenen Blütezeit herauswächst, die nicht echt, sondern abgeschmackt und nachgemacht wirkt. Das sind Einwände, die erst in den siebziger und achtziger Jahren erhoben werden und dem Wagnerschen Spätwerk gelten, aber schon jetzt beginnen, eine gewisse Berechtigung zu bekommen. Nietzsche wird hier der Wortführer sein.

Mit seinem Vorschlag, das »Asyl« zu beziehen, hatte Otto Wesendonk den Freund Richard Wagner zu seinem Nachbarn gemacht. Etwa fünfzig Meter liegen säulengeschmückter Palast und bescheidenes Gartenhäuschen auseinander. Wagner in so unmittelbarer Nähe zu sich selbst gebracht zu haben, war nicht ganz konsequent, nachdem er vorher aus ersichtlichen Gründen seine Frau für einige Wochen nach Paris geschickt hatte. Aber wo Mathilde die treibende Kraft war, hörten bei Otto Wesendonk die Konsequenzen auf.

Für die Wagners war der Umzug im April doch mit einigen Schwierigkeiten verbunden gewesen. Es war kalt, der Zustand des Häuschens nicht der beste, Minna krank, so daß die meiste Last auf Wagner lag. Aber im Mai ist er so weit eingerichtet und seine Laune wiederhergestellt, daß er an Franz Liszt schreiben kann:

»Nun ist aber alles überstanden; alles ist nach Wunsch und Bedürfnis für die Dauer hergerichtet und eingeräumt; alles steht am Platz, wo es stehen soll. Mein Arbeitszimmer ist mit der Dir bekannten Pedanterie und eleganten Behaglichkeit hergerichtet; der Arbeitstisch steht an dem großen Fenster, mit dem prachtvollen Überblick des Sees und der Alpen; Ruhe und Ungestörtheit umgibt mich. Ein hübscher, bereits sehr gut gepflegter Garten bietet mir Raum zu kleinen Promenaden und Ruheplätzchen, und meiner Frau die angenehmste Beschäftigung und Abhaltung von Grillen über mich; namentlich nimmt ein größerer Gemüsegarten ihre zärtlichste Sorge in Beschlag.«

Hier beginnt an den Ufern des Zürcher Sees eine Idylle, für die kein Ende in Aussicht genommen, die eigentlich für das ganze Leben gedacht war. Die Wesendonks können erst im August ihren Palast beziehen. Aber schon einige Wochen vorher hatte Minna mit Hilfe des Gärtners, den sie zu bestechen verstand, einen Brief Wagners an Mathilde abgefangen – eine Morgenbotschaft an die noch entfernte Freundin:

». . .Das Wetter scheint mild. Heut' komm' ich in den Garten; sobald ich Dich sehe, hoffe ich einen Augenblick Dich ungestört zu finden!«

Was Minna nicht nur geahnt hatte, sondern schon so gut wie wußte, wird ihr hier schwarz auf weiß bestätigt. Tristan ist schon in voller Aktion. Sie stellt ihn mit dem Brief in der Hand zur Rede, läßt sich bei Mathilde melden, sagt, was sie weiß, ohne ihr das Beweisstück zu zeigen. Es kommt zu Szenen. Die provisorisch zu Freundinnen gemachten Frauen sind mit einem Male offene Konkurrentinnen geworden, die mit verschiedenen Waffen kämpfen. Es ist jetzt der Zeitpunkt der Entscheidung gekommen. Wer wird die Stärkere sein: die Frau des reichen Kaufmanns, die dem armen Künstlerehepaar ein Zuhause fast kostenlos zur Verfügung gestellt hat, oder die ehemalige Schauspielerin, der Bühnenstar aus Königsberg? Es kommt noch einmal zu einem Kompromiß. Wagner rät seiner Frau zur Kur: »Minna, du bist sehr krank.« Sein erprobtes Mittel im Umgang mit ihr: Ihr geschwächter Gesundheitszustand täuscht sie über die Dinge, wie sie wirklich sind. Alles wieder nur Mißverständnisse! Ist sie erst wieder einmal kuriert, sehe sie alles mit ganz andern Augen an. Wagner bewohnt den ersten Stock des Häuschens, Minna das Parterre. Es wandert ein Brief von oben nach unten, in dem Wagner ihr in Aussicht stellt, sich »nicht in eine Wasserheilanstalt, sondern in ein Narrenhaus bringen zu lassen.« Und dann die bekannten Töne von Drohung, Entrüstung über ihren Argwohn, Bekunden des guten Willens und vernichtender Hohn: Wie kann sie nur glauben, daß hier »eine raffinierte Bosheit ausgeheckt« werde, »um Dich schnurstracks unter die Erde zu bringen!« Schließlich welcher Widerspruch:

»Zugleich aber auch wird mir gesagt, ich soll ein Mann sein! Nun gut, nicht ein Mann, sondern Dein Mann will ich sein: sag' mir nur immer genau, wie ich sprechen, denken und die Dinge der Welt ansehen soll, ich will mich immer genau danach richten und nichts sprechen, denken und sehen, was Dir nicht recht ist: bist Du so zufrieden? Gib mir auch immer an, was ich und wie ich komponieren, dichten und dirigieren soll: ich will mich ja in allem nach Dir richten, damit Du nicht einen Augenblick an mir zweifeln kannst.«

An einen gedeihlichen Verkehr der beiden Familien war natürlich jetzt nicht mehr zu denken. Otto Wesendonk hält sich zurück, ein Einwirken von seiner Seite wäre aussichtslos gewesen. Die Nerven der Beteiligten sind bis zum Zerreißen gespannt. Wagner bietet an, den persönlichen Umgang mit den Wesendonks abzubrechen, dann will er die Besuche wieder nur beschränken. Er gesteht Mathilde seine Sehnsucht nach dem Tode, der wahren Heimat. Das ist die Zeit, wo der *Tristan* vom ersten zum zweiten Akt vorrückt. Die Erregung ist nicht mehr zu steigern, das

Ungeklärte und auch überhaupt nicht zu Klärende der Lage schafft jetzt jene Hochspannung, die ins Werk umgesetzt wird. Wagner hatte sich mit vollem Bewußtsein, daß der *Tristan* eine Überleitung von Nichtgelebtem in Kunst sein würde, an die Arbeit dieses Ausnahmewerks begeben. Wie nah sich Richard Wagner und Mathilde auch gekommen sein mögen, eine Erfüllung konnte es nicht geben. An ihre Stelle treten Dichtung und Komposition von *Tristan und Isolde,* bei voller Klarheit der beiden Beteiligten darüber.

Die Ansprüche des einen gegenüber dem andern waren sehr weit gegangen. Mathilde hatte Wagner das Versprechen gegeben, es zu keiner intimen Beziehung mit ihrem Ehemann mehr kommen zu lassen. Es gab Gelegenheiten, wo Wagner offen seinen Unmut über Otto Wesendonks Anwesenheit in dessen eigenem Hause bekundet hatte. Es fehlte einfach der Ruhepunkt in diesem eigentümlichen Verhältnis zwischen den zwei Familien. Alles war in beständigem Fluß. Vor allem aber gab es keinen Widerstand gegen die Macht der Musik und des Musikers Wagner. Der Rückzug der beiden Hauptbeteiligten auf sich selbst ist ständig von Störungen bedroht. Als sich dann die Ereignisse zugespitzt haben, kann Minna schreiben: »Madame W. besuchte meinen Mann heimlich, und umgekehrt, verbot meinem Knechte, als er ihr die Türe aufmachte, daß er mir nicht sagen sollte, daß sie oben sei.«

Damit hat der Schlußakt der Geschichte im »Asyl« begonnen. Den Rest dazu bot der Willkommenskranz, den der Bedienstete im Auftrage Wagners zum Empfang der von der Kur heimkehrenden Minna am Hause anbrachte. Wagner will so die Versöhnung mit seiner Frau sichtbar machen. Aber Minna will mehr: Das Blumengebinde mit Aufschrift muß demonstrativ herausgehängt werden, daß man es in der Villa nebenan sieht und vor allem Mathilde von nun an weiß, wer im »Asyl« die Herrschaft hat. Das ist mehr als eine Herausforderung, das ist eine Beleidigung Mathildes. Und das Schlimmste: Wagner beteiligt sich daran. So sieht Mathilde es jedenfalls. Sie stellt Wagner zur Rede, macht ihm Vorwürfe. Wagner fühlt sich von ihr zurückgestoßen, schreibt sofort, versucht unumwunden zu erklären, sucht die Wiederversöhnung. Brünnhilde und Kriemhilde, die im *Ring* zur Gutrune wird, stehen sich gegenüber. Doch Brünnhilde, die zu Siegfried gehört, war nicht Siegfrieds Frau, Gutrune keine Gegenspielerin vergleichbaren Rangs. Der Zorn der Mathilde Wesendonk über den Undank Wagners ehrt sie, zeigt eine entschlossene Frau, die in »Liebesnot« geraten ist. In diesem Augenblick steht für sie fest: Minna muß weg. Wagner meint später:

». . . auch die Wesendonk konnte es nicht vergessen, daß ihr zum

Lohn ihrer höchsten Aufopferung und zartesten Rücksichten für mich von meiner Seite her, durch meine Frau, so roh und verletzend begegnet worden war.«

Aber Mathilde, die zu keiner Zeit ihre Familie vergessen hatte, hat in dem kurzen Augenblick ihrer Verblendung unrecht. Minna kann nicht weg ohne Wagner, Wagner kann nicht alleine zurückbleiben. Minna weiß das. Und so bleibt nur der Beschluß: Beide müssen aus dem Hause. Die Geschichte von Tristan und Isolde, für die Wagner gerade die Musik schafft, kannte drei Hauptbeteiligte. Die Wirklichkeit des »Asyls« unterscheidet sich dadurch, daß es hier vier gibt. Darum ist auch der Schluß ein anderer. Für Wagner endet der Zürcher Aufenthalt so, wie der Aufenthalt in Riga, Dresden, Bordeaux geendet hatte: durch schleunigste Flucht. Nur daß diesmal die Polizei nicht im Spiele ist. Das Mobiliar wird verkauft, die Koffer werden gepackt. Minna reist nach Sachsen zurück, Wagner, die Partitur des noch unfertigen *Tristan* im Gepäck, nach Genf. Unerträgliche Verhältnisse, für die er selbst die Ursache war, treiben ihn beinahe über Nacht wieder in eine ungewisse Zukunft.

Der Abschiedsbrief von Minna an Mathilde läßt an Klarheit nichts zu wünschen übrig:

»Geehrte Frau!

Mit blutendem Herzen muß ich Ihnen vor meiner Abreise noch sagen, daß es Ihnen gelungen ist, meinen Mann nach beinahe 22jähriger Ehe von mir zu trennen. Möge diese edle Tat zu Ihrer Beruhigung, zu Ihrem Glück beitragen.

Es ist mir leid, daß Sie mich, durch sehr gehässige Äußerungen über mich, zwingen, Ihnen eine wörtliche Abschrift jenes verhängnisvollen Briefes, den mein Mann an Sie zu richten sich erlauben durfte, vorzulegen wo ich mich nach Durchlesung endlich entschloß, zu Ihnen zu gehen, um mich in Freundschaft zu besprechen.

Mögen Sie sich nun selbst fragen, was Sie darin an meiner Stelle getan haben würden . . . Sie hetzten meinen Mann wiederholt gegen mich auf und verklagten mich sogar ungerecht und unvorsichtig bei Ihrem guten Mann an. Bei meiner Zurückkunft nach dreimonatiger Abwesenheit erklärte mir mein Mann, daß ich mit Ihnen mich in persönlichen Verkehr setzen müßte. Ich gab nach einigen Exzessen nach, wollte den Mantel der Vergessenheit über das Vorgefallene decken . . .«

Der Brief schließt mit dem Hinweis auf das einzig Erfreuliche der Katastrophe:

»Nun wird Wagner auch wieder arbeiten . . .«

10. »O sink hernieder, Nacht der Liebe«

Das eingeschaltete Meisterwerk

»O sink hernieder,
Nacht der Liebe,
gib Vergessen,
daß ich lebe,
nimm mich auf in deinen Schoß,
löse von
der Welt mich los!«

Tristan und Isolde, Zweiter Aufzug

Am 18. August 1858 um fünf Uhr morgens verläßt Wagner Zürich in Richtung Genf. Die Auflösung des »Asyls« war die einzige Lösung gewesen. Sie bedeutete Trennung von Minna, die – übrigens in Begleitung ihrer vorgeblichen Schwester Nathalie – abreist. Nathalie gehörte zum Haushalt der Wagners. Sie war in Wirklichkeit die Tochter Minnas aus einer vorehelichen Beziehung mit dem sächsischen Offizier Ernst Rudolf von Einsiedel. Nathalie galt als hoffnungsloser Fall, war der Dienstbote und lag meist mit Minna im Streit. Wagner nennt sie »körperlich und geistig schwerfällig, unbehilflich und einfältig«. Aber er hat ein gutes Verhältnis zu ihr und sie oft in schwierigen Lagen ins Vertrauen gezogen. Dieser Abschnitt seines Lebens wird nun abgeschlossen sein.

Er hatte nicht gebrochen mit Mathilde Wesendonk und sie auch nicht mit ihm.

Die unaufschiebbare

Abreise galt als notwendig gewordene zeitweilige Trennung. Das war wieder zugleich richtig und falsch, wie die Zukunft zeigen sollte. In Genf, wo er Karl Ritter aufsucht, legt er sich ein Tagebuch an mit Mathilde als Hauptgestalt darin. Es wird zum Buch, in dem er seine Träume aufzeichnet: der Tod als höchster Wunsch, als Sphäre, in der er einer zur Reise bereiten Mathilde in Männerkleidern begegnet ...

Der Aufenthalt in Genf ist kurz. Die Reise führt weiter durch das Wallis über den Simplon nach Italien. Karl Ritter begleitet ihn. Was ihn, bevor er das eigentliche Ziel erreicht, besonders fesselt, ist die Isola Bella. Aber er gönnt sich keine lange Rast. Er will so schnell wie möglich in Venedig sein.

Heute kann man es sagen: Venedig hat durch den Aufenthalt Wagners eine zusätzliche Aura bekommen. Es ist die Stadt der Dogen, die einst allmächtige Königin der Adria, die Stadt von San Marco, der Paläste und Kanäle mit ihren Brücken, der Gondeln und Gondolieri. Es ist die Stadt der venezianischen Oper, der Stegreifkomödie mit dem Harlekin als Meister. Es ist die Stadt des Karnevals mit Masken und Maskeraden, wo in dunklen Gassen das Verbrechen lauert. Es ist die Stadt Casanovas. Goethe und Shelley haben sie besungen. Venedig ist jetzt auch die Stadt Richard Wagners. Die Stadt des *Tristan*!

Es war sein Instinkt, der ihn jetzt, in diesem schwierigen Augenblick, nach Venedig führt. Hier ist das, was er jetzt braucht. Hier ist vor allem das Dunkel, in das er eintauchen kann. Es liegen in Venedig, wie er es sieht und wie es nach ihm so oft gesehen wurde, »Größe, Schönheit und Verfall dicht nebeneinander«. Im »Tod in Venedig« Thomas Manns steht hinter jeder Zeile Richard Wagner: Der Schriftsteller Achenbach tritt von München die Reise nach Venedig an, eine Reise ins Ungewisse, die zur Reise in den gewünschten und gewollten Tod führen soll.

Richard Wagner kommt nicht nach Venedig, um jetzt schon hier zu sterben. Er kommt, um am *Tristan* weiterzukomponieren. Dazu mietet er sich im Palazzo Giustiniani am Canal Grande ein, sorgt für eine gefällige Ausstattung und gibt den Auftrag, daß ihm sein Erard-Flügel nachgeschickt wurde. Dann beginnt ohne weiteren Verzug im hochsommerlichen Venedig die Arbeit an jenem zweiten Akt, der zum Höhepunkt der Wagnerkunst gehört, in dem manche überhaupt die Erfüllung sehen. Der Tag wird gut eingeteilt. Wagner hat das Gefühl, wegen der stürmischen Ereignisse der letzten Monate viel Versäumtes nachholen zu müssen. Er arbeitet in der Regel den ganzen Tag durch, verläßt gewöhnlich um fünf Uhr nachmittags die Wohnung, um zu essen, macht einen Spaziergang mit kurzem Aufenthalt auf dem Markusplatz mit seinen vielen auswärtigen Besuchern. Um neun Uhr nimmt er eine Gondel zurück nach Hause. Wenn er eintritt, ist der große Arbeitsraum bereits von einer Lampe beleuchtet. Bis zum Schlafengehn verbringt er die Stunden dann mit Lesen.

Venedig ist um diese Zeit eine österreichische Stadt. Wenn die Polizei es noch nicht gewußt hat, so kann sie es durch die Zeitungen erfahren, wer sich hier aufhält. Es besteht die Möglichkeit der Verhaftung und Auslieferung. Doch Wagners vorübergehende Furcht wird durch das Wohlverhalten der österreichischen Offiziere bald zerstreut. Mit Befriedigung hört er, wie die Kapelle auf dem Markusplatz, wenn auch ein bißchen mühsam und schleppend, Stücke aus dem *Tannhäuser* und *Lohengrin* spielt.

Was sich jetzt bei Wagner selbst ereignet, ist wie das Durchbrechen einer Staumauer. Lange Niedergehaltenes drängt hervor. Hier und möglichst bald soll der *Tristan* fertig werden.

Tristan und Isolde ist ein Werk der »Einschaltung«. Es entsteht in einer Krise, die ihm die Arbeit am *Ring* bereitet und offen ausbricht, als er am zweiten Akt des *Siegfried* komponiert. Die Schwierigkeiten erscheinen ihm unüberwindbar. Es hatte sich ja nur mühsam die Vorstellung eines Großwerks in »drei Tagen und einem Vorabend« bei ihm herausgebildet, aber sie zu verwirklichen erweist sich von Tag zu Tag als bedenklicher. Wann kann ein solches Werk fertig sein? Wird es je zu Ende gebracht werden können. Wo gäbe es ein Theater, das bereit wäre, es aufzuführen, das überhaupt die Mittel, insbesondere die Sänger, dazu hätte? Das sind Fragen, die ihn unablässig quälen. Die Geldmittel zur Weiterarbeit sind kaum vorhanden, werden immer nur provisorisch aufgebracht durch Frau Ritter, durch Wesendonk, durch Liszt, durch jeden, der auf Wagners mündlich und schriftlich geäußerte Bitten hin bereit ist, größere oder kleinere Summen zu spenden oder auch nur zu leihen. Aber Geld in seiner Hand rinnt ihm sofort durch die Finger. Otto Wesendonk, der zeitweise versucht hat, Ordnung in seine Finanzen hineinzubringen, gibt es am Ende auf. Wagner widersetzt sich dem auch aus grundsätzlichen Erwägungen, um das wahre Ausmaß seiner Verschuldung zu verschleiern. Geld kommt jetzt nur spärlich herein, und ist es da, läßt es sich nicht verhindern, daß es gleich ausgegeben wird.

In dieser Zeit der Verzweiflung am *Ring*-Projekt, wo die Not mit hartem Griff zugepackt hat, drängt sich ihm der Gedanke auf, ein Werk zu schreiben, das in kürzerer Zeit fertig sein kann und im Blick auf das zu erwartende Publikum theaterwirksam ist. Ein Werk, das die Bühne mit ihren Mitteln vor keine zu großen Schwierigkeiten stellt!

Daß Wagner mit diesen Absichten ausgerechnet an den *Tristan* gedacht hat, erscheint heute kaum verständlich. Plan und Ausführung ergeben eine auffallende Diskrepanz. Wagner wollte ein Werk mit begrenzter Zahl von Rollen und ohne großen Aufwand an Dekorationen. Daran hat er bei der Arbeit festgehalten. *Tristan und Isolde* ist ein Drei-Personen-Stück mit einigen Nebenfiguren und auch in den Forderungen für das Bühnenbild so angelegt, ein mittleres Theater in keine große Verlegenheit zu bringen. Damit ist aber auch alles gesagt, was für die Aufführung des Werks sprechen mußte. Denn mehr noch als im kürzeren *Rheingold* und, wegen der ausgedehnten Zwiegesänge, mehr noch als in der *Walküre* sind die Maßverhältnisse der alten Oper hier aufgehoben. Es wird eine Zumutung für ein Publikum sein, das in der Erwartung von Bewährtem und Kurzweiligen in das Operntheater geht.

Wagner muß bald erleben, wie er sich getäuscht hatte, als er sich an die Arbeit begab. Aber der ganze Plan beruhte am Ende auf der Wagnerschen Neigung, Schwierigkeiten, die sich einstellen, nicht richtig abzuschätzen, an Raum- und Zeitverhältnissen vorbeizusehen. Natürlich war daran die Beziehung zu Mathilde Wesendonk nicht unschuldig. In ihrer Nähe und – man darf sogar sagen – unter der Anleitung ihres milden Rates war die Dichtung zustande gekommen. Als er sie ihr in ihrem Hause übergibt, gehört dieser Augenblick zu den glücklichsten in ihrem Leben. Es war das Werk beider, und es war ja ihre Geschichte. Hier schwingen Dinge mit, die sich jeder Kontrolle der Vernunft entziehen. Damit ist auch zugleich schon der Ausnahmecharakter des *Tristan* unter den Werken Wagners ausgemacht. Daß hier die Verblendung den Ausschlag gab, das Wagnis des *Tristan* einzugehen, war ein Glück. Wagner wird es später, als das Werk längst fertig ist und er das Vorspiel hört, kaum mehr begreifen können, wie er je eine solche Musik hat komponieren können. Hätte er sich mit Argumenten der Vernunft erst einmal Rechenschaft abgelegt, was ihn bei der Arbeit an möglichen Schwierigkeiten erwarten würde, so wäre der *Tristan* nie geschaffen worden.

Im *Tristan* wird die Zukunftsmusik des *Ring* vorweggenommen, und zwar in einer Partitur ohne die ausgedehnten Fresko-Partien, an denen der *Ring* so reich ist. Der *Tristan* ist Herausforderung an eine musikalische Welt in ihrer immer noch formstrengen Bündigkeit. Der erste Akkord, über den seitdem Bücher und Serien von Artikeln geschrieben worden sind, war zu seiner Zeit ein Skandal. Berlioz erzählt, er habe aufgeschrien, als er den Tristanakkord zum ersten Mal hörte. Was Wagner mit der Partitur angerichtet hatte, bekommt er später zu spüren, als vor der ersten Münchner Aufführung Sänger sich weigern, weiter zu proben, um sich ihre Stimme nicht zu ruinieren. In Wien scheitert der Plan, den *Tristan* zu bringen, an der Hinhaltetaktik der Direktion; es kommt hier zu jenen siebenundsiebzig Proben mit dem Resultat, daß das Werk als unaufführbar bezeichnet wird. Das also war aus der Absicht Wagners geworden, mit dem *Tristan* eine für das bestehende Theater realisierbare Oper zu schreiben.

Tristan läßt sich als Gestalt mühelos in die Reihe der früheren Wagnerschen Helden stellen. Er ist wie Tannhäuser vom Eros gebannt, aber er ist es nicht von Natur her, sondern durch den Zaubertrank, der ihm gereicht wird. Darin gleicht er Siegfried. Tristan und Siegfried fallen ab, weil ein Trank den Wandel herbeiführt. Ohne den Zaubertrank wäre an ihre Existenz und Glaubwürdigkeit als Helden gerührt. Der Zaubertrank ist darum unerläßlich, weil er den Verrat, den beide begehen, erklärt. Tristan, der der Dienstmann des Königs Marke ist, kann nur durch ihn zu jenem Selbstvergessen gelangen, in dem er Isolde zu lieben beginnt. Durch ihn hören beide auf, über sich selbst zu verfügen.

In seinem dramaturgischen Aufbau ist *Tristan und Isolde* ein Stück mit übersichtlichem und außerordentlich gelungenem Aufbau. Es enthält ein Dreiecksverhältnis, in dem die Züge wie am Ende einer Schachpartie vorauszuberechnende Folgen haben. Tristan gerät in eine Position, wo ihm das »Matt« sicher ist. Erliegt er den Werbungen Isoldes, gibt er Marke, seinen Freund und Lehnsherrn, preis. Bleibt er Marke treu, läßt er die Frau, die ihm vorbestimmt ist. Es gibt kein Herauskommen aus dieser Verstrickung. Hier wird der Trank allmächtiges Zaubermittel, um dem »Schicksal« den Weg zu bahnen. Man kann ihm nicht entgehen, so wenig, wie es bei Siegfried und Brünnhilde der Fall ist. Tristan handelt ebenso wie Siegfried gegen seinen Willen, er ist von der magischen Wirkung des Getränks daran gehindert, das zu lassen, was er lassen möchte. Auch Isolde, um die er für den königlichen Onkel werben soll, verstößt gegen das Gebot der Loyalität. Aber ihre Treulosigkeit ist von anderer Art, sie ist nicht das eigentliche Geschehen, der eigentliche Bruch, sondern nur beiläufiges Moment. Das geht so weit, daß Isolde bereits im schwankenden, an seinem Betrug leidenden Tristan den »Verräter« ihrer Liebe sehen kann. Es ist Liebe freilich ohne jede Möglichkeit der Erfüllung, ohne jede Hoffnung auf Verwirklichung. Die Wagnerschen Frauengestalten sind zur Ehe ebenso unfähig wie seine Helden. Eine Ausnahme bilden Evchen und der Ritter Stolzing in den *Meistersingern*. Aber sie stehen mit einem Fuß in der Musik-Komödie. In *Tristan und Isolde* herrscht eine Liebe anderer, verzweifelter Art. Für Wieland Wagner war Isolde eine »femme fatale«, die den von Melot getroffenen Geliebten todwund zurückläßt, um sich den Konventionen zu fügen, die nichts dabei findet, in Markes Burg weiterzuleben, während der Geliebte im Sterben liegt.

So weit hat alles seine Richtigkeit, ist ein Vorgang aus dem andern entwickelt, bleibt kein Rest, aus dem sich mangelnde Konsequenz schließen ließe. Die Partitur des *Tristan,* die neben dem Holländer die geschlossenste ist, die Wagner geschaffen hat, wächst in ihrer Vollkommenheit aus der Dichtung mit der bündigsten dramaturgisch-technischen Struktur heraus, die sich denken läßt. Das alles gehört zum Glücksfall dieses Werks. Die Auflösung des Knotens bei aller überzeugend aufgezeigten Ausweglosigkeit kann wieder nur in der einzig möglichen Wendung erfolgen: als Richtung ins Bewußtlose mit dem Tod als letztem, gewolltem Ziel. Die Situation ist uns vom *Holländer* her vertraut, wo am Schluß Senta und der gespenstische Seemann einer nachträglichen Vereinigung zugeführt werden. Aber was hier wie ein überraschender Theatereffekt wirkt, hat im *Tristan* Methode.

Wagner hat die Erfahrungen der Schopenhauerschen Philosophie hinter sich: Aufgabe des Willens zum Leben, Lebensverneinung als höchster Triumph, der zur Erlösung führt, Tod als Erfüllung des Lebens, Liebe, die im Sterben sich rauschhaft verwirklicht! Dahinter steckt der Todesgedanke der deutschen Romantik, aus der sich Wagner nie gelöst hat und die er ja im weltweiten Sinne sogar vollendet. Dahinter steckt eine eigene auf den Tod hin angelegte Disposition als Mensch und Künstler. In der Wagnerkunst hat man gerne »deutsche« Züge zur Todesbereitschaft, zur Begeisterung für das Sterben herausgelesen, die sich auch belastend anführen lassen. Welche Bewandtnis es immer auch damit haben mag, bei Wagner brechen sie im Leben und Schaffen elementar durch. Mathilde Wesendonk, die in doppelter Hinsicht Hauptbeteiligte an *Tristan und Isolde,* bezeugt das auf sehr private Weise in dem Gedicht, das sie auf den Tod Wagners geschrieben hat:

Vom Tode hast du oft und gern gesprochen,
Aus frühster Zeit wohl kommt mir's in den Sinn,
Wenn du, beschwichtigend des Herzens Pochen,
Die Todesruhe priesest als Gewinn!
Und Todes-Sehnsucht spricht aus Tristans Liebe,
Die Todessehnsucht aus Amfortas Qual . . .

Schopenhauers Gedanke von der Verneinung des Willens zum Leben bedeutete für Wagner nur eine Bekräftigung seiner eigenen Überzeugungen. Aber indem sie jetzt ganz in den Mittelpunkt seiner Weltanschauung treten, werden die alten vorrevolutionären Vorstellungen eines Anarchismus im Sinne Bakunins oder eines Sozialismus im Sinne Proudhons zurückgedrängt. Dieses Abstoßen der Revolutionsideen als langsamer, stufenweiser Vorgang läßt sich seit dem Abschluß von *Siegfrieds Tod* bis zur *Götterdämmerung* in der Arbeit am *Ring* sehr genau verfolgen. Der *Tristan* als dazwischen eingeschaltetes Werk erscheint dagegen wie eine Insel von diesem Strom der Entwicklung umflossen, ein »künstliches Paradies«, das von der Welt vergessen wurde. Hier sind die Regeln des Alltags außer Kraft gesetzt: Die Nacht ist mehr als der Tag, der Tod mehr als das Leben. Denn eigentliches Leben, Tristans und Isoldes Leben, ist an die Nacht gebunden; mit dem Heraufdämmern des Tages breitet sich jene Öde aus, die ihm ein Ende bereitet. So lebt auch die Liebe zwischen Tristan und Isolde von der Nacht! Den Tag hat sie zu scheuen. Die Tagwelt bereitet ihr den Tod. So ist die Warnung Brangänes, der Vertrauten Isoldes, Warnung vor dem Ende der Nacht:

Habet acht!
Habet acht!
Bald entweicht die Nacht!

Es ist eine Stimme, die unmittelbar aus den Naturelementen dieser Welt im Zeichen der Nacht heraufzudringen scheint und selbst zur Natur gehört.

Die Grundzüge der Handlung sind von kaum zu übertreffender Einfachheit. Ein Schiff, das die Anker gelichtet hat, auf großer Fahrt ins große Glück! So könnte es sein, wenn nicht der erste Akkord schon dagegen spräche. Musikalisch ist bereits jede Hoffnung genommen, bevor nach dem Ende des Vorspiels der Vorhang sich öffnet. Das Schiff wird seinen Hafen anlaufen, aber als es ankommt, hat es seine Bestimmung verfehlt. Auf ihm sollte Tristan für Marke die künftige Frau Isolde heimführen. Doch aus dem Werber wird der Geliebte wider Willen. Das Schiff ist wie der Fliegende Holländer ein Unglücksschiff.

Im Anfang ist schon das Ende angelegt. Bei der Überfahrt entwickelt sich jene Verirrung, aus der es kein Herauskommen mehr geben wird. Eine Verirrung aus unerklärlichen Gründen! Der *Tristan* schlägt das Wagnersche Thema der Vorherbestimmung aus dem *Fliegenden Holländer* an. Eros als die alles bezwingende Macht ist höher als alle Vernunft. Diese Frau für diesen Mann! Die Erklärung dafür liegt allein in den Elementen »Mir erkoren – mir verloren«. Eine Liebe, die dunkel und unergründlich wie die Natur ist, steht von ihrer Herkunft her mit dem Tod im Bunde. Isolde wollte mit Tristan – künftige und vergangene

Schmach zu rächen – den Todestrank nehmen. Doch der Trank, den ihnen die verzweifelte Brangäne gibt, ist der Liebestrank. Das Erleben der Vereinigung wird zum Erleben des Sterbens.

Der zweite Akt hat nun in der Tat im Blick auf das, was bis dahin für den Zuschauer als zumutbar gelten konnte, nicht seinesgleichen. Wagner, dem es ja um die Wiedererweckung der griechischen Tragödie ging, scheint hier nicht mehr viel von ihr übriggelassen zu haben. Und doch war gerade hier Dionysos mit im Spiel. Wieland Wagner, der Enkel, der das Werk von althergebrachten, inzwischen verstaubten Kulissen freimachen half und es für das zwanzigste Jahrhundert öffnete, forderte als erster die Nacktheit für die Darsteller des Zwiegesangs. Diese Szene des Eintauchens in die Nacht hatte nun wirklich mit dem herkömmlichen Operntheater nichts mehr zu tun. Schon die Länge des Duetts bricht mit allen Konventionen. Nie vorher war das Ärgernis Wagner so provozierend für die, die ihn ohnehin ablehnten, wie jetzt. Die Beobachtung, daß in den immer höher angesetzten Steigerungsbögen musikalisch ein sexueller Akt nachvollzogen wird, hat sicher etwas Banales. Aber Banales im Sinne des Einfachen gehört zur Tragödie wie das Primitive, das Adorno der Sequenztechnik Wagners nachsagt. In den Sequenzen wird auch im Rhythmischen immer höher aufgetürmt und alles auf den erfüllenden Augenblick gesetzt, die »höchste Liebeslust« als letzte Steigerung. Kein Zweifel, daß hier der Tragiker und »Dionysos« Wagner die Liebenden in ihrer nackten Körperlichkeit im Auge hatte! Und so stellte Wieland Wagner seine Bayreuther *Tristan*-Inszenierung auch konsequent unter das Symbol des Phallus.

Bedeutet der dritte Akt gegenüber dem zweiten nochmalige Steigerung, oder reicht er nicht mehr ganz so hoch? Es gibt bekanntlich spezielle Liebhaber des zweiten und solche des dritten Akts – das Interessante an der Frage ist die Kontroverse darin.

In beiden Akten ist das Grundgefühl das Mitleiden, das für Schopenhauer Mittel zur Erlösung vom Weltwillen und seiner endlosen Qual war. In den für Mathilde Wesendonk bestimmten venezianischen Tagebuchaufzeichnungen zur Arbeit am *Tristan* ist denn auch sehr viel von »Freund Schopenhauer« die Rede. Wagner steht im Begriff, sich dessen Vokabular für den eigenen Gebrauch anzueignen. Schopenhauerisch ist auch der Ausgang, das letzte Hochtreiben der »unendlichen Melodie« zu »des Weltatems wehendem All«, dem Augenblick, in dem »Erlösung« sich voll und ganz ausbreitet. »Die Welt ist überwunden; in unserer Liebe in unsren Leiden hat sie sich selbst überwunden«, kann Wagner an Mathilde Wesendonk schreiben. Der *Tristan* ist wieder Exempel.

Tragödie als Weg zur Weltüberwindung, Tod, der während der Vereinigung der Liebenden zum Leben hinführt:

In dem wogenden Schwall,
in dem tönenden Schall,
in des Welt-Atems
wehendem All –,
ertrinken,
versinken –,
unbewußt –
höchste Lust!

Man sieht: Wagner hat sich – jetzt im Philosophenmantel Schopenhauers – in seiner Begriffswelt nicht geändert. Was Senta für den Holländer und Isolde für Tristan, ist Mathilde Wesendonk für Richard Wagner. Das wird der in Zürich zurückgebliebenen Freundin ausdrücklich bestätigt. Hier geht die Rechnung einmal auf. Was sich dagegen musikalisch ereignet, ist von Wagner selbst auch während der Monate in Venedig nicht in Worten ausgesprochen worden. Das bleibt der Kritik und der späteren Musikwissenschaft vorbehalten. Bei Wagner herrscht wohl um diese Zeit ein Staunen über sich selbst vor. Auch er hat den Eindruck vom Außergewöhnlichen des *Tristan* gehabt:

»– was wird das für Musik! Ich könnte mein ganzes Leben nur noch an dieser Musik arbeiten . . . so etwas habe ich denn doch noch nicht gemacht . . .«

Die Einheit in der Form des *Tristan* – das wird theoretisch viel später klar – war aus dem ersten Akkord heraus gewonnen. Die ersten drei Takte des Vorspiels enthalten die akkordische Knospe, aus der das motivische Material wie ein Blattwerk langsam herausschlägt und sich immer weiter öffnet. Der Akkord und seine nachfolgende Auflösung schaffen eine Harmonik, über deren Schwelle dann im Musikdrama nicht hinausgegangen wird: Es sind Takte, die zu den genialsten in der Geschichte der Musik gehören. Dem Streit von »Für und Wider« waren durch ihre Folgen für die nachwagnersche »Moderne« Tür und Tor geöffnet. Die »Einleitung« – wie Wagner das Vorspiel nennt – ist nicht bloß vorangestelltes Stück: Mit ihr hat bereits die Tragödie begonnen. Es reicht ein einziger großer Bogen von den ersten Takten bis zum Aktschluß. In seiner Mitte kehren unvollständig vorgetragene Teile der Einleitung wieder. Es hat darüber, wie der erste Taktakkord »aufgelöst« wird, verschiedene und sehr widersprüchliche Meinungen gegeben. Die an sich unbefriedigende Diskussion änderte freilich nichts an der Schönheit der nachfolgenden Klangfiguren. Unzweifelhaft ist, daß die Melodie von »O sink hernieder, Nacht der Liebe«, dem Kernstück der ganzen Oper, den ersten *Tristan*-Akkord zerlegt wiedergibt. Darüber hinaus schlägt das Motiv der Knospe nach den verschiedensten Seiten aus und zeigt zahlreiche melodische Abwandlungen. Gleich zu Beginn setzt die für den *Tristan* bezeichnende Chromatik ein, jene Harmonik des halbtonhaften Absinkens, Ausdruck langsamen Verlöschens, des Absteigens in Schlaf und Tod. Aber den fallenden Tonreihen stehen aufsteigende gegenüber, beide verschlingen sich und zeigen das Ausweglose der Geschichte an.

Der Umgang mit ungewohnten Akkorden, ihr harmonisches Fortschreiten und fortwährender Harmoniewechsel gehören zum Unerhörten des *Tristan*. Das Vorspiel ist in a-Moll gehalten – ohne daß ein einziger a-Moll-Dreiklang zu hören wäre. Das Werk selbst kennt als Haupttonart E-Dur, die aber selbst nie erreicht, sondern immer nur umspielt wird mit jener einen einzigen Ausnahme im dritten Akt, wo durch vier Hörner vorgetragen das Schlummer-Motiv zu hören ist und vor Tristan das visionäre Bild der herannahenden Isolde aufsteigt. In diesem Augenblick, als das Orchester die so lange vergeblich gesuchte Tonika »gefunden« hat, stellt sich auch die »Erlösung« ein. Das Werk endet in der Tonart des Liebestodes, in h-Moll, und ist somit neben dem *Tannhäuser* das einzige Musikdrama Wagners, das nicht in der Tonart endet, in der es begonnen hat.

Auch das gehört zum Ausnahmecharakter des Werks. Zur *Tristan*-Harmonik kommt das damals ebenso als skandalös empfundene, noch bei Adorno arger Kritik unterzogene Verfahren auffälliger Sequenzierung hinzu: Klanggebilde werden auf einer anderen Tonstufe wiederholt, sie werden heraufgetrieben, steigern sich selbst in einer erregenden Jagd. Das war so und in seiner Wirkung neu. Man darf auch hier keineswegs annehmen, daß sich Wagner beim Komponieren über die Art und Weise der darauf verwandten technischen Mittel ganz im klaren gewesen wäre. Das Gegenteil ist der Fall.

Zum »Wunder« des *Tristan* gehört zweifellos seine Instrumentation. Eine leicht dominierende Rolle der Violinen ist unüberhörbar. Ihnen fällt das Motiv des Liebestodes zu. »So starben wir, um ungetrennt . . .« aus dem zweiten Akt erscheint in der dritten Szene vor dem Schlußgesang Isoldes drei Mal in gedehnten Notenwerten. Es wird jedes Mal einen Halbton höher angesetzt und leitet so allmählich zu dem »es« hinüber, in dem der »Liebestod« zunächst erklingt. Das Motiv wird in allen drei Fällen von den ersten Violinen gespielt. Aber vielleicht kommt eher ein noch größerer Innovationswert dem Einsatz der Holzbläser zu. Am ersten *Tristan*-Akkord wirken zwei Oboen, zwei Klarinetten, Englischhorn sowie zwei Fagotte und Violincelli mit. Die »Zerrissenheit« des Akkords führt nach dem geglückten Wort von Ernst Kurth in eine »Tiefenwelt der Klänge« ein. Aber sie wird eigentlich erst durch die Instrumentation eröffnet, denn die beiden ersten Akkorde sind beinahe Zitate aus Ludwig Spohrs Oper »Der Alchymist«. Die Stimmungsweite des Englischhorn reicht bei Wagner von der Hirtenklage im dritten Akt bis zur Nachtseite, die im »Mir erkoren – mir verloren« Isoldes zu Beginn der zweiten Szene des ersten Akts durchschlägt. Zusammen mit dem Englischhorn ist die Oboe das eigens ausgewählte Tönungsmittel für das Todesmotiv. Aber sie wird auch hörbar, als Tristan Isolde auf die »Blumenbank« niederzieht. Sie steht für das Leid, so als Isolde im ersten Akt den Todestrank beschwört und beim »für tiefstes Weh, – für höchstes Leid« zwei Oboen die Stimmführung übernehmen. Wie die Holzbläser insgesamt verfügt sie über die Eigenschaft, in der Mischung die Klänge zu verschleiern, ihnen eine geheimnisvoll dunkle Schattierung zu geben, was bei den Streichern am ehesten der Bratsche gelingt. Als Brangäne das Fläschchen mit dem Trank hervorzieht, setzt die Solobratsche mit jenem »ekstatischen Klang« ein, den Richard Strauß, der große Bewunderer des *Tristan*, aus dieser Stelle heraushörte.

Es ist das Sphinxhafte in der *Tristan*-Musik, das dem Werk so eigentümlich anhängt. Dann aber auch wieder der Glanz der hohen Violinen, die aus dem Werk ein Klangparadies ohnegleichen machen! Flöten ziehen wie Harfen das Wehen des Windes und die darin flatternden Segel klangspielhaft nach. Am Schluß des zweiten Akts macht die Baßklarinette die Trauer Markes hörbar. Hier tritt auch das Todesmotiv auf, zwei Trompeten tragen es vor. Im dritten Akt wird die Melodie noch einmal, aber diesmal mit einer dritten Trompete geblasen. Es ist bei der ersten Aufnahme des Werks von der Kritik zur Genüge der Eindruck vom Chaotischen der *Tristan*-Partitur wiedergegeben worden. Das Schlagwort vom *Tristan* als der »Auflösung der Musik« galt noch bis weit ins zwanzigste Jahrhundert hinein. Zu undurchsichtig erschien das motivische Gewebe, um die Bündigkeit dieses formeinheitlichsten Werks Wagners als solche zu erkennen. In Wirklichkeit aber war hier nicht nur die Zusammengehörigkeit von Wort und Ton auf das überzeugendste demonstriert worden, mit dem *Tristan* hatte sich zum ersten Mal in der Geschichte der Musik ein bühnendramatisches Werk an die Spitze des musikalischen Fortschritts gesetzt.

11. »Er trägt einen schwach rosanen Hut ...«

Franz Liszt – Anfänge einer Freundschaft

»Seine Kleidung ist recht elegant.
Er trägt einen schwach rosanen Hut
und hat keineswegs demokratische Allüren.
Er hat mir mehr als zwanzigmal versichert,
daß er seit seinem hiesigen Aufenthalt
vollständig mit der Partei
der Flüchtlinge gebrochen hat.«

Franz Liszt über Wagner

Keinem unter allen Freunden verdankt Wagner so viel wie Franz Liszt. Und kaum einer ist in seinem Naturell von ihm so verschieden gewesen.

Liszt, der anfänglich an Wagner wenig interessiert war, dann zu seinem Freund und später zu seinem Schwiegervater wurde, ist nur zwei Jahre älter. Aber die Lebensläufe gehen mit verschiedenem Tempo vor sich. Während Wagner in Riga als elender Kapellmeister auf einem alten verstimmten Klavier den *Rienzi* komponiert, ist Liszt schon ein verwöhnter Klaviervirtuose in den Pariser Salons. Auch in der Art ihrer Musikalität haben sie so gut wie nichts gemeinsam. Liszt ist ein musikalisches Wunderkind gewesen, er geht vom Instrument aus und kommt von hier zur Komposition. Wagner war das glatte Gegenteil. Ein Instrument spielen ist nicht so sehr seine Sache. Er kommt vom Komponieren zum Instrument und zur Konstruktion von neuen Instrumenten.

Liszt stammte aus Ungarn, gewissermaßen vom flachen Lande am Rande der Fürstlich-Esterházyschen Residenzen von Eisenstadt und Esterháza, wo Haydn die Hofkapelle dirigiert hatte. Er ist ein Naturtalent, dessen Ausbildung der fürstliche Mäzen und der eigene Vater in die Hand nehmen. In Wien wird der Unterricht bei dem Beethovenschüler Czerny fortgesetzt. In kurzer Zeit beherrscht er ein Repertoire schwierigster Werke von Bach bis Beethoven und ist imstande, fingerbrecherische Stücke vom Blatt abzuspielen. Seine Ausbildung ist von vornherein auf die Laufbahn des Virtuosen angelegt. Als Klavierspieler hat er nur in Chopin, dem zeitweiligen Freund, während des ganzen neunzehnten Jahrhunderts seinesgleichen. Liszt und Chopin sind zwei verschiedene Typen des romantischen Virtuosen, der eine mit einer immer stärker werdenden ungarischen Färbung, der andere von Anfang an mit der Stimmung des Heimwehs nach Polen. Beide werden sich von den Randzonen ihrer Heimatländer wegbewegen und in Paris ihr Zentrum suchen und auch finden. Es ist das Paris der Bürgermonarchie Louis Philippes, der Bankiers und der Industriellen, das sie aufnimmt. Es nimmt sie auf, weil es sie gebrauchen kann, und es läßt sie hier stürmische Erfolge feiern. Sie sind Lieblinge in den Salons der Bürger mit ihrem neu verdienten Geld und des alten Adels, der sich teilweise eben noch halten kann. Das Paris, das Wagner später abweisen wird, hat Liszt früh anerkannt. Von hier werden die Konzertreisen unternommen, die ihn durch ganz Europa führen, von England nach Rußland, von Gibraltar nach Konstantinopel. Niemandem in Europa, der eine Zeitung aufschlägt, bleibt der Name Franz Liszt unbekannt. Mit ihm verbindet sich die Vorstellung des gefeierten Künstlers, der von Konzert zu Konzert wie von Triumph zu Triumph eilt, dem die Herzen der Frauen zufallen, der Leidenschaften erweckt und die Phantasie der Öffentlichkeit beflügelt. So wird die Beziehung des jungen Liszt mit der Gräfin d'Agoult zu einer überall in der Welt besprochenen Angelegenheit. Kaum eine Sprache in Europa gibt es, in der nicht ihre Geschichte erzählt wird, weil kein Romanschriftsteller eine schönere erfinden könnte: Ein junger, ungemein erfolgreicher Künstler, dem eine begehrenswerte adlige Frau ihre Reichtümer zu Füßen legt. In diesem Roman waren der Phantasie keine Grenzen gesetzt.

Was die Beziehung von Franz Liszt mit Marie d'Agoult für ihre Zeit und auch für andere nachfolgende Zeiten so fesselnd machte, war die hier zutage tretende Absage an die bürgerliche Moral. Hier war im Sinne der französischen Romantik auf die »große Leidenschaft« gesetzt, die sich stärker glaubt als alle Regeln des Herkommens. Sie ist imstande, sich über alles hinwegzusetzen, alle Vorurteile zu mißachten. Marie d'Agoult war die Tochter eines emigrierten französischen Aristokraten, der eine Frankfurter Bankierstochter aus dem Hause Bethmann geheiratet hatte. Schon vom Milieu her bot sich die Geschichte zu phantastischer Ausdeutung an. In Wirklichkeit war es die Begegnung einer auf Konsolidierung bedachten legitimistischen Welt mit dem ungesicherten, ja in gewissem Sinne bedenklichen, da wurzellosen Künstlertum: eine Begegnung, die die Frau und ihr Schicksal dem Auf und Ab seiner künstlerischen Existenz auslieferte. Und so reisten denn der Klaviervirtuose Franz Liszt und seine berühmte Geliebte von einer Stadt in die andere, ruhelos, gehetzt, flüchtig. Von der Woge der Begeisterung getragen und dann auch wieder zurückgeworfen, immer auf der Suche nach Einsamkeit, Besinnung. Aber selbst die Monate der Weltflucht in Italien, wo sich die beiden vor den Augen der Öffentlichkeit verbergen, ändern nichts am Mythos, der sich mit Liszts Namen verbindet. Schon während seines Aufenthaltes in Rom wird ihm die Gesichtsmaske abgenommen, soll sein Ruhm Ewigkeitswert erhalten. Und auch die Musik spiegelt den Erfolg wider. Man hat ihr nachgesagt, sie sei »zu sieghaft«. Die Gebärde des herrischen Pathos, eine gewisse kalte klassische Heroik ist an seiner Musik sehr oft bemerkt worden, und Liszt war klug genug, die Mängel selbst herauszuhören.

Eine Konzertreise nach Italien bringt das Ende seiner Verbindung mit Marie. Sie will aus den Provisorien des Reiselebens wieder zurück in die Welt der gesellschaftlichen Konventionen. Sie fühlt sich krank und ist es auch. Liszts Laufbahn dagegen soll sich erst noch auf ihren Zenit zubewegen. Er will weiter und höher hinaus und spürt doch schon das Problematische seines eigenen Reisedaseins.

Eine Tournee durch Rußland soll seine Virtuosenlaufbahn beschließen. Und hier, auf einer seiner letzten Stationen, in Kiew, macht er die Bekanntschaft einer Frau, die sein Leben entscheidend verändern wird. Unter den Zuhörern befindet sich Carolyne von Sayn-Wittgenstein, Mäzenatin, Besitzerin eines Gutes in der Ukraine, keine für die »große Leidenschaft« geschaffene Frau, sondern eher von robuster Willensstärke. Die Bekanntschaft mit ihr wird die Wende in seinem Leben einleiten. Liszt hat längst das Fragwürdige seiner äußerlich erfolgreichen Laufbahn eingesehen. Seine Erfolge sind so groß, sie lassen sich nicht mehr überbieten. Doch der Musiker als Komponist ist dabei zu kurz gekommen. Liszt möchte ansässig werden, einen andern Wirkungskreis bekommen, Musik in einer umfassenderen Weise ausüben. In Weimar hat man begonnen, sich für ihn zu interessieren. Die Stelle des Operndirigenten ist zu besetzen. Mit Liszt würde ein Mann von europäischem Namen in die kleine Residenz mit großer Vergangenheit kommen. Liszt bekundet seine Absichten in einem Brief an den Großherzog mit den seine Lage kennzeichnenden Worten: »Von nun an will ich meine Zeit besser nützen und mittlerweile ruhig bleiben, um später um so schneller weitereilen zu können.« Im tiefsten Rußland, in Elisabethgrad, nicht weit von Odessa, gibt er im September 1847 sein letztes öffentliches Konzert als Klaviervirtuose. Ein paar Monate später reist er nach Weimar, um sein neues Amt als Chef der Hofkapelle anzutreten.

Die Lebensgeschichte Franz Liszts ist bis dahin in ihrer Beziehung zu Wagner Vorgeschichte. Es hat eine kurze Berührung der beiden in Paris gegeben. Wagner war im April 1840 in Liszts Hotel erschienen und trifft den Virtuosen mitten in einer französisch geführten Unterhaltung an, der er damals noch nicht folgen konnte. Nach einiger Zeit wendet sich Liszt eher beiläufig seinem neuen Besucher zu, um ihn nach seinen Wünschen zu fragen. Liszts Eindruck auf Wagner ist ungünstig. Er erscheint ihm »fremd und feindselig«, wie Wagner später bemerkt, der dann auch beim Verlassen des Hauses beschließt, ihn »nie wieder« zu besuchen. Nach der Übernahme seines Weimarer Amts ist Liszt mit einem Male Kollege des längst zum Dresdner Hofkapellmeister avancierten Wagner geworden, der ihm acht Jahre vorher so gut wie nichts bedeutet hatte. Kaum in Weimar ansässig, fährt Liszt denn bereits für einige Tage nach Dresden, um die Beziehung zum dortigen Musikleben aufzunehmen. Mit Wagner lassen sich die Dinge gut an, übrigens ganz im Gegensatz zu Schumann, der ihm gereizt begegnet. Clara Schumann, die als Pianistin hier den Rivalen wittert, sieht in Liszt den »Hämmerer«, der das Klavierspiel zerstört. Aus ihr spricht ein anderes Stilgefühl, das sich durch das Werk ihres Mannes und nicht durch Liszt bestätigt findet. Es kommt dann zu einem Vorfall, der Schumann gegen Liszt fast handgreiflich werden läßt. Liszt erklärt, wie tief er Mendelssohn gegenüber Meyerbeer ansetzt. Hier fühlt sich der leicht erregbare Schumann an empfindlichster Stelle getroffen, glaubt er, einen Angriff auf das System einer ihm verwandten Harmonik abwehren zu müssen. Fast besinnungslos stürzt er sich auf Liszt, faßt ihn an die Schulter: »Wer sind Sie, daß Sie es wagen . . .?«

Durch den Besuch Liszts in Dresden mußte Wagner seinen früheren Eindruck revidieren. Das Bild, das er sich von Liszt gemacht hatte, war zu flüchtig gewesen, als daß es hätte richtig sein können. Vor allem spürte Wagner Liszts Hilfsbereitschaft: Hier stand jemand vor ihm, auf dessen Unterstützung und Förderung er rechnen konnte. Darin sollte er sich nicht täuschen. Ein paar Monate später besuchte Wagner Liszt in Weimar, um sich in einer prekären finanziellen Situation Rat zu holen. Liszt war dann auch der erste gewesen, an den er sich nach seiner Flucht aus Dresden gewandt hatte, ohne ihm allerdings das Ausmaß seiner Verwicklungen in die politischen Ereignisse mitzuteilen. Was Wagner ihm wohlweislich verschweigt, erfährt Liszt durch zwei Briefe, die Minna an ihn adressiert und worin sie den »Steckbrief« erwähnt. Liszt ist es, der ihm den Paß für die Schweiz vermittelt und Geld flüssig macht, wobei schon damals gegen diese Hilfsbereitschaft erste Widerstände von seiten der Fürstin Carolyne von Wittgenstein bestanden. Carolyne, geborene Iwanowski, ein Steppenkind mit praktisch-bäuerlichem Sinn, war Liszt nach Weimar gefolgt und betrieb von hier die Annullierung ihrer Ehe. Das Paar bewohnte sehr residentiell die Altenburg, in die auch Liszt, nachdem er zunächst sein Logis im »Erbprinz« genommen hatte, übergesiedelt war. In Hofkreisen wurde das Illegitime dieser Beziehung mit Unbehagen quittiert. Offizielle Einladungen an Liszt werden nach wie vor beim »Erbprinz« abgegeben.

Gegenüber Carolyne verhält Wagner sich von Anfang an diplomatisch. Der Briefwechsel täuscht deshalb über die Vorbehalte hinweg, die auf beiden Seiten grundsätzlich bestanden und die am Ende in mehr oder weniger offene Feindschaft übergehen. Wagner wußte, warum er seine Beteiligung am Dresdner Aufstand verschwieg. Gerade bei Carolyne trifft er denn auch auf deutliche Mißbilligung seines Verhaltens. Wagners Vorschlag, in Dresden um Nachsicht zu bitten, um wieder dorthin zurückkehren zu können, lehnt sie sofort strikt ab: »Man klopft nicht an eingeschlagene Türen.« Umgekehrt durchschaut Wagner sofort den asiatisch despotischen Zug dieser Frau und gibt das unmißverständlich zu verstehen. Ihr Verhalten zahlt er ihr diskret, aber treffsicher heim. Als sie ihm anläßlich einer Neuinszenierung des *Lohengrin* nach Zürich schreibt und auf die Gestalt der Ortrud zu sprechen kommt, beantwortet Wagner die Fragen in einem Brief, den er an Liszt adressiert. Es ist von Carolyne die Rede, wenn er sagt:

»Sehr fesselten mich namentlich ihre geistvollen Bemerkungen über die Rolle der Ortrud und der Vergleich, den sie zwischen der Leistung der früheren Darstellerin und der jetzigen anstellt. Auf welche Seite ich mich neige, wird Deine verehrte Freundin sogleich erkennen, sobald ich meine Ansicht über diesen Charakter einfach dadurch bezeichne, daß Ortrud ein Weib ist, das – die Liebe nicht kennt.«

Das mußte nicht auf Carolyne gemünzt sein, diente eher dazu, jeden Vergleich mit der Ortrud auszuschließen. Aber dann kommt der Gegenschlag auf die Vorhaltungen, die er von ihr zu hören bekommen hatte und die den Sachsen ohne sicher auszumachende Herkunft treffen mußte:

»Sie ist eine Reaktionärin, eine nur auf das Alte Bedachte und deshalb allem Neuen Feindgesinnte, und zwar im wütendsten Sinne des Wortes: sie möchte die Welt und die Natur ausrotten, nur um ihren vermoderten Göttern wieder Leben zu schaffen.« Kurz: »Sie ist furchtbar großartig«.

Das traf! Darin ist Carolyne Ortrud. Das war die Sprache des Landflüchtigen gegen Liszts neue Gefährtin, die aus den Einkünften ihrer russischen Güter samt den Leibeigenen ihre Mitgift bezog, mit der sie Liszt nach Deutschland folgt. Carolyne wußte, woran sie bei Wagner war.

Mit außerordentlicher Tatkraft hatte Liszt sich in Weimar für Wagner eingesetzt und gegen große Widerstände den *Lohengrin* zur Uraufführung gebracht. Das war in einem so kleinen Theater mit seinen begrenzten Mitteln, den unzureichend für ihre Aufgabe geschulten Sängern und dem Orchester von zweiunddreißig Musikern nicht leicht. Wie kümmerlich die szenischen Verhältnisse, überhaupt die Bühnentechnik im Vergleich zu den heutigen Großinszenierungen damals waren, läßt sich kaum beschreiben. Die Aufführung ist eher ein Mißerfolg. Eine solche Musik klang für die Ohren zu ungewohnt. Das Publikum – Liszt erkennt das sofort – hat auch gar nicht die Absicht, mit eigenen Anstrengungen dem Werk entgegenzukommen. Doch jetzt schon liefert Liszt den Beweis, wie sehr er bereit ist, Wagner zu folgen und für den musikalischen Fortschritt zu kämpfen. Statt resigniert zu sein, treibt Liszt sogar Wagner an, etwas Neues zu schreiben, das noch weiter geht als der *Lohengrin*. Dadurch fühlt sich Wagner in seinen *Siegfried*-Plänen bestärkt. Liszt ist im wahrsten Sinne mitverantwortlich dafür, daß das *Nibelungen*-Werk in Angriff genommen wird. Beim Weimarer Hof erwirkt er, daß man Wagner die Komposition in Auftrag gibt. Die Pläne haben sich dann durch die politischen Ereignisse zerschlagen, die guten Absichten lösen sich von den Gegebenheiten. Kurzum, der künftige *Ring* wird später für Weimar nicht mehr in Frage kommen.

Wagner hatte sofort erkannt, daß Liszt ihm geradezu unbegrenzt zur Verfügung stand. In den schweren Stürmen, die noch auf ihn warten, wird Liszt zum oft einzigen Rettungsanker. Es gibt über Jahre hinaus kaum einen Brief, in dem Wagner nicht irgendein Anliegen auf dem Herzen gehabt hätte, wo es nicht um dringend geforderte Geldsendungen gegangen wäre. Verlagsverhandlungen, Vermittlungen wegen Aufführungsrechten, Bitten, für seine Begnadigung tätig zu werden, bis hin zu einfachsten Botendiensten: Liszt wird für alles und jedes gebraucht und kommt allem und jedem so gut nach, wie es irgend geht. Als dann Wagner Zielscheibe großer Pressekampagnen wird, die später aus London, Paris, Berlin, Wien und andere Städten gegen ihn geführt werden, steht Liszt immer auf seiner Seite.

Es war Liszt nicht gelungen, Wagner für die Weimarer *Lohengrin*-Premiere beim Großherzog freies Geleit zu verschaffen. Dafür kommt er, sobald es sein Amt gestattet, selbst nach Zürich. Zuerst für acht Tage, dann für mehrere Wochen. Aufschlußreich ist das Bild, das er von Wagner gibt: »Wagner hat zuweilen etwas wie die Schreie eines jungen Adlers in der Stimme. Als er mich wiedersah, da weinte, lachte und tobte er vor Freude mindestens eine Viertelstunde lang. Er sieht sehr gut aus, ist jedoch bedeutend magerer als vor vier Jahren. Seine Züge, insbesondere seine Nase und sein Mund haben feine Linien und einen sehr auffälligen scharfen Ausdruck angenommen. Seine Kleidung ist recht elegant. Er trägt einen schwach rosanen Hut und hat keineswegs demokratische Allüren. Er hat mir mehr als zwanzigmal versichert, daß er seit seinem hiesigen Aufenthalt vollständig mit der Partei der Flüchtlinge gebrochen hat, ja, er hat sich sogar in den oberen Kreisen der Bürgerschaft und des Adels des Kantons zum gern Gesehenen und stets Willkommenen gemacht. Seine Beziehungen zu den Musikern sind die eines großen Generals.« Hier steht Wagner vor uns, wie er leibt und lebt, in voller Tätigkeit. Liszts Geburtstag wird mit der Aufführung des ersten Akts der *Walküre* im gern frequentierten Hotel »Baur au Lac« gefeiert. Am Flügel sitzt natürlich Liszt. Die Sieglinde hat Wagner mit Frau Heim, die in der Nachbarschaft des Wesendonkschen Anwesens wohnt, einstudiert. Wagner selbst singt den Siegmund mit lyrischem Tenor und zugleich die Baßpartie des Hunding. Die eingeladenen Zuschauer sind außer sich.

Die Freundschaft zwischen Wagner und Liszt, die sich in diesen Wochen erst richtig entwickeln kann, beruht bei aller Verschiedenartigkeit der Charaktere auf der Verwandtschaft im Klangästhetischen. Liszt ist eher und ausdrücklicher noch als Wagner ein Vertreter der »Zukunftsmusik«. Das Wort hängt gerade ihm bei der Presse an, die keine Gelegenheit ausläßt, ihn damit als ungenießbar abzustempeln. Damit rückt er kunstpolitisch mit Wagner in eine Front. Liszt fühlt sich ebensowenig wie Wagner als »Komponist«, sieht in seinen Orchesterwerken nicht Kompositionen sondern »Tondichtungen«. In seiner »Tonsprache« ist er selbständig und hat, wie Wagner übrigens auch, viel von Berlioz' Technik der Klangfärbung gelernt. Einflüsse gehen keineswegs einseitig von Wagner aus. Auch Liszt wirkt auf Wagner zurück, der nach dem Studium seiner »Symphonischen Dichtungen« bemerkt, durch sie ein »anderer Kerl« geworden zu sein. Dieses Selbsturteil fällt in die Zeit zwischen *Lohengrin* und *Rheingold,* wo Wagner für das Neue in der Harmonik und im Rhythmischen Liszts ganz offen ist. Was jetzt auf heftige Abwehr durch Publikum und Pressekritik trifft und bei öffentlichen Aufführungen unter Liszts eigener Leitung mit Pfeifen und Zischen bedacht wird, wird fünfzig Jahre später große Mode. Durch viele gemeinsame Absichten sitzen Wagner und Liszt im gleichen Boot. Das können sie sich in Zürich wieder einmal gegenseitig bestätigen. Aufforderungen Wagners an Liszt, auch Opern zu schreiben, lehnt er ab. Das ist nicht sein Fach. Am wenigsten die »deutsche Oper«, wo Wagner unbestreitbarer Meister ist! Wenn Oper überhaupt, dann nur in der Art der Meyerbeerschen! Liszt gegenüber nimmt Wagner ein solches Urteil hin.

12. ». . . enden sah ich die Welt«

Wagners Großes Welttheater

»Alles Ew'gen
sel'ges Ende,
wißt ihr, wie ich's gewann?
Trauernder Liebe
tiefstes Leiden
schloß die Augen mir auf:
enden sah ich die Welt. –«

Die Götterdämmerung, Dritter Aufzug
(nicht komponiert)

Im Jahre 1848, also zu einer Zeit, in der der Unmut über die Zeitverhältnisse, insbesondere aber über die Intendanz des Dresdner Hoftheaters, Wagner in der Öffentlichkeit zum Freund der Reformen, im privaten Kreise zum Anhänger der offenen Gewalt werden ließ, schrieb er in freien Stunden ein Büchlein mit dem merkwürdigen Titel *Die Wibelungen*. Der Name ist neu, jedenfalls im deutschen Sprachgebrauch bis dahin unbekannt. Also eine Wortbildung Wagners! Die Schrift selbst brachte übrigens dem Verleger Otto Wigand in Leipzig, der sie 1850 erscheinen ließ, wenig ein. Er blieb auf dem größten Teil der Exemplare sitzen. Die Frage einer Neuauflage hat sich für ihn nicht mehr gestellt.

Wagners Schrift war eine Frucht seiner sehr ausgiebigen Forschungen auf dem Gebiet der germanischen Welt und des deutschen Mittelalters in

Geschichte und Sage. Er las damals alles, was ihm an wissenschaftlicher Literatur in die Hände fiel, Werke über das deutsche Kaisertum, die Geschichte der Hohenstaufen und natürlich über die Nibelungen. Das Eindringen in den Stoff, um den es hier ging, hat ihm sehr viel Zeit gekostet, aber das gehört bei Wagner zur Methode seines Arbeitens.

Die Lektüre der Schrift ist auch heute noch kein Genuß. Wer sich hier über den Gegenstand in wissenschaftlicher Hinsicht zu informieren sucht, wird enttäuscht; denn Wagner hat das aus einer seriösen Forschung bezogene Material auf phantasievolle Weise zum Entwurf eines eigenen Weltbildes verwandt. Geschichte, Sage, Dichtung und Wagners schweifende Vorstellungskraft sind daran beteiligt. Aber gerade die mächtige Gabe des Vorstellungsvermögens läßt die Gegenstände in eigentümlichem Licht erscheinen. Das eine verschwimmt im andern. Vom Stoff selbst bleibt nicht mehr viel übrig, wohl aber von dem, was Wagner darüber denkt.

Es wäre nicht der Mühe wert, sich mit der kleinen Schrift zu befassen, an der die Erfindungsgabe des Verfassers kräftig mitgewirkt hat, wenn sie nicht für das Werk Wagners und seine Folgen so außerordentlich bedeutsam werden sollte. Auffallend ist, daß sie mit dem Freund Bakunins und dem politischen Flüchtling so wenig zu tun hat, daß ihre Tendenzen eigentlich in die umgekehrte Richtung zu führen scheinen. Es wird hier ein ganz anderer Wagner sichtbar. Der Revolutionär von 1849 trägt schon die Keime zum deutschen Imperialismus des Bismarckreichs in sich, die zwar jetzt noch nicht ausschlagen, denen aber die nächste Zukunft gehören wird. Insofern ist sein Aufsatz *Die Wibelungen* schon so etwas wie ein erstes provisorisches Programm für ein neues System der »Weltherrschaft«, ohne daß sich Wagner recht darüber im klaren hätte sein können. Was er hier zum Plan eines Werks über »Friedrich Rotbart« sagt, bewegt sich in den Vorstellungen einer nationalen Erneuerung. Die Erwartungen, mit denen in der Frankfurter Paulskirche deutsche Abgeordnete um eine Verfassung rangen, gingen doch in allen politischen Lagern aus Vorstellungen eines romantisch verstandenen Reichs mit Kaiser und Volk hervor. Schließlich konnte mit dem »Reich« unter den Bedingungen einer anderen Zeit das Mittelalter in erneuerter Form gerettet werden. Gegenüber dem Reich als »mittelalterlicher« Form der Herrschaft wurden auch von den Vertretern der demokratischen Linken keine ernsthaften Bedenken geäußert. In seinem Namen war man schließlich in Frankfurt zusammengekommen.

Wiederherstellung des Reichs – und zwar des alten Römischen – war das Thema des *Rienzi* gewesen. Natürlich waren die Wiederherstellungsideen – Wiederherstellung der mittelalterlichen Einheit von »Reich und Kirche« – aus dem Nebel romantischer Illusionen aufgestiegen. Das wird bis zum Aufbau von heilen Phantasielandschaften gehen, bis zur Rekonstruktion der Götterwelt mit Walhall als Mittelpunkt.

Insofern entfernt Wagner sich nicht von den Grundlagen der romantischen Bewegung. Mit seinem durch ernsthafte Studien erworbenen Wissen steht er auf der Höhe der Zeit, auch wenn er in seiner Verwendung andere Bahnen einschlägt. Aber der Ausgang war und blieb jene Romantik, die das Interesse für die germanische und deutsche Vergangenheit geweckt hatte. In der Schrift über die »Wibelungen« verwertet Wagner schon die Erkenntnisse der noch ziemlich jungen Germanistik, die die sprachliche Verwandtschaft der Germanen mit in Asien lebenden Völkern entdeckt und Grundlagen für eine indo-germanische Sprachwissenschaft gelegt hat. Der Herkunftsbereich der Germanen ist Asien. Sie haben vor ihrer Ansiedlung in Europa eine lange Völkerwanderung aus ihrer »Urheimat« im Osten hinter sich und bewahren ihre Erinnerungen daran in der »Sage«. Von hier haben sie mit der Sprache auch das »Urkönigtum« mitgebracht: »Urkönigtum« als »Patriarchat«, wo der Vater Erzieher und Lehrer seiner Kinder ist. Das heißt für Wagner, daß das germanische Königtum in der Herrschaft der Merowinger und Karolinger geschichtlich viel tiefer begründet ist, als es die historischen Quellen bezeugen. Der Anspruch des fränkischen Königsgeschlechts, der sich in Karl dem Großen manifestiert, geht weit über die germanische Welt hinaus. Seine Herkunft als Erbe des »Urkönigtums« im asiatischen Hochgebirge eröffnet und rechtfertigt seine Ansprüche auf die Herrschaft über die Welt schlechthin.

Das war natürlich für jede ernsthafte Geschichtswissenschaft eine unausgegorene und völlig unhaltbare Theorie. Hier wurden verschiedene Stränge nach den Eigenheiten der gewaltigen Wagnerschen Phantasie miteinander verknotet. Eine solche Konstruktion brauchte ihres geringen Gewichts wegen nicht zu beunruhigen. Aber das macht sie darum nicht bedeutungslos. Im Gegenteil: Hier werden Gegenpositionen des Revolutionskünstlers sichtbar. Zunächst einmal sind die Folgen unabsehbar. Was Wagner damals in Dresden ziemlich unbeachtet und historisch gesehen falsch niederschreibt, über das auch die politischen Geschehnisse dann hinweggehen, gewinnt in den fünfziger und sechziger Jahren ein kaum vorhersehbares Ansehen. Es hat die Zeitbewegung schon vorweggenommen. Ein langsamer, aber stetiger industrieller Aufschwung kommt dem gewerbetreibenden Bürgertum zugute. Es mehren sich die Zeichen eines bescheidenen, aber soliden Wohlstandes.

Die Ereignisse von 48/49 hatten die deutschen Staaten hier und da in heftigem Schwanken gezeigt. Was nun einsetzt, ist die Entwicklung zu einer konsolidierten Ordnung, die das Drängen Preußens nach Vorherrschaft in Deutschland begünstigen wird. In der Restauration, wie sie jetzt um sich greift, können die alten gesellschaftlichen Kräfte noch einmal ihre zeitweilig angefochtene Stellung wieder einnehmen, aber sie müssen sie mehr und mehr mit dem industriellen Bürgertum und seinen neuen Großvermögen teilen. Wenn später die Wagnerkunst mit dem Anspruch des neuen Reichs und dem nationalen Pathos nach der Reichsgründung in Zusammenhang gebracht wird, dann lag dazwischen eine zwanzigjährige Übergangszeit. In ihr eröffnet die Revolution keine neuen Aussichten mehr, läßt sich die Jugend nicht mehr so sehr von ihren Parolen, wohl aber von den nationalen Erwartungen leiten. Für sie hatte Wagner in seiner *Wibelungen*-Schrift so etwas wie ein historisch-ideologisches Programm ausgearbeitet. Auch hier war er der Zeit noch im Rückschritt voraus. Was sogar Bismarck sich in seinen kühnsten Träumen nicht hätte ausmalen können, Wagner hatte es mit dem Siegel des mythologischen Wissens versehen. Waren nämlich die fränkischen Könige als Nachfolger des alten »Urkönigtums« auf dem Boden Asiens Erben der Weltherrschaft, so fiel ihnen die Nachfolge des römischen Reichs von selber zu, so war der Anspruch der deutschen Kaiser des Mittelalters um so gefestigter. Damit ließ sich dem Kaisertum des neuen Reichs eine Würde geben, die es sich in solcher, die ganze Welt umspannender Weise nicht einmal selbst zuerkannt hätte. Ideologie der Weltherrschaft! Im *Wibelungen*-Aufsatz hatte Wagner vorgesorgt.

Die *Ring*-Tragödie als Welttragödie bedeutet gleichzeitig die musikalische Instrumentation dieses weltgeschichtlichen Anspruchs. Als Wagner sich später auf seiner Konzertreise durch Rußland befindet, rechnet er – im Zusammenhang der Völkerwanderung der Germanen aus ihren asiatischen Stammregionen nach Westen – in anderen, größeren Raumverhältnissen. Nicht der Rhein, sondern die Wolga ist für ihn der Nibelungenstrom mit dem Naturgold auf seinem Grund, den Nixen, die es umschwimmen und dem Zwerg Alberich, der es raubt. Hier war der große Schicksalstrom, der für die aus Indien herüberziehenden Germanen auf dem Wege nach Westen lag.

Es ist mit Sicherheit vorauszusagen, daß dem erstmaligen Besucher einer Aufführung des *Ring*, auch wenn er die Reihenfolge vom *Rheingold* über die *Walküre* und den *Siegfried* zur *Götterdämmerung* genau einhält, der Handlungszusammenhang nicht vollständig klar wird. Nicht vollständig klar werden kann! Das hat seine Gründe in der Werkgeschichte, in der mehr als zwei Jahrzehnte währenden Arbeit an der Tetralogie mit dem häufigen Wechsel der Wagnerschen Perspektive. Spätestens bei der Walküre setzt der erste Schock ein, in dem Augenblick, wo Siegmund sein Schicksal als »Wälsung« beklagt und die Zusammenhänge seiner Herkunft im Bühnengeschehen vom Text her verschwommen bleiben. Das ist keineswegs in einem von Wagner gewollten Halbdunkel gelassen, sondern ergab sich aus dem Umbau der Tragödie.

Die ursprüngliche Fassung, der erste Entwurf *Siegfrieds Tod*, erscheint Wagner unzureichend. Es schwebt ihm die dreiteilige Form mit vorangestellter Einführung, dem »Vorabend« des *Rheingold*, vor. *Siegfrieds Tod* wird darum liegen gelassen und bietet das Handlungsgerüst für die *Götterdämmerung*, mit dem die Großtragödie abschließt. Aber eben *Siegfrieds Tod*, der weggefallen war, brachte die Wälsungengeschichte, die Herkunft Siegmunds und Sieglindes aus dem Göttergeschlecht und das Verhängnis, das auf ihnen lastet. In der *Walküre* werden nur die Folgen dieses Verhängnisses gezeigt, nicht seine Ursachen. Wotan fällt die undankbare Aufgabe zu, die lange Vorgeschichte nachzuliefern. Hier wirkt sich aus, daß Wagner den Schlußteil im dichterischen Entwurf zuerst geschaffen hatte und dann die in der Gesamtfolge vorausliegenden Teile nachträglich wie Vorbauten erstehen läßt. Die Risse, die durch das Ganze gehen, werden nicht alle geschlossen. Es muß hier damit sein Bewenden haben: Ohne die Vorgänge von *Siegfrieds Tod* und ohne seine theoretischen Schriften zur Nibelungengeschichte zu kennen, also allein von dem der Musik zugrunde liegenden Text her, gibt es kein vollständiges Verständnis der Tragödie.

Inhaltlich schöpfte Wagner natürlich aus dem Nibelungenlied, aber mehr noch aus der Wölsunga-Sage der Edda. Wer jedoch auf seine Kenntnisse dieser Quellen vertraut, wird vom Wagnerschen Text her enttäuscht. Wagner verwebt die Sagenstoffe in unbekümmerter Weise. Die alten Zusammenhänge werden aufgelöst, Namen umgeformt, ganz neue Verbindungen aus den verschiedensten Quellen hergestellt. Was die Nibelungen und wer sie sind, läßt sich nicht ohne weiteres sagen, weil die Bedeutung schwankend ist.

Die Sage selbst entstand auf fränkischem Boden. Eigentümlich ist die Verbindung zum Hort. Die Nibelungen gehören zum Hort wie der Hort zu den Nibelungen. Das heißt immer auch: Geschlecht und Herrschaft sind nicht zu trennen vom Besitz, über den sie verfügen, der sie erst zu dem macht, was sie sind. Und darum steht der Name der Nibelungen auch für den Schatz in ihrem Besitz. »Niflheim« ist der Sitz der »Schwarzalben« und der »Lichtalben«, zweier verschiedener Stammesgruppen eines einzigen Stammes. Die »Nîflungar« graben in der Erde, bringen Schätze zu Tage, fördern Erze, die sie schmelzen und zu Schmuck und scharfen Waffen schmieden. Dabei geht es um Silber und noch mehr um Gold. Aber die »Nîflungar«, wie Wagner sie ursprünglich versteht, sind »Kinder der Nacht und des Todes«. Die Bedeutung reicht von Gnomen, unermüdlich tätigen Zwergen und Sammlern, bis zum Schatzeigentümer und Herrscher im Sinne der Königsherrschaft. Königherrschaft aber ist für Wagner Weltherrschaft des »Urkönigs«. Ohne Hort ist Herrschaft nicht möglich. Wo der Hort dahinschmilzt, schwindet die Herrschaft.

Wagners Siegfried in seiner ursprünglichen Gestalt war dagegen gekennzeichnet durch Eigentumslosigkeit. Er hat keinen Anteil am Hort. Damit soll sich Neues ankündigen, eine Welt, in der das Eigentum seine Macht verloren hat. Denn mit dem Besitz des Hortes hat sich die Herrschaft, als freie Verfügung über die »Erde und ihre Herrlichkeit«, als Leuchten der Sonne und Genießen der freien Natur, pervertiert. Die Herrschaft hat ihre Schönheit verloren. Am Gold, Geld, Besitz klebt Blut. In der Wagnerschen Symbolik heißt das: Der Besitzer des Hortes als dem Zeichen seiner Herrschaft gelangt damit in die Todessphäre. Aber stärker als Wille und Einsicht ist die durch den Trieb geschaffene Notwendigkeit. Auch Siegfried drängt es danach, den Hort zu gewinnen und mit ihm unermeßliche Macht. Streben nach dem Besitz des Hortes setzt die Tragödie in Bewegung. Der Lichtgott selbst, der ihn erringt und Macht mit ihm ausübt, wird Nibelunge.

Im Gebrauch des Wortes »Nibelungen« wird damit ein merkwürdiger Kreislauf sichtbar. Es steht für den Schatz, die Schatzsammler, die Arbeiter im Berge und die Schatzhüter, die ihn vor Raub und Diebstahl bewahren. Aber es steht auch für den Eigentümer des Schatzes, dem mit dem Schatz ebenso die Arbeiter, Bedienungs- und Wachmannschaft gehören. Nibelung ist zugleich der Name eines fränkischen Königsgeschlechts vor den Merowingern, das später – wie Wagner ausführt – in den Karolingern wiedererscheint und als Vermittler die Herrschaft des »Urkönigs« auf die mittelalterlichen deutschen Kaiser weiterleitet. Die Nibelungen sind darum die Gibichingen oder Gibichungen, das Geschlecht, aus dem Gunther und Gutrune stammen; sie sind die Ghibellinen, die alte hohenstaufensche Kaiserpartei in Italien, die ihren Namen von dem schwäbischen Haus der Waiblinger herleitete. Und somit kann Wagner in den Nibelungen auch die alten Nibelungen wiederfinden. Vor allem aber sind im Sinne seiner Theorie von der Weltherrschaft des asiatischen »Urkönigtums« die Nibelungen für ihn die Franken.

Ein in der Tat verwirrender Gebrauch des Wortes! Der Schatz aber ist nicht bloß Schatz, sondern bedeutet auch Mittel, Macht zu gewinnen. Ihn zu besitzen und das heißt, ihn dem abzunehmen, der ihn hat, löst eine sich immer wieder erneuernde Tragödie aus. Der Drang danach ergibt sich aus dem Besitz als Besitz. Er wird größer sein als die Furcht vor der Gefahr, beim Rauben, Gewinnen oder Bewachen des Schatzes umzukommen. Jede Generation wird es aufs neue versuchen, und jeder droht als Lohn sicheres Scheitern. Und so wird auch Siegfried, der selber Nibelunge geworden ist, dem Tode verfallen. Durch die schriftliche Zusammenfassung seines ersten Nibelungen-Projekts sind wir über die Absichten Wagners gut unterrichtet. In ihm war von Anfang Siegfried als der »neue Freie« in den Mittelpunkt des Dramas gestellt. *Siegfrieds Tod* als Titel zeigt an, daß wie in allen vorausliegenden Werken vom *Rienzi* bis zum *Tannhäuser* eine Heldengestalt das Ganze beherrschen sollte. Nur war hier – im Gegensatz zu früher – der eigentliche Untergang, das Ende an sich, in den Mittelpunkt gerückt: So durfte man jedenfalls vermuten.

Damit war zugleich der Entwurf einer Gestalt eingeleitet, mit der Wagner alle früheren Helden überbieten wollte. Es ist heute weitgehend in Vergessenheit geraten, daß für die Gemeinde der alten Wagnerianer, wie sie sich schon zu Lebzeiten Wagners zu bilden begann, im Siegfried so etwas wie die Erfüllung der Wagnerkunst überhaupt liegt. Trotz Tristan und trotz Parsifal. Der *Tristan* war ja ein in verhältnismäßig kurzer Zeit geschriebenes und in die Arbeit am *Ring* eingeschobenes Verlegenheitswerk gewesen. Der *Parsifal* kam erst später dazu, kam aus einer ganz anderen Sphäre und zeigte einen ganz anderen, einen von der altindischen Erlösungslehre und von sehr viel Sakralblut gezeichneten Helden, der keiner mehr war. Am Siegfried dagegen hingen alle Erwartungen, die später mit dem vierteilig gewordenen *Ring* verbunden waren, für den ja das neue Theater in Bayreuth eigentlich – jedenfalls mehr als für jedes andere Werk – geschaffen werden sollte. Wagner selbst hatte alles getan, um diese Erwartungen zu wecken. Im Siegfried war der Mensch über seine Grenzen gestoßen, weit über das mythologische germanische Göttertum hinaus. Siegfried ist »Erlöser«. So jedenfalls in der ursprünglichen Konzeption! Wagner scheut sich nicht, den Vergleich über alles hinausführen, was er bisher für zumutbar gehalten hatte. Mit seiner Lehre vom »Urkönigtum« spielt er eine verwegene Trumpfkarte aus:

»Im deutschen Volke hat sich das älteste urberechtigte Königsgeschlecht erhalten: es stammt von einem Sohne Gottes her, der seinem nächsten Geschlechte selbst Siegfried, den übrigen Völkern der Erde aber Christus heißt.«

Siegfried also ein eigens für die Deutschen geschaffener Christus! Hier ist es heraus. Der Gedanke der Weltherrschaft des »Urkönigtums«, das sich in Siegfried wie in Karl dem Großen, im Kaiser Rotbart wie in jedem künftigen deutschen Kaisertum fortsetzt, war sicher eine Theorie auf schwachen Füßen. Aber er konnte auf Empfänglichkeit der für solche Reichsmystik offenen Herzen hoffen. Die Sätze waren 1848 geschrieben. Hier zeigt sich der künftige Revolutionär von einer anderen Seite, zeigt er, daß er für die Zukunft gerüstet ist. Hier brach jene Maßlosigkeit durch, die künstlerisch-musikalisch im *Ring* voll aufging und Gefühle in eine Richtung trieb, die nicht frei vom Verhängnis war. Der *Ring* ist ja dann auch das Werk, das wie kein anderes bekämpft wurde. Übermaß und monströse Großräumigkeit in der Form entsprachen einander.

Mit dem Plan zur Nibelungentragödie hatte Wagner Walhall, die Götterburg und Machtzentrale, in Auftrag gegeben. In ihren Hallen voll waffenklirrender Recken regieren Gesetze, die mit Blut geschrieben sind. Das heranbrechende Zeitalter der Maschine wird empfänglich sein dafür und ebenso empfindlich reagieren. Es wird Walhall als steingewordene Weltherrschaft annehmen und ihr zugleich aufsagen. Doch in diesem Widerspruch lag der ganze Widerspruch von Walhall selber. Walhall bedeutet Herrschaftsburg mit Anspruch auf die ganze Welt und beruht zugleich auf dem Betrug, der den Bau hat möglich werden lassen. Es ist Symbol für den Nibelungenbetrug der Götter, die den Arbeitern in der Gestalt der Riesen die Arbeitsleistung abzwingen, sich durch List in den Besitz des Ringes bringen und darum vom Nibelungenfluch getroffen werden. Wo der Macht verleihende Ring im Spiel ist, ist immer auch Betrug, List, Gewalt, Blut, Fluch im Spiel. Die Götter sind dabei, sterblich zu werden. Ihrer Burg und ihrer Welt ist ein Ende gesetzt. Walhall wird untergehen.

Also heraufziehendes Unheil, Götterdämmerung, die sich nicht abwenden läßt! Das steht von Anfang an fest. Nur – die Götter mit Wotan als dem obersten unter ihnen können es noch nicht glauben. Der Auftrag zum Bau Walhalls gründet sich auf die Hoffnung, daß drohenden Gefahren durch List, Gewalt und Abschreckung entgegengewirkt werden kann. Von einer Erneuerung ist nichts zu erwarten. Wille zur Erneuerung aber ist es, was den jungen Erlöser-Revolutionär Siegfried zum Täter macht: eine alte, zusammenbruchsreife Welt nach ihrem Untergang in eine neue hinüberzuführen. Das kann natürlich nicht in einer Generation geschehen. Ein Stadium der Vermittlung, der Entwicklung, der

Vorbereitung ist notwendig. Die Götter sind dagegen, also wird das Heranführen an die neue Welt im Verborgenen erfolgen. Die Geschichte von Siegmund und Sieglinde, dem Elternpaar des Erneuerers, ist Waldgeschichte. Es kann die Erneuerung des Systems nicht von innen heraus stattfinden. Systeme gestalten sich nicht von innen um. Der, der es beseitigt, darf nicht dazu gehört haben. Er muß, wie Siegfried, von außen, aus der Einsamkeit kommen: aus Verhältnissen, die ihn unschuldig haben bleiben lassen!

Damit war eine Gestalt geschaffen, in die Wagner seine eigenen Ideen hineinlegen konnte. Ein solcher Siegfried, losgelöst von allen Besitzgrundlagen, der nichts hat als sich selbst und seine Kraft, wird ein Gegner des erblich gewordenen Eigentums sein. Denn nur so kann er Gegner der Nibelungen-Welt werden. Warum? Mit dem Augenblick, wo der Besitz »erblich wurde«, so weiß es Wagner, »verlor der Mensch, seine persönliche Tüchtigkeit, sein Handeln und Tun an Wert, und dieser ging von ihm auf den Besitz über«.

Hier wird wieder die Bedeutung der Nibelungen deutlich. Sie stehen für den alten Königsstamm, der die Weltherrschaft in Händen hat, sie stehen für seinen gehorteten, in unterirdischen Kammern aufgestapelten Reichtum an Edelmetallen, aber sie stehen auch für die »Würmer«, die die »Eingeweide der Erde« durchwühlen. Die Nibelungen sind die Zwerge, die in den Bergen nach Erzen suchen und sie unentwegt schmieden und zu Waffen verarbeiten. Sie sind ein Heer von Sklavenarbeitern, eine anonyme Masse, wo man keine Einzelgesichter mehr kennt. Aber das, was sie erarbeitet, angeschafft und zusammengetragen haben, muß als Besitz gehütet und weiter vermehrt werden. Nichts darf verlorengehen.

Das war die Vision einer aus phantomhaften Lebewesen zusammengesetzten Maschine, die man bedienen kann und die auf Zuruf funktioniert. Befehlshaber ist Alberich, der sich in den Besitz des Goldes gebracht, daraus einen Ring geschmiedet hat und damit die oberste Gewalt über die unentwegt arbeitenden Bergleute ausüben kann. Eigentümlich: Als Wagner seinen Entwurf in einem Aufsatz über den Nibelungenmythos niederlegte, in diesem gleichen Jahre 1848 schrieben Marx und Engels das »Kommunistische Manifest.«

Gegen eine so durchorganisierte Armee von zweckmäßig schaffenden Arbeitern kann das Geschlecht der Riesen nicht mehr bestehn. Rohe, tollpatschige Kraft hat keine Aussicht, wo sie auf Verschlagenheit trifft. In den Werkstätten der Zwerge werden schon die Waffen gesschmiedet, die den Riesen den Untergang bereiten sollen. Ein Zwiespalt bahnt sich an, Argwohn der Starken gegen die Listigen steigt auf, und es sind die Götter, die daraus ihren Nutzen ziehen möchten. Walhall soll gebaut werden mit den Riesen als Bauleuten. Man schließt einen Vertrag. Für ihre Arbeit fordern die Riesen Wotans Tochter Freia als Lohn. Die Göttertochter für die Arbeiter! Auch wenn sie Zusicherungen machen, ist es nicht wahrscheinlich, daß die Götter sie einhalten. Und da ist noch etwas, was den Göttern ins Auge sticht: der Ring. Wer den Ring hat, verfügt über die Macht, alles nach seinem Willen zu tun oder zu lassen. Der Ring muß dem Besitzer Alberich geraubt werden. Mit dem Ring in ihrer Hand wäre auch jeder Bedrohung ihrer Weltherrschaft ein für alle Mal ein Ende bereitet.

Wagner hat an den Beginn des *Rheingold* das Vorspiel zum Götterbetrug gesetzt: Alberich entreißt den Rheintöchtern den ihnen anvertrauten Ring und bringt ihn dadurch in seinen Besitz. Das ist der furchtbare Schlag, ein ins Germanische gewandelter Sündenfall, von dem alles Weitere seinen Ausgang nimmt. Der Ringraub bedeutet Eingriff in eine unschuldige Natur. Nixen schwimmen im Rhein. Der Strom ist eine heile Welt, in die plötzlich das Verderben eindringt. Alberich, der am Spiel der Nixen teilnehmen möchte, wird von ihnen zurückgewiesen. Dem Zwerg gilt bloß ihr belustigendes Gelächter. Hier liegt das Motiv zum Raub des Ringes, der immer neue Verbrechen nach sich zieht. Der Abgewiesene will sich rächen, er sinnt auf ein Mittel, das ihm Macht gibt, den Willen der andern zu bezwingen. Im Gold, das er in einer Felsspalte entdeckt, hat er es gefunden:

Der Welt Erbe
gewänne zu eigen,
wer aus dem Rheingold
schüfe den Ring,
der maßlose Macht ihm verlieh!

Gold schafft Macht, auch über die Liebe, zumindest Verfügungsgewalt, sie in irgendeiner Weise zu kaufen. Der Tausch von Liebe in Gold und von Gold in Liebe ist auch musikalisch gesehen ein im *Rheingold* ausgeführtes Grundthema, das sich durch den ganzen *Ring* hindurchzieht. Es tritt zum ersten Mal auf, als Alberich beim Anblick des Goldes sich Hoffnung macht, die Rheintöchter zu gewinnen:

Erzwäng' ich nicht Liebe,
doch listig erzwäng' ich mir Lust?

Es wird in der Götterszene nach dem Bau von Walhall weitergeführt, als große Goldbarren aufgetürmt werden und nach dem Übereinkommen zwischen Wotan und den Riesen der Tausch gegen Freia stattfindet. Aber Herrschaft bedeutet in diesem Weltsystem immer Verzicht auf die Liebe. Das ist eine Erfahrung, die Wotan macht. Und darum bedeutet Besitz des Ringes zugleich Liebesverlust. Darin liegt der Fluch – wenn man so will: die natürliche Gerechtigkeit –, dem niemand entrinnen kann und der am Ende auch Siegfried trifft.

Nur wer der Minne
Macht versagt,
nur wer der Liebe
Lust verjagt,
nur der erzielt sich den Zauber,
zum Reif zu zwingen das Gold.

Mit dem gewaltsamen Raub des Goldes hat das Verbrechen begonnen. Es ist Verbrechen gegen die einfache Ordnung der Natur und schlägt darum wie ein Riß durch die Welt. Von nun an ist die Welt eine andere geworden. Nichts wird mehr so sein, wie es vorher war. Das Verbrechen aber hat fortzeugende Kraft. Ist durch einen großen Betrug erst einmal Unordnung in eine einstmals heile Welt hineingetragen, nimmt alles seinen unabwendbar zerstörerischen Gang. Aus einer Untat wächst schon wieder die neue. Es gibt keinen Gewalttäter, der nicht einer noch stärkeren Gewalt weichen müßte, keinen Listigen, der nicht Opfer eines noch Listigeren werden könnte. So wird dem Alberich der Ring vom fintenreichen Loge, dem Ratgeber Wotans, abgenommen. Natürlich werden die Riesen Fafner und Fasolt von Wotan um die Tochter Freia geprellt, aber sie werden entschädigt. Gold und Ring wandern in den Besitz der beiden. Und weil von zweien nur einer den Ring tragen kann, erschlägt der eine den anderen auf der Stelle. Der von Alberich begangene Betrug hat sein erster Opfer gefordert.

Am Ende des *Rheingold,* dem »Vorabend«, wird schon das Ausmaß der Katastrophe klar. Der Tod Fasolts öffnet Wotan die Augen. Noch ist die Burg, in die er gerade festlichen Einzug gehalten hat, eine Stätte der Sicherheit. Sie bietet ihm und seiner Frau Fricka Schutz. Aber alle Sicherheitsvorkehrungen – das beginnt Wotan jetzt zu ahnen – werden am Ende nicht ausreichen. Nur ein völliger Wandel kann Abhilfe schaffen. In den Göttern ist nicht mehr genug Kraft, das selbst zu bewirken. Allein in den Menschen lebt so viel unabhängiger, freier Wille zur Veränderung. Das bedeutet: Die alten Machtträger können sich nicht mehr halten, sie müssen einem neuen und jüngeren Geschlecht weichen. Es ist ratsam, den Machtwechsel langsam vorzubereiten. Und darum läßt Wotan ein Ehepaar aus dem Geschlecht der Wälsungen künstlich befruchten. Holda reicht den beiden einen Apfel mit seinem Samen. Ein Zwillingspaar entspringt der Ehe. Der Sohn Siegmund, der aus diesem Verhältnis mit drei Beteiligten hervorgeht, wird einen Gott zum Vater haben und doch vor der Welt und für sich selbst vaterlos sein: ein von Geburt an Umhergetriebener wie der Holländer, an dessen Herkunft nicht gerührt werden darf wie bei Lohengrin, der »Wehwalt« sich nennt, weil er nur »des Wehes waltet«. Es gehört die Dunkelheit seiner Ursprünge so zu ihm wie der eigene Name.

Vom bloßen romantischen Weltschmerz wie beim Holländer kann hier nicht mehr gesprochen werden. Die Geschichte der Eltern wiederholt sich in den Kindern. Siegmund nimmt eine Frau, Sieglinde heiratet Hunding: Beide Ehen bleiben unfruchtbar. Um einen echten Wälsung zu erzeugen, vereinen sich Bruder und Schwester. Es ist der Inzest, der den Befreier hervorbringt und die gemeinsame »Art« rein erhält. Der Inzest aber ist zugleich Verbrechen, das bestraft werden muß. So will es – und erzwingt es – die beleidigte Frau Wotans, Fricka. In diesem Vorgang liegt Mehrschichtiges. Moral, Recht, Notwendigkeit fallen auseinander. Was verboten ist, ist unerläßlich, das Unerläßliche muß gesühnt werden. Darum läßt Wotan zerknirscht zu, daß Siegmund von Sieglindes Ehemann erschlagen wird; ja, der Gott selbst hindert Siegmund daran, den tödlichen Stoß gegen Hunding zu führen. Der Vater ist tot, aber der noch nicht geborene Sohn wird leben. Wotans Tochter Brünnhilde nimmt sich der verstoßenen Sieglinde an:

Denn Eines wiss'
und wahr es immer: –
den hehrsten Helden der Welt
hegst du, o Weib,
im schirmenden Schoß!

Der Zeugungsakt, so verboten er immer gewesen sein mag, ist ausgeführt. Der Vater hat seinen Zweck zur Erhaltung des Lebens getan. Er kann abtreten.

Der Weg vom Plan bis zur dramatischen Gestaltung der Siegmund-Sieglinde-Geschichte in der *Walküre* während der Zürcher Zeit erfolgt schon unter dem Einfluß der Schopenhauerschen Philosophie und zeigt ein langsames Zurückbilden des utopischen Sozialrevolutionärs an. Gegenüber dem allmächtigen Weltwillen, der verneint werden muß, ist jeder Drang zur Veränderung politischer und sozialer Verhältnisse bedeutungslos. Die neue Welt ist nicht besser als die alte. Gerade Schopenhauer führt Wagner hinein in die »vorhistorischen« Verhältnisse einer noch dünn besiedelten Welt, bekräftigt ihn in dem, was er selbst darüber weiß. Die Geschichtswissenschaft des neunzehnten Jahrhunderts, die zu Recht stolz auf ihren gewissenhaften Umgang mit Quellen und Dokumenten war, hat sich nicht gern mit Dingen befaßt, für die es keine Quellen und Dokumente gab. Das lag in den Grauzonen der Vorgeschichte. Was geht dem voran, was wir belegbar wissen können? Hier hatten die Außenseiter, die Dilettanten oder die, die man dafür hielt, das Wort. Das fiel in die Zuständigkeit Schopenhauers und später Nietzsches, das gehörte mit der Frage nach den Ursprüngen der Familie zu den Interessen von Friedrich Engels. In diese noch fast menschenleere Urwelt sah Wagner hinein.

Schopenhauer hatte als die Ursache für das wachsende Elend der Neuzeit die immer schneller erfolgende Bevölkerungszunahme gesehen. Zu der Welt der Anfänge gehört dagegen eine Menschheit der geringen Zahl, in der relative Organisationslosigkeit sich zu Patriarchat oder Matriarchat entwickelt. In der *Walküre* begegnen sich die Ordnungen. Wotan steht noch für die Vaterwelt, mit seiner Tochter Brünnhilde tritt matriarchalisches Verhalten auf. Brünnhilde gehört zu den Walküren. Kämpfen ist ihr Element, Harnisch, Speer und Pferd sind ihre Kriegsausrüstung. Ihre Männer wählen sie selber, bezwingen sie oder werden von ihnen bezwungen. Dabei kann sich ihre Kriegsnatur mit Mütterlichkeit sehr wohl vertragen. So tritt Brünnhilde als Schützerin Sieglindes, der werdenden Mutter auf, um sie vor dem Tod zu bewahren, den Wotan dem blutschänderischen Paar zugedacht hat. Aber indem sie Sieglinde rettet, bewahrt sie mit dem noch Ungeborenen den künftigen Geliebten, der da im Mutterschoße heranwächst. Als Tochter Wotans gehört Brünnhilde selbst der Elterngeneration an, ist sie Kriegerin, ist sie als spätere Geliebte zugleich Mutter, die von Siegfried erst niedergerungen werden will und zugleich sein strahlender »Stern«; ist sie »leuchtende Liebe, lachender Tod«.

Kein Zweifel: Mit dem bevorstehenden Ende der Wotanswelt, die eine Gott-Vater-Welt war, dringt ein matriarchalisches Element vor. Die Siegmund-Sieglinde-Geschichte endet mit dem Untergang des trauernden, sieglosen Vaters. Wieder konnte sich Wagner durch Schopenhauer bestätigt fühlen: Hat die Natur mit der Fortpflanzung ihren Zweck erreicht, verhält sie sich gleichgültig gegenüber dem Fortpflanzenden. Das einzelne Individuum gilt ihr nichts, die Erhaltung der Gattung alles. In der *Walküre* war das philosophisch Abstrakte ins Bildhafte übertragen. Es ist symbolhafte Handlung geworden. Der Inzest, der vom Gott bestraft wird, hat in den archaischen Verhältnissen der Anfänge noch nicht die Verbote gegen sich. Zur Erhaltung der Art setzt die Natur keine Barrieren für den Trieb. Die Fortpflanzung mag vor sich gehen, wo immer sie möglich ist, und sei es im Kreis der Blutsverwandten.

Mit der Geburt Siegfrieds leistet die Natur selber Vorarbeit zur Erneuerung der Welt. Hier wird der *Ring* zu Wagners Entwurf der Weltgeschichte. In der zweiten Hälfte des neunzehnten Jahrhunderts sind die Instinkte der Historiker geschärft, weitet sich Geschichte immer mehr zur Weltgeschichte aus. Der ältere Ranke wie der jüngere Burckhardt wissen, wie Marx und Engels es wissen: Der Aufstieg der einen ist der Fall der anderen. In Wagners *Ring* wird diese Wahrheit umgesetzt – insofern ist er Schlüsselwerk eines Jahrhunderts, in dem der Siegeszug der Maschine einsetzt. Wotan bereitet sich auf sein Abtreten vor. Er zürnt der Tochter Brünnhilde, daß sie ungehorsam gewesen ist. Die Rettung Sieglindes und damit die Geburt des »neuen Menschen« sind gegen seinen Willen erfolgt. Der Ungehorsam muß bestraft werden. Brünnhilde, in der Nietzsche später den Typ der emanzipierten Frau sieht, wird verstoßen. Nur durch ihr Bitten wird die Strafe des Vaters gemildert. Damit sie nicht für jedermann erreichbar sei, soll ein Feuerring um sie gelegt werden, über den nur der Mutige zu ihr gelangen kann. Das Feuer als Mittel der Abwehr! Es soll den nicht zur »Art« Gehörenden fernhalten und so ihren Bestand für die Zukunft sichern:

mit zehrendem Schrecken
scheuch' es den Zagen;
der Feige fliehe
Brünnhildes Fels:
denn einer nur freie die Braut,
der freier als ich, der Gott!

Hier spätestens beginnen die Gewichte, sich zu verschieben. Das Werk, das in der ursprünglichen Fassung eine Siegfried-Tragödie war, wird jetzt auch zur Wotans-Tragödie. Der Abschied der alten Kräfte bekommt den gleichen Rang zugemessen wie das siegreiche Vorwärtsstürmen der neuen. Das war auch ein Ergebnis der veränderten Umstände. Die vollen Schläuche der revolutionären Erwartungen haben sich schon zu Beginn der fünfziger Jahre geleert. Auch bei Wagner. Die Arbeit an der »Tetralogie« erfolgt in Zeitverhältnissen einer sich neu befestigenden Bürgerlichkeit als Voraussetzung für die künftige und sehr erfolgreiche Politik

Bismarcks von 1862 an. Vom *Rheingold* bis zur *Götterdämmerung* zieht sich durch die dichterische Ausführung ein Kompromiß. In der »Weltdichtung« wird nicht mehr entschieden, sondern das eine durch das andere aufgehoben.

Der Umbau und die Ausweitung der eigentlichen Siegfried-Tragödie, der Wandel in der Gesamtperspektive, haben jenen Lindwurm der Gesamthandlung zustande gebracht, dessen Länge und Windungen leicht den Überblick verlieren lassen. Langsames Zusammenbrechen der Götterwelt und das Heranwachsen des Welterneuerers fallen zusammen. Wotans Abschied von Brünnhilde bedeutet Verzicht auf der ganzen Linie. Ein Regierender sieht ein, daß er die Macht verlieren wird, der Vater, daß ihm die Tochter auf immer entgleitet. Die Resignation macht aus dem Täter einen Betrachter. Hier scheidet ein Mächtiger aus dem Geschäft der täglichen Machtausübung aus und hat von nun an jeden Anspruch verloren, in die Dinge einzugreifen. Er wird zum »Wanderer«, der einsam des Weges zieht und nur durch seine Einäugigkeit den Gott von ehedem verrät. Aber sein Abstieg ist in der veränderten *Ring*-Konzeption kein Gewinn, auch nicht für die, die ihn wünschen und durch ihn nach oben gelangen. Denn die Wotans-Tragödie weitet sich jetzt zur Welttragödie aus. Sie wird *Götterdämmerung*, die das Ende des ganzen bestehenden Universums bedeutet und auch die Erneuerer mit in den Untergang reißt. Das war in der Fassung von *Siegfrieds Tod* nicht vorgesehen. Das ist Resümee nach dem Umbau des Werks, an dem die Erfahrungen veränderter Zeitumstände mitgewirkt haben.

Dadurch wird aus dem Ende Wotans das Ende Brünnhildes der ganzen neuen Anlage des Werkes entsprechend abgeleitet. Es ist nach der Siegmund-Sieglinde-Geschichte die dritte Tragödie, die über den Tod Siegfrieds noch hinausgeht. Diese Aufteilung in drei Einzeltragödien – dazu das unvorbereitete Auftreten der Nornen am Anfang der *Götterdämmerung* – führten zu Handlungsbrüchen schwer einzusehender Art. Ein großer Interpret, Wilhelm Furtwängler, hat für die musikalische Praxis den Rat gegeben, beim Dirigieren des *Ring* nie nach einem einheitlichen Stil für das ganze Werk zu suchen. Bei einem solchen Versuch bricht der *Ring* durch. Er empfiehlt, alles auf den Augenblick, auf die Einzelpassage zu setzen. Dichterisches wie Musikalisches fallen, jedes für sich, auseinander, sie werden nicht von einer das Ganze umspannenden Bauform zusammengehalten. Darin ist der *Ring* bei Wagner eine Ausnahme.

Das besagt für den Gesamtverlauf des Nibelungendramas: Der Zusammenbruch der Götterwelt ist schreckenerregender als der Tod Siegfrieds, der »Fall« Brünnhildes, der vom Konflikt zwischen Vater und

Tochter ausgeht und zur Begegnung mit Siegfried führt, ist psychologisch gesehen, interessanter als die Siegfried-Geschichte. Daß er die Psychoanalytiker auf den Plan rief, konnte natürlich nicht ausbleiben. Eine Tochter, die der »Vater« in einen Tiefschlaf versenken möchte, auf daß jeder, der des Weges kommt, sie zu seiner Frau machen kann, fällt in ihre Zuständigkeit. Nicht weniger die Abwehrreaktion der Bestraften, die darum bittet, sich auf einen feuerumbrandeten Felsen zurückziehen zu dürfen, wo sie dem Zugriff all derer entzogen ist, die nicht ihrem Ideal des »furchtlos freiesten Helden« entsprechen.

Wer meines Speeres
Spitze fürchtet,
durchschreite das Feuer nie!

war das letzte Wort der *Walküre* und Aufforderung an den einzigen, »der das Fürchten nicht gelernt« hat. Die Begegnung, die damit vorbereitet wird, gehört zum Umstürzendsten, das Wagner erdacht und instrumentiert hat: Eine Brünnhilde, die dem jungen Mann als gepanzerter Ritter und erst nach dem Durchschneiden der Panzerringe als Mädchen erscheint. Eine Frau, die wiederum, wie wir aus ihrer Vorgeschichte wissen, Walküre, ältere Verwandte, Tante und Mutter zugleich ist! Nietzsche hat sich eingehend mit dieser Szene befaßt. Wahrscheinlich war er der einzige in seiner Zeit, der durch seine Kenntnisse des vorklassischen Griechenlands mit seinen vorderasiatischen Wurzeln ihre ganzen Ausmaße übersah. Das Amazonentum Brünnhildes bot ihm Zugang zum Werke Wagners an für ihn entscheidender Stelle. Für Nietzsche war Wagner selbst als neu erstandener Dionysos der Gott des Rauches und der Entfesselung. Aber Dionysos ist ein Frauengott. Das wußte in solcher Ausschließlichkeit neben ihm nur Bachofen, der zur gleichen Zeit, als Wagner in Zürich das *Rheingold* und die *Walküre* komponiert, in Basel sein Werk über das »Mutterrecht« verfaßt. Daß hier ein aus der germanischen Sage geschöpfter Stoff vorlag, spielt dabei keine Rolle. Die griechische Amazone wie die germanische Walkyre geben in der vorhistorischen wie der historischen Wirklichkeit liegende Sachverhalte von Formen der Frauenherrschaft wieder. Nach Bachofen »tritt Dionysos mit in die Reihe der siegreichen Bekämpfer des Amazonentums, eines Achill, Perseus, Theseus, Herakles, ein. Wie die Mädchen ihm gegenüber alle Feindschaft ablegen, so gewährt er auch seinerseits den Unterworfenen Verzeihung«. Darin war auch der Fall Brünnhildes enthalten. Sie ist Walküre mit aller Bereitschaft zur amazonenhaften Bluttat, um mit Bachofen zu reden, sie hört nach der Begegnung mit

Siegfried auf, Walküre zu sein. An Vielschichtigkeit wird Brünnhilde als Wagnersche Frauengestalt nur noch von Kundry übertroffen. Von ihrer Erscheinung in doppelter Gestalt geht für Siegfried die Mahnung zur Vorsicht aus. In der Walküre liegt mütterlich Schutzgebendes dicht neben der Besessenheit vom Krieg, einem Krieg, in dem das Morden rauschhaftes Fest wird. Die Spannweite reicht von der »Maid« als Genius des Lichts bis zur blutigen Rächerin. Darum das Zurückschaudern des jungen Siegfried, als er zum ersten Mal Brünnhilde sieht:

Im Schlafe liegt eine Frau: –
die hat ihn das Fürchten gelehrt!

Sein Gefühl verändert sich langsam und schlägt in Zutrauen um. Er begegnet in ihr – ohne es zu wissen – seiner früheren Retterin, die sich bei seiner Rettung durchaus amazonenhaft verhielt, indem sie den Vater einfach aus der Rechnung herausgehalten hatte. Und sie wird später wieder ganz Walküre sein, die sich nur dem Mann ergibt, der den Kampf mit ihr wagt.

In dieser Beziehung von Siegfried und Brünnhilde sind alle Reste der Romantik abgeworfen. Sie ist als Familiengeschichte ein Schrecken einflößender Vorgang. Aber die Warnungen, die den Beteiligten mit auf den abschüssigen Weg gegeben werden, werden nicht befolgt. Sie können auch nicht befolgt werden, denn stärker als alle Vorsichtsmaßregeln ist – hier meldet sich wieder Schopenhauer – der »Wille« als Trieb.

Wie in *Tristan und Isolde* ist der Tod rettende Ausflucht. Eines der Grundthemen, die Wagner immer wieder variiert! Vor dem zu erwartenden Einsturz der Götterburg herrscht ein eigentümlicher Todesoptimismus:

lachend laß uns verderben –
lachend zugrunde gehn!

Liebe als Todesbereitschaft aber heißt hier: Die Göttertochter wird sterblich. Die Ewigkeit hat ein Ende. Das greift auf die Götter über. Wotan entdeckt den Tod als Möglichkeit, die den Göttern bis dahin unbekannt war. Den eigenen Tod zu wollen, war das Thema des Holländer, das jetzt beim Weltuntergang in den Verhältnissen einer »Endzeit« wiederkehrt.

In dieser »Endzeit« vor dem Zusammenbruch häufen sich die Verbrechen und mehr noch: werden die Guten und Verläßlichen auch in die Verbrechen hineingezogen. Sie werden mitschuldig. Das macht die Welt untergangsreif. Siegfried, der zu ihrer Erneuerung angetreten war, ist zum Komplizen des Betruges geworden. Wie Tristan tritt er für einen König als Werber auf, aber diesmal wird er die Frau nicht für sich selbst gewinnen, sondern ist die Umworbene keine andere als Brünnhilde, die er mit Hilfe einer Tarnkappe überwältigt, um sie Gunther als Frau zuzuführen. Mittel des Komplotts, um die eigene Retterin auszuliefern, ist der Ring. Wo er auftaucht, fallen alle Rücksichten.

Damit ist der Grund gegeben, der die Walküre zur Vergeltung treibt. In einer von Betrug, Gier nach Besitz und Macht beherrschten Welt war die Ordnung schon so hoffnungslos zerstört, daß der Mord an Siegfried sich konsequent in die Geschehnisse einfügt. Der Tod des »Übermenschen« setzt zwar ein sichtbares Zeichen, aber er war schon Zug um Zug vorbereitet gewesen. Brünnhilde nimmt denn auch nicht Rache an Hagen als dem Mörder Siegfrieds, sie legt Hand an die Welt selbst, an die Götter und was noch göttlich an ihnen geblieben ist. So sieht die Bestattung aus, die die Walküre ihrem toten Geliebten gibt: Ein Holzstoß mit der Leiche des Ermordeten und eine von ihr darauf geschleuderte Fackel, die den Brand erzeugt, in den sie mit ihrem Pferd hineinsprengt. So wird die Walkürenhochzeit gefeiert: ein Fest, das die Rache bringt und den Weltenbrand auslöst, der alles zum Raub der Flammen macht, aber zugleich auch Versöhnung schafft. Denn der Ring als Unheilsbringer gelangt wieder an den Strom zurück, die Unschuld der natürlichen Verhältnisse wird wiederhergestellt. Anfang des *Rheingold* und Ende der *Götterdämmerung* fallen zusammen. Während sich am Himmel eine rötliche Glut mit wachsender Helligkeit ausbreitet, beginnt im Strom wieder das Spiel der übermütigen Nixen, von denen eine den ins Wasser geworfenen Ring triumphierend in die Höhe hält. Die Rheingoldmusik des Anfangs klingt auf und zieht den Rhythmus der langsam dahinfließenden Wellen nach in einem zur Zukunft hin weit geöffneten Schluß. Also Harmonie der Hoffnung, während Walhall mitsamt Göttern und Helden in den Flammen verschwindet!

13. ». . . was deutsch und echt, wüßt keiner mehr«

Der kompromißlose Meistersinger

»Habt Acht! Uns dräuen üble Streich: –
zerfällt erst deutsches Volk und Reich,
in falscher welscher Majestät
kein Fürst bald mehr sein Volk versteht;
und welschen Dunst mit welschem Tand
sie pflanzen uns in deutsches Land.
Was deutsch und echt, wüßt keiner mehr
lebt's nicht in deutscher Meister Ehr'.«

Die Meistersinger von Nürnberg, Dritter Aufzug

Als Wagner in Zürich daran gegangen war, die Musik zum *Rheingold* zu schreiben, hatte er fünfeinhalb Jahre nicht komponiert. Zeitweise konnte der Eindruck entstehen, als sei der Opernkomponist am Ende. Es handelte sich, wie wir heute wissen, um eine teils von außen aufgezwungene, teils freiwillige Pause nach dem Abschluß von drei Opern. Aber eben diese Kunst war in seinen Augen schon nicht mehr viel wert. Es ließ sich so nicht weitermachen. Hier mußte abgebrochen werden. So führt das Ruhen der Kompositionsvorgänge zum Ausforschen neuer Mittel. Die Arbeit geht natürlich untergründig ohne Unterbrechung weiter. Komponieren besteht bei Wagner in der Regel aus drei getrennten Akten: die Komposition an sich, für die oft vorbereitende Kompositionsskizzen angefertigt werden, und die Instrumentierung. Anschließend werden die Stimmen ausgeschrieben, wozu er später Helfer wie Richter, Rubinstein, Seidl, Humperdinck heranzieht. Es gibt Ausnahmen, wie das Vorspiel zum *Rheingold,* wo er die Komposition sofort in der instrumentierten Form aufzeichnet.

Der Entschluß, die Arbeit am *Tristan* aufzunehmen, führte zum Abbrechen des *Ring* am Ende des zweiten Akts des *Siegfried.* Damit beginnt ein Wagnis unglaublichster Art. Aber das Risiko, den *Ring* in der jetzt schon beabsichtigten Form mit der *Götterdämmerung* als viertem Teil zum Abschluß zu bringen, erscheint ihm größer als selbst die Aussicht auf das Gelingen des *Tristan.* Zumindest in einem übersehbaren Zeitraum! Das war ein wichtiges Motiv für seine Inangriffnahme.

Man kann freilich bemerken, wie in Venedig die Zeit schneller abläuft als die Arbeit am *Tristan* den Vorsätzen Wagners entsprechend Fortschritte macht, obwohl er sich hier dem Werk in geradezu weltabgewandter Weise widmet. Diese Konzentration führt zu einer viel gedrängteren Form, als sie der *Ring* allein von den Arbeitsvorgängen her haben kann. Aber das Ziel, den *Tristan* in Venedig zu Ende zu bringen, erreicht er nicht. Das hat auch äußere Gründe. Wagner beginnt, sich hier nicht mehr sicher zu fühlen. Er glaubt, Gerüchten Glauben schenken zu müssen, nach denen Sachsen bei den Österreichern seine Auslieferung beantragen wolle. Wie dem auch sei: Seine Ruhe ist durch diese aufkeimende Befürchtung gestört. Natürlich meldet sich bei ihm nach dieser Zeit der allerhöchsten Beanspruchung seiner Kräfte das Bedürfnis zum Ausruhen, zum Atemholen vor dem letzten Anstieg. Das Ende des dritten Akts steht noch aus. Reisen, lange Wanderungen, insbesondere durch das Gebirge, gehören zu seiner Arbeitsorganisation. Also zurück in die Schweiz! Er siedelt nach Luzern über, in eine Abgeschiedenheit, die viel größer ist als die in Venedig, aber zugleich die Wiederaufnahme der persönlichen Beziehung zu den Wesendonks gestattet. So nimmt er natürlich die Gelegenheit wahr, in Zürich die alten Freunde aufzusuchen. Otto Wesendonk war daran gelegen, in der Öffentlichkeit jeden Eindruck zu vermeiden, daß die Freundschaft mit Wagner durch private Affären Schaden genommen hätte. Man demonstriert unbefangenen Umgang vor aller Augen.

Wagner war überdies gezwungen gewesen, sich noch aus einem andern Grund in Richtung Zürich zu begeben. Es galt, Geldmittel für die nächste Zukunft sicherzustellen, und das hieß in diesem Fall, mit der noch nicht beendeten, ja sogar abrupt liegengelassenen *Nibelungen*-Partitur ins Geschäft zu kommen. Der Verleger Schott in Mainz verhielt sich zurückhaltend, wenn nicht ablehnend. Rat, Geschick und Hilfsbereitschaft Otto Wesendonks konnten hier von Nutzen sein. Und sie waren es wieder einmal. Wesendonk erklärt sich bereit, für vierundzwanzigtausend Schweizerfranken die Partitur mit ihren Verfügungsrechten zu kaufen. Das gibt Wagner zunächst einmal Sicherheit, könnte sogar seinen Unterhalt für lange garantieren, wenn da nicht der Hang zur verschwenderischen Lebensführung wäre.

Wagner darf jetzt nach der Rückkehr in Zürich die Bilanz der letzten zehn Jahre ziehen. Anlaß zur Freude kann sie freilich nicht sein. Er hatte während dieser Zeit von keinem der neuen Werke eine Aufführung erleben können. Der *Ring* war begonnen, aber er war mitten darin steckengeblieben, und der *Tristan* als Werk ausgesprochener »Zukunftsmusik« bot den in Frage kommenden Bühnen keinen großen Anreiz. Im Gegenteil: Der *Tristan* war geradezu die Probe aufs Exempel, ob Wagner mit seiner Musik des Umbruchs sich auf dem rechten Wege befand. Wohin sich damit wenden? Es gibt nur zwei Möglichkeiten, und es sind die alten, längst bekannten: Rückkehr nach Deutschland oder Paris. Aus diesem Grunde richtet er ein Gnadengesuch an den König von Sachsen und erbittet dazu die Unterstützung der Großherzöge von Weimar und Baden. Die Sache scheitert, und Wagner entschließt sich gezwungenermaßen, ein weiteres Mal sein Glück in Frankreich zu versuchen.

Mit den Wesendonkschen Vorschüssen ist das möglich. So sehen wir ihn im September 1859 wieder in Paris, zunächst in der Rue Newton 16, einer stattlichen Villa, wohin er das elegante Zürcher Mobiliar mit den Teppichen schaffen läßt. Und auch Minna läßt er kommen. Die Umstände raten ihm, noch einmal einen Versuch mit ihr zu wagen.

An der Pariser Oper ein Werk zur Aufführung zu bringen, daran war zunächst nicht zu denken. Wagner kann höchstens hoffen, mit einigen Konzerten das Interesse der Öffentlichkeit für sich zu gewinnen. In drei Orchesterkonzerten werden Stücke aus seinen Opern zu Gehör gebracht, mit einigem Erfolg beim Publikum. Die Presse dagegen verhält sich ablehnend. Macht und Einfluß Meyerbeers sind einfach zu groß. Berlioz schreibt anläßlich dieser Veranstaltungen einen bösen Artikel gegen die »Zukunftsmusik«. Wagners Beziehung zu Berlioz wird immer eine schwankende, von Bewunderung und Ablehnung bestimmte bleiben. Von ihm, der wie Wagner einmal bemerkt, als Dirigent vor dem Orchester einen gespensterhaften Eindruck macht, ist nichts zu erwarten.

Mit Hilfe der neuen und verhältnismäßig großen Geldmittel, über die er vorübergehend verfügt, hält Wagner es für sinnvoll, ganz seinen Bedürfnissen nachzugehen und ein großes Haus zu führen. Seine Einnahmen erhalten neuen Zufluß durch das Honorar, das ihm der Schott-Verlag in Mainz für das *Rheingold* zahlt. Daß es ihm gar nicht mehr gehörte, weil er es vorher an Otto Wesendonk abgetreten hatte, stört ihn dabei nicht im geringsten. Als Entschädigung erhält Otto Wesendonk dafür einen Schuldschein, ausgestellt auf die »Götterdämmerung«, die noch gar nicht geschrieben ist: Hinter allem steckt natürlich der Druck, der ihn bald wieder seiner überhöhten Ausgaben wegen belastet, denn die Pariser Konzerte enden mit einem Defizit. Um es zu decken, denkt er an eine Wiederholung in Brüssel.

So ist auch diesmal Paris für ihn die glücklose Stadt, die sie schon früher für ihn gewesen war. Dazu kommen schlechte Nachrichten aus Deutschland. Der Großherzog von Baden war ihm als Freund seiner Musik immer wohlgesonnen geblieben. Es bestand darum die Aussicht, daß Karlsruhe als erstes Theater den *Tristan* bringen würde. Wagners Besuch in Karlsruhe verschafft ihm allerdings die bald bestätigte Gewißheit, daß die Intendanz das Vorhaben – entgegen allen Erklärungen, es zu fördern – in Wahrheit hintertreibt. Der Gedanke, ein Werk wie *Tristan und Isolde* aufführen zu müssen, hätte jeden Theaterleiter erschreckt, wäre Sängern wie Musikern geradezu durch Mark und Bein gegangen. Verständlich war es schon, daß Devrient als Hofintendant nach Ausflüchten suchte, um es zu einem möglichen Desaster erst gar nicht kommen zu lassen.

Mit Minna stellen sich in Paris die alten Querelen bald wieder ein. Sie glaubt Grund für neue Klagen zu haben und hat ihn wohl auch in der Gestalt Blandines, der älteren Schwester Cosimas. Aber im Gegensatz zum Zürcher »Asyl« hält sie sich diesmal zurück. Sie bewohnt für sich allein den obersten Stock, kommt ihren Pflichten als Hausfrau nach, schweigt und erträgt, so gut es geht. Sie hatte gelernt. Bis zu Liszt nach Weimar sogar dringt die Kunde, daß Wagner gleichzeitig im Begriffe steht, den Verlockungen der Gräfin d'Agoult, Blandines Mutter, zu erliegen. Unverzüglich schreibt Liszt an Wagner, warnt ihn vor dieser Frau, deren gefährlichste Leidenschaft ihr Hang zur Intrige sei. Zu allem Überfluß stellt sich dann noch die Fürstin von Sayn-Wittgenstein in Paris ein, überzeugt sich von den Zuständen im Hause Wagner, fühlt sich in ihrem wenig günstigen Urteil über den alten, inzwischen liederlich gewordenen Terroristen bestätigt und meidet jeden Kontakt mit ihm.

In diesen grauen, eher vom Mißerfolg als vom Erfolg gezeichneten Alltag bricht eine kaum erwartete Nachricht von allerhöchster Stelle ein. Napoleon III. möchte den *Tannhäuser* sehen. Das war weniger ein vom Kaiser selbst ausgehender Wunsch gewesen, als das erfolgreiche Ergebnis von Machenschaften der Fürstin Pauline Metternich, der Frau des österreichischen Botschafters in Paris, die zwar von Musik wenig verstand, aber es immerhin angebracht fand, im Zuge der Annäherung des Deutschen Bundes an Napoleon einen deutschen Künstler zu lancieren. Wer Wagner war, welche Vorgeschichte er hatte, wie es mit seinen Verhältnissen in Deutschland stand, war ihr nicht bekannt und kümmerte sie auch wenig. Sie hatte den *Tannhäuser* einmal in Dresden gehört und fand es gut, daß man dergleichen auch in Paris zur Aufführung brachte. Ausgerechnet Österreich, dem Wagner mißtraute und vor dessen möglichem Zugriff er vorsichtshalber Venedig verlassen hatte, hat jetzt ein offizielles Interesse daran, daß ein Werk von ihm in Paris zu hören ist.

Nun, dem kaiserlichen Befehl mußte gehorcht werden. Dagegen kann die Direktion der Pariser Oper und die Meyerbeersche Clique keinen Widerstand mehr entgegensetzen. Eine Aufführung des *Tannhäuser* in Paris aber bedeutete, daß Wagner hier neben dem Orchester einen Bühnenapparat zur Verfügung hatte, wie er in dieser Zeit sonst nirgendwo anzutreffen war. Nicht umsonst war neben den deutschen Opernhäusern in seinen Augen die Pariser Oper immer die einzige Alternative. Jetzt, nach zwanzig Jahren zähester Belagerung, ist es ihm gelungen, auf ihre Bretter zu gelangen. Die Vorbereitungen werden gründlich betrieben. Im September 1860 beginnen die Proben. Bis zur Aufführung werden ihm fast sechs Monate gegeben. Das war ihm in seiner bisherigen Theaterpraxis noch nicht vorgekommen. Für die Durchführung seines Inszenierungskonzepts, der Dekoration und der Ausstattung werden ihm von der Kostenseite keine Grenzen gesetzt. Die Rolle des Tannhäuser soll auf sein Betreiben Albert Niemann aus Hannover übernehmen. Außerdem steht ihm ein Ballett in erstaunlicher Größenordnung zur Verfügung, das auf seinen Einsatz wartet.

Aber eben damit scheint das Schicksal des Pariser *Tannhäuser* schon vorgeplant zu sein. Man hatte erwartet, daß Wagner auf die hergebrachte Regel Rücksicht nimmt, die Bedürfnisse des Publikums, das nach der Pause sein Ballett zu sehen wünscht, zu befriedigen. Möglichkeiten für eine solche Einlage bot freilich nur der erste Akt mit dem Bacchanal im Hörselberg. Wir wissen, wie unzufrieden Wagner mit den Venusszenen war, wie sehr er sie für verbesserungsbedürftig hielt. Darüber ließ sich grundsätzlich mit ihm reden. Er ist denn auch sofort begeistert bereit, die Partie der Venus auszuweiten und ihr einen vergrößerten Hofstaat an Nymphen, Nereiden, Grazien, Faunen und Amoretten beizugeben, ja sogar eine ganze »Walpurgisnacht« auf die Bühne zu bringen. Wohlgemerkt: für den ersten Akt. Aber der entscheidende Teil des Publikums, darunter diejenigen, die unter den Tänzerinnen ihre kleinen Freundinnen haben, und die Tänzerinnen selber, wünschen den Auftritt für den zweiten. Sie wünschen ihn dann zu haben, wenn das Publikum nach der Aktpause – vom opulenten Diner gestärkt und vom Champagner in Stimmung gebracht – für die körperlichen Attraktionen der Ballerinen aufgeschlossener ist. Das war die in der »Opéra« geltende Regel. Für Wagner konnte das nicht in Frage kommen. Das widersprach seinen heiligsten Auffassungen von der zu erneuernden Tragödie. Alles, was er in *Oper und Drama* gesagt hatte, wäre von ihm selbst für ungültig erklärt worden. Das müssen sich die Pariser aus dem Kopf schlagen.

Damit waren die Aussichten auf einen Erfolg – ohne daß Wagner sich darüber im klaren gewesen wäre – schon merklich herabgesetzt worden. Dazu noch hundertsechzig Proben, ständig höher geschraubte Erwartungen an Orchester, Sänger, technisches Personal! Nicht zu vergessen die Zumutung des Theaterdichters, der seinem Helden auferlegt, die Göttin der Liebe zu verlassen, um »höheren Lohn« zu ernten. So etwas unter die Leute zu bringen, unter rücksichtsloser Mißachtung aller Pariser Theatergesetze, der Psychologie der Künstler, des Publikums und natürlich auch der Presse, und am Ende noch einen Erfolg zu erwarten! Das konnte nicht gutgehen und ging auch nicht gut.

Was sich dann allerdings bei der ersten Aufführung des *Tannhäuser* am 13. März 1861 in der Pariser Oper abspielte und auch in den beiden folgenden Aufführungen noch wiederholte, hat in der Theatergeschichte eigentlich keine Vorbilder. Es schien, daß sich alles gegen Wagner verschworen hatte. Die Demonstration entzündete sich an der Oper selbst und der ärgerlichen Tatsache ihrer Aufführung, meinte aber auch den Kaiser, der bei der zweiten Aufführung in der Loge saß, und mit ihm seine damals Österreich entgegenkommende Politik. Die Mitglieder des feudalen Jockeyclubs, ohnehin keine Anhänger Napoleons, wußten, daß sie um die übliche Balletteinlage gebracht werden sollten, und hatten sich vorsorglich mit Lärminstrumenten jeder Art ausgerüstet, um dann beim Auftritt des Hirten in der Wartburglandschaft mit Pfeifen und Zischen zum ohrenbetäubenden Angriff überzugehen. Sänger und Orchester müssen in ihrem Vortrag einhalten, die Ruhepause, die ihnen die Störer geben, diente nur dazu, die Vorstellung fortsetzen zu lassen, um sie dann wieder aufs neue zu unterbrechen. Mit dem Einsatz von Jagdpfeifen, mit Schreien, Lachen und Johlen, wird die Aufführung zu einem schändlichen Ende gebracht.

Wagner selbst war Zeuge dieses Debakels. Seine Frau spart nicht mit Vorwürfen, schiebt ihm selbst die Schuld an dem Mißerfolg zu. Etwas mehr Konzessionsbereitschaft hätte einen solchen Ausgang verhindern können und dringend benötigtes Geld eingebracht. Das war nicht ganz danebengegriffen und hatte von der praktischen Seite her gesehen sogar viel für sich. Doch ganz unergiebig war der mißglückte Abend auch nicht gewesen. Es hatte sich schon ein gewisses Wagner-Stammpublikum herausgebildet, das, wenn es sich auch gegenüber den gut geplanten Angriffen der Gegner nicht behaupten konnte, doch seine Meinung beifallskräftig zum Ausdruck brachte. Als Wagner von der Direktion die Partitur zurückfordert, folgt man angesichts der Aussichten, auf lange Sicht hier eine neue Repertoire-Oper zu haben, nur zögernd.

Natürlich hatte Wagner einen Grund gehabt, sich so zu verhalten, wie er es tat. Es hätte mit dem Teufel zugehen müssen, wenn die Aufführung ein Erfolg geworden wäre. Ein solcher Erfolg in Paris aber schien ihm unwahrscheinlich:

»Ich glaube nicht an meine Oper im Französischen«, hatte er lange vorher an Mathilde Wesendonk geschrieben. »Alles was ich dafür tue, ist gegen die innere Stimme, die ich nur mit Leichtsinn und Gewalt betäuben kann. Ich glaube weder an einen französischen Tannhäuser, noch an einen französischen Lohengrin, geschweige denn an einen französischen Tristan.«

Dem entsprach, daß sein ganzes Verhalten während der Vorbereitung, seine Ablehnung aller Änderungswünsche, die seine Prinzipien zu berühren schienen, konzentrierter Widerstand gegen eine für ihn fremde Kunstform gewesen war. Er hatte sich als unerbittlich erwiesen.

Schon im Juli 1860 hatte er die Nachricht bekommen, daß sein Rückkehrverbot für die deutschen Bundesstaaten aufgehoben sei – mit der einzigen Einschränkung, die für Sachsen galt. Dadurch werden seine immer gespannt gebliebenen Beziehungen zu den deutschen Hofbühnen mit ihrer peniblen Administration etwas aufgelockert. In Karlsruhe hat man sich endlich doch entschlossen, den *Tristan* aufzuführen. Da es natürlich Schwierigkeiten gibt, die passenden Sänger zu finden, wird Wagner selbst beauftragt, sie zu beschaffen. Zu diesem Zweck reist er nach Wien, wo er zum ersten Mal in seinem Leben den *Lohengrin* hören kann, den er vor dreizehn Jahren beendigt hatte. Die Aufführung ist ein solcher Erfolg und beeindruckt auch ihn derart, daß er alle mit Karlsruhe getroffenen Vereinbarungen über die *Tristan*-Premiere für ungültig erklärt. Wien soll als erste Stadt den *Tristan* bekommen.

Daß ihm nun die Grenzen der deutschen Bundesstaaten wieder offenstanden, betrachtete Wagner natürlich sofort als Aufforderung, seinem Drang zu gesteigerter Reisetätigkeit nachzugeben. Seine Aufenthalte in

Karlsruhe und Wien gehören bereits zu diesen neuen Aktivitäten. Neben dem *Tristan*, der untergebracht werden sollte, handelt es sich vor allem darum, Geld flüssig zu machen, denn die Ausgaben nehmen erschrekkende Ausmaße an. Auch quälen ihn wieder Sorgen um Minnas Zukunft, deren Anwesenheit während der sehr privaten Beziehung zu Blandine doch eher störend als hilfreich empfunden wurde. Mit den deutlich vorgetragenen Bedenken über ihre Gesundheit und dem Versprechen, später wieder im gemeinsamen Haushalt zusammenzuleben, wird es ihr leichter gemacht, in Bad Soden eine längere Kur anzutreten. Der Verpflichtung, für ihren Unterhalt aufzukommen, ist er dadurch freilich nicht enthoben.

Alles das zusammengenommen macht ihn auf seinen Reisen natürlich zu einem gefürchteten Besucher. Selbst Liszt hat mehr und mehr die Gewohnheit angenommen, ihm aus dem Wege zu gehen. Die Wesendonks wissen: Wagners Nähe bedeutet stets Aufforderung, Geld in der einen oder anderen Form lockerzumachen, und gehen langsam dazu über, sich taub zu stellen. Nachdem der *Ring* schon zweimal verkauft worden war, muß der Verleger des *Tristan* angegangen werden. Schott in Mainz, der den Lauf der Dinge kannte, kam hierfür nicht mehr in Frage. Also bleibt Breitkopf und Härtel, der mit Vorschüssen aufzuwarten hat und zeitweilig um die Investitionen in den Stich der Partitur fürchtet, als in Wien die Kunde umgeht, der *Tristan* sei unaufführbar. Auch Bülow, der Schüler und junge Ehemann Cosimas, wird bei den Bitten um ein Darlehen nicht ausgelassen. Alle haben ihren Tribut zu entrichten.

Mitte August 1861 trifft Wagner in Wien ein, um mit der Einstudierung des *Tristan* zu beginnen. Der Elan, mit dem er sich auf die Arbeit stürzt, wird gleich schon gedämpft durch die Nachricht, daß Ander, der die Titelrolle übernehmen soll, an den Stimmbändern erkrankt ist. Statt zu proben, muß man warten. Es vergehen die Wochen, ohne daß etwas Entscheidendes geschieht. Zweifel tauchen auf, ob Ander eingesetzt werden kann und imstande ist, diese Partie, für die es in der Vergangenheit des Theaters keine Vergleichsmaßstäbe gibt, zu bewältigen; ob er überhaupt Lust hat, sich solchen für die Stimme mörderischen Strapazen auszusetzen. Als er dann kommt und die Proben beginnen, muß besondere Rücksicht auf die stimmliche Verfassung des Sängers genommen werden. Wirkliche oder vorgebliche Indisposition von Ander führen dazu, daß man die Proben bald wieder absetzt. Wagner denkt an Tichatschek oder Schnorr von Carolsfeld und läßt bei ihnen wegen der Übernahme der Partie anfragen. Doch beide sind unabkömmlich. Wagner fühlt sich fast am Ende. Die Direktion hat die Proben festgelegt, macht aber gleichzeitig keine Anstalten, die Aufführung um jeden Preis durchzusetzen. Ganz im Gegenteil, man verzögert mit dem schließlichen Ziel, sie auf natürlichem Wege ganz zu verhindern. Das entspricht den Absichten der antiwagnerischen Partei. Sie kommt darum ihrem Ziele selbst dann näher, als Ander wieder auf den Proben erscheint und den Eindruck der Wiedergesundung hinterläßt. Denn jetzt erklärt die Sängerin der Isolde, nicht weitermachen zu können. Das kommt der aus höchsten Kreisen gegen Wagner verbreiteten Stimmung entgegen, die sich dem vollen Genuß seines vergeblichen Anstürmens, um mit dem *Tristan* in Wien zum Gipfel zu gelangen, auf das behaglichste widmen kann. Es paßt genau ins Konzept, den Plan der *Tristan*-Premiere selbst nicht aufzugeben, immer neue Erwartungen zu wecken und dann durch unverdächtige äußere Anlässe zu enttäuschen. Daß Wagner die eigentlichen Widerstandszentren im Verwaltungsapparat der Oper und ganz besonders in der Presse ausmacht, wird ihm nicht helfen, mit Erfolg gegen sie anzugehen.

Er hat inzwischen erkannt, daß im günstigsten Fall das Werk erst nach einer Warte- und Vorbereitungszeit von einem Jahr zur Aufführung kommen kann. Aber wie diese Zeit überbrücken? Die Gegner, vor allem Hanslick von der »Freien Presse«, sind wachsam. Sie werden jede Blöße registrieren, die er sich gibt. Und er gibt sich viele Blößen. Er macht nicht die geringsten Anstalten, sie zu verhüllen. Vor allem mit seinen unverblümten Auslassungen über den Charakter der Juden! In seinen Augen waren sie – und nicht die Mitglieder des Jockey-Clubs, die bloß die Statisten stellten – die eigentlichen Initiatoren für das schmähliche Ende des *Tannhäuser* in Paris gewesen. In den Vorkommnissen von Wien sieht er nur die Fortsetzung. Es gilt also jetzt, bis zur Aufführung des *Tristan*, der anschließend über die großen Opernbühnen gehen soll, um das inzwischen angewachsene Defizit für Arbeitsaufwand und Lebensführung abzudecken, die Zeit zu überstehen. Am besten, da an eine Fortsetzung des *Ring* derzeit ohnehin nicht zu denken ist, durch eine neue Oper, ein leichtes, gefällig heiteres Werk. Der Gedanke an die *Meistersinger*, der schon lange in ihm gearbeitet hatte, erhält neues Gewicht. Ein zweites Einschubwerk während der Arbeit am *Ring*, dessen Abschluß und Erfolg aller bedrängenden Not schon ein Ende bereiten wird!

Das sind Gedanken, die ihn bewegen, während er im Begriff steht, Wien zu verlassen und sich unmittelbar an die neue Arbeit, also zunächst an die dichterische Vorlage, zu begeben. Er entsinnt sich eines Anerbietens der Fürstin Metternich, die ihm für den Fall eines Aufenthaltes in Paris, wo Wagners Haushalt aufgelöst war, Unterkunft in ihrem Dienstpalais angeboten hatte. Auf dem Weg dorthin macht er in Mainz bei Schott Station, um den Verlag in seine neuen Pläne einzuweihen und sich gleich die nötigen Vorschüsse auszahlen zu lassen. Nach den Ängsten, die er Breitkopf und Härtel mit seinem noch nicht zur Aufführung gelangten und vielleicht auch gar nicht aufführbaren *Tristan* bereitet hatte, empfahl es sich, die Beziehungen mit Schott wiederaufzufrischen. Der Eindruck, den er jetzt hat, ist gar nicht schlecht, im Gegenteil, er ist durch die prompte Zahlungsbereitschaft des alten Verlegers so gut, daß er ins Auge faßt, sich in seiner Nähe niederzulassen. Der vorgesehene Aufenthalt in Paris ist ausschließlich dazu gedacht, das Libretto für die *Meistersinger* zu schreiben. Paris bietet die erforderliche Möglichkeit eines zurückgezogenen Lebens. Als er dort eintrifft, muß er allerdings enttäuscht feststellen, daß das Angebot der Pauline Metternich wenig seriös war. Die in Aussicht gestellten Räume waren bereits an andere Besucher vergeben, und Wagner bezieht statt dessen ein kleines Hotel am Quai Voltaire. Hier, in einem der klassischen Quartiere von Paris, schreibt er mit dem Blick auf den Louvre und die Tuilerien in sieben Wochen das Textbuch zu *Die Meistersinger von Nürnberg*. Das französische Regierungszentrum mit den Stilformen Ludwigs XIV. ist Milieu für das Entstehen seiner deutschen Nationaloper.

Diese Wochen waren, abgesehen von der Arbeit, wenig ereignisreich. Wagner kehrt denn auch, kaum daß er damit fertig ist, das Textbuch im Gepäck, nach Mainz zurück. In einer Vorlesung am 5. Februar 1862 im Hause Schott, zu der sich alles einfindet, was in Mainz zu den Freunden der Kunst und Musik zählt, gibt Wagner selbst seine Dichtung zum besten. Von Wien kommt Peter Cornelius, der spätere Komponist des »Barbier von Bagdad«, eigens angereist, um Wagners persönlichen Vortrag zu hören. Die Wirkung war, wie meistens, zwiespältig, aber unvergeßlich. Dem Verleger Schott konnte damit zugleich der Beweis geliefert werden, welche ernsthafte Anstrengung für das Zustandekommen der neuen Oper bereits unternommen worden war, was natürlich sofort entsprechend und ausgiebig honoriert werden mußte. Wagners Entschluß, gleich hierzubleiben und dadurch längere Anfahrtswege vermeiden zu können, wird bekräftigt. Er mietet sich eine kleine Wohnung in Biebrich, direkt am Ufer des Rheins, dem Schloß und Park gegenüber, um im Sommer hier in sehr einladender Umgebung sein neues Werk voranzubringen. Der Erard-Flügel, ein Geschenk der Frau des Pianofabrikanten, der noch in Paris stand, wird herübertransportiert, und Wagner widmet sich wieder einmal seiner Passion, eine neu bezogene Wohnung auf das eleganteste auszustatten, bevor er an seine kompositorische Arbeit geht.

Das eine ist bei ihm schon beinahe die unerläßliche Voraussetzung des andern.

Da trifft überraschender Besuch ein. Minna kommt aus Dresden, um ihm zu helfen. Freude und Hoffnung auf beiden Seiten. Aber nur für einen Tag und eine Nacht. Am zweiten Tag breitet sich die Ernüchterung aus. Der Postbote bringt einen Brief von Mathilde Wesendonk. Sofort bricht der Streit offen aus. Nichts hatte sich geändert. »Diese Frau ganz und gar auf demselben Flecke wie vor vier Jahren: Wort für Wort genau dieselben Ergüsse . . .«, bemerkt Wagner dazu. Bei Minna meldet sich das Herzleiden. »Es waren zehn Tage der Hölle«, schreibt er an Peter Cornelius. Am elften kehrt Minna nach Sachsen zurück.

Der Biebricher Sommer ist einer der ereignisreichsten und gerade im Privaten bewegtesten Zeitabschnitte in Wagners Leben. Arbeit an den *Meistersingern* und daneben Empfang von Freunden und Besuchern, denen sich Wagner ausgiebig widmet, machen den Stil dieser Übergangsperiode aus. Die Bülows erscheinen und ebenso das Ehepaar Schnorr. Ludwig Schnorr von Carolsfeld, der Sohn des Nazareners, ist die große Entdeckung Wagners. Schnorr war der Karlsruher Lohengrin gewesen, bei dessen erstem Erscheinen auf der Bühne Wagner enttäuscht war: ein kleiner, wohlbeleibter Sänger, der den Eindruck einer Kugel machte. Aber sein Gesang ließ das etwas unglückliche Aussehen sofort vergessen. In ihm sieht Wagner den idealen Tristan. Die Einstudierung der Partie nimmt er jetzt in seiner Wohnung selber vor. Es kommt sogar zu einer ganzen Aufführung der Oper mit Klavierbegleitung.

Die Arbeit an den *Meistersingern* macht zwar Fortschritte, aber nicht die von Schott gewünschten. Der entschiedene Tierfreund Wagner wird vom Hund seines Wohnungseigentümers gebissen. Das führt zu weiterem Zeitverlust. Schott hat das Gefühl, daß Wagner seinen vertraglich übernommenen Verpflichtungen nicht nachkommt, und stellt deswegen die Vorschußzahlungen ein. Wagner versucht alles, um ihn umzustimmen. Er fühlt sich, wie er Schott erklärt, »in der Lage eines Ertrinkenden«, er reist ihm nach Kissingen nach, wo der Verleger sich zur Kur aufhält. Alles vergeblich. Wagner steht wieder einmal vor dem Nichts. Im Vertrauen auf Schotts Honorare hatte er kräftig über seine Verhältnisse gelebt und sich gegenüber Freunden und Besuchern zu großzügigen Ausgaben hinreißen lassen. Ein Rheinschiffer, der ihn bei Biebrich übergesetzt hatte, berichtet, er habe mit dem Ruf »Rheingold, Rheingold« Goldmünzen in den Strom geworfen. Jetzt wird er plötzlich wieder vor die Notwendigkeit gestellt, sich mit Konzerten über Wasser zu halten. Zum ersten Mal nach der Aufhebung des Aufenthaltsverbots für Leipzig kann er sich den Mitbürgern seiner Vaterstadt vorstellen. Auf dem Programm stehen unter anderem das *Meistersinger*-Vorspiel und die *Tannhäuser*-Ouvertüre. Seine Begrüßung durch die Leipziger besteht aus einem fast leeren Saal. In Dresden, das dem alten Terroristen gnadenhalber den Aufenthalt gestattet, ist ebenfalls nichts für ihn zu erhoffen.

Es scheint ihm nun der rechte Zeitpunkt gekommen, in Wien den zweiten Anlauf zur *Tristan*-Uraufführung zu versuchen. Wagner hat sich diesmal etwas vorgenommen. Er ist bereit, einige Kompromisse einzugehen, den Sängern bei schwierigen Passagen entgegenzukommen. So wird für Ander die hohe Lage des Tristan im dritten Akt herabgesetzt. Aber an der Voreingenommenheit gegen Wagner war dadurch in Wien nichts geändert. Er selbst hatte alles nur Erdenkliche getan, um sich unbeliebt zu machen. Sein Auftreten mit der Frankfurter Schauspielerin Friederike Meyer, die er aus Biebrich mitgebracht hatte, wurde ihm als moralisch bedenklich zur Last gelegt. Das Urteil besagt für Wien natürlich nicht viel. Aber es bestand und konnte gegen ihn mobilisiert werden. Als sein alter Freund Laube, den der in den deutschen Bundesländern geltende Radikalenerlaß ebenso wie Wagner zeitweise nach Paris vertrieben hatte, der aber, nach eleganter Schwenkung, inzwischen zum Direktor der Kaiserlichen Hofbühne avanciert war, ihm jetzt Hanslick, den Meinungsmacher der Wiener Musikwelt, vorstellen will, schaut Wagner ostentativ in die andere Richtung. Laube als Kenner der Wiener Theaterwelt glaubte im Hinblick auf die beabsichtige Aufführung des *Tristan* Wagner deswegen Schwierigkeiten vorhersagen zu können. Er sollte sich darin nicht täuschen.

Hanslick war für Wagner kein Unbekannter. Sie hatten sich zum ersten Mal 1845 in Marienbad gesehen, wo Wagner freudig erstaunt darüber war, wie Hanslick sich in den Klavierauszügen des *Rienzi* und des *Fliegenden Holländer* auskannte. Er hatte ihn deswegen zur Dresdner Uraufführung des *Tannhäuser* eingeladen. Hanslicks Kritik schwankte zwischen Bewunderung und einigen Vorbehalten, war aber für Wagner im Ganzen annehmbar. Das änderte sich mit seinen Urteilen über den *Lohengrin*, wo er Wagner schonungslos vorwirft, die »Oper« in die Ausweglosigkeit hineingeführt zu haben. Die später immer wiederkehrenden Argumente der Antiwagnerianer waren hier schon auf klassische Weise zusammengestellt: Monotone Deklamation, Ungesanglichkeit, überlautes Orchester, Schwerfälligkeit des Klangs. Damit war er natürlich für Wagner erledigt. Alle Versuche, durch Vermischung von kritischen Einwänden und Lob doch noch bei ihm im Gespräch zu bleiben, mußten erfolglos sein. Hier war nichts mehr auszurichten, vor allem, weil Hanslick die bei Wagner unverzeihliche Eigenschaft hatte, Jude zu sein.

So standen sich hier zwei unverrückbar scheinende Fronten gegenüber und der *Tristan* war der Gegenstand dieses Krieges. Natürlich hatte Wagner Freunde in der Operndirektion und ganz besonders beim Publikum. Seine Orchesterkonzerte, wo unter seiner Leitung Auszüge aus eigenen Opern gespielt wurden, waren häufig Riesenerfolge und brachten auch hohe Einnahmen. Es galt – und ganz besonders unter den Wiener Verhältnissen mit ihrem Nährboden für Schmähkritik perfidester Art – ein Arrangement zwischen Werk und Pressebesprechung zustande zu bringen, um das Risiko bei einem so schwer spielbaren Werk wie dem *Tristan* möglichst gering zu halten. Eine Vorlesung der *Meistersinger* im Hause von Wagners Freund Standhartner mit Wagner als Vortragendem war von einigen Interessierten als Versuch zum Kompromiß zwischen den beiden Parteien gedacht gewesen. Hanslick ist dazu eingeladen und erlebt jetzt den dunkelsten Tag seines Lebens als Kritiker. Der elende Merker, der Kritikaster, ängstliche Philister und erklärte Kunstfeind, der in der heutigen Fassung der *Meistersinger* Beckmesser heißt, wird hier als Hanslick geführt. Der im Auditorium anwesende Wiener Rezensent hört sich beim Namen genannt und sieht sich von Hans Sachs, dessen Rolle Wagner jetzt übernommen hat, auf vernichtende Weise davongejagt. Hier hatte einmal ein Künstler seinem Kritiker zugesetzt – ein zumindest seltener Vorgang. Hier hatte ein Künstler gezeigt, daß er von der Kritik nichts erwartet, daß er eher bereit ist, einen Mißerfolg hinzunehmen, als ihr einen Erfolg zu verdanken. Kunst – so sieht es jedenfalls Richard Wagner – beruht auf der Zustimmung des Volkes, nicht einer kleinen Berufsklasse von Schreibern, deren Verhältnis zum Volk eben darin besteht, daß sie keins haben.

14. ». . . daß er den Wahn fein lenken kann«

Ein neuer Bankrott und eine neue Isolde

»Jetzt schaun wir, wie Hans Sachs es macht,
daß er den Wahn fein lenken kann,
ein edler Werk zu tun:
denn läßt er uns nicht ruhn,
selbst hier in Nürenberg,
so sei's um solche Werk,
die selten von gemeinen Dingen
und nie ohn ein'gen Wahn gelingen.«

Die Meistersinger von Nürnberg, Dritter Aufzug

Wagner hatte nun inzwischen doch Bedenken bekommen, ob es richtig gewesen war, Karlsruhe fallen zu lassen und mit dem *Tristan* auf Wien zu setzen. Versuche, mit Weimar und Prag Vereinbarungen zu erzielen, bringen ebenfalls nicht viel ein. Inzwischen hat Wagner die Gewißheit, daß selbst im günstigsten Falle noch Monate verstreichen werden, ehe beim Stand der Dinge und unter voller Berücksichtigung der gegen ihn laufenden Intrigen an eine Aufführung in Wien zu denken ist. Von Hanslick war nur noch offene Feindschaft zu erwarten. Aus dem Kreise der Sänger hat er inzwischen Frau Dustmann gegen sich. Das hatte eine höchst private Bewandtnis. Denn sie ist eine Schwester jener Friederike Meyer, mit der Wagner sich auf die Reise gemacht und in Wien so unliebsames

Aufsehen erregt hatte. Die Wiener Isolde nimmt Anstoß an diesem Verhältnis und fühlt sich durch Wagner in ihrer Familienehre beleidigt. Damit ist die weitere Verzögerung eine ausgemachte Sache.

Es bleibt für Wagner der in den schlimmsten Notfällen immer vorgesehene Ausweg, Orchesterkonzerte mit eigenen Werken und unter persönlicher Leitung zu veranstalten. Damit hatte er sich in Zürich wie in Paris und London, in einigen Fällen jedenfalls, wo die Unkosten die Einnahmen nicht gerade überwogen, über Wasser halten können. Zumindest war hier mit künstlerischen Erfolgen beim großen Publikum zu rechnen. Die Gunst der Wiener war ihm sicher, äußerte sich spontan, und zwar am stärksten, wenn die Pressekritik vorher nicht schon zu sehr zu seinen Ungunsten interveniert hatte. Für das in Aussicht genommene Konzert stehen auf dem Programm die »Schmiedelieder«, Bruchstücke aus dem *Rheingold* und der *Walküre* sowie die gerade erst komponierte Anrede Pogners aus den *Meistersingern*. Seine Freunde Cornelius und Tausig besorgen das Ausschreiben der Partiturstimmen und ziehen noch eine zusätzliche Kraft heran, die Wagner in seiner Lebensbeschreibung den »Hilfsschreibern« zurechnet: ein junger Mensch, »bescheiden und gutartig«, der leider nur »wenig Leben« zeigt, »so daß er in unseren Zusammenkünften oft kaum bemerkt wurde«. So charakterisiert ihn Wagner selbst. Gemeint ist niemand anderes als Johannes Brahms. Wagner kann sein Erzübel, die Blindheit gegenüber der Größe anderer Künstler, kaum deutlicher bezeugen als mit solchen Worten.

In dieser neuen Notlage kommt ihm eine Einladung der Philharmonischen Gesellschaft von Petersburg, gegen ein Honorar von zweitausend Silberrubeln einige Konzerte mit eigenen Werken zu dirigieren, sehr gelegen. Sofort steigen wieder seine Erwartungen. Bevor er das Geld hat, ist es schon verplant. Er denkt daran, in Biebrich ein Haus zu bauen. Zusammen mit den neuen russischen Einnahmen muß es sich ermöglichen lassen! Weil er inzwischen jede Hoffnung auf eine baldige Aufführung des *Tristan* in Wien aufgegeben hat, folgt er der Einladung. Es wird eine Reise ins Abenteuer. Die Fahrt geht über Königsberg, eine Stadt, an die er sich nicht gern erinnert. Hier hatte er als junger Ehemann erlebt, daß Minna ihm mit einem Liebhaber durchgegangen war, um dann später reumütig zurückzukehren. Als sich der Zug der russischen Grenzstation nähert, überfällt ihn die Furcht, von der Polizei wegen seiner damaligen heimlichen Flucht aus Riga dingfest gemacht zu werden. Der Zug wird denn auch tatsächlich von bewaffneten Männern umstellt. Aber die Suche gilt nicht ihm. Im Gegenteil: Er ist freudig überrascht, als Abgesandte des Orchesters ihm bis zur Grenze entgegenfahren, um bis Petersburg seine Begleiteskorte zu stellen. Sein Eindruck von Stadt und Orchester ist überwältigend. Man führt ihn zu einer kleinen Pension auf dem Newski-Prospekt. Unter ihm wogt ein ununterbrochen pulsierendes Leben. Eine ihm bis dahin – trotz seiner Zeit im russischen Riga – unbekannte Welt hat ihn umgeben. Neu ist auch die Begegnung mit dem Kaiserlichen Orchester, einem Klangkörper von hundertzwanzig Mann, die ihn enthusiastisch feiern. Im Orchester sitzt außerdem eine große Anzahl deutscher Musiker, die in ihm den Landsmann sehen. Der Erfolg beim Publikum ist so groß wie nie zuvor.

Das bedeutete eine Ermunterung für die in Moskau vorgesehenen drei Konzerte im Großen Theater. Wagner bemerkt sofort das gegenüber Petersburg niedrigere Niveau. Das Orchester hat nur hundert Musiker und ist nicht vom gleichen Rang. Aber dafür ist die Stimmung noch tumultuarischer. Das erste Konzert war mit großem Aufwand angekündigt worden. Doch Wagner ist erkrankt: Als Folge der Reisestrapazen mit dem Winterwetter ist er ans Bett gefesselt. Trotz der Ankündigung, daß das Konzert nicht stattfinden kann, ist der Ansturm des Publikums nicht mehr aufzuhalten. Ein Zug von Equipagen mit Lakaien, die im Moskauer Schnee die Pferde in Zaum halten müssen, hat sich in Bewegung gesetzt. Ankommen der einen und Umkehren der anderen fallen zusammen. Große Aufregung! Wagner verpflichtet sich, wegen des Ausfalls die drei kontraktlich vereinbarten Konzerte innerhalb einer Woche zu geben. Moskau hört zum ersten Mal Klänge aus den *Meistersingern* und dem *Tristan* und ist hingerissen. Selbst die Musiker können nicht genug von der neuen Musik bekommen. Wagner muß eine Delegation des Orchesters empfangen, die ihn in seinem Namen darum bittet, noch ein viertes Konzert zu geben. Er lehnt ab. Man möchte wenigstens noch eine »Probe« mit ihm machen. Wagner lehnt wieder ab. Er hat sein Pensum geleistet. Er hat Erfolge gehabt wie nie zuvor. Er kannte Dresden, Paris und Wien. So etwas wie Petersburg und Moskau war ihm bis dahin nicht begegnet. Allerdings muß er am Ende eine doch wenig erfreuliche Feststellung machen: Der finanzielle Ertrag seiner Moskauer Konzerte war weit geringer als der in Petersburg. Er hatte ja die Absicht gehabt, mit den Honoraren aus Rußland sich in Biebrich ein Haus zu bauen. Auch ein weiteres Konzert, das er auf der Rückreise nach Deutschland in Petersburg gibt, dessen Erlös für die »Schuldgefangenen« gedacht ist und ihm noch einmal tausend Rubel einbringt, läßt alle vor der Reise angestellten kühnen Erwartungen nicht aufgehen. Trotzdem muß er sich sagen, daß der Aufenthalt in Rußland ihm den bisher größten Erfolg seiner ganzen bisherigen Laufbahn eingebracht hat. Er wünscht denn auch eine jährliche Wiederholung dieser Tournee mit Einschluß des ausgelassenen Kiew, fühlt in dieser Sache vor, aber bekommt eine ausweichende Antwort. Von Petersburg geht es dann mit der Eisenbahn durch die russische Einöde. Riga auf der Rückreise geflissentlich zu meiden, hat er allen Grund. Als sich der Zug durch die weiten Ebenen dem Westen zubewegt, gewinnt er allmählich die Gewißheit, daß er seinen Bauplan wird fallen lassen müssen.

Zu dieser Einsicht gelangte er noch aus einem anderen Anlaß. Man hatte ihm nämlich nach Moskau berichtet, daß der *Tristan* in Wien vorerst nicht gespielt werden würde. Nachdem zunächst Ander als Tristan kapituliert hatte, um dann später alle Bereitschaft zu zeigen, die Partie zu singen, ist es nun Frau Dustmann, die sich der Aufgabe nicht mehr gewachsen fühlt. Siebenundsiebzig Proben waren notwendig gewesen, um sie zu dieser Einsicht gelangen zu lassen. Trotzdem entschließt sich Wagner, Wien nicht aufzugeben. Er hat auch allen Grund dazu. Es gibt weit und breit kein Operninstitut, das bereit oder in der Lage wäre, den *Tristan* aufzuführen. Waren andere Versuche abschlägig beschieden worden, so hatte Berlin ihm zusätzlich eine Demütigung zugefügt: Als er beim Intendanten des Hoftheaters von Hülsen antichambrierte, wurde er gar nicht erst vorgelassen. In Preußen hatte man nicht vergessen, wer Richard Wagner in der Vergangenheit gewesen war.

Was ihn jetzt auf der Rückreise nach Wien in Berlin haltmachen läßt, sind die Bülows. Natürlich in erster Linie Cosima! Hier erwartet ihn eine Überraschung, die an die Anfänge der Beziehung mit Mathilde Wesendonk erinnert: Cosima hat gerade ein Mädchen geboren mit dem für Wagner vielsagenden Namen Blandine. Man darf Wagners Bericht in *Mein Leben* wohl Glauben schenken, wenn er gerade jetzt, während seines kurzen Aufenthalts in Berlin, jene Entscheidung für Cosima langsam reifen sieht, die auf ihrer beider seelischem Gleichklang beruht und von Cosima bedingungslos erwidert wird.

Die Gründe für diese seltsame Wahlverwandtschaft, die in Wirklichkeit gar nicht seltsam, sondern geradezu zwangsläufig ist, liegen natürlich in seelischen Tiefzonen, in die man nicht ohne weiteres eindringen kann. Aber darum sind sie nicht ganz und gar unzugänglich. Angeborenes Grundübel Cosimas war ihre nichteheliche Herkunft aus der Beziehung Liszts zu Marie d'Agoult, die sie weniger verwunden hat als ihre Schwester Blandine. Sie ist Tochter eines Künstlers und einer französischen Aristokratin, die sich selbst und ihrem langjährigen Liebhaber immer vorhalten wird, wie sehr sie mit dieser Liaison unter ihren Stand geraten war. Maries blonde und sehr einnehmende Schönheit wird gerühmt, ihrer Nähe dauernd ausgesetzt zu sein, war nicht leicht und für Liszt am Ende kaum mehr zu ertragen. Auch Wagner macht die Erfahrung: Ihr war möglichst aus dem Wege zu gehen. Hier folgt er nach Augenblicken der Versuchung, sich mit ihr einzulassen, Liszt dringendem Rat, was ihm insofern nicht schwergefallen ist, als er bei ihrer Tochter Blandine problemloseres Entgegenkommen fand, die übrigens, wenn man dem Urteil Minnas glauben darf, Züge unbekümmerter Gemeinheit an den Tag legte. Für Blandine hat Wagners Frau – worüber sie sich bitter beklagt – in ihrer eigenen Wohnung nicht existiert.

Ihrer Schwester gegenüber ist Cosima die erotisch bei weitem Reizlosere. Cosima war in der Familie der »Storch«, was sehr treffend ihre körperliche Konstitution umriß. Aber sie war deshalb nicht die sexuell weniger Zugängliche. Was Wagner ihr später noch bescheinigen wird! Aber sie ist es, die schwerer am Illegitimen ihrer unbürgerlichen Herkunft trägt. Und eben hier traf sie sich mit Wagner. Es ist gerade ihre gesellschaftliche Bodenlosigkeit, die sie ihm zuführt. Im bürgerlichen Sinn ist die Tochter Franz Liszts vaterlos – wie Wagner! Im bürgerlichen Sinn ist die Tochter Marie d'Agoults der Mutter nicht ebenbürtig, weder nach deren sehr strengen Klassenvorstellungen noch als Französin. Es konnte gar keine Frage sein, daß sie in der Ehe mit dem verheißungsvollen Hans von Bülow von Anfang an eine Ausflucht aus der von ihr selbst als fatal empfundenen Lage sah. Es ist auch gar nicht verwunderlich, daß sie im Musiker von Bülow, dem Schüler Wagners, zunächst den Komponisten sieht. Sie begnügt sich mit dem Dirigenten von Bülow so wenig wie sich Carolyne von Sayn-Wittgenstein mit dem Pianisten Franz Liszt begnügt. Aber während Liszt der Übergang vom Virtuosen zum großen Komponisten gelingt, versagt von Bülow in einem für Cosima entscheidenden Punkt. Denn auch die »Vaterlose« ist immer noch die Tochter Liszts und ihrer herrschsüchtigen Mutter, ist mit unerbittlichen Maßstäben groß geworden, die sie beachtet sehen möchte. In ihren Augen ist von Bülow nicht der Siegfried, um dessentwillen Brünnhilde ihrem Vater entsagt. Hier wird sich ein im *Ring des Nibelungen* enthaltenes Beziehungssystem in Bewegung setzen: Siegmund, der »Wehwalt«, ist dabei, auf Sieglinde zu treffen – Geschwister beide durch das Leiden an ihrer Herkunft. Aber Siegmund ist in diesem Beziehungssystem verwandelbar. Er kann in die Gestalt Siegfrieds eingehen, Siegfried wieder mit Wotan zusammenfallen. Hier in Berlin, wo Wagner auf eine an ihrer Ehe mit Hans von Bülow leidende Cosima trifft, bewegt er sich allerdings noch – und zunächst eher halbbewußt – auf den Bahnen Tristans, der eine neue Isolde und natürlich auch einen neuen König Marke gefunden hat. Das heißt, daß für ihn Mathilde und Otto Wesendonk zurücktreten. Die Enttäuschungen beim *Tristan*-Komponisten und dem befreundeten Zürcher Ehepaar wachsen auf beiden Seiten. Wagner fühlt sich von ihnen nicht mehr in der gewohnten Weise gefördert und macht dann beim Zusammentreffen in Venedig die schmerzliche Entdeckung, daß Mathilde sich wieder ganz ihrem Mann zugewandt hat. Kurz, die Entfremdung ist eine gegenseitige.

Die eigentliche Übereinstimmung zwischen ihm und Cosima, die Wagner auch in seiner Lebensgeschichte hervorhebt, trat für ihn in Berlin zum ersten Mal ganz offen hervor. Doch ging sie auf das Einverständnis schon während der Zürcher Jahre zurück. Für Intimitäten ist freilich der Aufenthalt jetzt zu kurz. Wagner kann nicht bleiben. Er muß in Wien nach dem Rechten sehen, wo er sich nach dem Wegfallen der Biebricher Niederlassungspläne für längere Zeit einrichten möchte. Kaum ist er aus Berlin zurück, mietet er in Penzing ein Haus für eine erträgliche Jahresmiete. Ein Dienerehepaar, Franz Mrazek und seine Frau Anna, steht ihm zur Verfügung, dessen Dienste er auch in den späteren Jahren in Anspruch nehmen wird. Natürlich ist die Einrichtung des Hauses wieder mit Geldausgaben verbunden, die allerdings diesmal über das bei Wagner sonst Übliche weit hinausgehen und ihn bald in die allerschwersten Bedrängnisse hineinbringen sollen. Für die Haushaltsführung hatte er an Mathilde Maier gedacht, ein Biebricher Mädchen, Tochter eines Notars, mit der ihn ein Vertrauensverhältnis außergewöhnlicher Art verband. Während des Biebricher Sommers stand sie ihm – die zweite Mathilde in seinem Leben – nah wie keine andere. Hier gab es nach dem elftägigen unliebsamen Auftreten von Wagners Frau ernsthafte Heiratspläne, die dann aber doch wieder Minnas wegen zurückgestellt wurden. Wagner wünscht sich Mathilde in sein Heim wie Sachs seine Eva, erhält aber von deren Eltern eine immerhin plausible Absage: Er möge sich erst einmal von seiner Frau scheiden lassen, dann würde sich alles von selbst arrangieren. Daraufhin zieht Wagner sein Angebot zurück. Doch war hier auch Bereitschaft des Mädchens zum Verzicht mit im Spiel. Es gehört zur Wahrheit, daß Mathilde Maier ein Gehörleiden hatte, mit weiterer Verschlimmerung rechnete und sich darum nicht als die richtige Frau für Wagner ansah.

Die Ungewißheit wegen des geplanten und immer wieder aufgeschobenen *Tristan* in Wien entfacht Wagners Reisetätigkeit aufs neue. Er macht einen Abstecher nach Budapest, wo er ebenso leidenschaftlichen Applaus bei seinen Konzerten erntet wie in Rußland. Karlsruhe steht auf dem Programm, in Baden-Baden macht er bei dieser Gelegenheit die Bekanntschaft Turgenjews, des großen russischen Romanciers, der hier Jahr für Jahr seine Saison verbringt. Zürich enttäuscht ihn jetzt. Die Wesendonks zeigen sich zugeknöpft.

Die Einrichtung des Landhauses in Penzing mit seinem großen Garten in ruhiger Lage in der Umgebung Wiens hat ihn während der Zwischenzeit ebenso beansprucht wie die *Meistersinger*, die hier vorangebracht werden sollen. Die Arbeiten selbst, für die er von den Reisen immer neue Anweisungen schickt, werden von Bertha Goldwag ausgeführt, die durch die – natürlich von Bayreuth später totgeschwiegenen – »Briefe an eine Putzmacherin« bekannt wurde. Sie schildert die Dinge so:

»Wagner lobte stets meine universelle Begabung und gab mir Aufträge, die tatsächlich mit meinem Beruf nichts zu tun hatten. Als er nach Penzing übersiedelte, mußte ich ihm die ganze Wohnung einrichten. Bis auf ein einziges Zimmer boten sich keine Schwierigkeiten dar, denn alle Räume wurden zwar mit Eleganz, aber doch in der allgemein üblichen Weise ausgestattet. Nur ein einziger Raum wurde nach den genauesten Angaben Wagners mit verschwenderischer Pracht dekoriert. Die Wände wurden mit Seide ausgeschlagen und ringsherum wurden Girlanden angebracht. Vom Plafond herab leuchtete eine wundervolle Ampel mit gedämpftem Licht. Den ganzen Boden bedeckten schwere, ungemein weiche Teppiche, in denen der Fuß förmlich versank. Das Meublement bestand aus einem kleinen Sofa, einigen Fauteuils und einem kleinen Tisch. Alle diese Sitzgelegenheiten waren mit kostbaren Decken und Kissen, die er zumeist zum Aufstützen der Ellbogen benutzte, bedeckt. Ich hatte sie alle angefertigt. Das Zimmer durfte nie von jemandem betreten werden. Wagner hielt sich darin immer ganz allein auf, und zwar immer am Vormittag. Er sagte mir einmal, daß er sich in einem solchen Zimmer besonders wohl fühle, weil ihn die Farbenpracht sehr zur Arbeit anrege. Er trug dann Atlasbeinkleider mit einer dazugehörigen Jacke. Ich mußte alle Kleider, die ich für ihn anfertigte, reich mit Watte füttern, denn Wagner klagte allemal, daß es ihn friere. Selbst alle seine Straßenkleider wurden mit dem schwersten Atlas gefüttert. Sicherlich, der Meister trieb einen gewissen Luxus, ich machte ihm recht viele Anzüge und Schlafröcke. Daß er zu den farbigen Kleidern auch ebensolche Hausschuhe haben wollte, ist selbstverständlich, auch diese mußten so schwer wie möglich mit Pelz und Watte gefüttert sein. Wagner liebte alles Weiche.«

Wagners alter Hang zum Luxus war in Penzing über alles hinausgegangen, was er sich sonst zu gestatten pflegte. Kein Zweifel, daß er seine Mittel überstieg! Er hat immer wieder von sich selbst gesagt, wie sehr er für sein Arbeiten von einem bestimmten Material der Stoffe, ihren Farben, ihrer ganzen ausschmückenden Beschaffenheit abhängig sei. Schwere Brokate und im Farblichen üppigster Samt haben eine inspirierende Wirkung auf ihn. Das Bedürfnis danach steigert sich mit den Jahren. Die Dekoration kann kaum hochgetrieben genug sein, um ihm Wohlbehagen zu bereiten. Teppiche in Lila und Karmesinrot, dazu viel Plüsch und natürlich kunstvoll drapierte Behänge an den Fenstern und Portalen! Durch diese Herrlichkeit schreitet der Meister in einem seiner farblich dazu fein abgestimmten Schlafröcke aus gelbem Damast, setzt er je nachdem die Kappe mit der roten Satinfütterung auf. Im Geschmacklichen liegt er auf der Linie eines das Biedermeier hinter sich lassenden arrivierten Bürgertums. Das wurde ihm ja auch im Künstlerischen von den Gegnern nachgesagt, denen der Pomp der Wagneroper Unbehagen bereitete und die damit – das allerdings zu Unrecht – die musikalische Struktur zu treffen glaubten. So eigenartig dieser Geschmack auch immer wirken mochte, Wagner scheint ein so ausgestattetes Interieur als Schutz vor der Außenwelt empfunden zu haben. Von der Welt draußen hatte er nur Verfolgung zu erwarten. Das Innere seines Hauses blieb deshalb verschlossen, und zusätzlich gab es darin noch so etwas wie ein Geheimzimmer, zu dem niemand als er selbst Zutritt hatte. In ihm lebte er sein Geheimleben, trat er als Künstler in phantastischer Kostümierung auf. Natürlich ging er hier über die Wirklichkeit als Realität des Alltags hinaus. Aber zu seinen schöpferischen Mitteln gehörte erklärtermaßen der »Wahn«. In Penzing ist das auf die Spitze getrieben – dieses Sich-Zurückziehen in eine von Formen, Farben, Düften und der Weichheit der Stoffe durch und durch erfüllte Innenwelt. Es ist der Versuch, sich zu entschädigen für das, was ihm das Leben versagt. Hier feiert der *Meistersinger*-Komponist hinter verschlossener Tür seine einsamen Feste.

Penzing mit seinem heute unerträglich erscheinenden Stil ist freilich gerade nach den Strapazen seiner Rußland-Reise das einzige, was ihm bleibt. So sieht Wagner es. Seiner seelischen Verfassung nach ist er – und das macht auch das Penzinger Extrem verständlich – ein kranker Mann, der sich seine Gesundheit durch die tägliche Arbeit immer wieder erobern muß. Seine »rastlose Jagd nach Ruhe«, von der er spricht, erklärt sich aus diesem während jener Monate geradezu lebensrettenden Drang, einen Platz zu suchen, wo er ungestört arbeiten kann, und wo er im Sexuellen zeitweilig die Balance verliert. Die »Briefe an die Putzmacherin« stehen für ein Milieu, in dem das »Mädchen aus der Vorstadt«, seine kleine Marie, einen vorrangigen Platz einnimmt.

Die Ruhe, die er in Penzing für die Fortsetzung der *Meistersinger* gesucht hatte, wird ihm hier nicht lange erhalten bleiben. Es stellt sich nämlich heraus, daß das Geld von der russischen Konzertreise sowie hohe private Zuwendungen für die Einrichtung der Penzinger Villa bereits verbraucht waren und nicht einmal ausgereicht hatten. Es muß Geld gegen Wechsel bei höchsten Zinsen aufgenommen werden. Von einer Aufführung des *Tristan* ist nun aus Wien überhaupt nichts mehr zu hören. Es scheint, daß sich gerade in Penzing alles auf eine neue Krise hin zuspitzt.

An Hilferufen hatte Wagner es nicht fehlen lassen. Vom *Ring* ist gerade jetzt die Dichtung im Druck erschienen. Am Ende des Vorworts trägt Wagner den Gedanken einer »Stiftung« vor, die imstande wäre, zu »alljährlichen«, vielleicht auch zu »zwei- oder dreijährig sich wiederholenden Festaufführungen« die Kosten zu tragen. Hier wird zum ersten Mal die Vorstellung eines Festspiels und zwar im Zusammenhang mit der Nibelungenkonzeption öffentlich verbreitet. Die Möglichkeiten der herkömmlichen Theater reichen nicht aus, um einem Großwerk dieser Art zur Aufführung zu verhelfen. Überhaupt, das ganze bestehende Theaterwesen mit seinem »großstädtischen eigentlichen Theaterpublikum« steht dem hier ins Auge gefaßten Unternehmen geradezu im Wege. Weil man es nicht beiseite räumen kann, gilt es, ganz neue Wege zu suchen.

Eine weniger große Stadt wäre ausfindig zu machen, die die Belastungen des Repertoirebetriebs noch nicht kennt und bereit ist, die von überall zu den Aufführungen kommenden Gäste aufzunehmen. Der Theaterbau soll ganz einfach sein, vielleicht aus Holz, nicht nach außen repräsentativ, sondern nur auf die »künstlerische Zweckmäßigkeit des Inneren berechnet«. Das war die Idee eines Festspiels, das für einige Monate im Jahre ausgewählte Künstler, Sänger, Musiker vereint und ein Publikum anzieht, das vom üblichen abweicht; das eben kein »städtisches« mehr ist, sondern zu dem alle Freunde der Kunst gehören! Zur Verwirklichung aber sucht Wagner den Helfer, den Mäzen, der bereit ist, der großen Sache zu dienen. Und er sucht ihn da, wo er der Zeit entsprechend am ehesten zu finden ist: unter den »deutschen Fürsten«. In welcher Weise die Geldmittel dazu beschafft werden können, teilt Wagner am Ende seiner kleinen Schrift mit:

»Sehr leicht fiele es dagegen einem deutschen Fürsten, der hierfür keinen neuen Satz aus seinem Budget zu beschaffen, sondern einfach nur denjenigen zu verwenden hätte, welchen er bisher zur Unterhaltung des schlechtesten öffentlichsten Kunstinstitutes . . . bestimmte.«

Die Aufforderung war unmißverständlich und lieferte den praktischen Hinweis genialster Art gleich mit. Wagner, der in seinem privaten Leben von einem Bankrott in den andern flüchtete, weil er mit dem Geld nicht umgehen kann, weiß bei der Durchsetzung seiner künstlerischen Ziele genau, wie es sich beschaffen läßt. Bleibende Verdienste um den allgemeinen öffentlichen Kunstgeschmack und einen dauernden Namen in der Geschichte des Volkes und der Kultur überhaupt werden dem Stifter in Aussicht gestellt. Das Vorwort endet mit der beziehungsreichen Frage: »Wird dieser Fürst sich finden?« Und sein Verfasser setzt den anspornenden Nachsatz hinzu: »Im Anfang war die Tat.«

Solange Wagner in Penzing – und man muß hinzufügen: in bedrückendster Lage – war, verhallte dieser Ruf ungehört. Es sah auch nicht danach aus, als ob auf diese unverhüllte Selbstanzeige aus gläubigem Idealismus, Appell an die menschliche Hilfsbereitschaft und einer gewissen Verschmitztheit eine Antwort eintreffen würde. Jetzt hätte sie ihm helfen können wie nie zuvor. Denn die Lage war alarmierend. Ein Brief, den er wegen einer zweiten Konzertreise nach Petersburg geschrieben hatte, kam dort zu spät an, und die Sache zerschlug sich. Die Lieferanten melden sich, ihre Forderungen werden dringlicher. Erhöhte Zinszahlungen sind fällig. Was tun? Seine Freunde raten ihm zum einzigen, was übrigbleibt, zum altbewährten Mittel der Flucht in die Schweiz als dem ebenso altbewährten Exilland. Wagner denkt natürlich an die Wesendonks. Doch die lehnen ab. Hier bewährt sich die größere Hilfsbereitschaft von Frau Wille in Mariafeld. François Wille ist gerade auf einer Orientreise, aber Eliza nimmt ihn auf. In ihrem Hause vor den Toren Zürichs will er abwarten, wie sich die Dinge in Penzing entwikkeln.

Mit seiner heimlichen Abreise aus Penzing hatte er sich wieder einmal knapp der Verhaftung entzogen. Seine Freunde Standhartner und Eduard Liszt sollten jetzt die Dinge regeln. Aber für sie ist beim Stande der Dinge guter Rat teuer. Es bleibt ihnen wohl oder übel nichts anderes übrig, als das Mobiliar zu verkaufen. Wagner in Mariafeld ist außer sich. Als er davon hört, sieht er die Schuld einzig und allein bei seinen Freunden. Das bedeutet, daß er nicht, wie beabsichtigt, in dies eigens für die Arbeit an den *Meistersingern* hergerichtete Luxusquartier zurückkehren kann. Dieser Schlag, so meint er, hat ihn mit einem Mal zum alten Mann gemacht:

Nach dieser »mit völliger Heimtücke ausgeführten Gewalttat meiner Bevollmächtigten habe ich allen und jeden Schlaf verloren und ist mein Haar fast vollständig ergraut«.

Aber auch in Mariafeld fühlt er sich nicht sicher. Wer der seltsame Gast im Hause Wille ist, hat sich schnell herumgesprochen – an Bekanntheit fehlt es Wagner, trotz nach wie vor großer Schwierigkeiten, seine Opern an den Theatern unterzubringen, keineswegs. Gerade da, wo die Presse ihn bekämpft, sorgt sie kräftig für die Verbreitung seines Namens. Und dieser Name beginnt schon mehr und mehr für ein künstlerisches Lebensprogramm zu stehen, eine Weltanschauung zu fixieren, die vom Philosophischen ausgeht und weit ins Politische hinübergreift. Wagner ist dabei, die Menschen zu interessieren. Mit seinem phantastisch erscheinenden Festspielprojekt, für das er den Kapitalgeber gesucht hat, ist er ein Mann der Öffentlichkeit geworden. Episoden seines abenteuerlichen Lebens werden schon kolportiert. Es ist darum verständlich, daß Wagner von dem Augenblick an, wo das Interesse ihm gegenüber bedenklich zu werden beginnt, aus der Schweiz verschwinden möchte. Aber wohin? Nachdem die eigenen Freunde seinen Haushalt in Penzing aufgelöst und sein Mobiliar verkauft oder verpfändet haben, ist er völlig mittellos. Ein Mann von einundfünfzig Jahren, der eigentumslos ist wie der junge Siegfried. Aber er ist nicht nur ohne Mittel, er ist ohne Heim und ohne jede Idee, wo er es finden könnte. Die Willes sind am Ende froh, als er das Haus verläßt. Hier war für ihn keine dauernde Bleibe. François Wille steht dabei das Beispiel von Otto Wesendonk vor Augen. Für einen Augenblick denkt Wagner an Stuttgart, aber als er dort einer Aufführung von Mozarts »Don Giovanni« beiwohnt, weiß er, daß er hier nicht am richtigen Platz ist. Seine Lage ist in jeder Hinsicht hoffnungslos. Nie zuvor hat er dem Erfolg oder der Aussicht auf ihn so fern gestanden, wie jetzt. An den Abschluß des *Ring* ist gar nicht zu denken; der *Tristan*, den er als Werk der Überbrückung geschrieben hatte, wird nicht aufgeführt; nach Penzing, wo er die *Meistersinger* beenden wollte, kann er nicht zurück. Es gibt nur die Alternative: Tod oder Glaube an das Wunder, Selbstmord oder Warten auf das plötzliche Hereinbrechen eines Ereignisses, durch das alles anders wird. Den Gedanken, Hand an sich zu legen, erwägt er ernsthaft. Es ist der unerschütterliche Glaube an den außergewöhnlichen Kunstauftrag, der ihn rettet.

15. »Weidet eu'r Aug an dem weihvollen Paar«

Der Künstler und der König

»Oh! heilige Götter!
Hehre Geschlechter!
Weidet eu'r Aug
an dem weihvollen Paar!
Getrennt – wer will es scheiden?
Geschieden – trennt es sich nie!«

Götterdämmerung, Vorspiel

Am Abend vor der Abreise aus Stuttgart sitzt Wagner in der Wohnung des Kapellmeisters Karl Eckert. Man berät, was in der mißlichen Lage zu tun ist. Eckert ist Wagner-Enthusiast. Er hatte sich einige Verdienste um die Wiener Aufführung des *Lohengrin* erworben. Wagner ist sich des guten Willens seines Freundes bewußt, aber dessen Mittel sind gering. Ihr Einsatz ändert nichts an seiner Lage.

Da bittet man um Einlaß in die Wohnung. Eine Visitenkarte wird hereingereicht von einem Herrn von Pfistermeister, der sich darauf »Sekretär des Königs von Bayern« nennt. Man fragt nach Wagner. Der läßt sich umgehend verleugnen, denkt, die Verfolger seien ihm auf der Spur, das Ganze eine höllische Finte, um seiner habhaft zu werden. Als Wagner in sein Hotel zurückkehrt, teilt man ihm mit, er solle sich für den nächsten Morgen um zehn Uhr bereithalten.

Ungewißheit und Sorge lassen ihn die ganze Nacht nicht schlafen.

Wie angekündigt erscheint zur festgesetzten Zeit der geheimnisvolle Besucher. Er legitimiert sich auf überzeugendste Weise, indem er dem aus allen Wolken fallenden Wagner eine Photographie und einen Ring des Königs von Bayern überreicht: Der Abgesandte war vom König beauftragt worden, Wagner aufzusuchen. Er hatte sich deswegen zuerst nach Penzing begeben, war von dort nach Mariafeld verwiesen worden und stand nun nach vielen mühevollen Nachforschungen vor Wagner. Sein Auftrag lautet, dem Komponisten die Einladung von König Ludwig II. zu übermitteln, der ihm anbietet, in München unter seiner Protektion und frei von jeder Sorge seinem Schaffen zu leben.

Ludwig hatte nach dem Tode Maximilians erst vor wenigen Wochen den Thron bestiegen. Er war ein junger Mann von achtzehn Jahren, ein verträumter Idealist, der ganz seinen schwärmerischen Neigungen nachging. In den Augen nüchterner Beobachter schien er für ernsthaftes Regieren wenig geeignet. An hervorragenden Erziehern hatte es bei ihm nicht gefehlt. Dem Theologen Ignaz Döllinger war seine geistige Ausbildung anvertraut gewesen, in den Naturwissenschaften hatte er keinen Geringeren als den Chemiker Justus von Liebig zum Lehrer gehabt. Aber in Ermangelung jeden tieferen Interesses seinerseits waren die Fortschritte nur sehr gering gewesen. Hervorstechendster Zug war eine versponnene Teilnahmslosigkeit, die nur dann wich, wenn er vom Gegenstand gepackt war. Er liebte das Theater und hier vor allem die Dramen Schillers. Wurde seine Phantasie von einer romantischen Erscheinung erfaßt und in Bewegung gesetzt, begann er aufzuleben. So war er von seiner Erzieherin, der Baronin Meilhaus, die in Weimar der *Lohengrin*-Premiere unter Franz Liszt beigewohnt hatte, auf Wagner verwiesen worden. Eine Lichtgestalt wie der Ritter mit dem Schwan – das konnte ihn fesseln, das weckte seine Begeisterung für den Dichter und Komponisten Richard Wagner. Mit solcher Gesinnung durchschweifte er die Wälder von Hohenschwangau, fühlte er sich im Gebirge unmittelbar in die germanische Urlandschaft hineinversetzt. Als er dann die Gelegenheit hat, selbst den *Lohengrin* zu hören, wendet sich seine Begeisterung Wagner zu. Wagner gibt von nun an die Grundlagen für seine ganze Lebenserfahrung ab, er verschlingt seine Schriften wie Offenbarungen. Hier verwischen sich denn auch die Grenzen von Traum und Wirklichkeit.

Die Einladung Wagners gehörte tatsächlich zu seinen ersten Amtshandlungen. Was sie für Wagner bedeutete, war in den Konsequenzen gar nicht abzusehen. Denn Wagner war in Stuttgart tatsächlich auf die Existenzstufe eines landflüchtigen Kreditbetrügers herabgesunken, der von niemandem, selbst von den besten Freunden nicht, etwas zu erhoffen hatte; der das Ableben seiner in Dresden von seinen Unterhaltszahlungen lebenden Frau sehnlichst herbeiwünschte; der gar nicht wußte, in welche Himmelsrichtung er sich bewegen sollte; und der in diesem Augenblick das »Wunder« des *Lohengrin* an sich selbst erfährt.

Der Umschwung der Verhältnisse könnte nicht vollkommener sein: Denn einen Tag vorher hat er vom Tod Meyerbeers erfahren. Der »Schwarz-Albe« in Paris lebt nicht mehr – und damit muß das Ende der Epoche gekommen sein, die ihm und seinem Werk feindlich gesinnt war. Die Zukunft hat begonnen.

Der Gönner war gefunden, die Bitte des *Nibelungen*-Dichters erhört worden. Ein »Fürst« hatte sich gemeldet, dem der Dresdner Revolutionär bereitwilligst »Untertan« sein möchte. Das bedeutet keinen Bruch in seinem Denken. Die Monarchie als Staatsform war von ihm zu keiner Zeit in Frage gestellt worden. Wagner beeilt sich, sofort gebührend zu danken:

»Teurer huldvoller König!

Diese Tränen himmlischster Rührung sende ich Ihnen, um Ihnen zu sagen, daß nun die Wunder der Poesie wie eine göttliche Wirklichkeit in mein armes, liebebedürftiges Leben getreten sind! – Und dieses Leben, sein letztes Dichten und Tönen gehört nun Ihnen, mein gnadenreicher junger König: verfügen Sie darüber als über Ihr Eigentum! Im höchsten Entzücken, treu und wahr

Ihr Untertan Richard Wagner.«

Man darf sagen: Märchenhafter kann es nicht zugehn. Der königliche Abgesandte hat den Auftrag, Wagner gleich nach München zu bringen. Zwei Tage später stehen sich Wagner und Ludwig in der Residenz gegenüber. Was vom König in die Wege geleitet worden war, hat nun – das zeigt sich bei der Begegnung – mit Politik nicht das geringste zu tun. Es entsprang einer Eingebung aus Ludwigs Traumwelt. Ein Monarch bricht hier aus seiner Einsamkeit aus und sucht sich einen Gefährten. Ludwig läßt Wagner am 5. Mai 1864 mitteilen:

»Seien Sie überzeugt, ich will Alles tun, was irgend in meinen Kräften steht, um Sie für vergangene Leiden zu entschädigen. – Die niederen Sorgen des Alltagslebens will ich von Ihrem Haupte auf immer verscheuchen, die ersehnte Ruhe will ich Ihnen bereiten, damit Sie im reinen Äther Ihrer wonnevollen Kunst die mächtigen Schwingen Ihres Genius ungestört entfalten können.«

Die Stilformen, in denen sich die Begegnung von nun an abspielt, sind uns heute fern gerückt, es geht in sie viel vom Schwulst des Zeitalters ein, das selbst über sich hinaus will. Doch die Gefühle Ludwigs Wagner gegenüber sind aufrichtig, tief, bedingungslos. Und weil Wagner sich hier verstanden fühlt, begegnet er ihnen mit Offenheit. Er war im größten Schiffbruch seines an Niederlagen reichen Lebens gerettet worden von einem kunstbegeisterten jungen Mann, der ihn mit einem Mal und ganz unerwartet in eine Welt märchenhaften Glanzes hineinführt. In einem sind sie sich beide verwandt: Phantasie und Wirklichkeit gehen bruchlos ineinander über. Für ein Leben in Fülle und Überfülle war Wagner immer bereit gewesen. Dazu fühlte er sich geradezu geboren. Nur war er bisher durch eine Kette unglücklicher Umstände dazu verurteilt gewesen, von jenem ihm lebensnotwendigen Überfluß ausgeschlossen zu sein. Der psychologischen Betrachtung des auf ihn folgenden Jahrhunderts mußte sein Drang zu Pracht und Größe in Musik und Sprache wie eine Kompensation dessen erscheinen, was ihm das Leben verweigerte. Aber mit dem Eintreten in die Münchner Residenz scheint für ihn diese Zeit vorbei zu sein. Er ist jetzt da, wo er hingehört. Und so kann er denn auch nach dem ersten Eindruck von seinem jungen Freund an jene Eliza Wille in Mariafeld schreiben, die mit ihrem Mann erleichtert aufgeatmet hatte, als er endlich das Haus verließ:

»Er ist leider so schön und geistvoll, seelenvoll und herrlich, daß ich fürchte, sein Leben müsse wie ein flüchtiger Göttertraum in dieser gemeinen Welt zerrinnen. Er liebt mich mit der Innigkeit und Glut der ersten Liebe: er kennt und weiß alles von mir, und versteht mich, wie meine Seele. Er will, ich soll immerdar bei ihm bleiben, arbeiten, ausruhen, meine Werke aufführen; er will mir alles geben, was ich dazu brauche.«

Das sind Töne, die höchste Exaltiertheit und echtes Wagnersches Pathos verraten, die aber seine Stimmung und auch seine Befriedigung wahrheitsgetreu wiedergeben. Sie sind nicht ohne Triumphgefühle geschrieben angesichts des einen, einzigen, der weiß, was seine Pflicht ist gegenüber ihm, während andere, weniger Erwählte, nicht das getan haben, was sie hätten tun können. Hier werden selbst hilfreichsten Freunden Versäumnisse gegen ihn in Erinnerung gebracht.

Nun, der König läßt es an nichts fehlen. Als erstes weist er ihm die Villa Pellet am Starnberger See zu, gleich in der Nähe von Schloß Berg, wo Ludwig selbst den Sommer verbringt. So ist dafür gesorgt, daß sie sich täglich nahe sind. Eine Kutsche steht bereit, Wagner in wenigen Augenblicken zum König zu bringen. Dessen Regieren scheint um diese

Zeit von der Sorge um die Förderung Wagners sehr in Anspruch genommen zu sein. Zunächst muß sich der Hof eine Generalübersicht über dessen Schulden verschaffen. Dazu wird ein Moratorium eingerichtet, um den Künstler von den Ansprüchen seiner wichtigsten Gläubiger zu befreien. Fünfzehntausend Gulden hat Wagner zur Disposition, als er zur Regelung der ärgsten Schulden nach Wien reist, um gleichzeitig aus dem zum Verkauf angebotenen Penzinger Mobiliar das Wertvollste zu retten. Mit solchen Mitteln in der Hand ist seine ganze Souveränität, die ihm namentlich im Hause Wille zeitweilig abhanden gekommen war, mit einem Mal wiederhergestellt. Heimlich war er aus Wien weggefahren – als königlicher Künstler kehrt er im Triumph zurück und kann sogar die Penzinger Dienerschaft für seine neue Residenz bei Starnberg mit auf die Rückreise nehmen.

Waren die Gefühle Ludwigs emphatisch und echt, so waren sie bei Wagner ebenso emphatisch und nicht unecht. Hier hatte er endlich alles das gefunden, was er brauchte. Er konnte sich am Ziel seiner Wünsche fühlen. Hofbudget und königliche Privatschatulle erfüllten vorzüglich ihre Aufgabe als Sesam-öffne-dich. Was sich hier ereignete, führte, ebenso wie Wagners Lebensführung in Penzing, von der Prosa des Alltags weg, ließ sich nicht mehr mit den Maßstäben der Normalität messen. Und dem entspricht auch die Sprache, die zwischen den beiden Hauptbeteiligten gesprochen wird. Es ist der König selbst, der sich durch die Anwesenheit Wagners beschenkt fühlt:

»Jetzt, o Wonne, ist der Augenblick gekommen, jetzt, da der Purpurmantel mich umwallt! da ich die Macht habe, so will ich sie benützen, um Ihr Leben . . . zu versüßen.«

Wagner verbirgt auch seiner befreundeten Umwelt gegenüber nicht, in welch exaltierten Formen das Verhältnis zwischen ihm und dem jungen Bayernkönig sich abspielt. Er ist für ihn der »herrliche Jüngling«, zu dem er eilt »wie zur Geliebten«.

Das war in den Gefühlen wie in der Sprache sehr hochgegriffen und enthielt ohne Zweifel eine ganze Menge abgedroschenster Rhetorik mit allen Anzüglichkeiten, die sich daraus resümieren ließen. Umgang und sprachlicher Ausdruck haben dann auch immer wieder zur Annahme einer beidseitigen homosexuell angelegten Beziehung geführt. Nichts ist absurder als das. Noch nicht einmal eine homophile Schattierung, sofern daraus ein Abweichen im Sinne der damals gültigen Moral gefolgert werden soll, läßt sich hiervon ableiten. Es war bei Ludwig die Schwärmerei eines grenzenlos Begeisterungsfähigen gegenüber dem »Wunder«, das ihm im großen Zauberer entgegentritt und das ihn aus jener Lethargie herausreißt, von der er fast ständig befallen ist. Dahinter steckt viel haltlos Fahriges, wie es der mit seiner Natur vertrauten Umgebung sehr wohl bekannt war. Natürlich sieht Wagner bald, wo die Ursprünge dieses rauschhaften Überschwanges liegen. Er nimmt die Rolle an, die ihm als dem Älteren, Überlegenen, dem Meister, zugespielt wird. Er sieht die Chance für sich, hier Erzieher sein zu können. Vom Eros der Musik wird jener neue pädagogische Eros abgeleitet, mit dem er den Schüler in die Hand bekommt, ihn sich durch und durch gefügig macht. Er wußte es genau, und Ludwig bestätigt es ihm Tag für Tag, daß er hier nicht widerstehen kann. Aber Wagner, der sich der Macht seiner Musik bewußt ist, geht weiter: Er identifiziert Ludwig mit Lohengrin, suggeriert ihm bis ins Politische hinein seinen königlichen Ausnahmecharakter. Der junge König ist selbst die Lichtgestalt, der Schwanenritter, der auf das Wunder setzt und Wunder von sich ausgehen läßt! Aber er ist nicht nur Lohengrin. Das Zeichen des Gral als das Zeichen der Auserwähltheit steht auch über Parsifal. Und Parsifal, der neue Erlöser, der Einsame, der jeder Vermischung mit der gemeinen Natur widersteht, ist ein gesteigerter Schwanenritter. Gral und Schwan gehören zusammen. Der Gral im *Parsifal* ist mehr als im *Lohengrin* das Symbol, von dem alle Unterwerfung ausgeht. So wie Wagner aus der Rolle des Lohengrin und des Parsifal, von dem in den Gesprächen der beiden schon die Rede ist, in die Rolle des Erziehers hineinwächst, wächst der junge König mit den Gestalten von Lohengrin und Parsifal zusammen.

Diesen Wirkungen auf den jungen König lag nun keine klug eingefädelte Diplomatie zugrunde, sie ergaben sich aus ihrer Begegnung und unter den gegebenen Umständen von selbst. Sie waren – wenn man so sagen darf – ein von beiden Seiten gewünschtes und gewolltes, in jedem Fall voll und ganz bejahtes Resultat. Ludwig konnte mit seinem Mentor zufrieden sein, der ihm solche mystische, gralsritterliche Bestätigung seines Königtums verschaffte, Wagner durfte neben seiner materiellen Sicherstellung sich auch einen menschenbildnerischen Erfolg zurechnen. Das schloß nun eine Entwicklung ein, die im Künstlerisch-Musikalischen kaum größer sein konnte: Nämlich die Entwicklung vom Dresdner Revolutionär und Terroristen – für den zumindest seine Frau ihn gehalten hatte – zum Prinzenerzieher. Die Wagneroper, ursprünglich als Revolution im Musikalischen wie Politischen konzipiert, ist auf dem Wege, zur »Fürstenschule« zu werden.

Damit aber kommen durch die Beziehung zwischen Wagner und Ludwig II. politische Nebeneffekte zustande, die in offiziellen Münchner Hofkreisen als außerordentlich bedenklich erscheinen müssen. Der Verkehr der beiden Freunde, so sehr er die Teilnahme irgendeiner dritten Person strikt ausschließt, hat seine Zeugen. Gerade die Zurückgezogenheit, wie sie besonders der König wünscht, wenn er sich mit Wagner in die Einsamkeit von Hohenschwangau begibt, erregt Verdacht. Man sieht, wie hier auf Ludwig, dessen Charakter als sehr labil gilt, unberechenbare Einflüsse einzuwirken beginnen. Der junge Monarch, der an dem von Wagner ihm zugedachten Parsifal-Part seine Freude findet, wird bestärkt in einem Königtum, das keine Eingriffe von außen, am wenigsten von der Seite eitler Höflinge duldet. Aber die Zahl derer in der Münchner Residenz, die von diesem Wandel betroffen wären, ist nicht klein. Zunächst sieht man schweigend zu, wartet ab, läßt sich nichts anmerken, zeigt sich, den Anweisungen Ludwigs entsprechend, liebenswürdig gegenüber dem neuen Staatsgast, folgt den Bitten und Forderungen, die vorgetragen werden.

Allerdings ist ein neues Gewitter schon im Anzug. Wagner hat gerade eine bis dahin unbekannte wirtschaftliche Sicherheit gewonnen, da bricht der unbezähmbare Trieb zur Verschwendung wieder durch, diesmal in einer seiner neuen Würde als Königsfreund angemessenen Weise. Als Stadtwohnung ist ihm die Villa Jochmus in der Briennerstraße zur Verfügung gestellt. Kaum sind ihm die Mittel sicher, werden die Aufträge an die Dekorateure und Lieferanten von Luxusstoffen erteilt, wird ein Heer von dienstbeflissenen Handwerkern in Arbeit und Brot gebracht. Das exotische Phantasiebereich, das man ihm in Penzing zerstört hatte, muß größer und schöner aufgebaut werden. Wagner entsinnt sich seiner alten Helfer und Helferinnen. Bertha, die Putzmacherin, ist als bewährte Chefin des Ausstattungswesens dabei mit der Auswahl der Stoffe und Muster betraut. Samt, Seide, Spitzen können ohne Rücksicht auf die Kosten eingekauft werden. Ganze Ballen und Kisten passieren den Zoll und werden von ihr als für Berlin bestimmte Durchgangsware deklariert. Selbstverständlich muß auch die farbenprächtige Garderobe für den Innengebrauch, müssen neue Schlafröcke in gebührender Anzahl angefertigt werden. Im dem zum Palast gehörenden Garten spazieren stolz die Pfauen.

Der neue orientalische Luxus, wie er hier zusammengetragen wurde, konnte auch hinter den Fassaden des Künstlerwohnsitzes nicht verborgen bleiben: Gerüchte ließen ihn eher noch bombastischer erscheinen, als er ohnehin schon war. Aber eben hier wurde ein gerade in München empfindlicher Nerv getroffen. Die wagnerfeindliche Partei hatte neben der Bestürzung über die Höhe der Rechnungen, die auf Kosten des Staats bezahlt werden mußten, auch allen Anlaß, zufrieden zu sein. Denn was sich hier abzuzeichnen begann, erinnerte fast bis ins Detail an den Fall der Lola Montez, der zur Staatsaffäre geworden war und mit dem Sturz Ludwigs I. geendet hatte. Die Geschichte hatte jahrelang München, Bayern, ja ganz Deutschland bewegt und war wegen ihres Romanzencharakters zeitweise in Europa ein beliebtes Thema. Hier – so verstand man es in Bayern – war das Volk schon einmal das Opfer eines ausländischen Staatsgasts mit Ansprüchen auf exotischen Aufwand gewesen und hatte es sich auf sehr robuste Weise dagegen aufgelehnt. Auch beim Aufstieg und Fall der ehemaligen Tänzerin, die den König in ihre Macht gebracht hatte und in die Staatsgeschäfte eingriff, waren persönliche Bedürfnisse des Monarchen mit den Notwendigkeiten des Staats aufs engste verknüpft worden. Der Enkel schien das Spiel noch einmal beginnen zu wollen. Damals hatte es damit geendet, daß sich das Volk vor dem Palais der Montez in der Barrerstraße, das ihr der König gebaut und mit Gemälden aus der Alten Pinakothek innenarchitektonisch gefällig hatte ausstatten lassen, in großen Haufen zusammenrottete, Fenster und Türen zertrümmerte und die ausgediente Künstlerin zur Flucht durch einen Hinterausgang trieb. Die Montez rettete sich zunächst in die Theatinerkirche, um dem Schlimmsten zu entgehen. Später verschwand sie ins Ausland. Die Münchner hatten sich sehr verständlich gemacht.

Im Rückblick auf solche Geschehnisse und mit Kenntnis des Volkscharakters, der natürlich der klugen Anleitung bedarf, hatte die Partei der Wagnergegner am Hof allen Grund zur Hoffnung. Ihr Kopf ist von der Pfordten, ein Mann, der Erfahrung darin hat, Intrigen nicht nur gut zu beginnen, sondern auch erfolgreich zu Ende zu bringen. Übrigens war Wagner kein Unbekannter für ihn. Als ehemaliger sächsischer Minister zur Zeit der Dresdner Umtriebe kennt er dessen Rolle darin, weiß er genau, mit wem er zu tun hat. Um so mehr ist es geboten, auf der Hut zu sein, den König vor dem neuen Freunde zu warnen. Zunächst gilt es jedoch, sich nicht in die Karten schauen zu lassen, jeden Anschein des Widerstandes gegen die Allianz von König und Künstler zu vermeiden, willfährig und entgegenkommend zu sein und alle vorgelegten Pläne zu verschieben, durch umständliche Verwaltungsakte zu verhindern oder zu hintertreiben. Denn Wagner ist in München von außerordentlicher Aktivität erfaßt, wenn auch nicht so sehr im Kompositorischen.

Die ständige Nähe des Königs ist zu verführerisch, um nicht mit seiner Hilfe bedeutende, die Wirklichkeit umgestaltende Projekte durchzusetzen. Aus Zürich läßt er den alten Freund Semper kommen. Der Entwurf eines eigenen Wagnertheaters soll besprochen werden. Es war zunächst

Wagners Geburtshaus „Zum rot und weißen Löwen" auf dem Brühl in Leipzig.

Richard Wagner. Photographie, Brüssel 1860.

Cosima Wagner. Tochter Franz Liszts, Wagners zweite Frau.

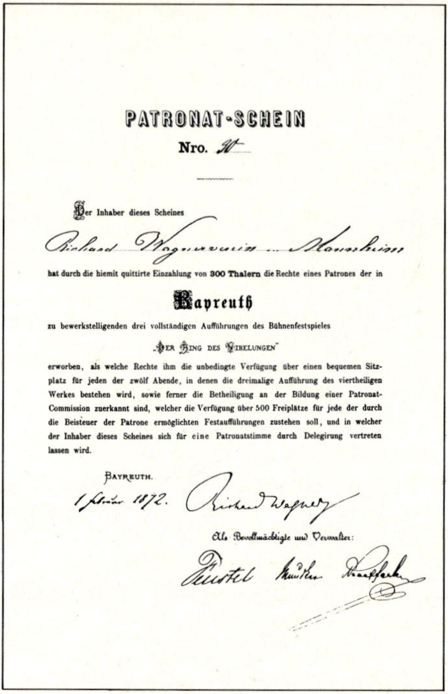

PATRONAT-SCHEIN

Nro. 30

Der Inhaber dieses Scheines

Richard Wagnerverein ... Mannheim

hat durch die hiemit quittirte Einzahlung von **300 Thalern** die Rechte eines Patrones der in

Bayreuth

zu bewerkstelligenden drei vollständigen Aufführungen des Bühnenfestspieles

„Der Ring des Nibelungen"

erworben, als welche Rechte ihm die unbedingte Verfügung über einen bequemen Sitzplatz für jeden der zwölf Abende, in denen die dreimalige Aufführung des viertheiligen Werkes bestehen wird, sowie ferner die Betheiligung an der Bildung einer Patronat-Commission zuerkannt sind, welcher die Verfügung über 500 Freiplätze für jede der durch die Beisteuer der Patrone ermöglichten Festaufführungen zustehen soll, und in welcher der Inhaber dieses Scheines sich für eine Patronatstimme durch Delegirung vertreten lassen wird.

Bayreuth.

1 Februar 1872. Richard Wagner

Als Bevollmächtigte und Verwalter:

Feustel Muncker

Patronat-Schein des Mannheimer Richard-Wagner-Vereins von 1872.

Festspielhaus auf dem Hügel in Bayreuth. ▼

Grundrißzeichnung von Zuschauerraum und Orchestergraben des Festspielhauses.

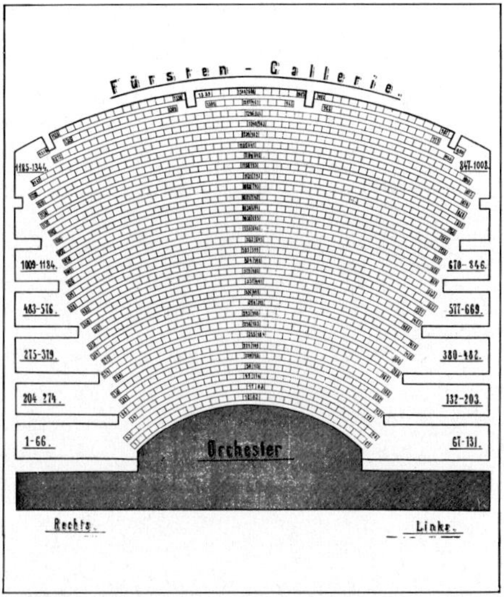

Villa Wahnfried mit der Büste Ludwigs II.

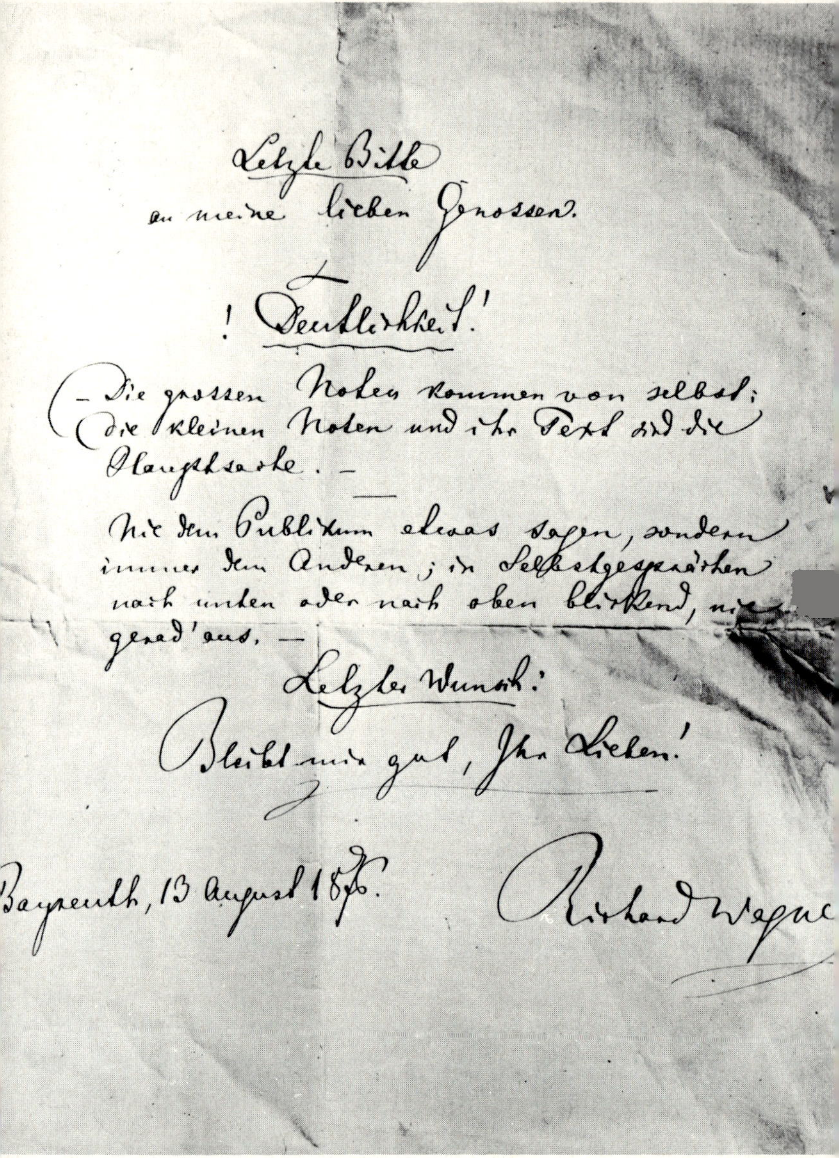

Letzte Bitte

an meine lieben Genossen.

! Deutlichkeit !

– Die grossen Noten kommen von selbst; die kleinen Noten und ihr Text sind die Hauptsache. –

Nie dem Publikum etwas sagen, sondern immer dem Anderen; in Selbstgesprächen nach unten oder nach oben blickend, nie gerad'aus. –

Letzter Wunsch:

Bleibt mir gut, Ihr Lieben!

Bayreuth, 13 August 1876.

Richard Wagner

„Letzte Bitte" Wagners an die Künstler am Tage der ersten Aufführung des „Ring".

Richard Wagner mit Sohn Siegfried, Neapel 1880.

Richard Wagner. Letzte Photographie von A. v. Gross, 1883.

daran gedacht, die neue Konstruktion von Bühne und Zuschauerraum in einem Flügel des Glaspalastes unterzubringen. Gleichzeitig verständigt man sich über Probleme der Akustik, Beleuchtung, der bühnenmaschinellen Einrichtungen. Hier kommt zum ersten Mal auch die Plazierung des versenkten Orchesters zur Sprache. Daß sich zwischen Sänger und Zuschauer die Musiker schieben, hatte Wagner immer gestört. Er kannte von Riga den Orchestergraben, der einerseits den Blick für die Bühne freigab und andererseits die Tonqualität verbesserte. Die konsequente Verwendung dieser Einsichten geht auf Wagner zurück. In Bayreuth mit seinem unsichtbaren Orchester werden sie in die Praxis umgesetzt. Auf ihm beruht die unübertreffliche Akustik des Festspielhauses.

Dazu kommt der Gedanke, in München eine Musikschule zu gründen, wo Sänger, Musiker und Dirigenten für ihre Laufbahn vorbereitet werden – natürlich im Sinne des Wagnertheaters. Der Plan ist an sich umstürzend genug, hat aber noch eine zusätzliche Pointe darin, daß jede musikalische Ausbildung vom Gesang auszugehen habe. Musik hat sich immer wieder an der menschlichen Stimme zu orientieren, auch die instrumentale! Darum steht am Anfang jedes Lehrgangs – gleichgültig, um welche Ausbildung im einzelnen es sich handelt – die Stimmbildung. Die Stimme ist das einzige natürliche menschliche Organ zur Musikausübung. Hier war sicher das Ziel, geeignete Sänger für das neue Musiktheater heranzubilden, mit ausschlaggebend gewesen, aber der Gesamtentwurf des Lehrplans war grundsätzlicher, man darf sagen weltanschaulicher Art. Natürlich hat das Institut für die Wagnerschen Ideen wie für das in Aussicht genommene Gesamtkunstwerk zu werben. Eine Wochenzeitschrift soll herausgegeben werden, in der die Lehrkräfte über ihre eigenen Erfahrungen berichten. Wagner verspricht sich davon unmittelbaren Einfluß auf den Publikumsgeschmack. Das war weit in die Zukunft hinein gedacht und stand ganz im Einklang mit dem Wandel seiner Anschauungen, zielt auf ein Programm hin, in dem das Kunstwerk schon Konzeption einer neuen Politik geworden ist.

Wagner hatte sich – zwangsläufig – geändert. Nicht nur Nietzsche bemerkt das später. Die Ziele der 48er Bewegung waren jetzt nicht mehr die seinen. Er hatte allen Grund, in seiner neuen Stellung und im Blick auf seine Gegner mit von der Pfordten an der Spitze sich der alten Ideen nicht zu sehr zu rühmen. Mehr noch aber im Blick auf Ludwig II., der hier zwar milder dachte, aber zur Orientierung seines eigenen Lebens als König erwarten durfte, vom neuen Erzieher philosophisch-politische Regeln, die seiner Hoheit entsprachen, mit auf den Weg zu bekommen! Parsifal, der von Gurnemanz angeleitet werden möchte!

»Ein hochgeliebter junger Freund wünscht von mir zu erfahren, ob und in welcher Art meine Ansichten über Staat und Religion, seit der Abfassung meiner Kunstschriften, in den Jahren 1849 bis 1851, sich geändert haben.«

So leitet Wagner seine Schrift *Über Staat und Religion* von 1864 ein. Schon der Titel verrät, daß hier nicht mehr die Anschauungen von *Kunst und Revolution* vertreten werden sollen, sondern eher ihr Gegenteil. Die Schrift ist nicht für den Druck gedacht, sondern als moralisches, pädagogisches, staatspolitisches Aide-Mémoire für Ludwig II. »Staat« und »Religion« werden jetzt – und das ist zumindest ein halbes Dementi seiner frühen Vorstellungen – von ihrer positiven, tragenden Seite gesehen, ohne daß sich sagen ließe, daß diese früher völlig unterschlagen worden wäre. Wagner ist jetzt auf dem Wege, den Bogen noch weiter zu spannen, neben Staat und Religion als dritte Größe die Kunst in dies Bündnis einzubringen, eine Art religiöser Staatskunst theoretisch vorzubereiten, um sie später praktisch zu realisieren. Hier war die Richtung Bayreuth mit aller Energie eingeschlagen, denn jetzt schien der notwendige Helfer gefunden, den Plan eines Festspiels in die Tat umzusetzen.

So dient diese Privatschrift natürlich seinen Absichten. Daraus schließen zu wollen, sie hätte seinen Überzeugungen widersprochen, ist absurd. Im Gegenteil, er sprach hier aus, was er dachte, und er dachte, so phantastisch das erscheinen mußte, was machbar war. Mochte auch die ganze Welt daran zweifeln! Hier genügte der Glaube eines einzigen. Natürlich wäre ein solches Unternehmen in einer »Demokratie« nicht zu verwirklichen. Hier wird denn auch die große Kehrtwendung Wagners aktenkundig, der Bruch mit den Fortschrittsideen von Dresden und Zürich. Und hier wird er folgenreich in einem damals noch nicht vorauszusehenden Ausmaß: »Demokratie« steht in glattem Widerspruch zum »Deutschen«, ist ein Export aus Frankreich, von »Journalisten« künstlich über die »Presse« unter die Leute gebracht. Überhaupt, Revolutionen in Deutschland sind, wie die in Berlin, Wien oder Dresden, bloße Nachäffungen von Pariser Moden. Hier war er ernst zu nehmen, sprach er wieder in eigener Sache, die jetzt natürlich neu durchdacht ist, und zwar im Hinblick auf den gescheiterten Ausgang. Der Mann der Königskunst denkt anders:

»Die erstaunliche Erfolglosigkeit der so lärmenden Bewegung von 1848 erklärt sich leicht aus diesem seltsamen Umstand, daß der eigentliche wahrhafte Deutsche sich und seinen Namen so plötzlich von einer Menschenart vertreten fand, die ihm ganz fremd war.«

Der Charakter von »Demokratie«, »Presse«, »Liberalismus« wäre für

Wagner nur ungenau wiedergegeben, fehlte ihnen das vom »Juden« hinzugegebene Ferment. Die Stichhaltigkeit solcher Vorstellungskombinationen stand im glatten Gegensatz zu der Überzeugungskraft, die von ihnen ausging. Wagner konnte nicht wissen, nicht einmal im geringsten ahnen, was sich mit ihnen anstellen ließ. Er konnte nicht ahnen, daß hier Formeln gefunden waren, mit denen später eine »völkische« Weltanschauungslehre gewissermaßen von einer staatlichen Gehirnzentrale aus bedient werden sollte.

Wieder verfaßt Wagner seine programmatischen Schriften in einer Zeit, wo der Musiker in ihm auffallend ruhig ist. Mit den *Meistersingern* kommt er in München nur schleppend voran. Dafür setzt er in seinem Aufsatz unter dem Titel *Was ist deutsch?* die Angriffe gegen das Judentum in einer viel ätzenderen Sprache fort als in seiner Zürcher Schrift. Hier finden sich jene Argumente, die später vom organisierten Antisemitismus in das Kleingeld der Verdächtigung umgemünzt und in Umlauf gebracht werden. Hitler mochte nicht ohne Gründe in Wagner sein einziges Vorbild sehen. Das stimmte. Aber es stimmte nur mit Vorbehalt. Denn für die Hitlerschen Folgerungen gibt es keine Spuren, und auch der Entwurf einer Rassenlehre ist bei Wagner auffallend brüchig. Beziehungsreiches bleibt allem offiziellen Bestreiten zum Trotz freilich noch genug. Dazu gehört auch der Umstand, daß einige hundert Meter von Wagners Villa Jochmus in der gleichen Briennerstraße mit dem »Braunen Haus« das zeitweilige Hauptquartier der Hitlerpartei stehen wird.

Im übrigen verbreitet Wagner als Sprachrohr bestimmter Gruppen auch Ansichten, die es anderswo gibt. Das gilt etwa für seine Beschwörung der Jesuitengefahr. Das war eine Sache des Liberalismus, der auch im katholischen München über feste Stützen verfügte. Die berüchtigte Abenteurerin Lola Montez, die es zur Geliebten Ludwigs I. gebracht hatte, war ganz offen gegen die jesuitischen Machenschaften aufgetreten. Von der Schweiz her kannte Wagner das für das ganze Land geltende Jesuitenverbot. Hier konnte er sich der Zustimmung gewisser Kreise sicher sein, wie überhaupt das Erziehungsprogramm, mit dem er auf den jungen König einwirkte, psychologisch geschickt zusammengestellt war und mit überzeugenden Warnungen vor finsteren Mächten aufwartete. Daß der Einfluß von Juden, Journalisten, Jesuiten den Absichten Wagners und überhaupt seiner Beziehung zum König strikt zuwiderlaufen mußte, war unbestreitbar. Dazu kommt beim bedrohlichen Aufstieg Bismarcks die Furcht vor den Preußen hinzu, die beim sensiblen Bayernkönig leicht gesteigert werden konnte. Übrigens nicht ohne persönlichen

Anlaß! Der Sachse Richard Wagner, der schon in Dresden gegen den Einsatz preußischer Soldaten demonstriert hatte, dem die Preußische Hofoper in Berlin durch ihren Direktor von Hülsen Schmach und Schande angetan hatte, hat eine alte Abneigung gegen den preußischen Junker. Auch damit kam er den Gefühlen des Königs entgegen, sprach er für die bayrische Sache.

Es kann gar nicht ausbleiben, daß eine öffentliche Wirkung, wie Wagner sie hier ausübt, die davon sich betroffen fühlenden Gegner über kurz oder lang zur Gegenoffensive treiben wird. Hier weiter untätig zuschauen, hieße, den König widerstandslos Wagner preisgeben. Alles spricht dafür, daß der Fall Lola Montez eine Neuauflage erlebt. Aus der Lola ist die »Lolotte« geworden, wie Wagner im Münchner Volksmund genannt wird. Die Rechnungen für Tilgung der Schulden und Ausstattung der Villa nehmen bedrohliche Höhen an. Die Frage ist: Wie geht man gegen ihn vor? Man kann auf den Charakter Ludwigs setzen, der nicht gegen Meinungsschwankungen gefeit ist; man kann die offenkundigen Schwächen Wagners dazu benutzen, das Vertrauen Ludwigs in ihn zu zerstören. Aber gerade hier verhält sich Wagner geschickt. Die kleinste Spur eines Mißbehagens beim König nimmt er zum Anlaß, wie Lohengrin mit dem Weggehn zu drohen. Von dieser Seite war der Weg verstellt. Ohne Wagner leben zu müssen, erscheint dem König unvorstellbar, und er zögert nicht, ihm das brieflich immer wieder aufs neue zu bestätigen. Das gerade bestärkt Wagner darin, aus seiner bloß erzieherischen Funktion herauszutreten und gegenüber dem »Prinzlein« die Statur des »Kaisers« anzunehmen. Wagner, so erzählt man, habe den König mit »mein Junge« angeredet. Zweifellos reagiert Ludwig auf Verstöße gegen die Etikette gereizt. Zur großen Verstimmung kommt es, als sich Wagner von seinem Freund Friedrich Pecht malen läßt. Das Bild ist für den König bestimmt, aber Wagner setzt dafür ein Honorar an, das Ludwig, der angeblich Beschenkte, selbst bezahlen soll. Erste Anzeichen der Ungnade aber werden sich bald wieder verflüchtigen.

Beharrlicher verhält sich die Presse. Sie wußte, daß er ihr Freund nicht war. Er hatte sie ja deutlich genug herausgefordert. Anonym zuerst erscheinen Anspielungen auf Wagners Lebensgewohnheiten, die das Bayernvolk angehen. Unterstützung seiner Projekte, wie die auf der Gesangschule aufgebaute Musikakademie oder die Gründung des Wagnertheaters war von ihr nicht zu erwarten. Sie ist eher der natürliche Bundesgenosse der Wagnerfeinde in der Residenz, hat sicheren Anhang bei der Kirche und beim Adel. Wagner selbst ist nicht erstaunt. Er erkennt gerade in dem eigentümlichem Zusammenspiel von Hofadministration und Adel seine alten Gegner aus Dresden wieder. Die Feinde summieren sich. Was er den Münchnern an Ärgernissen bereitet, mit welch seltsamen Plänen er die Öffentlichkeit beschäftigt, dringt natürlich weit über die bayrischen Landesgrenzen hinaus. Minna in Dresden kann darüber in der Zeitung lesen.

Doch so wirksamer Mittel sich die Gegenpartei auch bedient, Wagnersche Pläne zu verhindern, ihn als Person in weiten Kreisen unmöglich zu machen – in einem muß sie allemal am König scheitern: wo es um die Musik, und das bedeutet hier: um den *Tristan* geht. Der König wünschte das Werk zu hören. Er kannte ganze Partien des Textes auswendig, zitiert davon in Briefen an Wagner. Die Aufführung war angeordnet. Aus Dresden ist das Ehepaar Schnorr herangereist, das die Hauptrollen übernehmen soll. Bülow ist der Dirigent, bei Wagner liegt die Gesamteinstudierung. Schon die Proben lassen die gewaltige Wirkung des Werkes ahnen. Wagner sieht sich bestätigt. Sänger und Musiker sind während ihrer Zusammenarbeit in einer nie gekannten Harmonie vereint. Am 15. Mai 1865 soll die Aufführung stattfinden. Da kommt die Absage. Frau Schnorr ist erkrankt. Sie wird für noch unbestimmte Zeit nicht singen können. Sie reist ab, um in Bad Reichenhall ihre kranken Stimmbänder auszukurieren. Das war natürlich für Skeptiker ein Grund, die Unsingbarkeit der Wagnerschen Partien endgültig bestätigt zu sehen.

Es gibt auch andere Schwierigkeiten, die von der Arbeit an der *Tristan*-Aufführung weit ins Private hineinwirkten. Bülow ist am Ende seiner Kräfte. Er liegt mit schwerem Nervenfieber im »Bayrischen Hof«. Der Aufenthalt in München mit seiner Frau Cosima hat die Geschichte von Tristan und Isolde zu einer der Wirklichkeit nachgespielten werden lassen. Bülow ist dabei zum König Marke geworden und hat die Rolle ohne großen Widerstand übernommen. Das war das vorläufige Resümee einer Entwicklung, die bereits in Zürich begonnen hatte. Aber noch ist alles im Übergang, noch gibt es keine feste Lösung. Cosima ist die Frau Bülows und gleichzeitig Wagners Geliebte. Mußte das moralisch anstößig sein, so war es beim Stand der Dinge beinahe ganz natürlich. Zweifellos hat die Persönlichkeitsstruktur Bülows auf diese Wendung von Anfang an hingewirkt. Er ist ein hochbegabter Musiker und Dirigent, aber als Natur doch eher blaß, nervös, masochistisch. Seine Beziehung zu Cosima war von Anfang an immer mehr formaler als elementarer Art. Schon der Brief, in dem er bei Liszt um die Hand seiner Tochter anhält, signalisiert die ausgezeichneten Manieren eines jungen Mannes, der alles in die Hände des Mädchens legt, das seine Frau werden soll. Das war nicht bloß äußere Konvention des Werbenden, sondern entsprach ganz seinem Wesen. Er ist und bleibt ein Meister des Verzichtens, Entsagens, steht immer bereit, auch den Launen des Mädchens und später der Frau zu Diensten zu stehn. Damit begründet er geradezu das Elend, das Cosima an dieser Ehe leiden läßt. Wagner, der den Charakter dieser Beziehung von ihren Anfängen her kennt, faßte das für sich selbst zunächst eher beiläufig auf. Er befand sich damals noch in seiner Wesendonk-Zeit.

Bülow gehört wie Karl Ritter zu seinen »Gesellen«, die beim »Meister« und seiner Frau Minna freien Mittagstisch hatten. Er ist dankbarer Schüler, der die unglaubliche Gnade genießt, in der Luft des Herrn zu atmen, seinen Arbeitsvorgängen beizuwohnen, Handwerk und Kunst gleichermaßen bei ihm zu erlernen und der als Gegenleistung, wenn es notwendig ist, für ihn die Kastanien aus dem Feuer holen muß. Wagner war es gewesen, der ihn dem Zürcher Theater als Kapellmeister empfiehlt und damit seine Laufbahn vorbereitet, die ihn als zeitweiligen Assistenten von Liszt in Weimar sieht. Bülow war Musiker Wagners wegen geworden, hatte deswegen die von der Familie ins Auge gefaßte Karriere als Staatsbeamter ausgeschlagen. In dem Augenblick, wo der Meister, Gott Wotan selbst, auf grundlegenden Wandel der Verhältnisse dringt, wird dieser Schüler in gelähmter Widerstandslosigkeit verharren. Das ist alles, was er ihm entgegenzusetzen hat.

So weit waren die Dinge jetzt gediehen. Alle Welt weiß und spricht davon. Aber Wagner vermißt bei der angesagten Uraufführung des *Tristan* wichtige Gäste, die wichtigsten, die er nach München eingeladen hatte. Die Wesendonks aus Zürich und Eliza Wille aus Mariafeld waren nicht gekommen. Das verwunderte ihn nicht nur, sondern kränkte ihn auf das schwerste. Er hatte kein Gefühl dafür, daß an der Tristan-Geschichte Mitbeteiligte, deren Mitbeteiligtsein bekannt war, sich nicht gern der Öffentlichkeit ausgesetzt zu sehen wünschten. Und es störte ihn auch nicht, daß sie bemerkten, wie die Geschichte von Tristan, Isolde und König Marke bereits mit neuer Besetzung gespielt wurde.

Für den 10. Juni kann die *Tristan*-Premiere zum zweiten Mal angekündigt werden. Diesmal findet sie statt. Sie wird zu einem großen Triumph für Ludwig Schnorr. Aber sie wird nicht zu einem wirklichen Erfolg. Dazu waren zu viele Plätze unbesetzt geblieben; und dabei bleibt es auch in den folgenden Aufführungen. Die große Entdeckung aber, die Wagner gemacht hatte, war der Sänger des Tristan. Dergleichen hatte er nie gehört. Die Schröder-Devrient war die einzige, die sich mit ihm in Vergleich setzen ließ. Jetzt hatte er seinen Tristan gefunden. Mit ihm kann er seinem Werk die Bahn weisen. Die Mühen, die ja schon bei der privaten Einstudierung in der Biebricher Wohnung am Rheinufer begonnen hatten, haben sich gelohnt. Demgegenüber besagt die eher zwiespältige Gesamtwirkung, die das Werk auf die Zuhörer und die Presse macht, nicht viel. Daß sich gewohnte Trägheit bei Teilen des Publikums dem Neuen entgegenstemmt, mußte erwartet werden. Vielleicht war die Behandlung des Klangmaterials im *Tristan* noch gewagter als in den schon fertigen Teilen des *Ring*. Ein Beginn wie der erste Tristan-Akkord und seine Auflösung bedeutet nicht nur eine musikalische Neuerung ersten Rangs, es war für viele geradezu ein Schock. Der Akkord als Schwelle einer neuen Harmonie, die sich im Verlauf der drei Akte nicht über sie hinausbewegt! Das war ein Griff ins zwanzigste Jahrhundert, der schon die nachwagnerische Ära einleitet. Damit fühlt sich das ans Romantisch-Konventionelle gewöhnte Ohr herausgefordert. Das konnte als »Zukunftsmusik« verstanden werden, die beleidigt.

Die *Tristan*-Premiere hat weniger als Erfolg und mehr als Ereignis eine in München für Wagner künstlerisch belebende Wirkung. Die Semperschen Pläne für den Theaterneubau können jetzt wieder neu vorangetrieben – und natürlich ebenso von der Gegenpartei gebremst werden. Aber im Musikalischen unterdrücken wie beim Wiener *Tristan* läßt sie die Wagnerkunst nicht mehr, sie bekommt gerade durch das neue Werk auch feste Stützen bei der ortsansässigen Kunstkritik.

Und doch bleibt dem *Tristan* der Unstern, der ihn während der Anfänge so oft begleitet hatte, auch diesmal treu. Dem Triumph Schnorrs folgt die Katastrophe auf dem Fuße. Einige Tage nach der Rückkehr stirbt er in Dresden. Seine Natur war nie die gesündeste gewesen. Der Einsatz ohne jede Reserve hatte ihn überfordert. Für Wagner ist das ein schwerer Schlag. Schnorr läßt sich nicht ersetzen. Die künftige Zusammenarbeit mit ihm war in München abgesprochen worden. Jetzt macht der Tod einen Strich durch diese Rechnung. Mit Bülow zusammen setzt er sich sofort in die Eisenbahn, um in Dresden an der Bestattung teilzunehmen. Als sie ankommen, ist Schnorr bereits beerdigt. Mit dem nächsten Zug kehrt man über Prag nach München zurück. Einen Schlag wie den durch den plötzlichen Verlust Schnorrs hat Wagner, der später immer wieder davon spricht, nie verwunden. Dieses Ende eines Sängers schien der Beweis für die mörderischen Strapazen einer Wagnerpartie zu sein.

Die Aufführung des *Tristan* hatte Wagners Stellung in München ohne Zweifel gestärkt. Dankbarster, exaltiertester Zuhörer war Ludwig. Er war außer sich: »Es ist wie für mich geschaffen, schlägt die verwandtesten Saiten in meiner Seele an«, teilt er Wagner mit. Tristan ist dabei, die Herrschaft Lohengrins über ihn zu brechen. Versunkensein wie Tristan und Isolde im Liebestod war nach eigenen Worten sein Erleben des Werks.

Das machte Wagners Einfluß auf ihn nicht geringer. Wagners Umgangsformen im Schutze eines so seiner Kunst hingegebenen Protektors werden denn auch zusehends verwegener. Nicht daß es ihm ohne solche Begünstigung an Mut gefehlt hätte. Jetzt aber glaubt er sich dem Ziele näher, seine künstlerischen und politischen Ziele gleichermaßen verwirklichen zu können. Warum hatte er sich die Mühe gemacht, die Grundlagen seiner völkischen Politik so ausführlich darzustellen? Sein Realitätsverlust geht so weit, die Absetzung des Kabinetts zu erwägen, um mit dem König zusammen eine Doppelherrschaft einzurichten, in der Ludwig sich die Verwirklichung von Wagners Ideen angelegen sein läßt. Das war im Sinne seiner alten Anschauungen nur konsequent und entsprach den Gedanken über das Königtum, die er in seine Dresdner Rede vor dem »Vaterländischen Verein« gehalten hatte. An die Monarchie als historischer Einrichtung war auch in den Revolutionstagen nie gerührt worden. Jetzt, nach dem *Tristan*-Ereignis inmitten der Kämpfe gegen die finstere Hofcamarilla, sieht er sich der Erfüllung kühnster Träume nahe: Der Künstler Richard Wagner, als einziger dem König an Rang gleich, teilt sich mit ihm die Herrschaft. Der König, von Wagner in seinen träumerischen Absolutheitsansprüchen immerfort bestätigt, stand diesem Gedanken an sich auch keineswegs fern. Aber gemessen an der Wirklichkeit waren das alles nur naive Visionen.

Während dieser Wochen und Monate hat Wagner in der Gunst des Königs geradezu geschwelgt. Er hat keine der ihm angebotenen Gnaden ausgeschlagen, aber er hat auch so gut wie keinen Fehler vermieden. Es scheint, als ob er sich für die Jahre der Armut und Verfolgung jetzt schadlos halten will. Bülow, der zwar der Ehemann Cosimas ist, aber nie ernsthafter Konkurrent Wagners bei ihr sein konnte, sondern immer nur unzulänglicher Schüler blieb und dankbar dafür sein mußte, daß er den *Tristan* dirigieren durfte, war endgültig abgehängt. Zwar wohnte Cosima nach wie vor mit ihm zusammen, aber zugleich stand sie schon der Villa Jochmus vor. Der Schein wurde nur mühsam gewahrt. Die Ehe, die sie nach zwei Seiten führte, hat dann noch Jahrzehnte später Mißhelligkeiten in den Erbangelegenheiten der Kinder ausgelöst, weil, wie im Fall von Cosimas Tochter Isolde, die Vaterfrage geklärt werden mußte. Isolde galt als Kind Bülows, klagte aber um Anerkennung als Tochter Wagners, was sie der Gesichtsbildung nach ganz offenkundig war.

Zielstrebig geschickt, mit Wagners Naturell vertraut und außerordentlich entschlossen hat Cosima in diesem Augenblick die Führung der Wagnerschen Geschäfte an sich gerissen. Sie versteht es, sehr schnell großen Einfluß auf ihn zu gewinnen. Sturmgewitter in der Atmosphäre um Wagner ist das Klima, in dem sie zu Hause ist, wo sie sich bewährt, wo sie unersetzlich ist. So führen bald die Wege zu Wagner über sie, die hochgestaltige Tochter Liszts, vom Profil her als solche unverkennbar ausgewiesen. Mit ihr berät er sich, und was mehr bedeutet: Ihren Ratschlägen folgt er auch. Es ist kein Wunder, daß Mathilde Wesendonk keine Lust verspürte, sich in München den *Tristan* anzuhören.

In der Öffentlichkeit hat sich der Druck der Presse und der überall auf Beobachtungsstation befindlichen Gegner verstärkt. Wagner hält sich nicht bedeckt. An die Spitze seiner Widersacher ist inzwischen jener Pfistermeister getreten, den Ludwig seinerzeit als Sendboten ausgeschickt hatte, um Wagner nach München zu bringen. Wagner war inzwischen zu sehr in den Bereich seiner administrativen Kompetenzen eingedrungen, hatte in der Hofkasse zu selbstverständlich seine Privatschatulle gesehen, um nicht den Widerstand eines Beamten wie Pfistermeister herauszufordern. Aber die Frage ist und bleibt, wie man ihn bei seiner immer noch unanfechtbaren Stellung beim König treffen kann. Denn Wagner hat es gelernt, Schläge hinzunehmen, ohne zusammenzubrechen. Er nutzt auch die Schwächen der Gegner für sich aus. So weist er das Ansinnen reaktionärer katholischer Kreise, gegen hohe Geldzahlungen seinen Einfluß auf den König geltend zu machen, empört zurück. An Versuchen, Wagner auf die Seite der ultramontanen Hofpartei zu bringen, hat es nicht gefehlt. Gerade diese Zirkel hätten vieles, vielleicht alles an Extravaganzen Wagners hingenommen, wäre er ihnen erlegen. Nun bleibt bei der Jagd auf den Gegner nur noch der Zeitpunkt des letzten entscheidenden Kesseltreibens offen. Und eben den bestimmt Wagner selbst durch eine Ungeschicklichkeit.

Ende November – Wagner war kurz zuvor bei Ludwig in Hohenschwangau gewesen – läßt er sich herbei, einen schweren Angriff auf ihn durch einen anonymen Artikel in den »Münchner Neuesten Nachrichten« zu beantworten. Er spricht darin von »Wagner« in der dritten Person, tritt als dessen Verteidiger auf. Für Kenner seines Stils war sofort klar, wer als wirklicher Verfasser dahintersteckte. Er hatte Cosima, die übrigens auf diesen vertrackten Einfall gekommen war, den Aufsatz in die Feder diktiert. Alles, was man Wagner an Schwierigkeiten in den Weg gelegt habe, wird darin von seinem Fürsprecher als »Verschwörung« gegen ihn beim Namen genannt. Alles sei nur darauf angelegt, ihm den Aufenthalt in München zu verleiden: Zuerst habe man ihn beim

Volk verleumdet, um später mit üblen Nachreden über ihn beim König aufzuwarten; das Ganze sei nur gedacht, die Verwirklichung des von ihm vorgesehenen Bildungsprogramms zu verhindern. Das war sicherlich nicht unscharf gesehen. Als Hauptkomplizen gegen ihn sind Adel und Geistlichkeit aufgeführt. Und dann der eigentliche Hauptschlag, der nun nichts anderes ist als eine direkte Intervention, die bayrische Politik umzugestalten! Die entsprechenden Drahtzieher seien zu entlassen: Der Briefschreiber wagt zu »versichern, daß mit der Entfernung zweier oder dreier Personen, welche nicht die mindeste Achtung im bayrischen Volk genießen, der König und das bayrische Volk mit einem Mal von diesen lästigen Beunruhigungen befreit wären«.

Hier war es deutlich zu lesen: Jede Verärgerung Wagners ist gegen die Interessen von Volk und König gerichtet. Hier gilt es, die entsprechenden Konsequenzen zu ziehen.

Damit war natürlich Ludwig II. in eine schwierige Lage hineingebracht. An der Autorschaft gab es keinen Zweifel, auch für ihn nicht, obwohl Wagner ihm handschriftlich versichert, einen derartigen Artikel nie geschrieben zu haben. Der Minister von der Pfordten verlangt ein klärendes Wort. Man redet von der Gefahr eines Volksaufstandes. Der Rücktritt des Kabinetts wird dem König vor Augen gestellt. Dem Druck der Öffentlichkeit kann er sich nicht entziehen. Aber ohne Wagner – so hatte er ihm ja immer wieder erklärt – würde er nicht leben können. Das war nicht leichtfertig von ihm dahergesagt. Jetzt muß er sich entscheiden. Die Karten der Wagnergegner stechen. Man hat unzweifelhafte Beweise in der Hand, daß der »Ausländer« seine Stellung dazu mißbraucht, um die Geschicke Bayerns selbst in die Hand zu nehmen.

Wagner hatte den Bogen überspannt. Man sieht, wie er trotz aller dagegen sprechenden Zeichen damals glaubte, sich stark genug fühlen zu dürfen, diese »Leserzuschrift« zu wagen. Der König ringt um eine Lösung. Verärgerung über Wagner, das Gefühl, unmöglich von ihm und seiner Musik wegzukommen, Staatsräson, Drohungen des Ministeriums, der Familie, Stimmen aus dem Volk, der Kirche: Alles das macht die Entscheidung schwer. Aber sie bleibt unumgänglich. Ludwig II. gibt dem Druck von der Pfordtens nach. Er entscheidet sich für seinen Minister, aber nicht gegen Wagner. Wagner wird angewiesen, Bayern zu verlassen. Das war hart und trifft den Ausgewiesenen tief. Aber Ludwig läßt ihn wissen, daß die Ausweisung nur als befristete gedacht ist. Man muß bei Stürmen abwarten, bis sie vorüber sind.

Wagner war wieder einmal mit der Verbannung bestraft. Diesmal hatte er erreicht, daß selbst sein mächtiger Freund sie nicht verhindern konnte. Sein Leben schien aus einer Folge ewiger Wiederholungen zu bestehen. Dagegen war nicht anzukommen. Der Kriegsschauplatz der Völkerschlacht von Leipzig, auf dem während der Kämpfe seine Wiege stand, hatte offenbar Feuer und Schwefel wie Elemente der Disharmonie seiner beständig in Streit befindlichen Natur beigegeben. Cosima ist wie vernichtet, als die Nachricht der Ausweisung während des Abendessens in der Villa Jochmus überbracht wird. Das bedeutet Trennung. Sie wird Wagner in sein Exil nicht begleiten können. Auch hier muß der Schein gewahrt bleiben. Wagner versucht, sie aufzurichten. Es gilt, den mit vieler Mühe und großen Kosten gegründeten Haushalt zu sichern, jedenfalls zu retten, was zu retten ist, um als Künstler weiter zu existieren. Ludwig ruft ihn zum Abschied ein Zitat aus der *Götterdämmerung* zu: »Getrennt – wer darf uns scheiden?« Der Weggang Wagners von München – so tröstet er sich und den Freund – wird nicht von Dauer sein.

Wagner ist schwer angeschlagen, fahl und grau geworden. So wird er von Cosima am 10. Dezember an den Bahnhof begleitet. Als sich der Zug in Bewegung setzt, bewegt sich ein vom Leben zur Flucht Bestimmter der nächsten Etappe der Ungewißheit entgegen.

16. »Naht euch dem Strande«

Zwei Schiffbrüchige auf der Insel der Seligen

»Naht euch dem Strande!
Naht euch dem Lande,
wo in den Armen
glühender Liebe
selig Erwarmen
still' eure Triebe!«

Tannhäuser, Erster Akt

Wie in früheren ähnlichen Fällen wählt Wagner als Exilland wieder die Schweiz. Sie hatte sich für ihn bewährt. Er fährt nach Genf.

Dieses Mal und eigentlich zum ersten Mal in seinem Leben sind seine wirtschaftlichen Verhältnisse weit entfernt von der Not der früheren Jahre. Kurz vor der Münchner Katastrophe hatte er zur Regelung ausstehender Schulden noch eine Schenkung der Hofkasse in beträchtlicher Höhe entgegennehmen können. Dazu wird ihm das vom König auf achttausend Gulden angesetzte Jahresgehalt weitergezahlt. Das gestattet ihm ein sorgenfreies Leben in großzügigen Formen.

In der Nähe von Genf mietet er die Villa »Les Artichauts«, der er – es muß gar nicht mehr erst gesagt werden – sofort die gewohnte Pracht angedeihen läßt; und dies, obwohl der Mietvertrag nur auf drei Monate lautet! Er selbst legt dabei Hand an. Bevor nicht alles seinen atmosphärischen Ansprüchen genügt, ist bei ihm an konzentriertes Arbeiten nicht zu denken.

Seine Absicht war, die Arbeit an den *Meistersingern* wieder aufzunehmen, die unter den Münchner Ereignissen der letzten Monate sehr zu leiden hatte. An die Fortsetzung des *Ring* ist immer noch nicht zu denken.

Er hat kaum mit den *Meistersingern* begonnen, bricht in seinem Haus ein Feuer aus. Es entsteht kein großer Schaden. Aber es müssen Reparaturarbeiten ausgeführt werden, die die Behaglichkeit des Milieus stören. Während dieser unfreiwilligen Pause macht er eine Reise durch Südfrankreich. In Marseille erfährt er den Tod Minnas. Seine Frau und Gefährtin langer Notjahre war buchstäblich an gebrochenem Herzen gestorben. Es hatte Jahre gegeben, wo er sich ihren Tod sehnlichst herbeigewünscht hatte. Jetzt bedeutet er – zumindest – eine Erleichterung. Zu ihrer Beerdigung anzureisen, ist es zu spät. Dafür fährt er sofort nach Genf zurück. Kaum in Genf eingetroffen, kommt Cosima mit ihren Töchtern aus München. Sie ist entschlossen, ihre Zukunft mit Wagner zu teilen. Dem stehen natürlich große Schwierigkeiten entgegen. Es geht nicht allein darum, Bülow zum Verzicht zu bewegen, sondern die moralisch anstößige Verbindung vor dem König geheimzuhalten. Wagner und Cosima gehen nicht fehl, wenn sie auf seine Gutgläubigkeit vertrauen. Von ihm hängt schließlich alles ab. Ohne seine weitere Hilfe stünde Wagner dort, wo er in Stuttgart gestanden hatte, als ihn der königliche Sendbote aus dem tiefsten Elend herausholte. Die Angst, sein Gehalt zu verlieren, verläßt ihn nie und zwingt ihn zu immer neuen Manövern.

Cosima hatte Bülows auswärtige Konzerttätigkeit dazu benutzt, mit Wagner die anstehenden Fragen zu regeln und ihre Übersiedlung vorzubereiten. Hier Gewißheit zu bekommen, hatte sie aus mehr als einem Grund alle Veranlassung.

Zu klären ist zunächst die Frage nach einer dauernden Bleibe: Die »Artischocke« ist dazu nicht das Geeignete, das Haus leidet unter Feuchtigkeit. Man muß sich nach etwas anderem umsehen. Eine Dampferfahrt auf dem Vierwaldstättersee führt Wagner und Cosima rein zufällig zur Entdeckung eines Anwesens, das alle ihre Wünsche zu erfüllen verspricht: ein Landhaus auf einer Halbinsel, von Pappeln umgeben, mit Blick auf das Gebirge mit Rigi und Pilatus, dazu Luzern, wo Wagner den dritten Akt von *Tristan und Isolde* komponiert hatte, ganz in der Nähe. Triebschen, das Paradies, war gefunden.

Am nächsten Tage wird Cosima zunächst die Rückreise nach München antreten. Bülow muß über seine Zukunft in Kenntnis gesetzt werden. Wagner selbst zieht schon am 15. April in Triebschen ein. Er gedenkt sich hier auf lange Zeit einzurichten. An eine baldige Rückkehr nach München, wie der König sie gewünscht hatte, denkt er nicht. Das bedeutet Aufbau eines kompletten Hausstandes mit Cosima und den Mädchen. Dazu muß aus Wien die Putzmacherin her, um aus Samt und Seide ein neues Zauberreich zu errichten.

In München war das Leben inzwischen ohne Wagner weitergegangen. Es hatte für Wagner auch Vorzüge, zunächst einmal das Feld geräumt zu haben – die Pressekampagne gegen ihn lief ja auf vollen Touren. Zurückgeblieben war Bülow. Er mußte die Wut gegen Wagner büßen. Der »Volksbote« wartete mit Enthüllungen auf, die das Dreiecksverhältnis mit Wagner und Cosima berührten. Bülow reagierte formell und forderte den Redakteur zum Duell auf. Die Antwort war Hohn und Spott. So ließ sich mit der Presse nicht verfahren.

Natürlich drängt die Eheangelegenheit der Bülows auf eine Entscheidung. Im Sommer zieht Cosima endgültig zu Wagner nach Triebschen. Jetzt erst scheint Bülow den ganzen Sachverhalt begriffen zu haben. Er reist ihr nach und willigt dann nach eher schwachem Widerstreben in die Scheidung ein, bedingt sich aber aus, daß die Wiederverheiratung Cosimas mit dem gerade Witwer gewordenen Wagner erst nach zwei Jahren stattfinden soll. Das wird von beiden abgelehnt. Wagner würde bei der neuen Eheschließung bereits fünfundfünfzig Jahre alt sein. Er macht sein an Entbehrungen reiches Leben geltend, dem kein längerer Aufschub mehr zuzumuten sei.

Mit Bülow, der sich resigniert nach Basel zurückzog, war man schließlich doch rasch einig geworden. Die eigentliche Schwierigkeit lag woanders. Sie lag beim König. Gegenüber ihm können Wagner und Cosima nicht Farbe bekennen. Hier kann nur fortgesetzte Täuschung helfen. Cosima geht sogar so weit, die Rehabilitierung ihres in der Presse angegriffenen Mannes zu fordern. Der König gibt sie Bülow schriftlich: »Da Ich die genaueste Kenntnis des edeln und hochherzigen Charakters Ihrer geehrten Gemahlin, welche dem Freunde ihres Vaters, dem Vorbilde Ihrer Gattin, mit teilnahmsvollster Sorge tröstend zur Seite stand, mir verschaffen konnte, so bleibt mir das Unerklärliche jener verbrecherischen Verunglimpfungen zu erforschen übrig, um, zur klaren Einsicht des schmachtvollen Treibens gelangt, mit schonungslosester Strenge gegen die Übeltäter Gerechtigkeit üben zu lassen.« Mit Brief und Siegel war der Tochter Franz Liszts bekräftigt worden, daß sie dem Freund des Vaters in einer schweren Notlage, deren Hintergründe dem König bekannt sind, in lauterster Absicht hilfreich beisteht. Der König ist nicht bereit, anderslautenden Gerüchten Glauben zu schenken.

Aber gegen das im Kreuzfeuer stehende Paar gibt es eine Belastungszeugin, deren Urteil glaubwürdig ist. Diese Zeugin ist Malwina Schnorr, die Witwe des Freundes und Isolde der Münchner Premiere. Während ihr Mann am *Tristan* zugrunde gegangen war, war ihr der Erfolg des *Tristan* in den Kopf gestiegen. Sie gibt vor, mit dem Verstorbenen geheime Verbindung zu unterhalten, will seine Stimme gehört haben mit Botschaften an Wagner und den König. Die Urteile über sie schwankten. Sie hatte es offenbar auf Wagner abgesehen, der andrerseits wieder für ihre Freundin den Werber beim König machen sollte. Es war nicht genau dahinterzukommen. Jedenfalls suchte sie die hohe Meinung, die Wagner von seinem Tristan Ludwig Schnorr hatte, für sich auszunutzen. Cosima stand ihr im Wege. Sie kann mit Enthüllungen drohen, die nicht zu entkräften sind. Ihr Auftreten hat Wagner neben vielem Vergnügen auch großen Ärger bereitet. Schließlich genügte das offenkundig Betrügerische vieler ihrer Auslassungen, um den anderen Aussagen keinen Glauben zu schenken. Sie wird am Ende aus München abgeschoben und kann ihre zweitausend Gulden Ehrenpension in Zukunft in Hamburg verzehren.

Natürlich stößt man weiter nach, bohrt, recheriert. Gnadenlos setzen die Verfolger Wagners allen Spuren nach. Sein Diener Mrazek wird befragt. Er hat nie etwas gesehen. »Ich kann und will es nicht glauben«, erklärt der König, »daß Wagners Beziehungen zu Frau von Bülow die Grenzen der Freundschaft überschreiten. Das wäre furchtbar.«

Wie vorauszusehen war, wird es dem König immer schwerer, ohne Wagner auszukommen. Seine Isolation, deren Gründe im Amt, aber mehr noch in der eigenen Natur lagen, war durch die Beziehung zu Wagner aufgehoben. Wagner war im wahrsten Sinne lebensnotwendig für ihn. Im Mai, sechs Monate nach Wagners Abreise aus München, reitet er mit dem Pferd nach Bissenhofen, nimmt dort den Zug nach Lindau und fährt von hier per Schiff in die Schweiz – allein, inkognito, heimlich und unangemeldet! Er will zu Wagners Geburtstag in Triebschen sein. Wagner soll überrascht werden. Der sieht ihn schon von seinem Arbeitszimmer durch den Garten kommen. Rührung und Freude!

Es gilt, Mißverständnisse auszuräumen. Der König möchte den letzten Zweifel an seiner Treue beseitigen. Vor allem sieht er die Fehler der Wagnerfeinde. Er hatte von der Pfordtens Druck auch aus politischen Gründen nachgeben müssen. In der Schaukelpolitik Bayerns neigte von der Pfordten Österreich zu, während Wagner, der im habsburgischen

Österreich immer ein verderbliches Element sah, damals, wenn auch nur wegen der Erscheinung Bismarcks, schon auf Preußen setzte. Der Ausgang des Krieges gab ihm recht. Bayern mußte für die Fehler seines Ministers zahlen. Der König kann dem Freund dessen Klarsicht bestätigen. Natürlich war der heimliche Besuch Ludwigs in Triebschen bekanntgeworden. Neuer Sturm erhebt sich gegen Wagner, aber nicht weniger gegen Ludwig, dessen Regierungsfähigkeit von seinen Feinden ohnehin schon lange angezweifelt wird. Die Presse nimmt sich der Sache an, die sich an pikanten Details aus der »Ehe zu dritt« gütlich tut. Daß sich der König in Triebschen zwei Nächte mit einem ehebrecherischen Paar unter einem Dach befunden hatte, war etwas Ungeheuerliches. Das war die gewünschte Handhabe gegen ihn, die er noch zu spüren bekommen wird.

In Triebschen konnte Wagner das Gefühl haben, mit einem gewissen Abstand dem Kesseltreiben zuzusehen, dem seine »Partei« in München ausgesetzt war und das niemand heftiger traf als Bülow, der dort seine Geschäfte führte. Bülow – und Cosima, die zeitweilig bei ihm in der Arcostraße weilte – waren den schwersten Angriffen preisgegeben, mußten die kränkendsten Beleidigungen hinnehmen. Mit dem Gegner war nicht zu spaßen. Der Gegner, das war die altbayrische Administration, der größte Teil der Presse, der Klerus, fanatisiertes katholisches Volk und bayrischer Adel, der sich durch den Günstling um seinen Einfluß und seinen Rang gebracht sah. Um so höher ist die Entschlossenheit des jungen und sonst doch immer wieder schwankenden Königs zu stellen, zwischen den Erfordernissen der bayrischen Politik und dem Wunsch, Wagner zu halten, eine Position aufzubauen. So sieht man, wie er sich unmittelbar nach Wagners Weggang von München daranmacht, dessen Stellung dadurch zu festigen, daß er Bülow zum bayrischen Hofkapellmeister ernennt, der hinfort nicht mehr der Hoftheaterdirektion, sondern nur ihm selbst untersteht.

Triebschen war in Wirklichkeit das Zeichen von Wagners Scheitern in München gewesen, aber das »Paradies« inmitten der ideal-heroischen Schweizer Hochgebirgswelt am Vierwaldstättersee, das er hier angetroffen und für sich weiter ausgebaut hatte, zeigte erneut, wie Wagner es verstand, aus den Niederlagen das Beste zu machen und sie schließlich in Siege zu verwandeln. Mit dem Fortschreiten der Arbeit an den *Meistersingern* hatte es in München nicht gut ausgesehen. Ganz anders jetzt: Malaisen wie die fortgesetzten Verbannungen sind für Wagner offenbar doch immer wieder im künstlerisch-produktiven Sinne existenznotwendig. Es gibt ganz konkrete Hinweise dafür, daß Wagner instinktiv die Katastrophe sucht und die Mittel weiß, sie sich selbst zu bereiten.

Ereilt sie ihn, wird er geradezu durch die Schwerkraft der neuen Verhältnisse zu sich hingeführt. So findet er jetzt in Triebschen für die notwendig erachtete Beendigung der *Meistersinger* günstigste Verhältnisse. In diese Monate fällt die Verpflichtung von Hans Richter, der ihm dabei zur Hand gehen soll.

Wagner hatte damit gerechnet, daß der neue Aufenthalt hier in der Nähe von Luzern von einiger Dauer sein würde, und er hatte sich sogleich darauf eingestellt. Vor allem mußte er darauf gefaßt sein, daß der König, erführe er die ganze Tragweite seiner Beziehung zu Cosima, keine Konzilianz kennen würde. Das war ganz richtig gesehen. In längeren Zeiträumen gedacht, war ein Abnehmen der von der Begeisterung für das Werk getragenen königlichen Fürsorge wahrscheinlich. Auch hier sieht Wagner den Ablauf der Dinge sehr früh voraus. Bei Ludwig verstärkt sich insbesondere in den Jahren 1869/70 ein abweisender Zug gegenüber Wagner, der nicht dem Künstler, sondern der Person gilt. Hier spielt manches andere mit hinein, neben den menschlichen Enttäuschungen über Wagner dessen immer entschlosseneres Eintreten für Preußen und Bismarck.

Wagner hat mehr als einmal daran gedacht, Ludwig und Bayern fallen zu lassen und sich an Preußen zu halten, das durchaus das Zeug dazu hatte, nicht nur Sparta zu sein, sondern auch Athen zu werden. Es ist Cosima, die ihm abrät und meint, sich diese Möglichkeiten für später offenzuhalten. Gleichzeitig – doch immer noch überlagert von Dankbarkeit, Gleichgestimmtheit und Gutmütigkeit – regt sich bei Wagner, wie wir aus den Tagebüchern Cosimas wissen, bald ein Zug der Verachtung des Königs: Verachtung seiner Schwäche und seines »Milieus«, das ihn nicht fordert und darum verweichlicht. Dieser Gedanke hat, als er ausgesprochen wird, schon die Schule Darwins durchgemacht; aber er ist sehr früh da, gehört gewissermaßen zu jenen Maßnahmen des Widerstands, die sich angesichts seines Überlebenswillens unter den neuen Verhältnissen bei Wagner einstellen. An der Einzigartigkeit der Freundschaft zwischen Wagner und Ludwig II. als einer der großen Beziehungen mit festem Platz in der Kulturgeschichte wird dadurch nichts geändert. Sie wäre nicht das gewesen, was sie war, ohne diesen Sprengsatz, der sie immer wieder gefährdete; der schließlich nur bekräftigt, daß Wagner ein Leben außerhalb der Normalität führte, er selbst im bürgerlichen Sinne »unmöglich« war und nur überdauerte, indem er sich aus einem Provisorium ins andere flüchtet.

Noch gilt für die Welt seine Beziehung zu Cosima nicht als endgültig besiegelt. So erscheint eines Tages Liszt auf einem Abstecher von Basel in Triebschen. Es ist das erste Wiedersehen nach drei Jahren. Liszt hat Gründe, sich gegen Wagner zurückhaltend zu zeigen. Jetzt ist er gekommen, um mit ihm ernsthaft zu reden. Er will die Ehe seiner Tochter retten. Man zieht sich zurück. Das Gespräch, das sich vom Nachmittag bis in die Abendstunden hinzieht, hat keine Zeugen. Aber was dann folgt, sagt, wie es ausgegangen ist: Liszt sieht die Partitur der *Meistersinger* auf dem Bechsteinflügel und gibt vom Blatt abspielend so etwas wie ihre erste Aufführung. Es ist – Liszt macht erneut die Erfahrung – gegen Wagner kein Ankommen.

Die Münchner hatten nicht vergessen, was ihnen von Wagner, einem »Nordlicht« der zweiten Generation, angetan worden war und was die Finanzadministration durch ein sehr sinniges Bild verdeutlichte. Als nämlich ein Darlehen von vierzigtausend Gulden für Wagner gezahlt werden soll, erfolgt die Aushändigung des Betrags an Cosima in Silberstücken, die in Säcken nach Wagners Wohnung gefahren und dort sichtbar vor dem vorher verständigten Volk abgeladen werden. Nun konnte es jeder wissen, was der Fremde das Land kostete.

Bei der Lage der Dinge, bei dem Ruf, der sich mit dem Namen Wagners verband, bei dem Verstoß gegen die gute Sitte, dem Provozierenden seiner ganzen Erscheinung, war an eine dauernde Rückkehr nach München nicht zu denken. Das konnte schon dem König nicht angetan werden. Doch bei der Durchsetzung des rigorosen Verbots gab es Einschränkungen, die von der Seite eben des Königs kamen, für den ein Aufenthalt Wagners in seiner Nähe eine Zumutung sein mußte. Ludwig schlug sich mit Hochzeitsplänen herum. In seiner Cousine, der Herzogin Sophie, war die Braut gefunden. Die Dinge waren schon weit gediehen, der 12. Oktober 1867 als Hochzeitstermin in Aussicht genommen. Und dafür wünschte Ludwig die Aufführung der *Meistersinger*. Bei den gegebenen Verhältnissen hätte das eine Uraufführung ohne Wagner sein müssen. Das bedeutete nichts Neues. Auch der *Lohengrin* unter Liszt in Weimar war zum ersten Mal in Abwesenheit Wagners gespielt worden. Doch jetzt liegen die Dinge anders. Ludwig wünscht die Teilnahme Wagners, er sieht in der Premiere einen Grund, ihn auf diese Weise wieder nach München zu ziehen. Da fällt, zum Glück für den König, der vorgesehene Anlaß zur Aufführung, nämlich die Hochzeit, weg, und Wagner braucht deswegen nicht eigens herbeigeholt zu werden.

Dafür müssen jetzt die von Ludwig geplanten »Mustervorstellungen« des *Tannhäuser* und des *Lohengrin* herhalten, die nur bei Überwachung der Proben durch Wagner selbst realisiert werden können. Ludwig nimmt die Sache ernst. Zur Vorbereitung auf die Aufführung fährt er erst einmal zur Wartburg, um die Stätten des Sängerkriegs zu studieren. Seine Bitte an Wagner, von Triebschen herüberzukommen, wird dringlich und kann nicht abgeschlagen werden. Wagner reist dann auch an. Doch die Proben geben schon Anlaß zu peinlichem Mißverstehen. Für die Rolle des Lohengrin hat man Tichatschek gewonnen, der der triumphale Rienzi der Dresdner Uraufführung gewesen war. Ihm fühlt sich Wagner nach wie vor freundschaftlich verbunden, er schätzt ihn als Sänger sehr hoch ein. Seine Stimme hat nichts vom alten Glanz verloren. Aber Ludwig nimmt Anstoß an seiner äußeren Erscheinung, findet ihn unansehnlich und mit seinen sechzig Jahren zu alt. Seine Äußerung über den »Ritter von der traurigen Gestalt«, den er hinfort nicht mehr zu sehen wünscht, verstimmt Wagner derart, daß er sofort nach Triebschen zurückreist. Er hat es nicht eilig, sich jetzt in München aufgeführt zu sehen, und er wird es noch weniger eilig haben, als später mit dem Baron Perfall ein Repräsentant des wagnerfeindlichen bayrischen Adels die Hoftheaterintendanz übernimmt. Er sieht hier sofort eine Wiederholung der ihm von Dresden unliebsam vertrauten Hoftheaterverhältnisse mit einem dilettantischen Kavalier an der Spitze, der Anweisungen gibt, Befehle erteilt. Wagner ist bestens gerüstet. Der König möchte Teile des noch unfertigen *Ring des Nibelungen* sehen: also *Rheingold* und *Walküre.* Wagner hat Erfahrung darin, wie die Aufführung eines Werks verzögert werden kann, kennt vom *Tristan* her die Fallstricke, die dabei ausgelegt werden. Diesmal ist er es, der sie legt. Aber war es ihm übelzunehmen, daß er sich angesichts der »Hölle«, wie München sie ihm bereitete, zurückzog, wo ihm die Verfügungen Ludwigs über sein Werk immer ärgerlicher wurden? Hier war Grundsätzliches im Spiel. Hier wurde – und Wagner wußte das genau – die Sache des »Künstlers« verhandelt: der »Künstler«, der die Schau- und Hörlust des Publikums zu befriedigen hat, der auf die Stunde genau bereitstehen muß, seine Fertigkeiten zu zeigen, den Eitelkeiten der Auftraggeber entgegenzukommen, deren höherer Ehre er dient, und der am Ende, wenn Kunst und Künstler die geltende Moral verletzen, noch mit Schimpf und Schande davongejagt wird.

Wagner hatte die sich durch den Dienstantritt Perfalls bald ergebenden neuen Querelen von Anfang an vorausgesehen. Für einen kurzen Augenblick glaubte er, selbst seine Kandidatur für die Intendanz anzeigen zu sollen, war sich aber sofort über die Unmöglichkeit einer Amtsführung in München im klaren. Perfalls Ernennung war freilich nicht von vornherein ganz sicher gewesen. Aus Wien hatte Laube, der große Direktor des Burgtheaters, seine Konkurrenz angemeldet und sich dabei an Wagner mit der Bitte gewandt, seine Bewerbung beim Hof zu fördern. Mit Laube verband ihn einiges. Er gehört wie Wagner zu den 48er Revolutionären, war aber nicht nur Exilierter, sondern hatte das Unglück gehabt, zu einer Kerkerhaft verurteilt zu werden, die ihm dadurch erleichtert wurde, daß Fürst Pückler, der an seinem umgänglichen Wesen Gefallen fand, seine Überführung in das zu seiner Herrschaft gehörende Gefängnis in Muskau durchsetzte. Hier war Laube eher Schloßgast des Fürsten gewesen, der mit ihm große Spaziergänge unternahm und ihn als ausgezeichneten Unterhalter schätzte. Auch Wagner hat die liebenswürdige Seite Laubes kennengelernt, war aber von den künstlerischen Talenten des ehemaligen Jungdeutschen nicht so ganz überzeugt und unterließ es auch nicht, in Paris und Zürich, wo er den alten Bekannten getroffen hatte, ihn das wenig diskret spüren zu lassen. Laube überschätzte die Einflußmöglichkeiten Wagners, der ja da, wo er hätte vermitteln sollen, selbst ein Geächteter war. Immerhin setzte Wagner sofort alle Hebel in Bewegung, um Laubes Kandidatur zu unterstützen. Nichts hätte ihm lieber sein können, als diesen gewinnenden Mann und ersten Theaterleiter in Deutschland, der ihn in trüben Wiener Tagen gastlich bei sich aufgenommen hatte, an der Spitze des Hauses zu sehen, wo er seine *Meistersinger* zur Aufführung bringen wollte. Die Bemühungen sind vergebens. Das Vertrauen der Jesuiten wiegt in München schwerer als das Gutachten, das ein ehemaliger Aufständischer einem anderen ausstellt, noch dazu, wenn es sich um Richard Wagner und Heinrich Laube handelt. Aber die Pointe liegt wieder im Bannkreis des Wagnerschen Mißgeschicks, weil Laube für das Scheitern seiner Bewerbung Wagners angebliche Winkelzüge verantwortlich macht. Laube bricht mit seinem Befürworter und wird sehr bald als Rezensent der *Meistersinger* auf der höhnenden Seite Hanslicks stehn.

Mit Laube war die Freundschaft beendet, weil seine Bemühungen für ihn erfolglos geblieben waren, von Perfall ließ sich wenig erhoffen, weil er seine Direktion zu verhindern gesucht hatte. Dessen freundliches Entgegenkommen unmittelbar nach der Übernahme der Amtsgeschäfte ist denn auch eher strategischer Art und von Wagner so verstanden worden. Die Aufführung der *Meistersinger* ließ sich natürlich nicht unterbinden, denn der König wünschte sie. Sie war nur aufgeschoben worden. Der Partitur, die Wagner für das Beste hielt, was er je geschaffen hatte, ist das sehr bekommen. Ihr ist in der Tat eine peinliche Sorgfalt der Ausführung nachzusagen, die bei Wagner gerade im Vergleich zum *Ring* außergewöhnlich erscheint. Das war nicht zuletzt der Mitarbeit Hans Richters zuzuschreiben, der in diesen Monaten dabei ist, zu einer festen

Stütze in Wagners Arbeitsprogramm zu werden. Hans Richter, neben Karl Ritter und Hans von Bülow der dritte »Geselle«, ein geborener Wiener und ausgebildeter Hornist, war auf Empfehlung Hellmesbergers von Wagner engagiert worden. In Triebschen besorgt er Stich und Kopie der *Meistersinger*-Partitur und wird zum Zeugen der Wagnerschen Arbeitsvorgänge, über die er sich sehr informativ ausgelassen hat.

Wir wissen, daß Wagner bei Aufnahme der Arbeit an schnellen Abschluß, etwa in einem Jahr, gedacht hatte. Das war, wie immer in solchen Fällen, ein Irrtum. Erste Eindrücke gehen auf das Jahr 1835 zurück, wo Wagner bei einem Besuch von Verwandten in Nürnberg einer nächtlichen Prügelei zugeschaut hatte. Das war haften geblieben. Man kann – wenn man will – für die *Meistersinger* die längste Durchlaufzeit unter allen seinen Werken vom ersten motivischen Anstoß bis zum Abschluß sehen. Aber die Arbeit daran, die in Biebrich eigentlich erst beginnt, erfährt hier schon gleich das Schicksal, das sie dann immer wieder erleben wird – sie muß beständig unterbrochen werden. Jetzt in Triebschen – endlich – soll sie in einem Zuge abgeschlossen werden, soweit das durch die aufgezwungenen Münchner Aufenthalte nicht hinausgezögert wird. Die anhaltende Konzentration, mit der er hier arbeitet, ist selbst für Wagners Verhältnisse außergewöhnlich. Jede abgeschlossene Partiturseite trägt er persönlich in Richters Zimmer, um mit ihm technische Fragen durchzusprechen oder auch über Tonvaleurs dessen Meinung zu hören. So läßt er sich die näselnde Wirkung des Horns in Beckmessers Ständchen aus dem Finale des zweiten Akts bestätigen. Hier ist Richter für ihn glaubwürdiger Experte. Während der dreizehn Monate hat Richter, der im zweiten Stock über dem Zimmer Wagners wohnt, daraus nicht einen einzigen Klavierton anschlagen hören. Die Komposition ist bei der Niederschrift fix und fertig, wichtig bleiben jetzt, mehr als die Tonfiguren, die instrumental erzeugten Mischungen.

Die Vorbereitungen zur Aufführung der *Meistersinger* schließen sich unmittelbar an die Fertigstellung der Partitur an, ja, haben bereits begonnen, bevor Richter die letzte Hand an die Abschrift gelegt hat. Das hatte es bei Wagner noch nicht gegeben. Mitten in diese Zeit fällt der erste Kontakt mit Anton Bruckner. Für einen Gesangverein, den er dirigiert, wünscht er aus Anlaß eines Festkonzerts eine Männergesangskomposition. Das war eigentlich nicht Wagners Sache. Aber er kann helfen. Er empfiehlt Bruckner den Schlußchor der *Meistersinger* mit den darin enthaltenen Frauenstimmen. Und das Resultat: Bevor in der Münchner Premiere der *Meistersinger* dieser Schlußchor zum ersten Mal erklingt, hat ihn Bruckner schon in Linz zur Aufführung gebracht.

In München ist natürlich Bülow mit der Leitung der Aufführung betraut worden. Hans Richter ist der Chorchef und hat mit den Solisten geprobt. Aber von einem richtigen Chor kann zunächst noch keine Rede sein. Er wird eigentlich erst durch die Arbeit Richters bei der Einstudierung in einem Schnellverfahren ohne Vergleich geschaffen. Das ist Richters erste große bühnenpraktische Tat, die ihn dann für die Folge, mehr noch als Bülow, zum eigentlichen authentischen Gewährsmann Wagners macht, der diese Entwicklung nach Wagners Tod einleitet.

Für die Einstudierung in der letzen Phase kommt Wagner selbst von Triebschen herüber. Bei der Besetzung der großen Partien hatte es wieder einmal Sorgen gegeben. Auf viele Vorschläge waren Absagen eingegangen, einige Wechsel in der vorgesehenen Besetzung erwiesen sich als notwendig. Gesagt werden muß hier: Die für Wagner und die Theatergeschichte so denkwürdige Münchner Uraufführung der *Meistersinger* kennt keine so hervorstechenden Künstler wie etwa Tichatschek oder die Schröder-Devrient, und sie kennt keinen Schnorr. Die Sänger und Sängerinnen, Franz Betz als Sachs, Mathilde Mallinger als Eva, Franz Nachbaur als Stolzing gehören eher zur Garnitur der oberen Mittelklasse. Das tut ihnen bei Wagner keinen Abbruch. Er hat nie dem bloßen, aus der Gesamtdarstellung herausgelösten Fetischismus der Stimme etwas abgewinnen können. Höher als die Stimme schätzt er die »Begeisterung«, die ihr den mitreißenden Impetus verschafft. Nach Wagners Ankunft in München bemächtigt sich der Mitwirkenden ein zuvor so nie gekanntes Gefühl der Harmonie. Es scheint ein Funke überzuspringen, der es zu einem fast mühelosen Miteinanderspiel kommen läßt. Wagner ist alles in einer Person: Dichter-Komponist, Spielleiter, Darsteller und Sänger aller Partien, wenn es sein muß. Er zeigt sich ganz in seinem Element, gleichgültig ob er Sachs in Würde und Entsagung imitiert oder dem Darsteller des Beckmesser mit Mimik und kecken Sprüngen auf das überzeugendste seine Anweisungen glaubhaft macht.

Schon die Generalprobe findet in Anwesenheit Ludwigs II. statt. Ein Sonderzug hat ihn von Starnberg nach München gebracht. Wagner hatte daran gedacht, der Uraufführung selbst nicht beizuwohnen, sondern nach Triebschen, in »seine Berge«, zurückzukehren. Ludwig ist dagegen, und so fügt er sich in dessen Wunsch und wohnt der Aufführung in der Königsloge bei. Die Erstaufführung der *Meistersinger* am 21. Juni 1868 wird dann zu einem Triumph, wie ihn Wagner seit der *Rienzi*-Premiere in Dresden nicht erlebt hatte. Schon nach dem ersten Akt lang anhaltender Beifall mit Stimmen, die den Komponisten rufen! Wagner zeigt sich nicht. Der zweite Akt gerät in der Darstellung und Wiedergabe unter

Bülow so, wie Wagner es von keiner früheren Aufführung irgendeines seiner Werke kannte. Die Beckmesser-Szene mit Volksauflauf zieht das Publikum in ihren Bann, und nach dem Auftritt des Nachtwächters setzt beim Fallen des Vorhangs orkanartiger Applaus ein. Bei den Gegnern greift Hilflosigkeit um sich. Hier bereitet sich etwas vor, was ihre politischen Pläne durchkreuzt. Der Erfolg am Ende, mit seinem Enthusiasmus im Zuschauerraum, der in eine regelrechte Huldigung übergeht, ist vollkommen und gehört in die Annalen der Theatergeschichte. Wagner, der zum Erscheinen gefordert wird, verneigt sich neben dem König in der Loge und dankt. Es ist einer der größten Tage in seinem Leben.

Seine Absichten nach diesem Riesenerfolg sind, München auf das schnellste zu verlassen. Er will sich das Glück nicht noch nachträglich trüben lassen. Aus Dresden hatten sich Gläubiger gemeldet, die Schulden von über zweitausend Gulden aus dem Jahre 1847 eintreiben lassen. Mit Intrigen der Gegenpartei, die hier ein gewaltiges Debakel erlebt hatte, mußte gerechnet werden. Wo würde sie zum Gegenschlag ansetzen?

Wagner sucht nach den Anstrengungen und Aufregungen der Vorbereitung der *Meistersinger*-Premiere jetzt die Entspannung. Er begibt sich auf Reisen, zuerst durch Oberitalien, dann, inkognito, zur Schwester Ottilie nach Leipzig. Jetzt in den Wochen nach dem Münchner Erfolg der *Meistersinger* und in der Einsamkeit der Eisenbahncoupés und Hotelzimmer wird er von dem Gefühl gepackt, keine Familie zu haben, überhaupt nie eine Familie gehabt zu haben seit der Trennung von Mutter und Geschwister. Der Plan taucht auf, in Triebschen für immer seßhaft zu werden und nie wieder nach München zurückzukehren. Das heißt, daß Cosima ebenfalls endgültig nach Triebschen übersiedeln müßte. Was das für seine Beziehung zum bayrischen König bedeutet, weiß niemand besser als er selbst. Ein solcher Entschluß muß den König nicht nur verstimmen, sondern die Krise ihres Verhältnisses, zu deren Ausbruch sich schon so manches angesammelt hatte, unmittelbar auslösen. Wagner bittet Ludwig um eine Unterredung. Daß sie ihm nicht gewährt wird, sagt als Antwort so gut wie alles.

Die *Meistersinger* waren für Wagner eine letzte Konzession an die möglichen Forderungen des Opernbetriebes gewesen, nach dem *Tristan* sozusagen die zweite »Einschaltung« während der Arbeit am *Ring*. Nun kann die Arbeit daran wiederaufgenommen werden. Das Werk war bis zum zweiten Akt des *Siegfried* fortgeschritten. Als Wagner nach Triebschen zurückkommt, beginnt er sofort da, wo er aufgehört hatte, als hätte es keine jahrelange Unterbrechung gegeben.

Es hat zunächst den Anschein, als würde die Arbeit am *Siegfried* in einem Zuge weitergehen. Aber das stellt sich bald als Irrtum heraus. Wünsche des Königs werden an den Vierwaldstättersee übermittelt. Ludwig möchte in einer Wiederaufführung den *Tristan* sowie das *Rheingold* hören. Das war verständlich. Die Liebe zur Wagnerkunst hatte Ludwig schließlich zum Mäzen des Künstlers werden lassen. Wenn er jetzt etwas von ihm zu hören wünschte, war das nicht unbillig. Wagner sieht sofort die Zusammenhänge. Kehrt er nicht mehr nach München zurück, wie das jetzt seine feste Absicht ist, kommt er in Gefahr, seine Pension zu verlieren. Gerade seine Gegner können auf die Einhaltung seiner Verpflichtungen dringen und unternehmen auch Vorstöße, den König dazu zu bewegen, Wagner fallenzulassen. Was natürlich mißlingt!

Gegen eine Aufführung des *Tristan* in dem ihm so verleideten München ließ sich nichts einwenden. Bülow bereitet die Wiederaufnahme des Werks vor mit dem Ehepaar Vogl in den Titelrollen. Wie richtig Wagner das Münchner Klima mit der Feindseligkeit von Hof, Schranzentum, Theaterdirektion, Öffentlichkeit und einer Presse, die sie anheizt, einschätzte, zeigt sich sofort, als Bülow mit den Proben beginnt. Es regt sich Widerstand, der bis ins Orchester reicht, mit Franz Strauß – dem Vater des Komponisten Richard Strauß – an der Spitze, der zwar die Hornpartien wunderbar bläst, aber die Fronde gegen Wagner sehr wirkungsvoll und für den Statthalter Bülow nervenzermürbend anführt. Bülow ist am Ende seiner Kraft. Es steht für ihn fest, aus der Münchner Stellung endgültig auszuscheiden, um anschließend in Florenz ein neues berufliches und privates Leben zu beginnen. So sieht er es damals. Aber der König ist nun einmal im Zuge des vollen Genießens Wagnerscher Musik. Er hat lange genug darauf warten und sich viele Entbehrungen auferlegen müssen. Während der Proben zum *Tristan* gibt es am 13. Juni eine für den König angesetzte Privatvorstellung des *Lohengrin*, die um 10 Uhr morgens beginnt und um 3 Uhr nachmittags endet. Ebenso wird nach der öffentlichen Aufführung des *Tristan* das Werk noch einmal für den König, als einzigem Zuhörer, gegeben.

Was nun noch ausstand, war die Aufführung des *Rheingold*. Der König hatte dazu den ausdrücklichen »Befehl« gegeben. Aber eine solche Aufführung würde gegen Wagnersche Grundvorstellungen überhaupt verstoßen, würde das Herausreißen eines Stücks aus dem Gesamtwerk bedeuten. Das kann er nicht zulassen. »Unmöglich, und wenn ich betteln gehen müßte!« sind Worte, die in diesem Zusammenhang von ihm gesprochen werden. Er sieht darin eine Zumutung des Königs, der nachzugeben er nicht bereit ist. Doch Ludwig ist entschlossen, seinen Willen durchzusetzen. Wagner fügt sich, so scheint es. Daß eine Einzelaufführung des *Rheingold* eine abschwächende Wirkung des Gesamtwerks, das noch nicht einmal fertig ist, haben muß, steht für ihn fest. Sie kann dem Ganzen nicht dienlich sein, in Umständen, die für Wagner ungünstig sind, wo Feinde in großer Zahl nur auf das geringste Anzeichen eines Mißerfolgs warten! Und noch dazu bei einem solchen Wagnis wie dem *Ring*, wo so gut wie nichts bühnenpraktisch erprobt ist! Daß sich Wagner hier versagt, hat seine guten Gründe. Wenn er doch nachgibt, dann darum, weil der Anordnung des Königs nichts entgegenzusetzen ist. Er kann ihre Durchführung nicht verhindern und leidet Höllenqualen bei diesem Gedanken. Sein Aussehen ist schlecht, mit der Gesundheit steht es nicht zum besten. Aber er verbirgt nicht seine Meinung. Die Sänger, den Bühnenbildner, den Maschinenmeister lädt er nach Triebschen ein, um sie mit seinen Vorstellungen vertraut zu machen. Sie dürfen das Gefühl mit nach München nehmen, daß seine Lust, die vorgesehene Aufführung zu fördern, nicht eben groß ist. Als Wagner persönlich auf der Bildfläche erscheint, kann er sich dann von der mangelnden künstlerischen Qualität der Vorbereitungen selbst überzeugen. Mit den Sängern ist kein großer Staat zu machen, die Bühnenbilder, für deren Entwurf Wagner empfohlen hatte, Vorlagen im Schweizer Hochgebirge zu suchen, zeigen beträchtliche Mängel, die Theatermaschinen funktionieren nicht in der vorgesehenen Weise. Hans Richter hatte bereits seine Entlassung eingereicht. Er dirigiert eben nur noch die Hauptprobe, bei der der König anwesend ist. Gegenüber Perfall kann Wagner jetzt erklären, daß er trotz aller künstlerischer Bedenken gegen die Aufführung nichts einzuwenden habe. Einzige Bedingung: Richter soll als gastierender Kapellmeister dirigieren. Hier muß der Hofintendant ablehnen. Das hätte ein Nachgeben an allen Fronten bedeutet. Zu guter Letzt ist auch der Sänger des Wotan schon abgereist. Sein Vertrag war abgelaufen, um Verlängerung hatte er gar nicht erst nachgesucht. Die vom König befohlene Aufführung des *Rheingold* mußte ausfallen. Wagner selbst konnte zufrieden sein. Nach Erledigung dieser Geschäfte reist er hochbefriedigt nach Triebschen zurück.

Wagner ist aus seinem Verhalten nicht selten der Vorwurf eines intrigant hintertreibenden Verhaltens gemacht worden. Nichts ist falscher. Er hatte diesmal das Spiel seiner Feinde mitgespielt, weil dies bei den bestehenden Abhängigkeitsverhältnissen die einzige erfolgversprechende Verhaltensmöglichkeit war. Aber er hatte mit offenen Karten gespielt, war Risiken des Nachgebens eingegangen und hatte Vorgeblichkeiten einer perfiden Theateradministration schon im voraus pariert. Daraus läßt sich kein berechtigter Angriff gegen ihn herleiten. Denn im Gegensatz zu allem, was man ihm vorhielt, hatte er ausschließlich künstlerische Gesichtspunkte gelten lassen, als er sich gegen die Aufführung des *Rheingold* aussprach. Und die stehen außer jedem Zweifel! Es war Ludwig II., der sich hier über alle Rechte des Künstlers an seinem Werk hinwegsetzte und die Aufführung gegen dessen Willen erzwingen wollte. Das war mißlungen. Der Wagner nach dem Erfolg der *Meistersinger* hatte gezeigt, daß er sich in allen Mitteln der Theaterdiplomatie auskannte und nicht bereit war, sich einem fremden Willen zu beugen.

Es kommt dann doch noch zu einer Aufführung des *Rheingold,* weil der König auf seinem »Befehl« besteht. Aber damit hatte Wagner nichts mehr zu tun. Anstelle von Hans Richter und ohne die Beratung Wagners dirigiert der Hofkapellmeister Wüllner die Aufführung mit zweitklassigen Sängern. Und er dirigiert sie in jener Mittelmäßigkeit, die nach dem Triumph der *Meistersinger* in die Niederlage hineinführt, eben das, was Wagner durch eine losgelöste Vorstellung des Vorspiels zur *Ring*-Tragödie gerade verhindern wollte. Mit diesem Abend war zur Freude der Presse der verschwenderische »Gott« wieder auf die Erde heruntergestiegen und hatte seine mit vielen Mängeln behaftete menschliche Gestalt angenommen.

17. ». . . daß sie auch mal 'ne Ausnahm verträgt«

Das eingeschaltete Satyrspiel

»Der Regel Güte daraus man erwägt,
daß sie auch mal 'ne Ausnahm verträgt.«
Die Meistersinger von Nürnberg, Dritter Aufzug

Wagner als »Mozartianer« zu bezeichnen wäre verwegen, wenn er sich nicht selbst so genannt hätte. Das Nürnberg des Hans Sachs ist nicht das Wien der Maria Theresia, aber die *Meistersinger* haben mit dem »Figaro« die Beschwörung des spielerischen Elements gemeinsam. Im Spiel verbindet sich die Tragödie mit der Komödie. Das war Shakespeare, der zweite Lehrmeister Wagners zwischen Aischylos und Beethoven. Aber dieses Einbrechen des Komischen ins Tragische unterscheidet die *Meistersinger* von allen andern Werken der Wagnerschen Produktion. Vielleicht hängt damit zusammen, daß ihnen nie die Feindschaft begegnet ist, die den *Ring* traf und ausdauernd begleitete. Die *Meistersinger* wurden seit der Münchner Uraufführung von einer Welle der Begeisterung getragen, und der Erfolg ist ihnen eigentlich nie untreu geworden. Selbst ausgesprochene Antiwagnerianer ließen die *Meistersinger* als einzige seiner Opern gelten.

Als Wagner während der Arbeit am *Siegfried* in Augenblicken des Zweifels an der Vollendung des

Ring und getrieben von dem Wunsch, ein leichter aufführbares Werk zu schreiben, den *Tristan* in Angriff nimmt, wird auch der Weg für die *Meistersinger* frei. Insofern gehören die *Meistersinger* zum *Tristan* auf eigentümliche Weise als sein Gegenstück während der Phase der »Einschaltung«, eigentümlich auch dadurch, daß bei beiden Venedig eine für die Ausführung entscheidende Rolle spielt. In Venedig war der zweite Akt des *Tristan* komponiert worden, hier wird 1861 der Entschluß zur Verwirklichung der alten, ins Jahr 1845 zurückreichenden *Meistersinger*-Pläne gefaßt. In *Mein Leben* schildert Wagner die damaligen Umstände so:

»Um mich zu erheitern, luden mich die Wesendonks zu einem Rendez-vous in Venedig ein, wohin sie sich soeben für einen Vergnügungs-Ausflug aufmachten. Gott weiß, was mir im Sinne liegen mochte, als ich auf das Ungefähre hin im grauen November mich wirklich auf der Eisenbahn zunächst nach Triest, und von da mit dem Dampfschiff, welches mir wiederum sehr schlecht bekam, nach Venedig aufmachte, und im Hotel ›Danieli‹ mein Kämmerchen bezog. Meine Freunde, welche ich in sehr glücklichen Beziehungen antraf, schwelgten im Genuß der Gemälde und schienen es darauf abgesehen zu haben, durch meine Teilnahme am Genuß mir die Grillen zu vertreiben. Von meiner Lage in Wien schienen sie nichts begreifen zu wollen, wie ich denn überhaupt nach dem schlimmen Ausfalle der mit so glorreichen Hoffnungen betrachteten Pariser Unternehmung bei den meisten meiner Freunde ein still resigniertes Aufgeben fernerer Hoffnungen auf meine Erfolge immer mehr kennenzulernen hatte.«

Wagners Bericht zeigt vielsagend eine völlig veränderte Konstellation der Dinge an. Da erscheint die Isolde vergangener Tage mit Marke versöhnt in der Stadt der Lagune und bittet den traurigen Tristan aus der Ferne herbei, um ihm ihr Eheglück zu demonstrieren und ihn auf zulässige Weise daran teilnehmen zu lassen. Hier scheint auch durch die Einfärbungen des Autobiographen seine Ehrlichkeit als Künstler durch. Aus der Rolle des Tristan ist er jedenfalls in dem Falle seiner Zürcher Freunde herausgetreten und ein Entsagender geworden, der mit ansehen muß, wie das eheliche Verhältnis zwischen Mathilde und Otto Wesendonk rundherum funktioniert. Er muß sogar erleben, daß ihm von dieser Seite in jenen Tagen der Erfolglosigkeit ein ernster Zweifel an seiner weiteren Zukunft entgegengebracht wird. Tristan auf dem Wege zu Hans Sachs, aber ein Sachs, der von der Geschichte des betrogenen Königs von Cornwall gelernt hat und freiwillig auf seine Eva zugunsten des jungen Walter von Stolzing verzichtet.

Mein Kind,
von Tristan und Isolde
kenn ich ein traurig Stück:
Hans Sachs war klug, und wollte
nichts von Herrn Markes Glück. –

Insofern wird in den *Meistersingern* die private Lebensgeschichte weitergeführt. Hier sehen wir: Etwas von Hans Sachs war auch schon in König Marke angelegt gewesen, und Sachs hatte viel von der Wagnerschen Lebenserfahrung in sich aufgenommen. Das »Wahn, Wahn! Überall Wahn!« spricht diese Grunderkenntnis Wagners aus: »Wahn« als Verblendung, die in den Untergang stürzt, aber auch Schaffensvoraussetzung des Künstlers ist! Ohne »Wahn« als ein Unterschätzen der Schwierigkeiten hätte es keine Inangriffnahme des *Ring* gegeben, wäre der *Tristan* nicht gedichtet und komponiert worden. »Wahn«, dieses Vorbeigreifen an der Realität der Dinge, war für den Künstler Richard Wagner lebensnotwendig. Hier beginnen die verschiedenen Bedeutungen zu schillern, ist Sachs dabei, indem er Klugheit walten läßt, den »Wahn« zu durchschauen und die Fehler Markes zu vermeiden.

In den *Meistersingern* mit ihrem Übergang zur »großen komischen Oper« hat sich Wagner vom Heroismus seiner Götter, Recken und Riesen, seinen Lichtgestalten und liebend Untergehenden frei gemacht. Die Romantik schlägt hier andere Wege ein, wendet sich dem Bürgerlich-Altdeutschen, der städtischen Welt des ausgehenden Mittelalters zu. Das war von Wagners Herkunft und seinem leidenschaftlichen Forschen in alten Quellenbüchern her immer in ihm angelegt gewesen. Eine von Fachwerkgiebeln überragte Idylle, auf die nächtens der Mondschein fällt, pittoresk Altstädtisches mit Nachtwächtern, dichtenden Handwerkern und einträchtig versammeltem Volk bildet hier die Szenerie. Das scheint wie eine Beschwichtigung durchs Gemüthafte, und selbst das Rittertum, das in der Gestalt Walter von Stolzings in dieser Welt von Bürgersleuten erscheint, hat den Harnisch abgelegt. Der Ritter hat sich in den Sänger verwandelt. Aber gerade hier begegnet uns bei Wagner Altgewohntes. Der Sängerwettstreit war schon im *Tannhäuser* ausgetragen worden, bedeutete dort adliges Privileg, geht vor einem ausgewählten Publikum der mittelalterlichen Burg vor sich. In den *Meistersingern* wird er in eine aus Meistern, Gesellen und Lehrbuben aufgeteilte Welt hinübergezogen, spielt er sich vor dem Volk als einer unbegrenzten Öffentlichkeit ab. Der Ritter ist in der Stadt mit ihren Bürgern schon zu einer Randfigur geworden, der noch ein Hauch der Romantik anhängt, die aber selbst bereits vom Altertümlichen gezeichnet ist. Gerade als Ritter gehört Stolzing, der mit dem Lorbeer des siegreichen Sängers zugleich die Hand Evas erhält, einer untergehenden Welt an.

Weil das Rittertum schon im Abstieg begriffen ist, bedeutet es für die Meister keine Gefahr, fehlt der Anlaß zum Zwiespalt. Von seiner eigenen Lebensgeschichte her gehörte Wagner zu Sachsens Welt der »Meister«, die nicht die Welt der »Ritter« ist, aber der »Künstler« als Ärgernis für den nachmessenden Kunstrichter, den elenden, Silben zählenden Kritikaster, wird in die Gestalt des Ritters aus Franken hineingelegt. Bürgerlich ist nicht nur die Sphäre der Meister, sondern auch die der Kritik, die im Künstlerischen nichts ausrichtet.

Hier gehen denn auch Risse mitten durch die Idylle. Sie ist nicht ganz so harmlos, wie sie aussieht. Das Meisterliche reicht vom echten Meistertum des Hans Sachs bis zur Verzerrung in der Karikatur eines Beckmesser. Dazwischen liegen Typen eines Handwerk treibenden, gediegenen Bürgertums, das mit der Kunst in dilettantischer Weise verkehrt. Wer mit Neuerungen vor ihm auftritt, wie Walter von Stolzing, tritt gegen es auf, verletzt mit der pedantischen Regel zugleich seinen Geschmack. Denn die Regeln sind wie Barrieren, die nicht überschritten werden dürfen. Aber in der strengen Beachtung der Regel wie in der völligen Unkenntnis über ihre richtige Anwendung liegt eine gefährliche, kunstfeindliche Seite. Für eine handfeste Intrige, eine derbe Rüpelei ist auch das solide Bürgertum der Pogner und Kothner, der Vogelsang und Nachtigal allemal gut wie für den bösen Unverstand eines Sixtus Beckmesser. Nur wird der Aufruhr, der hier herrscht, ins Burleske gewandelt. Das gehörte zum künstlerischen Programm Wagners in dieser so ungemein raffinierten Partitur mit ihrer gegenüber dem *Ring*-Orchester verkleinerten Besetzung. Der Knittelvers im Stile von Hans Sachs fordert im Unterschied zum germanisch-heroischen Stabreim die größere Intimität. Hier herrschen die »Töne« als feststehende »Weisen« vor und werden im Wettkampf der Preissänger zum besten gegeben. Das verlangt einen Spielraum, der immer auch zur Humoreske hin offen bleibt. Das führt nach der Tragödie der *Nibelungen* und des *Tristan* zum ironischen Satyrspiel.

Für Wagner war das im Musikalischen immer auch eine artistische Angelegenheit, was angesichts der Gehalte zu oft verschwiegen wird. In den *Meistersingern* nämlich zieht Wagner zugleich ein künstlerisches Resümee. Das Werk bedeutet eine Summe verschiedener musikalischer Techniken, die neben Mozart die Bachsche Fuge als Grundform und die Beethovensche Sonate in der Ouvertüre zu neuem Leben erwecken. Aber diese Techniken sind nicht antiquierte Formen, sondern werden in den durchbluteten Organismus des Werks eingebracht und nehmen seinen Pulsschlag an.

Eine Wagnersche Partitur zu erklären, bleibt immer im unzulänglichen Versuch stecken. Bei den *Meistersingern* wird die Schwierigkeit noch einmal heraufgesetzt, weil sich die Komposition nicht leicht durch mit Namen zu versehende Motive »deuten« läßt. Weil ihr die Symbole fehlen, ist diese Partitur schwerer greifbar als die des *Ring* oder des *Tristan*. Feste, an Personen gebundene Klangfiguren sind hier in Bewegung gehalten, sie gehören einem gewissermaßen provisorischen Zustand an und werden erst im Vortrag durchgespielt, erhalten hier ihre fertige Form, die aber gleich wieder zu einer neuen Phase der Entwicklung hinüberführt. Hinter dem Wettsingen als großem szenischen Tumult stand die künstlerische Idee, kurze Klangfiguren im Choral, im Lied, im Marsch oder Tanz zu einem einzigen Fest der Polyphonie zu vereinen. Ganz anders als im *Tannhäuser* mit seinem ernsten Sängerkrieg auf der Wartburg wird hier der Wettstreit fast zur Parodie. Der musikalische Umsturz ist so total wie beim *Tristan*, gegen dessen chromatische Mittel die Technik diatonischer Tonreihen mit verkleinertem Orchester gestellt ist. Aber die Theorie erhellt nur wenig, was praktisch damit erreicht wird. Wenn Wagner hier einen Werkplan im Künstlerischen hatte, dann läßt er sich mit Worten nur unzureichend wiedergeben. Auf jeden Fall hat er sich in den *Meistersingern* Freiheiten herausgenommen, die gegen die Konventionen des Dramas verstießen. Die Schlüsse zum ersten und zweiten Akt wirken so ausgefallen, daß man bereits wegen der ganzen dramaturgischen Anlage, abgesehen von dem Einsatz veränderter technischer Mittel, die *Meistersinger* mit einem gewissen Recht einen »Anti-Tristan« nennen konnte.

Natürlich ließ sich aus den *Meistersingern* das Persönliche von Wagners eigener Lebensgeschichte nicht ausstreichen. Im Ritter Walter von Stolzing, der »mit einem Sprung« Meister werden wollte, steckt viel vom Leipziger Richard Wagner, der ohne große Kenntnisse im Kontrapunkt und in der Harmonielehre darangegangen war, seinen *Leubald* zu komponieren. Das Hauptthema des Werks, »ein Meistersinger muß es sein«, ist schon am Anfang des Vorspiels zu hören und wird zum gipfelnden Abschluß des Ganzen. Aber die feste Thematik zeigt sich als Ausgang für ein auf »Töne« und »Weisen« gestimmtes Abspielen von »Vortragsnummern«, in denen jede opernhafte Schematik parodiert ist. Es scheint so, als ob die »absolute Melodie« plötzlich in einem vom Wechsel und der Ablösung der Themen beherrschten Spiel ihre Macht verlöre. Bevor sich nach einem Wettsingen der wahre Meister zeigt, wird aus dem Sängerkrieg mit seinen Vorbereitungen und Intrigen ein Vergreifen und Vorbeisingen, ein Verfehlen des meisterlichen Tons, das selbst kunstvollstes Musizieren ist. Der Wagner der *Meistersinger* ist Meister der musikalischen Karikatur, die in Tönen spielhaft skizziert, verwandelt oder umkehrt. Es flackert von musikalischen Anspielungen, Zitaten und Selbstzitaten, die selbst wiederum variiert werden. So steht am Anfang der Taufchoral, der nach dem Vorspiel in seiner Kürze wie eine Überraschung wirkt:

Edler Täufer!
Christs Vorläufer!
Nimm uns freundlich an,
dort am Fluß Jordan!

Das wirkt fast wie eine Nebensache. Erst im dritten Akt, beim Lied Davids »Am Jordan Sankt Johannes stand . . .«, wo das Verhältnis zwischen dem »Täufer« und »Christ« selber herausgekehrt wird, ist die Bedeutung offenbar. Es ist die Beziehung zwischen dem Vorboten und dem Meister, zwischen Hans Sachs und Walter von Stolzing. Aber wer kann schon der »Messias« sein, der gegen das Banale ausgedienter Konventionen die musikalische Welterneuerung bringt?

Hier war also wieder Persönliches mit im Spiel wie im eigentlichen Grundthema der *Meistersinger*: Wie entsteht aus seinen Anfängen, nach langen Vorbereitungen über alle Schwierigkeiten und Widrigkeiten hinweg das fertige Meisterlied? Darin war die Sache des Künstlers Richard Wagner verhandelt, der hier von der entsagenden Seite des Hans Sachs auf die des meisterlichen Stolzing rückt, beide in sich zusammenführt. Hier verliert sich das System der Beziehungen im Unaussprechlichen. Der Wettgesang endet im Preislied Walters, das sich aus dem mißlungenen Versuch von Beckmessers Vortrag entwickelt, einer Szene übrigens, für die die Theatergeschichte keinen Vergleich kennt. Die Kunst trifft hier auf erklärteste Nicht-Kunst, der Künstler auf den Dilettanten hinter der bösen Fratze bürgerlicher Kunstfeindlichkeit. Stolzing und Beckmesser aber waren auch Wagner und Hanslick, der so oft in der Pressekritik siegreiche, der jetzt aber und für immer in dieser derben Humoreske von der Bühne vertrieben wird. Das Prügel-Finale quasi Passacaglia ist eingebaut in die Fugentechnik von Wagners Leipziger Vorgänger Johann Sebastian Bach und schlägt herüber in eine Mozartische Heiterkeit. Es hatte einen Sinn, wenn Wagner sich als ein Verwandter Mozarts fühlte. Die Zusammenhänge sind nicht vordergründig und gewiß nicht immer sofort einsichtig. Aber sie werden sofort klar erkennbar, wenn man Richard Strauß in der Wagnernachfolge auf diesen Spuren weitergehen sieht. Strauß kommt von der Harmonik und der Instrumentationstechnik des *Tristan* her und wird dann bei der Absicht, eine Musikkomödie zu schaffen, vor die Wahl gestellt: entweder Annäherung an den »Figaro« oder die *Meistersinger,* entweder Wiener Maria-Theresianische Hofwelt oder Nürnberger Mittelalter. Die Entscheidung im »Rosenkavalier« ist ein Kompromiß, indem er sich dem Wiener Rokoko mit den instrumentalen Mitteln der *Meistersinger* annähert und beides auf zwanglose Weise zusammenbringt.

Der Kompromiß ist spielhaft zustande gekommen nach dem Vorbild der *Meistersinger,* wo die Partitur die Gleichzeitigkeit auseinanderfallender oder gegeneinanderstehender Klangfiguren, herüber- und hinüberführender Themen schafft, wo Sänger und Merker, Künstler und Aufpasser als Gegenkräfte auftreten und im szenischen Aufruhr zusammenwirken. Das läßt sich hören und ins Bühnenspiel umsetzen, läßt sich von der Partitur ablesen, aber es läßt sich schwer beschreiben. Kunstgesang, der nicht unbedingt einer ist, und öffentliches Leben, romantisches Schwelgen und Prügelei auf nächtlicher Straße, ein mißglücktes Ständchen und das Herbeiströmen des Volkes treten hier szenisch und musikalisch gegeneinander an und stellen im allgemeinen Durcheinander des zweiten Akts die Ganzheit einer geschlossenen Welt her. Das ist eine »Tollheit«, die ihre »Methode«, ein »Chaos«, das seine »Regel« hat. Denn die »Regel« regiert nicht nur die »alte Weise«, wie die pedantischen Kunstrichter sie im Vortrag der Sänger peinlich beachtet sehen möchten, auch die »neue Weise« mit ihren Freiheiten ist ihr unterstellt. Nur daß die Regelmeister es in ihrem Unverstand nicht bemerken!

So trägt nicht nur Walter von Stolzing mit seinem Vortrag »Am stillen Herd zur Winterzeit« mit der »neuen Weise« sein Preislied vor, so sind die *Meistersinger von Nürnberg* auch Wagners nach strenger Regel aufgebauter Meistergesang. Es klingt unglaublich: Nichts wird in diesem Werk ausführlicher abgehandelt als Fragen über Wesen und Sinn der Regel, die der »Singer« zu beachten habe. Das ist das A und O:

Ein Gesetz besteht aus zweenen Stollen,
die gleiche Melodei haben sollen . . .
Darauf so folgt der Abgesang,
der sei auch etlich' Verse lang
und hab sein' besondere Melodei,
als nicht im Stollen zu finden sei.

Daß auf zwei Stollen der Abgesang folgt, war das Hauptgesetz, das dem Meisterlied zugrunde liegen muß und das in Walters Preisgesang wohl beachtet ist, ohne daß die blinden Merker es wahrnehmen. Die beiden ersten Strophen des Liedes sind die beiden Stollen, die wie »Vater« und »Mutter« in der dritten Strophe ihr »Kind« schaffen: die »neue Weise«. Aber dieses Formgesetz des Bar von zwei Strophen und einer Gegenstrophe beherrscht auch das Gesamtwerk, zeigt die Verwandtschaft der beiden ersten Akte, denen im dritten Akt ein neues gipfelndes Gebilde sich anschließt mit einem Finale, das als Chorfinale zum einzig nichtoffenen Schluß führt, den Wagner in den von ihm als gültig anerkannten Werken komponiert hat. Was sich hier musikalisch abspielt, ist als ein Zusammenführen alter und neuer melodischer Stränge ein letztlich nicht aufschlüsselbares Ereignis: »ewige Melodie«, die so variiert wird, daß sich alles mit allem verbindet, ein Spiel der Übergänge von Taufchoral zur Liebesmelodie, von Beckmesserei zur nationalen Feier im »Wach-Auf«-Chor, der das Meistersinger-Thema der Ouvertüre wieder zum vollen Triumph führt. Die Partitur der *Meistersinger* spottet im wahrsten Sinne des Wortes jeder Beschreibung. Wenn hier wie beim *Ring*, dem *Tristan* und dem *Parsifal* vom »übermäßigen Dreiklang« als technischem Mittel für die neue Harmonie gesprochen worden ist, der das »Chaos « schafft, so besagt das so wenig wie die Anwendung von verminderten Sept-Akkorden als Kennzeichen der Wagnerkunst. Das sind nur äußere Kennzeichen, bis zu denen hin sie verfolgbar bleibt. Was dahinterliegt, ist weithin unbekanntes Land.

Das Werk wurzelt tief in seiner Zeit mit dem neu erwachten nationalen Anspruch. Daß er im Preisgesang Sachsens auf die »deutschen Meister« mit unbezweifelbarem Pathos vorgetragen wird, beruht nicht zuletzt auf der Verspätung, mit der die nationale Einheit in Deutschland zustande kommen wird. Als Wagner in Paris die *Meistersinger* dichtete, war es noch nicht soweit. Nietzsche sah auch hier wieder scharf, wenn ihm die *Meistersinger* für den Charakter der »Deutschen« stehen: »Sie sind«, schreibt er in seinem Buch »Jenseits von Gut und Böse«, »von vorgestern und von übermorgen – sie haben noch kein Heute«. Das rührte an das technische Prinzip Wagners in diesem Werk, aus den kleinen Formen noch »unfertig« gehaltener Themen die große Form der »Festwiese« mit der schönen Eintracht zu schaffen, die es so in Wirklichkeit nicht gab, wo der Ritter mit dem Bürger, der Künstler mit dem Volk zusammengeht und auch die Geschichte zwischen Stolzing und Eva einen guten Abschluß findet. Im Nebeneinander der Gleichzeitigkeit musikalischer Themen und dem Spiel, das mit ihnen getrieben wird, ersteht hier die große nationale Utopie mit dem »Meister« als dem Ersten im Volk. Das war ein künstliches Paradies wie später die Blumenaue im *Parsifal,* nur hier in die nationale Utopie verwandelt. Im Tanz der Lehrbuben und Mädchen, im Aufmarsch der Zünfte mit Meistern und Gesellen hinter ihren Fahnen zieht jene Öffentlichkeit herauf, ohne die das Einzelleben nicht möglich wäre.

Das *Meistersinger*-Orchester ist gegenüber dem *Ring* und selbst noch gegenüber dem *Tristan* sehr reduziert und nur etwas stärker besetzt als die Beethovenschen Symphonien. Es fehlen Englischhorn und Baßklarinette. Das hängt zusammen mit der *Meistersinger*-Harmonik, wo die »komische Oper« den Dunkelklang ausspart. Unüberhörbar bleibt das Vorherrschen der Streicher. Ein warmer Hochklang untermalt im dritten Akt die Beziehung zwischen Hans Sachs und Walter von Stolzing. Zu Beginn des gleichen Akts liegt die Resignation Sachsens in den weichen Tönen der Baßinstrumente. Hörner haben von Anfang an eine Sonderstellung im Wagnerorchester gehabt. Das Blechensemble ist in den *Meistersingern* um ein viertes Horn und eine dritte Trompete erweitert. Der von Wagner beabsichtigte näselnde Klang, den das Horn beim Beckmesserständchen annimmt, führt im jämmerlichen Gezeter zur äußersten Ausnutzung des Instruments. Staccati und Triller sorgen für den launischen Ton der Musikkomödie. Es kann gar nicht überhört werden, welche Bedeutung die Oboe für die Gestalt der Eva hat, sie begleitet gleich zu Anfang in der Kirche den Austausch der Blicke zwischen ihr und Walter und ist das rechte Klangmittel, das Zarte und Rührende anklingen zu lassen. Im Wahn-Monolog Sachsens begegnen wir ihr wieder, wo sie ihre auf Unerlöstheit eingestimmten Facetten zum Einsatz bringt, mit gleichzeitigem Übergang zum Burlesken. Aber nicht die Instrumentation mit einem Orchester, das trotz der Beschränkung in der Zahl der Instrumente die kompakte Fülle des *Tristan* erreicht, sondern der Satz als Resümee Bachscher-Mozartscher-Beethovenscher Satztechniken ist das eigentliche Kennzeichen der *Meistersinger*-Partitur.

18. »Vollendet das ewige Werk!«

Der Souverän in Bayreuth

»Vollendet das ewige Werk!
Auf Berges Gipfel
die Götterburg;
prächtig prahlt
der prangende Bau!
Wie im Traum ich ihn trug,
wie mein Wille ihn wies,
stark und schön
steht er zur Schau:
hehrer, herrlicher Bau!«
Das Rheingold, Zweite Szene

Die klägliche Aufführung des *Rheingold* in München gegen den Willen Wagners und ohne seine Unterstützung hatte den König nicht daran gehindert, anschließend auch die *Walküre* sehen zu wollen. Daß dies nicht die Billigung Wagners finden würde, lag auf der Hand. Wagner befindet sich derweil in Triebschen bei der Weiterarbeit am *Ring*. Er hat inzwischen schon mit der Orchesterskizze zum ersten Akt der *Götterdämmerung* begonnen. Das dauerte von Anfang Januar 1870 bis in die ersten Tage des Juli. Die Arbeit an der *Götterdämmerung* geht nun während des ganzen sehr beziehungsreichen Jahres weiter. *Götterdämmerung* und Kruppkanonen, mit denen ein neues Zeitalter eingeschossen wird, passen nicht schlecht zusammen. Wagner ist durch die Inangriffnahme des Schlußteils der Tetralogie gezwungen, die Instrumentation des *Siegfried* zu unterbrechen.

Inzwischen haben auch die *Meistersinger* ihre Reise durch Deutschland angetreten. Nach München hatte Dresden, Wagners alte Wirkungsstätte, sie als erstes Opernhaus gebracht. Trotz ihrer Betreuung durch Tichatschek, der mittlerweile aus dem Alter gekommen war, selbst als Sänger aufzutreten, war die Aufführung ein Fiasko. Karlsruhe und Mannheim, dann Weimar, Hannover und Wien folgen. Schließlich kommt mit der üblichen Verzögerung auch Berlin an die Reihe.

Währenddessen treiben die Dinge in München ohne regelnde Hand so vor sich hin. Der von Wagner unternommene Versuch, einen in seinen Augen so unfähigen Mann wie Perfall durch einen geeigneteren Intendanten zu ersetzen, war natürlich mißlungen. Jetzt hat man Schwierigkeiten, einen Dirigenten für die *Walküre* zu finden. Bülow hatte das Münchner Inferno inzwischen fluchtartig verlassen, Hans Richter war mit dem Kopieren der *Siegfried*-Partitur beschäftigt. Die Mängel der Münchner Theaterverhältnisse stehen jetzt in vollem Licht. Hier ist für Wagner in Zukunft nichts Ernsthaftes zu erwarten. Vor allem war das Projekt des großen Wagnerschen »Universal«-Theaters nicht im geringsten weiter vorangetrieben worden. Sempers Entwurf existierte als Modell in der Hand des Königs.

War also an München als vorgesehenem Aufführungsort für die große *Ring*-Tragödie nicht zu denken, mußte für die Durchführung des Plans nach einer anderen Stätte gesucht werden. Wagner hielt Ausschau. Der Gedanke an Bayreuth hatte in ihm offenbar schon länger vorgearbeitet. Ganz unbekannt war ihm das Städtchen jedenfalls nicht. Während seiner Magdeburger Kapellmeisterzeit hatte er es auf einer Durchreise kurz berührt. Seine Erinnerungen freilich reichten nicht sehr weit, aber ganz erloschen waren sie auch nicht. Er stellt erste ortskundliche Studien an und findet im Brockhaus-Konversationslexikon unter »Bayreuth« ein altes Opernhaus im Rokokostil angeführt. Das könnte vielleicht geeignet sein. Der Gedanke konnte nur darum kommen, weil er es bei seinem flüchtigen Aufenthalt nicht gesehen hatte. Noch ist alles unklar und muß erst einer Begutachtung durch den Augenschein unterzogen werden.

Das sind Erwägungen, die eine längere Vorbereitung hinter sich hatten und in der Zeit der Eheschließung mit seiner langjährigen Gefährtin angestellt werden. Am 25. August 1870 wird Richard Wagner mit Cosima Liszt, geschiedener Frau von Bülow, in der protestantischen Kirche von Luzern getraut. Anwesend sind allein die beiden Trauzeugen Hans

Richter und Wagners alte hilfsbereite Freundin Malvida von Meysenbug. Die Hochzeitsfeier findet in einem erweiterten Freundeskreis in Triebschen statt. Hochzeit, Ausbruch des deutsch-französischen Kriegs, die Arbeit an der *Götterdämmerung*: Kaum läßt sich deutlicher als in dieser Dreiheit die Wagnersche Gegenwart und der abrupte Wandel durch den Umsturz in den äußeren Verhältnissen umreißen. In eine Zeit trügerischer Ruhe war die französische Kriegserklärung gedrungen. Die ersten raschen deutschen Siege überraschten die Sieger nicht weniger als die Besiegten. Wagner mit seinem unheimlichen Gefühl für heraufziehendes Heil oder Unheil hatte die Ereignisse sehr früh vorweggenommen und läßt sich jetzt auf einer Woge des deutsch-patriotischen Triumphs forttragen. Sedan, Mars-la-Tour und Gravelotte gelten ihm als gerechte Heimsuchungen für die Niederlagen, die ihm das Frankreich Meyerbeers beschert hatte. Das Glücksgefühl des neuen Ehemanns verbindet sich mit dem des vom nationalen Sieg zeitweise wie Berauschten. Er hatte richtig gelegen. In Bayern bestätigt es ihm der König, der vom Gegner Preußens zum Gefolgsmann Bismarcks geworden war und jetzt in einem Rundschreiben an die deutschen Fürsten gegen den Widerstand der altbayrischen und romtreuen katholischen Partei die Wiederaufrichtung des deutschen Kaiserreichs unter preußischer Führung fordert. Keine Frage, daß Wagners Einfluß bis hierhin gereicht hatte!

Es ist nicht zufällig, sondern im Lauf der politischen Ereignisse einbegriffen, daß die Verwirklichung des Wagnertheaters jetzt nach dem Frankreichkrieg ernsthaft ins Auge gefaßt werden kann. Das bedeutet: nicht früher und auch nicht bei einem andern Ausgang des Kriegs, der Deutschland die Lasten hätte tragen lassen, die es jetzt Frankreich auferlegt. Damit wird der Bayreuth-Idee in ihrer Ausführung das Zeichen des Kriegsgewinns anhängen mit dem großsprecherischen Waffenklirren einer siegreichen Armee und Wagner als Freund dieser Armee.

Weil an eine Gesamtaufführung des *Ring* in München nicht gedacht werden konnte und Wagner auch gar nicht mehr die Absicht hatte, das Werk, wenn es fertig war, nach dort zu vergeben, beginnt die Wahl einer neuen Stadt dringlich zu werden. Klindworth gegenüber, der mehr und mehr sein Vertrauen genießt, erklärt er, sich eher mit dem König zu verfeinden und Triebschen zu verlassen, als sich mit dem Münchner Theater noch einmal zu befassen. Er wünscht Klindworth allenfalls als seinen neuen Statthalter an der Stelle von Bülow. Fest steht, daß nach den schlechten Erfahrungen mit dem *Rheingold* und der *Walküre* der König die Partitur des *Siegfried* nicht in die Hand bekommen würde.

Im April 1871 war dann Wagner mit Cosima ins fränkische Bayern gefahren: zuerst nach Nürnberg, das als Stadt des »altdeutschen Mittelalters« und Schauplatz seiner großen nationalen Oper für die Festspiele ebenfalls in Betracht kam. Eine Ortsbesichtigung läßt aber dann doch alle vorher angestellten Erwägungen bezüglich der Stadt von Hans Sachs gegenstandslos werden. Am 16. April trifft er in Bayreuth ein. Ein Besuch des kleinen markgräflichen Residenztheaters überzeugt ihn sofort von der Unmöglichkeit, die Miniaturbühne dieses Hauses, das sich überdies in einem desolaten Zustand befindet, für die Aufführung des *Nibelungen*-Werks einzurichten. Germanische Riesen und Recken zwischen Putten und Amoretten! Aber die Stadt, abseits gelegen, von jedem dichten Verkehr abgeschnitten, außerhalb der gängigen Tourismuswege mit eher ländlichem Charakter, hat es ihm sofort angetan. Bayreuth ist eine Residenz, die vom Hofstaat längst verlassen worden ist und mit Schloß und Park nur noch an ihre Vergangenheit erinnert. Von ihr fühlt sich Wagner sofort angesprochen. Als Städtchen der protestantischen fränkischen Provinz ist es das glatte Gegenteil vom Sumpf der verhaßten Großstadt mit den Journalisten und Jesuiten nebst altbayrischem Anhang, wofür ihm München stand. Diese Überlegungen haben ihn in Bayreuth sehr schnell zu der Überzeugung gebracht, für seinen Plan am rechten Ort zu sein. Und so läßt er bald seine Absicht durchblicken, hier sein Festspielhaus zu errichten, um den *Ring* zur Aufführung zu bringen. Die eher behäbige städtische Verwaltung, von jeder übergroßen Geschäftigkeit ihrer Bewohner bisher verschont, erkennt sofort die Möglichkeiten, die sich bieten, und ergreift sie. Als der Stadtrat Wagner einen Platz für das Festspielhaus anbietet, erweist sich der als unverkäuflich. Es sind die Bayreuther Behörden selbst, die dann die Vermittlung des Grundes vornehmen und die Zustimmung Wagners finden.

Damit war der Handel vorläufig abgeschlossen. Aber Wagner denkt daran, sich am Ort seiner künftigen Tätigkeit selbst niederzulassen. Vom Umhergetriebenwerden in der Welt hatte er genug. Wagner gehört zu den großen Reisenden des Jahrhunderts. Was er jetzt suchte und gefunden hatte, sollte dauernde Wirkungsstätte und späterer Altersruhesitz sein. Für zwölftausend Gulden erwirbt er eigenes Land zum Bau des Wohnhauses, das er am 30. April 1874 beziehen wird. Eine mit königlicher Bewilligung eingelassene kleine Pforte auf der Hinterseite des Gartens verschafft ihm direkten Zugang zum Schloßpark.

Die Reise nach Bayreuth hatte zur Entdeckung des gesuchten Platzes geführt. Bis zur vollen Verwirklichung seiner Pläne werden sich die Schwierigkeiten noch geradezu auftürmen. Aus der Öffentlichkeit schlägt ihm der gewohnte offene Hohn entgegen. Vor allem über die Finanzierung des Ganzen ist noch keine volle Klarheit gewonnen. Auf der ganzen Reise von Bayreuth über Leipzig und Dresden nach Berlin sind das neben der Konzerttätigkeit die eigentlich entscheidenden Dinge, die geregelt werden müssen. Für den Bau des Festspielhauses wären als vorläufige Summe 300 000 Thaler aufzubringen. Wagner hatte an die Unterstützung durch Freunde und Gönner gedacht. Die Form der Geldbeschaffung soll in der Ausgabe von tausend Patronatscheinen zu je dreihundert Thalern bestehen, ein System, das Wagners Berliner Freund Karl Tausig auf sehr tüchtige Weise handhabt. Als Rührigste von allen ist die Gräfin Schleinitz für die Wagnersche Sache tätig. Liszt erwirbt, als man an ihn herantritt, gleich drei Scheine mit der Bemerkung, einen höheren Betrag derzeit nicht zeichnen zu können.

Das Berlin, das Wagner jetzt antrifft, ist gerade die Stadt des neuen Reichs geworden. Und in ihr tritt er als Werbender für seine Bayreuthpläne auf. Auf dem Programm stehen ein Vortrag vor der Akademie und ein Konzert, in dem unter anderem aus der *Ring*-Musik der »Feuerzauber« zu hören ist. Bei Bismarck hatte er seine Karte abgegeben und wird von ihm am 3. Mai im Familienkreis zu einer Soirée empfangen. Der Gastgeber wußte sehr wohl, daß er in Wagner einen entschiedenen Parteigänger vor sich hatte, und empfängt ihn nach der Aussage eines zeitgenössischen Berichterstatters so, »wie wenn er etwa den Minister eines verbündeten Staates zu begrüßen gehabt hätte«. Wagner, der mit dem *Kaisermarsch* seinen Beitrag zur Reichsgründung geleistet hatte, war ihm noch ein zusätzliches Mal bekanntgeworden durch die Übersendung des Gedichts *An das deutsche Heer vor Paris*, für das ihm der Empfänger in einem persönlichen Schreiben dankte und dem er volle Verbreitung bei der Armee wünschte. Eine Komödie im aristophanischen Stil unter dem Titel *Eine Kapitulation* war das dritte, aus aktuellem Anlaß geschaffene Geistesprodukt, in dem Wagner seinen antifranzösischen Gefühlen freien Lauf gelassen hatte.

Heute wissen wir mehr als zu irgendeiner andern Zeit, daß sich in Bismarck und Wagner die beiden eigentlichen Köpfe der Epoche begegneten. Wie der Abend im einzelnen verlaufen ist, läßt sich nicht genau sagen, weil es keine authentischen Urteile anderer Gäste darüber gibt. Und so sind die Urteile widersprüchlich. Wagner hat sich anerkennend über Bismarck geäußert, spürt aber einen großen Unterschied zu seinem eigenen Wesen heraus. Das mochte in dem geringen Verständnis begründet liegen, dem er bei Bismarck seinem Werk und insbesondere seinem Bayreuther *Nibelungen*-Plan gegenüber begegnete. Man hat davon gesprochen, Wagner habe bei Bismarck nicht ausdrücklich um Unterstützung seiner Vorhaben geworben. Das mag richtig sein. Aber Wagner wird seinem Naturell entsprechend auf keinen Fall die Gelegenheit versäumt haben, herauszufinden, wie sehr er mit dem Verständnis des Kanzlers überhaupt rechnen konnte, ohne die gesellschaftliche Etikette der Abendeinladung darum zu verletzen. Wie sehr ihm die Unterstützung Bismarcks am Herzen lag, geht daraus hervor, daß er sich kurze Zeit später mit der Bitte um Förderung an das Reichskanzleramt wendet, dann allerdings abschlägig beschieden wird.

Sehr interessant ist die Äußerung, die Bismarck über Wagner nach dieser abendlichen Begegnung zugeschrieben wird und H. von Poschinger in seiner Darstellung über das Verhältnis der beiden erwähnt. Danach soll Bismarck gesagt haben: »Er sei doch auch nicht ohne Selbstbewußtsein, aber ein so hohes Maß davon, wie er es bei Wagner angetroffen, sei ihm bei einem Deutschen noch nicht vorgekommen.« Man muß sich in Erinnerung rufen: Hier handelt es sich um den Bismarck, der drei Monate zuvor in Versailles das Kaiserreich proklamiert hatte und im Zenit des Kriegsruhms steht. Er ist der eigentliche Sieger von 1871 und muß nach der Rückkehr in die Hauptstadt erleben, wie in seinem eigenen Hause ein kleiner sächselnder Musiker nicht hinter dem Berg zurückhält und sich in seinem Redefluß, wenn er einmal begonnen hat, nicht aufhalten läßt. Insofern hat die Bismarck zugeschriebene Äußerung alle Wahrscheinlichkeit für sich.

Das Vorhaben, um das es Wagner damals ging, stand in seinen Grundzügen bereits zwanzig Jahre fest, als er in Berlin weilte und um Unterstützung für seine Sache warb.

»Ich beabsichtige, meinen Mythos in drei vollständigen Dramen vorzuführen, denen ein großes Vorspiel vorauszugehen hat . . . An einem eigens dazu bestimmten Feste gedenke ich dereinst im Laufe dreier Tage mit einem Vorabend jene drei Dramen nebst dem Vorspiele aufzuführen«,

hatte es bereits 1852 in seiner *Mitteilung an meine Freunde* geheißen. Alles, was ihn seitdem bewegt hatte, mit Einschluß der beiden eingeschobenen Werke, ging vom Grundkonzept des *Ring* aus und war an ihm und seiner Verwirklichung orientiert: seinetwegen die Manifeste, die Reisen, die Vorträge und Konzerte und natürlich die »Wagner-Vereine«, die jetzt ihre Gründung erleben! Die Idee dazu war vom Mannheimer Musikalienhändler und Wagneranhänger Emil Heckel ausgegangen. Mannheim steht darum auch mit der Organisierung der ersten Filiale zur Förderung der Wagnerkunst an der Spitze. Wagner selbst verhielt sich dieser Idee gegenüber zunächst abwartend, sieht dann allerdings mit wachsendem Wohlgefallen die weitere Ausbreitung dieser Zusammenschlüsse, zunächst in Wien und Leipzig, dann auch in München und Berlin. Neben dem bayrischen »Fürsten« als erhofftem Mäzen sollte in den Wagner-Vereinen ein Kreis von Menschen erfaßt werden, der als »Vereinigung kunstliebender Männer und Frauen zunächst zur Aufbringung der für eine erste Aufführung meines Werkes nötigen Geldmittel« bewegt werden konnte. Die in ihn gesetzten Erwartungen werden sich in materieller Hinsicht nicht erfüllen. Wagners ursprüngliche Skepsis bewahrheitete sich. Aber als organisierter, dem Meister huldigender Anhang, der durch dessen Besuche, ermunternde Schreiben und andere Auszeichnungen belohnt wurde, hat sich der Verein dann doch außerordentlich bewährt. Ein besonders aktives Mitglied ist übrigens Nietzsche, der damals zeitweilig beschließt, seine Professur aufzugeben, um als Vortragsreisender über die *Nibelungen* zu referieren und für das Projekt zu werben.

Das System der Patronatscheine, die Tätigkeiten der Wagner-Vereine, Wagners eigene Deutschland-Rundreisen, auf denen er zuweilen wie ein regierender Fürst empfangen wird, hier und da Militärkapellen zur Begrüßung ins Hotel abkommandiert werden, halten die Öffentlichkeit in Atem. Und dazu die Ansprachen, die Wagner zu den festlichen Gelegenheiten an die »Jünger« hält! Das alles zieht in Bann, beschäftigt, beunruhigt, lädt auch zu ätzendem Hohn ein. Wird sich ein solch wahnwitzig scheinendes Vorhaben je verwirklichen lassen? In Bayreuth hatten Bürgermeister und Stadtrat von Anfang an Vertrauen in seine Sache gehabt. Aber auch anderswo bekundete man Interesse. Baden-Baden läßt vorfühlen, aus Darmstadt kommen Stimmen, die das Festspielhaus für Hessen proklamieren möchten. Aber es hätte sich in dem einen Fall um das mondäne Badepublikum, im anderen Fall um ein vergrößertes Hoftheater gehandelt, also um etwas, was Wagner ausdrücklich nicht haben wollte.

Wagner hat mit dem Zeitpunkt Glück. Die wirtschaftlichen Aufbaukräfte geben entscheidende Impulse, das Geld aus industriell und zusätzlich durch Kriegsrüstung erwirtschafteten Gewinnen befindet sich in einer das Unternehmertum begünstigenden Zirkulation. Dazu kommen die fünf Millionen aus den französischen Reparationsleistungen. Und auch der Bayreuther Wagner ist Unternehmer, sein Vorhaben eine Angelegenheit der Gründerjahre, wo Anteilsscheine ausgegeben werden, freilich nicht für den Gewinn wie bei Industriepapieren, aber für den Anteil am Ruhm eines Mannes, der wie nur irgendein Großmogul für den Gigantismus der neuen Zeit steht. Die Wirtschaft ist in vollem Zuge,

Weltwirtschaft zu werden; Käufer der Patronatscheine sind nicht nur Männer des besitzenden Bürgertums oder Fürsten wie der Großherzog von Mecklenburg, sondern auch der türkische Sultan und der Vizekönig von Ägypten.

Es gehört wieder zum Faszinierenden der Bayreuther Festspielkonzeption, daß sie den ganzen Wandel der Zeit bis in die architektonische Ausgestaltung des neuen Theaterbaus sichtbar werden läßt. Die von Wagner gewollte Einfachheit des Festspielhauses darf nicht vordergründig gewertet werden. Dahinter liegt ein Anspruch, wie er größer gar nicht mehr gedacht werden kann. Das Sich-Bescheiden mit dem bloß Notwendigen gehört zur Grenzenlosigkeit des Wollens. Denn waren hier nicht alle einer fast zweieinhalbtausendjährigen Weltkultur zu entnehmenden Vergleiche außer Kraft gesetzt, wenn an der neuen Stätte die Aufführung des dafür gedachten »Dramas« vier Abende lang dauern sollte, nicht eingerechnet die beiden spielfreien Tage zwischen dem *Siegfried* und der *Götterdämmerung,* wie es für die *Ring*-Zyklen während des ersten Bayreuther Sommers unter den Augen Wagners vorgesehen war?

Das Behelfsmäßige in der Ausführung des Bayreuther Theaterbaus war gerade zu Beginn nicht bloß gewollter Stil, sondern ergab sich aus der Eile, mit der Wagner sofort nach der Sicherstellung von Grund und Boden durch die Bayreuther Stadtverwaltung das Unternehmen vorantrieb. Als erster Aufführungstermin war sogar schon der Sommer 1873 genannt gewesen. Wagner verschätzt sich – das ist nichts Ungewöhnliches – bei den Schwierigkeiten, die selbst angesichts der gewünschten Sparsamkeit mit den Baumitteln das Vorhaben noch erwarten. Der Grundriß ist allein seine Sache. Er hält sich im Ganzen wie im Detail an das »Programm« des Festspielganzen:

»Hier sollte nun ein provisorisches Theater, so einfach wie möglich, vielleicht bloß aus Holz und nur auf künstlerische Zweckmäßigkeit des Inneren berechnet, aufgerichtet werden; ein Plan hierzu, mit amphitheatralischer Einrichtung für das Publikum, und dem großen Vorteile der Unsichtbarmachung des Orchesters, hatte ich mit einem erfahrenen, geistvollen Architekten in Besprechung gezogen. – Hierher sollten nun, etwa in den ersten Frühlingsmonaten, aus den Personalen der deutschen Operntheater ausgewählte, vorzüglichste dramatische Sänger berufen werden, um, ununterbrochen durch jede andersartige künstlerische Beschäftigung, das von mir verfaßte mehrteilige Bühnenwerk sich einzuüben.«

Der Grundriß war der architektonische Schlag, den Wagner auf den musikalischen gegen die alte Oper folgen ließ. Die ihm so verhaßte Hofoper mit ihren Rängen, Logen und Logenringen, wo ein gesellschaftlich seiner Bedeutung nach gestaffeltes Publikum Platz nimmt, ist hier verschwunden. Das alte Theater der Residenz, das er von Dresden her kannte, ist Rang-Theater, es hat eine Sitzverteilung nach zivilen, ständischen, militärischen Unterschieden, hält die oberen Hofchargen von den niederen fern, umgibt den Serenissimus mit der Fürstenloge und macht von erhöhtem Sitz aus den Blick frei für die Bühne und das bürgerliche Publikum im Parkett. Diese Sitzordnung war für Wagner immer so anstößig gewesen wie der »Schnickschnack« der Italiener, der auf der Opernbühne geboten wurde und ihr geradezu entsprach. Sie wird nun ersetzt durch die amphitheatralische Anordnung des alten griechischen Theaters, der Bühne des Aischylos, wo jeder Zuschauer Gleicher unter Gleichen ist. In Bayreuth erfüllt sich Wagner die Wünsche des Dresdner Demokraten. Das war im Baulichen sein Wille und wird auch so in die Realität umgesetzt.

Im Rokoko-Rahmen des markgräflichen Opernhauses, das Wagner selbst als Festspielstätte für ungeeignet gehalten hatte, geht am 22. Mai 1873 die Feier zur Grundsteinlegung des Hauses auf dem Hügel vor sich. Auf dem Programm stehen neben einigen Reden der Kaisermarsch und Beethovens Neunte Symphonie. Alte Freunde und Förderer sind in großer Zahl herangereist. Aber fast so denkwürdig wie die Anwesenheit so vieler ist das Fehlen Liszts. Er läßt sich entschuldigen. Die Rücksichtnahme auf seine Gefährtin, die Fürstin von Wittgenstein, die zur unversöhnlichen Feindin Wagners geworden war, hindert ihn an der Teilnahme. Das wiegt bei ihm noch schwerer als seine Mißbilligung von Cosimas Ehe mit Wagner, die er später, als er nach Bayreuth kommt, sehr deutlich zum Ausdruck bringen wird. Immerhin ist sein Schwiegersohn kräftig dabei, aus der Sphäre des »Wahns« herauszutreten. Seine Vorbereitungen, um aus seinem provisorischen Bayreuther Quartier in den Herrschersitz von »Wahnfried« überzusiedeln, sind in vollem Gange. Die alte Klage Siegmunds

Friedmund darf ich nicht heißen;
Frohwalt möcht ich wohl sein:
Doch Wehwalt muß ich mich nennen

scheint jetzt gegenstandslos geworden zu sein. Eheliches Glück und der so lange vorenthaltene dauernde Erfolg zeichnen ihn in dem Augenblick, wo er die Besucher empfängt und die Zustimmung des Bayreuther Volks erfährt. Nur der Zeitplan ist durch Verzögerung beim Erwerb des endgültig in Frage kommenden Grundstücks und die für die Finanzierung des Plans notwendigen Reisen in Unordnung geraten. Und vor allem: Seine zahlreichen Unterbrechungen an der *Götterdämmerung* verspäten ihren Abschluß. Überwachung des Baus, des Einsetzens der Bühneneinrichtungen, die Aufsicht über den Ablauf der Arbeiten, für die es keine Vertretung geben kann, gehen zusammen mit der Fertigstellung der Partitur, die er zeitweilig mit ins Fichtelgebirge nimmt oder in der »Fantaisie«, einem westlich von Bayreuth gelegenen Hotel, weiterschreibt.

So sehr Wagner jahrzehntelang im Kampf gegen die herrschenden Tendenzen der Zeit und ihres Geschmacks gelegen hatte, so sehr scheint er jetzt im Bunde mit ihnen zu stehen und von ihnen getragen zu werden. Er ist dabei, die Früchte zu ernten und die Ernte für jedermann sichtbar und höchst pompös einzufahren. Das geht noch weiter: Seine für die Öffentlichkeit bestimmten Auftritte, die er immer überzeugender bestreitet, haben aus dem Untertanen seines königlichen Herrn selbst einen reichsunmittelbaren Souverain mit eigenem Hofstaat werden lassen, der mit den Fürsten des neuen deutschen Bundesstaats von gleich zu gleich verkehrt. Bayreuth, das im Urteil der Öffentlichkeit und von seinen Ursprüngen wie von seiner Finanzgrundlage her zeitweise für eine »bayrische Königskunst« stehen mochte, wächst jetzt zur neuen »deutschen Reichskunst« aus. »Wagner in Bayreuth« wird an die Stelle von »Goethe in Weimar« treten und die Verwandlung des »deutschen Geistes« in neuer repräsentativer Form anzeigen. Nur ist alles viel aufwendiger, in den Dimensionen größer und anspruchsvoller geworden. Die Schlichtheit des Hauses auf dem Hügel hat sehr wohl eine Kehrseite und die gibt sich fordernd. In dem Augenblick, wo Bayreuth als Festspiel »stattfindet«, setzt der volle Gegenschlag zu Wagners eigenen Anfängen und einem großen Teil seiner eigenen Vergangenheit ein. Denn Bayreuth als Stil wird zur Ton und Stein gewordenen Aufsage an die Revolution. Das zeigt sich ganz unverhüllt, als die ersten Festspielgäste empfangen werden: Der alte Wagnersche Anhang ist sehr spärlich vertreten. Höchster Festbesucher beim ersten *Ring*-Zyklus vom August des Eröffnungsjahres 1876 ist kein Geringerer als der deutsche Kaiser Wilhelm I., den Männern von 1848 noch als »Kartätschenprinz« in sehr unguter Erinnerung. In Bayreuth erscheint er in Zivil und wird vom ehemaligen Dresdner Aufständler als dem neuen Hausherrn feierlich begrüßt. Eine Kluft, die Welten voneinander trennte, ist für einen Augenblick geschlossen. Es gehörte zum Bild, daß der Bayernkönig selbst bei der Premiere nicht mehr anwesend war. Er hatte es vorgezogen, nur der Generalprobe beizuwohnen und war anschließend nach Neuschwanstein zurückgekehrt.

Diesem Weg zum Ziel des großen Ereignisses war freilich viel Unerfreuliches und Entmutigendes vorausgegangen. In Zeiten der Zuversicht hatten immer wieder Augenblicke des Zweifels und der Verzweiflung wie Blitze eingeschlagen. Das will bei Wagner etwas heißen. Dem großen Ansehen bei den Anhängern steht nach wie vor seine Vernachlässigung durch die Hoftheater gegenüber. Ehrungen außerhalb des Kreises seiner Freunde sind bis dahin ausgeblieben. Es fehlt die übliche Verleihung eines Hausordens durch die deutschen Fürsten. Keiner unter ihnen hatte gewagt, das zu tun, und keine Fakultät untersteht sich, ihm ein Doktordiplom zu verleihen. Ein Brief vom 24. Juni 1873 an Bismarck, worin er Klage führt, daß sein Vorhaben sich »ohne Teilnehmung von seiten der einzig im wahrsten Sinn fördernden und adelnden Autorität . . . vollziehen sollte«, wird vom Empfänger überhaupt nicht beantwortet. Der Sprachgebrauch Wagners zeigt, wie sehr ihm jetzt an der Unterstützung der eigentlich tragenden politischen Kräfte gelegen war. Bismarcks Schweigen war zugleich eine mißbilligende oder, wenn man will, auch verständnislose Antwort für jemanden, der außerhalb seines Gesichtskreises liegt. Es leitet umgekehrt schon die Wende ein, die in Wagners Verhältnis zu Bismarck eintritt. Im internen Kreis wird aus Wagner bereits der große Gegner Bismarcks – der er allerdings offiziell niemals sein wird –, dessen gewaltig scheinender Reichsbau in Wirklichkeit auf tönernen Füßen steht und der seiner Meinung nach zu viel Rücksicht auf Katholiken und Juden nimmt. Das sind Aspekte, die von Bismarck, dem Reichskanzler, wegblicken lassen und eine damals noch ungeahnte Zukunft haben sollten.

Was aus den künftigen Festspielplänen werden wird, ist sehr ungewiß, als Wagner am 3. Mai 1873 mit der Instrumentierung der *Götterdämmerung* beginnt. Die Arbeitsweise an diesem Werk unterscheidet sich von der an den früheren Teilen durch das Zusammenführen schon bekannter Motivfiguren bei gleichzeitiger Verbindung mit neuen. Mehr als es die Sprache des Musikologen könnte, macht ein Blick auf die Partitur den Unterschied deutlich. Das Druckbild der *Götterdämmerung* sieht ganz anders aus als das des *Rheingold* oder der *Walküre*. Bevor sie abgeschlossen ist, läßt sich an keine Aufführung des Gesamtwerks denken; denn das neue Wagnertheater soll eigens zur Aufführung dieses Bühnenfestspiels gebaut werden, weil nur hier die Bedingungen einer völligen Loslösung vom gewöhnlichen Theaterbetrieb bestehen. Aber bis es soweit ist, gibt es die beständigen Rückschläge mit sehr deprimierenden

Folgen. Wieder weitet sich die Verstimmung zwischen Wagner und Ludwig II. zur nervenaufreibenden Spannung aus, als der König in vorgerückter Finanzierungsphase die »Garantie« verweigert. Ohne königliche Garantie kein Weiterkommen bei den Bauarbeiten! Der König hatte zweifellos, launisch wie er war, von Zeit zu Zeit die Gewohnheit angenommen, gewisse Rechte des Mäzens bei Wagner geltend zu machen. So läßt er Wagner die Aufforderung übermitteln, eine von Felix Dahn in lateinischer Sprache verfaßte Kaiserhymne zu komponieren. Wagner lehnt ab, der König nimmt übel, ist auf das schwerste gekränkt und gesteht erst nach langem Wartenlassen die »Garantie« zu. Wagner ist eben als Künstler der Zeit nicht angemessen, und sie ist es ihm auch nicht.

Natürlich ist er nicht bereit, seinem Hang zu fürstlichem Gepränge irgendwelche Beschränkung aufzuerlegen. Es lag nahe, Wagner in die Nähe von Makart zu rücken, dem Maler der prunkvollen Interieurs, vollgefüllt mit prallen Buketts, grell aufleuchtenden Stoffen in weit geschwungenen Drapierungen und der morbiden Schönheiten. Der Stil mag heute durch die Überladenheit abschrecken. Aber Makart ist ein großer Meister im Technischen. Ungelöst bleibt die Frage, ob bei Makart der »Wagnerianismus« in die Malerei eindringt oder Wagner die auf herrschaftliche Ausstattung abgestellte Stiltendenz, wie sie beim Wiener Malerdekorateur hervorsticht, in sich aufnimmt. In der »Wagnergardine«, noch heute ein gängiges Wort bei Wohnungsausstattern, kommt das eine zum anderen.

Auch im Bau von »Wahnfried«, wie er jetzt vorangetrieben wird, gelangt der neue Herrschaftswille des »Künstlers« zum Vorschein. Er bedeutet seine Unabhängigkeit vom König. Die Gleichheitsidee der Revolution ist hier auf eine höhere Ebene gerückt. Man darf keine Sekunde daran zweifeln, daß der Künstler Wagner nicht genau gewußt hätte, was er tat: wie sehr »Wahnfried« eben jenem »Walhall« glich, in das die Götter mit Wotan an der Spitze ihren Einzug halten. Walhall als Sitz der Götterfamilie, wo herrschaftlich repräsentative Verkehrsformen regieren und wo neben Wotan auch Fricka sehr ansehnlich ihres Amtes waltet! Hier in »Wahnfried-Walhall« stößt das neue Königtum des Künstlers auf die alte Bohème des Emigranten, der kein politischer Revolutionär mehr sein will und sein darf.

Cosimas Anteil an dem, was unter dem Bayreuther Wagner zu verstehen ist, kann von den ersten Anfängen an nicht hoch genug veranschlagt werden. Ihr Weg zu Wagner war nicht ohne Selbständigkeit erfolgt. Wagner hatte die Ehefrau des Schülers und Freundes Hans von Bülow gerufen, und sie war dem Ruf gefolgt. Nicht zu vergessen: Es war der

Ruf eines Magiers, der mit der Musik die Elemente bezwingt und dem die Tochter Franz Liszts folgen muß. Hier war Klingsor aus dem *Parsifal* im Spiel, der noch aussteht, Orpheus, der die Leier schlägt, und Pan mit der Flöte. Aber zumindest in ihrem Verhältnis zu Bülow war die so folgsame künftige Frau Wagners am Ende doch eine Ibsen-Heroine gewesen, die gegen alle Vorurteile, alle öffentlichen Verdammnisse wie höfische und bürgerliche Ächtungen ihren Weg gegangen war. In der Scheidung und dem Elan, mit dem Cosima sie durchsetzte, lag bei aller Hörigkeit gegenüber Wagner doch auch ein Akt des Willens zur Selbstbestimmung: Frauenliebe und -leben im frühen milden Stadium erster Emanzipationsversuche eines schon sehr bürgerlichen Zeitalters. Die Ehe mit Wagner, so wie sie geführt wird, scheint diesen Zug dann wieder vollständig zu verwischen. Cosima ist als junge Ehefrau leibhaftige Ergebenheit, für die aus ihrer Herkunftsgeschichte und von ihren eigenen Erwartungen her alle Veranlassung bestand: unter den Voraussetzungen der Zeit. Es ist hier wieder außerordentlich schwer zu sagen, wie sehr Bedürfnis, eigener Wille, Notwendigkeit und äußere Bedingungen sich hier arrangieren. Wagners Tun und Wollen gelten als Sicherheiten, so fest und bindend wie Naturgesetze. Ihnen nicht zu folgen, bedeutet mangelnde Einsicht. Darin ist Cosima der vollendete Gegensatz zu Minna. Hier sind die bösen Konsequenzen aus dem Verstoß gegenüber Lohengrins Frageverbot gezogen worden. Cosima gibt acht. Wenn ein Sturm ausbricht, fühlt sie sich in ihrem Element, wenn er vorüber ist, nähert sie sich wieder in der Demut der Schwachen gegenüber dem Mächtigen ohne die Äußerung des Unmuts. Denn Unmut wäre sichtbarer Beweis des Unverständnisses.

Doch der äußere Eindruck täuscht auch wieder. Cosima war zu sehr die Tochter der Gräfin d'Agoult, um nicht deren Herrscherinstinkte mitbekommen zu haben. Um sie zur Anwendung zu bringen, war Wagners Gesellschaft günstig. Nicht gegen Wagner, aber zusammen mit ihm! Cosima hat sehr schnell begriffen, daß ihre bodenlose Existenz als Tochter eines reisenden Klaviervirtuosen und einer ihrer Klasse nur locker verbundenen französischen Aristokratin bei Wagner einen festen Grund zu finden beginnt. Sie braucht sich keinen Zwang anzutun, um Wagners wenig günstige Urteile über die Franzosen zu teilen, für die sie, trotz ihrer eigenen französischen Erziehung, doch immer nur eine nie akzeptierte Fremde war. Hier gibt es ein Zusammenfinden aus unausgesprochener Übereinkunft. Gleichzeitig aber teilt sie das Privilegdenken der französischen Aristokratie, das durch das Geniebewußtsein des deutsch-romantischen Künstlers noch einmal gesteigert wird. Man soll nicht glauben, daß sich Cosima Wagner auch nur für einen Augenblick im unklaren darüber gewesen wäre, wer sie ihrer Herkunft nach war. Für den Elitegedanken bringt sie durch ihre Erfahrungen innerhalb des französischen Adels, dessen Lebensmaxime nicht die Gleichheit, sondern die Ungleichheit ist, mehr Bereitschaft mit, als es beim Demokraten und Sozialisten Wagner bis dahin je der Fall gewesen wäre. Wagner ist für sie der sichtbarste Beweis der Ungleichheit der Menschen. Das Genie erhebt sich über alle Vergleiche, steht außerhalb der menschlichen Gesellschaft als ein mit den Zeichen der Ausnahmenatur versehener einzelner. Im dienenden Umgang mit Wagner treibt Cosima den Gedanken von der Erlesenheit des großen Einzelnen höher. Seine Ursprünge liegen tiefer, liegen in der »Art«, der »Rasse«, aus der er herausgewachsen ist und zu der nur der Artgemäße und Rassengleiche eigentlichen Zugang hat. Hier wird, und zwar durch Cosima mehr als durch Wagner selbst, die Richtung angebahnt, die zu Gobineau und seinen Gedanken »Über die Ungleichheit der menschlichen Rassen« führt. Das ist zwar schon spätes Bayreuth, aber die Testamentsverwalterin hatte sehr früh begonnen, das Erbe zusammenzutragen. Das Dienen, das sie sich angelegen sein ließ, kennt das Herrschen dieser hochgewachsenen, strengen und bald in der Nachfolge des Meisters konsequent anordnenden Frau sehr wohl als seine Kehrseite.

Das spielt sich natürlich alles außerhalb der musikalischen Strukturen ab, die für uns heute einzig von Belang sind und durch keine Kritik von außen getroffen werden können. Aber es ist keine Frage, daß jener Wagner zwischen Triebschen und Bayreuth nicht nur die *Götterdämmerung* komponiert, sondern fest mit Hand anlegt, mit der Festspielstätte ein Denkmal unverwechselbarer Art zu schaffen. Er ist dabei, sich gleichzeitig auf eine andere als die musikalische Weise zu »verewigen«. Monument eines neuen Pharao im Zeitalter des deutschen Imperialismus der Bismarckära! Solche Vergleiche – und nicht nur von ausgemachten Wagnerfeinden – haben das Unternehmen mit seinem Zeremoniell zwischen Meister und Jünger auf spöttische Weise während des Entstehens begleitet. Großen Anteil daran hat natürlich Wagners unüberwindlicher Hang, sich der Öffentlichkeit mitzuteilen, sich in den eigenen Formen und denen seiner Zeit mit pathetischem Aufwand darzustellen. Da wird das Hebefest anläßlich des Einlassens der Theatermaschinen in den Bühnenraum nach den Spielregeln der mittelalterlichen Handwerkerfeier ausgiebig begangen, Nürnberg für ein paar Stunden nach Bayreuth verlegt. Da reist der alte Freund, Maler und Dresdner Mitrevolutionär Kietz heran, um Wagners Büste und anschließend die Cosimas anzufertigen.

Alles selbstverständlich mit vollem Bedacht Wagners, den Stücken bei der Inneneinrichtung von Wahnfried den rechten Platz zu geben! »Wahnfried« selbst war ganz im Stil der Zeit als Künstlervilla entworfen und wird ausgeführt im Sinn klassischer Einfachheit ohne jene florentinischen Beigaben, wie sie Lenbach bei seinem Haus in der Münchner Briennerstraße bevorzugt. Es ist auf den großen hallenartigen Innenraum hin angelegt, in den man durch ein Vestibül gelangt, das die volle Höhe des ganzen Hauses zeigt. Die große Innenhalle vereinigt Privates und Offizielles, wie es bei Wagner jetzt mehr und mehr zusammenfällt. Unübersehbar ist das Porträt Ludwigs II., daneben Bilder von Wagners Mutter und Ludwig Geyer! Das Schopenhauer-Gemälde im Auftrag Wagners stammt von Lenbach und ist nach einer Photographie von Wagners philosophischem Gewährsmann ausgeführt worden. Beherrschend bleibt der Eindruck der Bibliothek in diesem Raum. Wagner hatte lange gebraucht, bis er nach der Flucht aus Dresden den Verlust seiner Bücher an den Schwager Brockhaus verwunden hatte, der sie, gewissermaßen als Pfand, einbehielt und nie wieder herausgab. Die Bibliothek, aus älteren Beständen und fortwährenden Neukäufen zusammengestellt, weist den Besitzer als Kenner der Weltliteratur aus. Es hat bis heute keinen gebildeteren Musiker als Wagner gegeben. Die Bücher, die jetzt von einem Bayreuther Buchbindermeister ihre Einbände erhalten, sind nicht dekorative Fassade, sondern von Wagner durchgearbeitete Literatur: Dichtungen der Völker aus allen Epochen der Menschheitsgeschichte, sprachwissenschaftliche, philosophische, historische Werke, ganz besonders der germanisch-nordischen und deutsch-mittelalterlichen Welt. Dazu auffallend viele Titel altfranzösischer Literatur und natürlich die Griechen! Die musikalisch-philosophische Grundlage der Gespräche mit dem Altphilologen Nietzsche war ja die griechische Literatur im Urtext.

Das gehörte natürlich zur Einrichtung der »Götterburg« und macht sie zur eigentlichen Weltzentrale, wo Wagner vom Bechstein-Flügel aus das Personal für die Welttragödie des *Ring* zusammenstellt. Hier können jetzt die Sänger und Sängerinnen zum Vorsingen empfangen, gewogen und oft auch für zu leicht befunden werden. Aus Coburg kommt Frau Grün herüber, mit der die Fricka geprobt wird. Amalie Materna als Brünnhilde bereitet Wagner am Anfang Schwierigkeiten, mit Betz zieht er sich seinen künftigen Wotan heran. Denn Wagner ist bekanntlich auch Sänger. Ungelöst bleibt lange die Frage nach dem richtig besetzten Siegfried. Vielleicht Siegmund und Siegfried in einer Person? Diese Praxis ist freilich von Wagner zu keinem Zeitpunkt gutgeheißen worden.

Nicht zu übersehen während dieser Zeit ist eine langsame Entfremdung zwischen Wagner und Ludwig. Das lag nicht zuletzt an den äußeren Umständen. 1868 hatte man sich zum letzten Mal gesehen. Ludwigs Anhänglichkeit an die Wagnerkunst war nicht geringer geworden. Aber die Macht seiner Ratgeber und der Kanzleien, die seinem Willen heimlich entgegenarbeiteten, war groß wie die Entfernung, die ihn von Wagner getrennt hielt. Die Wagnerfeinde in den Münchner Amtsstuben hatten das Objekt ihres Ärgernisses auch in Bayreuth nicht aus den Augen verloren. Ihre Gegnerschaft war allgegenwärtig und immer fühlbar. Als Wagner für sein Grundstück den direkten Zugang zum Hofgarten durch eine Gartenpforte wünscht, wird ihm das zunächst rundweg abgeschlagen. Alle Nachbarn haben die Erlaubnis des direkten Zutritts. Um Wagner dies Argument zu nehmen, wird den Anliegern das Anrecht aufgekündigt. Wagner macht eine direkte Eingabe beim König und erhält sofort die Erlaubnis. Nun ist er der einzige mit Zugang zum Hofgarten, die Nachbarn sind draußen. Bei einer direkten Intervention konnten sich die Behörden dem König nicht entgegenstellen, aber der verborgene Widerstand geht unaufhörlich weiter. Hier zeigt sich im Grunde doch die Machtlosigkeit Ludwigs, die ihn seinen Ministern und Hofleuten mehr und mehr ausliefert.

Aus dem Gegner Preußens war bekanntlich nach außen hin der Anhänger Bismarcks geworden, aber hierzu hatten ihn die vernünftige Einsicht, Wagners Einfluß und die bittere Notwendigkeit gebracht. In Wahrheit sah er, der Wittelsbacher, dem Aufstieg der Hohenzollern mit unverhohlenem Groll zu. Wir wissen, daß Bismarck über seinen ehemaligen Göttinger Studienfreund François Wille auf Wagner Einfluß nehmen ließ, um Ludwig zum Frontwechsel zu bewegen. Vom Hof und der Öffentlichkeit isoliert, von den Menschen, von Wagner wie von seiner Braut enttäuscht, beginnt er, sich mehr und mehr von der Welt abzuwenden. Er zieht sich zurück von Alltag und Volk und lebt ganz den Gebilden seiner Träume, tut, was er kann, um sie selbst in Wirklichkeit zu verwandeln. Er ist jetzt auf dem Weg, für das Bayernvolk der Märchenkönig zu werden. Der die Phantasie der Bauern beschäftigt, den sie, was gar nicht einmal falsch ist, als ein Opfer übler Machenschaften sehen! Denn die Einsamkeit ist nicht zu verbergen.

Die Legende vom König, der sich auf einem von Hirschen gezogenen Schlitten durch die Lande bewegt, wird nicht nur erzählt, sondern auch geglaubt. Aber die Wahrheit liegt tiefer, sie besagt, daß sich hier langsam ein menschlicher Untergang vorbereitet. Der König scheint von nun an die Schwanenwelt des Lohengrin nicht mehr zu verlassen – Wagner erhält übrigens als Geschenk von ihm ein schwarzes Schwanenpaar, das auf dem Weiher des Bayreuther Hofgartens ausgesetzt wird. Doch seine Phantasie war weitergewandert, war vom Lohengrin über den Parsifal beim Sonnenkönig Ludwig XIV. angelangt, von dessen herrscherlichen Sphäre des unwirklichen Glanzes er sich in der Nachbildung von Versailles auf der Insel Herrenchiemsee umgeben lassen möchte. Mit seinem Willen zum Großen und Gigantischen war Ludwig seiner Natur nach durchaus mit Wagner verwandt. Herrenchiemsee und die *Nibelungen* liegen so weit gar nicht auseinander. Was sie trennt, war die Imitation, über die der König nicht hinauskam.

Aber auch Wagner hat sich aus dem Einflußbereich des Königs im Grunde nicht vollständig gelöst. Es ist durchaus erlaubt, von einem Zeitalter Ludwigs II. zu sprechen, das in der Gestalt Wagners über die Grenzen Bayerns hinausdringt und mit seinen baulichen Absonderlichkeiten bis heute auf große Massen eine Anziehungskraft ausübt. Die Büste Ludwigs II. vor der Villa Wahnfried, die der König Wagner überstellen ließ, macht diesen bayrisch-regionalen Zug innerhalb der Wagnerkunst als ein Tribut an die Zeit sichtbar. Im Garten, damals noch ohne Baumbestand, spazieren Pfauen und Fasanen, während im Innern der Meister für die Weltausstellung in Philadelphia den *Festmarsch* komponiert. Im Auftrag selbst lag eine Anerkennung, die ihm jetzt vom Ausland zuteil wird, während man sich im neuen Reich nach wie vor zurückhält. Die Breslauer Philosophische Fakultät, die ein musikalisches Ehrendoktorat zu vergeben hat, trifft eine nicht anzufechtende Wahl, aber es ist Brahms, auf den sie fällt. Hier vollzieht sich bereits der Aufstieg eines zunächst unscheinbaren Lehrlings und Kopisten aus Wagners Werkstatt zum Konkurrenten, über dessen Bedeutung Wagner sich völlig im unklaren befand und auch weiter befinden wird. Doch dafür wird Wagner – gewissermaßen zur Entschädigung – Ehrenbürger von Bologna. Ein Umschwenken in Deutschland wird sich erst langsam und zögernd vollziehen und eigentlich erst dann, als der preußische Generaldirektor der Oper und Wagners Intimfeind von Hülsen nach Bayreuth kommt, um Wagner für die Einstudierung des *Tristan* in Berlin zu gewinnen.

Am 21. November 1874 ist die Partitur der *Götterdämmerung* beendet. »Vollendet in Wahnfried, ich sage nichts weiter!! R.W.«, setzt Wagner eigenhändig darunter. Nun drängt nach vierundzwanzigjähriger Arbeit an der Musik das fertige Werk zur Aufführung, was in diesem Fall bedeutet: zur eigentlichen Zweckerfüllung des Bayreuther Wagnertheaters. Bei der Besetzung der Rollen war man immer wieder auf die schwer zu beantwortende Frage gestoßen: Wer singt den Siegfried? Wer entspricht diesen stimmlichen Anforderungen und macht von der äußeren Erscheinung her die Gestalt glaubhaft? Wagner schwebt lange im Ungewissen darüber, ob Georg Unger, der für die Rolle zunächst nicht genügend ausgebildet ist, ihr gewachsen sein wird.

Bis zum Gelingen ist in der Tat noch ein weiter Weg. Bei der Vorbereitung in den Proben zur Aufführung des *Ring* macht Wagner die Erfahrung, daß die Zeit keine Sänger vom Rang einer Schröder-Devrient und eines Schnorr mehr kennt. Eine große Anzahl der von ihm selbst ausfindig gemachten oder ihm vorgeschlagenen Künstler zeigt bedeutende Mängel in der Ausbildung. Wagner selbst ist es, der sich der großen Mühe unterzieht und mit dem Sänger Georg Unger die Partie des Siegfried Ton für Ton und Silbe für Silbe durchgeht. Der Münchner Professor Hey macht sich daran, den zugewiesenen Kräften den dringend notwendigen stimmbildnerischen Unterricht angedeihen zu lassen. Hier und da wird die Freistellung der Künstler von ihren Engagements erbeten, um sie auf die künftige Aufgabe vorzubereiten, gelegentlich durchgesetzt, aber oft auch verweigert.

Der Sommer 1875 war als Auftakt der künftigen Festspiele in Aussicht genommen: Probewochen, denen keine eigentliche Aufführung folgen sollte. Man beginnt in der Halle des Hauses Wahnfried und begibt sich dann zu ersten Versuchen auf die Bühne des neuen Theaters, wohin übrigens aus Wien Bösendorfer einen Flügel seiner Herstellung geschickt hat. Für die Zusammenstellung des Orchesters sind in diesem ersten Probejahr 108 Musiker engagiert worden, und zwar vor allem von den deutschen Hoftheatern, aus dem einleuchtenden Grunde, weil nur diese Bühneninstitute drei Monate Sommerferien machen, ihre Mitglieder also auch wirklich verfügbar sind. Die Orchesterproben finden jeden Morgen von 10 bis 12 Uhr statt. Vorgenommen wird jeweils ein Akt. Man beginnt mit dem *Rheingold* und hält die Reihenfolge bis zum Finale der *Götterdämmerung* durch. Am Nachmittag wird dann – wiederum zwei Stunden und aktweise – zusammen mit den Sängern im Festspielhaus geprobt. Und jetzt schon bürgert sich jene Ordnung ein, derzufolge die herbeigekommenen Freunde der Wagnerkunst den Proben beiwohnen.

Der Erfolg dieser Generalprobe des *Ring* für das nächste Jahr ist über alles Erwarten gut. Ihr Abschluß am 13. August wird durch ein Gartenfest in Wahnfried für 150 Personen gefeiert. Sänger, Musiker, Techniker, Freunde und Gäste nehmen daran teil. Militärmusik und Feuerwerk sorgen für die Unterhaltung der Teilnehmer. Am Ende zieht jeder mit einer bunten Papierlaterne im »Gänsemarsch« durch die langen Laubengänge des Gartens, an der Spitze natürlich Wagner selbst mit den Kindern und den beiden Hunden Marke und Brange.

Am nächsten Tag ist wieder Ruhe in die kleine, friedliche Stadt eingekehrt. Die Künstler und Gäste haben sich in alle Himmelsrichtungen zerstreut. Die Proben, die in Wirklichkeit nur Vorproben waren, hatten alle Zweifel am Gelingen beseitigt. Das Spiel konnte beginnen.

Damit war auch für Wagner ein Lebensabschnitt zu Ende gegangen. Was immer man heute im Künstlerischen denken mag im Vergleich zum *Tristan*, den *Meistersingern*, dem *Parsifal*: Der *Ring* war das eigentliche Großunternehmen Wagners gewesen. Auf ihn hatte er im wahrsten Sinne des Wortes sein Leben gesetzt, für ihn war er das Risiko von »Sein oder Nichtsein« eingegangen. Jetzt erst, im Hochsommer des Jahres 1875, hatte sich gezeigt, daß das Wagnis zu seinen Gunsten ausgehen konnte. Trotz aller zeitweiligen Aufführungserfolge mußte er 62 Jahre alt werden, bis seine eigene Gewißheit öffentliche Beweiskraft bekommen hatte.

Aber Erfolg und Gewißheit werden bald in neue Krisen hineinführen. Wagner selbst wird jetzt mehr noch als früher in der Öffentlichkeit zur Entscheidungsfrage, selbst für die, die wie Nietzsche zu seinen Parteigängern gehört haben. Wagner war nicht nur seine Musik. Es ging ihm um die Gesamtwirkung eines musikalisch-dichterisch-theatralischen Werks zusammen mit dem philosophisch-weltanschaulichen. Für ihn war ihre Einheit unbestreitbar. Darin unterscheidet er sich von den Nur-Musikern gleichen Rangs wie Brahms und Bruckner, die ebenso wie er ihre Zeitepoche durchhörbar machten, aber ohne philosophischen Anspruch auftraten. Wagner hat Brahms nicht zur Kenntnis genommen, und das gleiche gilt, trotz gegenteiliger Versicherungen, auch für Bruckner, der wegen seiner Untertänigkeit bei Wagner immer sehr willkommen war und von ihm schöne Worte des Zuspruchs erhielt, aber nie von ihm als der Umstürzler der Harmonie und des Rhythmischen, der er wie Wagner selbst war, gebührend anerkannt wurde. Gegen Brahms treten Wagner und sein Anhang gern herabsetzend auf. Das gehört zum Kennzeichen des frühen Wagnerianismus und wird vom Biographen Glasenapp aktenkundig gemacht. Nietzsche, der diese Schwäche genau kannte, hat später im Hause Wahnfried den ersten Schatten auf ihre freundschaftliche Beziehung fallen lassen, als er mit dem »Triumphlied« von Brahms dort erscheint und es auf Wagners Flügel ostentativ liegen läßt. Das bedeutet: Komponieren können auch andere. Das war ein unverzeihbarer Verstoß, den Wagner auch nach der darauffolgenden Aussöhnung nie vergessen hat und der ihm damals für die Zukunft ihres Verhältnisses wenig Günstiges verhieß. Es kündigte sich hier an, was nach der strengen Sprachregelung der Wagnerschen Urgemeinde »treulos« hieß. Mit seinem Urteil über Brahms war Nietzsche – wie später noch oft – gegenüber Wagner im Recht. Hier lag die erste Wegscheide zwischen Wagner und Nietzsche, dessen Ansichten über Musik dann eine eigentümliche Radikalität annehmen werden bis hin zu dem Urteil, das Bizets »Carmen« für den Gipfel der zeitgenössischen Musik hält – einem später allerdings widerrufenen Urteil, das seine Schärfe aus der willkürlichen Entgegensetzung gegen Wagner bekommen hatte.

Es war richtig, daß nicht Brahms und nicht Bruckner als Musiker die Weltbewegung auf solch skandalöse Weise ins öffentliche Bewußtsein brachten, wenn auch ebenso für sie wie für Liszt und Wagner das Wort von der »Zukunftsmusik« galt. Hanslick hatte nach seinem Abfall von Wagner auf Brahms als seine Karte gesetzt. Das gab dem schwerblütigen Norddeutschen bei allem Lärm, den seine Gegner schlugen, einen publizistischen Auftrieb, wie Wagner so früh ihn nie erlebt hatte und wie er ihn als provozierender Feind der Presse und der Pressekritik auch gar nicht erwarten konnte. In den Augen Bruckners war Wagner der leibhaftig auf die Erde zurückgekehrte Gottvater selbst, vor dem er sich auf die Knie warf und der ihm großzügig in Aussicht stellte, sein eigenes Werk später zu fördern. In seiner ungeschickten und schüchternen Art wurde er in der Halle von Wahnfried von Cosima fälschlicherweise als echtes »Wienerkind« der Sympathie der Anwesenden empfohlen. Dazu muß gesagt werden: Bruckner, der in Wagner das Maß aller musikalischen Dinge seiner Zeit sah, und das heißt für ihn auch immer die Weiterführung der Beethoven-Tradition, in die er als Symphoniker sich selber gestellt fühlte, hat bei seinen vielen Zweifeln nie gewußt, wer er musikalisch war. Und auch wenn Brahms es hinnahm, von Wagner mißverstanden zu werden, so war er sich über manche Abhängigkeiten von ihm sehr wohl im klaren. Das zeigt auch der Streit um das Originalmanuskript einer Szene des *Tannhäuser*: Peter Cornelius hatte es an Brahms gegeben, der Gründe hatte, dies als ein Geschenk anzusehen. Als Wagner es für die Neuausgabe der Partitur erbittet, stellt sich Brahms zunächst einmal taub. Er reagiert nicht. Erst als Wagner im Handschreiben an Brahms dringlich wird, antwortet Brahms und schlägt einen Handel vor: Umtausch der Originalszene gegen ein Exemplar der *Meistersinger* sowie ein Notenblatt von Wagners Hand. Die *Meistersinger*-Bände sind Wagner gerade ausgegangen, dafür erhält Brahms ein Prachtexemplar des Rheingold. Brahms wußte sehr genau, was er damit in Händen hielt.

Die Vorbereitungen für die erste *Ring*-Aufführung in drei Zyklen während des kommenden Jahres 1876 hatten aus Wagner einen Mann der Weltöffentlichkeit gemacht. Als Marx sich auf der Reise nach Karlsbad zur Kur befindet, bemerkt er das Wagnerfieber und schreibt darüber nach Hause: »Allüberall wird man jetzt mit der Frage gequält: Was denken Sie von Wagner?« Für die Presse, die erheblichen Anteil an Wagners Vertreibung aus München hatte, war er ein unerschöpfliches Thema. Gegen die bei ihr vorherrschende Feindschaft können sich die anerkennenden Stimmen, zu denen in Bayern die »Münchner Neuesten Nachrichten« gehören, lange Zeit kaum behaupten. Schmähschriften werden in Umlauf gesetzt, um die Interessenten vom Besuch in Bayreuth fernzuhalten. Die harmlose Erkrankung einiger Soldaten in der Bayreuther Garnison durch schlechte Verpflegung dient dazu, die Schreckensnachricht von einer grassierenden Epidemie unter der Bevölkerung zu verbreiten. Immer ist der wagnerfeindliche Journalismus auf dem Sprung, mit neuen Gerüchten aufzuwarten, wie jenem, Wagner wolle das ganze Bayreuther Unternehmen aufgeben und sei bereits dabei, sein Haus zu verkaufen.

In einem Traktat ohne Verfasser und Druckort, das aber den Geist seiner altbayrischen Feinde zeigt, war den Besuchern des Festspieltheaters ein schreckliches Ende im Stil des letzten Gerichts vorausgesagt worden: »Mit Riesenschnelle wird sich die Glut ausbreiten, Entsetzen wird alles erfassen. Wo eine Minute zuvor noch sündiger Sang und Klang ertönte, wird es gellen gleichwie in der Hölle das verzweiflungsvolle Geschrei der Verdammten. Hunderte werden erdrückt werden und verbrennen, so daß nächsten Tages der über den rauchenden Schutt schreitende Fuß mit jedem Schritt auf halbverkohlte Leichen tritt.« Als der Hamburger Bassist Kögel, der den Hagen singen soll, bei den Proben von seinem alten Nervenleiden befallen wird, herrscht Jubel über den damit erbrachten Beweis, daß die Sänger in Bayreuth um ihre Gesundheit fürchten müssen. Jede Schwierigkeit, die sich bei der Vorbereitung auftut, wird sofort unter die Leute gebracht, um sie vom Kauf der Karten abzubringen. Man glaubt, den Abbruch der Vorführungen voraussagen zu können, weiß sogar Genaueres, daß der dritte Zyklus gar nicht stattfinden kann.

Es gab natürlich Schwierigkeiten, die sich dem Gelingen der Aufführung in den Weg stellten. Wagner hatte gut daran getan, sich durch die Probeaufführungen von der Richtigkeit seines Gesamtkonzepts erst zu überzeugen. Am künstlerisch-musikalischen Gelingen war nicht zu zweifeln. Daß die Inszenierung mit dem Einsatz von Dekorationen, Requisiten und Maschinen selber funktionierte, mußte sich dagegen erst noch herausstellen. Ärgerlich bemerkbar machte sich dabei, daß Ausführung und Lieferung der Ausstattungsteile durch die Gebrüder Brückner in Coburg verzögert wurden. Der Lindwurm, in England bestellt, wird stückweise herangeschafft. Für die Rheintöchter sind Schwimmwagen hergestellt worden. Mit Riemen sollen sie dort eingeschnallt werden, um darin die erforderlichen Schwimmbewegungen ausführen zu können. Wagners Assistenten, darunter der neu aus Wien hinzugekommene Felix Mottl, müssen bei der Aufführung hinter den Kulissen die merkwürdigen Apparate vorwärts schieben. Natürlich gibt es bei den Sängerinnen dieser Partien zunächst ein panisches Zurückschaudern vor dem gefährlich scheinenden Gerät. Überhaupt müssen im Verlauf der Proben Drohungen der Künstler mit der »sofortigen Abreise« von Wagner und Cosima immer wieder diplomatisch bearbeitet werden. So war Georg Unger ja schließlich deswegen zur Rolle des Siegfried gelangt, weil der dafür viel kompetentere Niemann aus Hannover mit Eklat von der Bildfläche verschwunden war und Wagner dann an der einmal getroffenen Wahl festhielt. Niemann singt dafür als erster Sänger in Bayreuth den Siegmund. Am Ende ist es doch nur Wagner selbst, der die Künstler zusammenhält und die Schwierigkeiten mit den Technikern unter dem Bühnenmeister Brandt ausräumt. Es hat lange den Anschein, daß der Kopf des Drachen auf dem Transportweg verlorengegangen sei. An Gründen zur Aufregung irgendeines der Künstler fehlt es nie. Der Sänger des Alberich, Karl Hill, weigert sich angesichts der Höhe, den Sprung auf den Grund des Rheins mit seinem Riff zu wagen. Wagner klettert selbst die Leiter hoch und läßt sich dann in die beachtliche Tiefe fallen, so daß alle Forderungen nach einem »Double« dadurch sofort erledigt sind.

Der ersten Aufführung am 13. August war eine Generalprobe vorausgegangen. Der Besuch des bayrischen Königs wird dadurch so besonders bemerkenswert, daß er zum ersten Wiedersehen mit Wagner nach acht Jahren führt und ursprünglich gegen alle Staatsetikette geplant war. Die in Bayreuth auf dem Bahnhof zur Begrüßung wartenden Honoratioren stehen freilich dort vergeblich. Ludwig hatte den Zug bereits auf der kleinen Bahnwärterstation der »Rollwenzelei« verlassen. Wagner selbst war unterrichtet worden und fand sich zum Empfang ein, nach dessen Verlauf beide in der Equipage in die Eremitage fahren, die Ludwig während des Aufenthaltes bewohnen wird. Grund für dieses beabsichtigte Geheimhaltungsverfahren bei seiner Ankunft war nicht zuletzt Ludwigs Furcht, von den Bayreuthern Zeichen des Mißfallens hinnehmen zu müssen. Während des letzten Kriegs hatte man in der Stadt deutlich

Sympathien für Preußen bekundet. Seine Furcht bewies sich nun, wie die spätere Begrüßung zeigen wird, als unbegründet. Dem ersten Zyklus des *Ring* wollte Ludwig nicht beiwohnen. Da erschien ja der als deutscher Kaiser inzwischen ranghöher gewordene König von Preußen, dem zu begegnen Ludwig keine große Lust verspürte. So kommt er zur Generalprobe und kündigt seine erneute Anwesenheit beim dritten Zyklus an.

Die Aufführungen der vier Teile des *Ring*, mit denen das »Kunstwerk der Zukunft« sich schon als ein Ereignis der Gegenwart erweist, erfüllten alle in sie gesetzten Erwartungen. Zunächst einmal: Ihrer Ankündigung waren nicht nur zwei Kaiser und einige deutsche Fürsten gefolgt – zum nationalen Fest, als welches Wagner sie ausdrücklich sah, erschienen Besucher aus den verschiedensten Ländern. Wagner durfte für einen Augenblick das Gefühl haben, am Ziel zu sein. Als er den deutschen Kaiser auf dem Bahnhof von Bayreuth empfängt, wird er von ihm mit den Worten begrüßt: »Ich habe nicht geglaubt, daß Sie es zustande bringen würden.« Zu dieser Stunde jedenfalls schienen alle Widerstände überwunden. Der Plan war volle Wirklichkeit geworden.

Das zeigte sich auch bei den Aufführungen, die keineswegs ohne Pannen verliefen, ja sogar grobe Mängel im Detail, insbesondere in der technischen Aufführung, verrieten. Der von Franz Betz gesungene Wotan verliert den Ring und verfängt sich beim Fluch in der Kulisse. Ein Prospekt wird verschoben, und das Publikum tut einen vollen Blick mitten auf die im Schweiße ihres Angesichts tätigen Bühnenarbeiter. Mit der Dekoration der *Götterdämmerung* war die Coburger Lieferfirma Brückner nicht vollständig fertig geworden, weil sie zu Wagners großem Ärger ihren ältesten Kunden, nämlich den Herzog von Meiningen, mit Vorzug bedient hatte. Keine der Unzulänglichkeiten bleibt von Wagner unbemerkt, der mit Zeichen großer Verstimmung auch nicht spart. Aber es sind die Künstler, die den Erfolg bringen, die Sänger und die Musiker im »mystischen Abgrund« des Orchestergrabens, der sie unsichtbar macht.

Die erste *Ring*-Aufführung ist neben Wagners Erfolg ein Erfolg des Dirigenten Hans Richter. Hans von Bülow – das ist bezeichnend – fehlt; er ist in Amerika und hat das Gefühl, von allem ausgeschlossen zu sein. Aber dafür haben sich andere Namen eingefunden. Neben Bruckner und Tschaikowskij ist Camille Saint-Saëns anwesend, weiter Helmholtz, die Maler Lenbach und Makart, natürlich auch Semper. Die wichtigsten Gäste, die ihre alte Freundschaft zu Wagner nach Bayreuth rief, sind die Wesendonks und die Willes. Daß Brahms und Leute seines Kreises fernblieben, versteht sich. Aber zum zweiten *Ring*-Zyklus kommt das musikalische Establishment in Form zahlreicher deutscher Kapellmeister angereist, einige nicht zuletzt in der Absicht, den Anschluß an die jetzt offiziell werdende Wagnerwelle zu suchen, oder sogar, wie es beim Münchner Dirigenten Wüllner der Fall war, ihren Übergang aus dem Lager der Gegner in das der Anhänger dem Meister persönlich mitzuteilen. Zwischen den Aufführungen hält Wagner in Wahnfried förmlich hof. Seine Besucher, Anhänger, Bewunderer möchten vorgelassen werden, nicht nur ihre Huldigungen vorbringen, sondern auch selbst Zeichen besonderer Gunst empfangen. Hier schießen leicht Eifersüchteleien skurrilster Art ins Kraut. Wagner zeigt sich gerade während dieser Wochen von außerordentlicher Verbindlichkeit gegenüber den Besuchern in Wahnfried, die bei ihrem Eintreten in der Regel auf Wartende mit der gleichen Absicht treffen.

Wenn die großen Hoffnungen Wagners auf das Nibelungen-Fest von den weit aufgeblähten Segeln des deutschen Nationalismus nach 1871 – und also gleichzeitig mit ihm – in die Zukunft getragen wurden, dann war das nichts besonders Hervorstechendes. Nur so hatte es überhaupt stattfinden können. Dahinter lag nicht irgendwelcher Opportunismus, denn die musikalische Erneuerung ging hier ohne die geringste Rücksichtnahme weiter. Bismarck war für ihn, wie er Röckel als dem radikalsten der alten Revolutionsgenossen mitgeteilt hatte, jetzt eine Notwendigkeit. Seine eigene Sprache ändert sich dadurch nicht im geringsten. In seinem Züricher Vortrag über den Nibelungenring aus dem Jahre 1937 meinte Thomas Mann: »Man muß sich darüber klar sein, daß ein Werk wie der ›Ring des Nibelungen‹ im Grunde gegen die ganze bürgerliche Kultur und Bildung gerichtet und gedichtet ist, wie sie seit der Renaissance herrschend gewesen war, daß es sich in seiner Mischung aus Urtümlichkeit und Zukünftigkeit an eine inexistente Welt klassenloser Volklichkeit wendet.« Grausamer konnte der Bruch mit der Vergangenheit, die zum blassen bürgerlichen Bildungsbesitz geworden war, nicht erfolgen. Und war nicht auch Bismarck als Erneuerer mit den romantisch verklärten Ansprüchen deutscher Fürsten erbarmungslos verfahren, wenn er sie seiner Politik der Einheit opferte? Der Nationalgedanke konnte aus dem *Ring*, den Wagner ausdrücklich »im Vertrauen auf den deutschen Geist« komponiert hatte, nicht ausgestrichen werden; im europäischen Zusammenhang bedeutet das Werk Wagners schließlich die Parallele zu Verdis Oper des Risorgimento in Italien.

Aber wie immer ist bei Wagner jeder eindeutige Eindruck eine vollendete Täuschung. Er ist es beim *Ring* und im Zusammenhang mit ihm auf besondere Weise. Ohne es zu wollen, gehört der königliche Kapellmeister der Berliner Hofoper, Heinrich Dorn, zu denjenigen, die den im Bismarckschen Sinne »kriminellen« Charakter des *Ring* am besten verstanden haben, wenn er gegen den Operntext zum Schutz vor den darin enthaltenen Scheußlichkeiten die Anwendung des Sozialistengesetzes fordern wird. Die Eigentumsfeindlichkeit von *Siegfrieds Tod* war in der revidierten Fassung des Gesamtwerks keineswegs bis auf ihre letzten Spuren beseitigt. Hellhörige Besucher mochten auch jetzt noch daran Anstoß nehmen. Dazu die Beleidigung der geltenden Moral durch blutschänderische Veranstaltungen zwischen Siegmund und Sieglinde oder Siegfried und der Tochter seines Großvaters! Thomas Mann hat recht: Ärger war der bürgerlichen Welt im ganzen Jahrhundert kaum zugesetzt worden als mit dem *Ring*. Hier stand ein Außenseiter der Gesellschaft im Bunde mit allen zum Aufstand Bereiten, einer, der sich jetzt vom Revolutionismus seines Freundes Röckel zurückgezogen hatte, der sogar dem deutschen Kaiser die Honneurs machte, aber mit der deutschen Sprache und der erneuerten Harmonie härter zuschlug als ein deutscher Sozialdemokrat vom Schlage Lassalles. Übrigens soll das Urteil Wilhelms I. über das *Rheingold* aus den Worten »einfach scheußlich« bestanden haben.

Beim zweiten Zyklus wird jemand im Publikum sitzen, dem das Umbrechende der Tetralogie in mehrfacher Hinsicht klar geworden war und der daraus für sich die Konsequenz zieht: Friedrich Nietzsche. Der gedichtete Barbarismus der germanischen Stabreime läßt schon Schlüsse für die Zukunft zu. Die Vergangenheit, die hier im deutsch-germanischen Sinn heraufbeschworen wird, kennt sich darin selbst nicht mehr wieder: ein Nationalismus der Illusionen. Den »neuen« Menschen Siegfried aus dem Inzest der Geschwister hervorgehen zu lassen und sein Wirken mit der Eigentumsfrage nach dem Verständnis Proudhons zu verbinden, war zweifellos eine Wagnersche Erfindung: ein Sozialismus dichterischer Utopie.

Wenn dazu beim Zuschauer das Gefühl aufkommen konnte, nicht nur dem Untergang der alten Götterwelt beizuwohnen, sondern beim Zusammenwirken aller Instrumente unter der Vorherrschaft der schweren Bleche und begleitet von Donner und Blitz mit dem ganzen Theater zu explodieren und selbst in die Luft zu fliegen, dann war die Grenze des bis dahin geltenden Theaters weit überschritten – das Theater erklärte Ansprüche an die Wirklichkeit!

Die drei Zyklen von 1876 mit ihren bescheidenen Mitteln haben diesen möglichen Eindruck nur leicht angedeutet. Aber alle Elemente, von denen für das Urteil über das Werk und Wagner überhaupt Zwietracht ausgehen konnte, waren hier vorhanden. Als der Festjubel verrauscht ist, die Patrone und Festspielgäste wieder abgereist sind und die alte Ruhe in das Städtchen einkehrt, kann Wagner trotz der Beschimpfungen durch einen erheblichen Teil der Presse sich selber versichern, einen großen Erfolg errungen zu haben. Dazu hatte er freilich in vorgerücktem Alter gewaltige Anstrengungen auf sich genommen. Jetzt beim Abschluß fühlt er sich am Ende seiner Kräfte. Nur: Der Erfolg hatte eine Kehrseite. So groß er war, so groß war auch das finanzielle Defizit. Man sprach von 120 000 Mark, die aufzubringen waren, um es zu decken. Zur Idee des Festspiels gehörte seine Wiederholung. Wiederholung aber – das ist ein Gedanke, der Wagner in den nächsten Wochen, Monaten und Jahren nicht mehr loslassen wird – würde Wiederholung des Defizits bedeuten. Der Erfolg hatte ihn sofort wieder an die Grenzen des Machbaren geführt. Kaum hat sich die Erregung durch die fast übermenschliche Konzentration beim Ablauf der ersten Festspiele gelegt, schleicht sich das sehr bekannte Gefühl der Sorge wieder bei ihm ein. Es ist die Rückkehr zur alten Erfahrung, allein gelassen zu sein.

Bei der ersten Gesamtabrechnung der Festspiele – ein Minus von 148 000 Mark – befindet sich Wagner bereits in Venedig, einen Monat später, im Oktober 1876, in Sorrent, wo er und der abtrünnige Nietzsche zum letzten Mal zusammentreffen.

19. ». . . eine gänzlich neue und herrliche Welt«

Wagners Großes Welttheater, Zweiter Teil

»Seine Nibelungen sind eine gänzlich neue
und herrliche Welt, nach welcher
ich mich längst gesehnt habe,
und für die die besonnensten Leute
sich noch begeistern werden,
wenn auch dabei der Maßstab
der Mittelmäßigkeit sich unzulänglich erweist –«

Franz Liszt in einem Brief an Dr. Gille, Jena

War nach dem *Rienzi* mit dem *Fliegenden Holländer* der erste Bruch erfolgt, der den Weg zur eigentlichen Wagnerkunst frei machte, so erfolgte nach dem *Lohengrin* mit dem *Rheingold* der zweite, aber viel rücksichtslosere. Jetzt erst ist das erreicht, was Wagner musikalisch will. Der *Lohengrin* war dabei noch Übergangswerk, er kennt mit dem Frageverbot schon das »Leitmotiv«, aber als neues musikalisches Mittel ist es noch nicht allgegenwärtig. Es zieht noch nicht mit ersten Ankündigungen, Erwartungen, Verzögerungen bei der Ausführung, der Wiederholung, der Umkehrung seine Spuren durch das Werk oder spannt mit neuen Verbindungen seine Gewebe aus. Eben das gehört zum musikalisch Neuen der *Ring*-Musik, um dessentwillen Wagner jahrzehntelang jeden vordergründigen Erfolg ausgeschlagen hatte.

Wir wissen, daß das »Leitmotiv« keine Wagnersche Erfindung ist und ebenso, daß er selbst das Wort nicht anwendet und seinen Gebrauch bei Hans von Wolzogen zwar duldet, ohne indessen diesen Klang-Figuren zu viel Gewicht beizumessen. Wir müssen hier festhalten: Alle seit Wolzogen mit Namen belegten und dann immer wieder angeführten »Leitmotive« sind Wagner im Grunde unbekannt. »Leitmotive« sind darum auch für die Deutung nicht notwendig, aber sie sind als Erkennungszeichen, eben als Leit-Motive, brauchbar. Es ist zwar richtig und zur Erklärung nützlich, beim *Ring* etwa hundert Motive zu zählen, von denen das *Rheingold* bereits vierzig bringt, aber es ist unwagnerisch. Ihre Erwähnung bleibt immer problematisch, weil Wagner in längeren Perioden musikalisch fühlt und denkt als in solch eher kurzen Klangfolgen.

Mit ihnen, von denen die »Leitmotive« allenfalls Teile sind, wird jetzt die vorrangige Stellung des Orchesters begründet. Das *Ring*-Orchester hat durch die Heraufsetzung auf hundertzehn Spieler ein vorher nie gekanntes Klangvolumen. Die Holzbläser sind vierfach besetzt, dazu gibt es je sechzehn erste und zweite Violinen, weiter je zwölf Bratschen und Violincelli sowie acht Harfen. Wagner ergänzt den Spielkörper durch Instrumente wie Waldhorntuben, die Baßtrompete, die Kontratuba und die Kontraposaune. Das Walhallthema in der zweiten Szene des *Rheingold* bekommt diesen unverwechselbaren Klang in der Ausführung nicht zuletzt durch die Tuben. Eine solche oder ähnliche frühere Klangwirkung ist auch bei Wagner nicht erinnerlich, so wenig wie das zum ersten Mal ebenfalls von Tuben gespielte Hunding-Thema. Mit diesen orchestralischen Wirkungen geht die alte, bis zum *Lohengrin* dominierende Rolle der Vokalstimme verloren. Bis dahin war die Melodie immer noch vor allem gesangliche Melodie. Von jetzt an bricht das Orchester die melodische Bahn, auf der die Stimme dahingleitet. So haben Schwert-Motiv und Rheingoldfanfare eine eigentümliche Zusammengehörigkeit, die Stimme verliert nichts von ihrer Bedeutung, aber sie ist in die orchestrale Gesamthandlung hineingenommen, gehört zu ihr.

Der Orchesterapparat ist so verstärkt, daß Wagner beim *Tristan* schon im Hinblick auf die beabsichtigte leichtere Aufführbarkeit ihn wieder verkleinert. Es fehlen die Spezialinstrumente für den *Ring* und es treten insbesondere die Bleche wieder zurück gegenüber den Streicher- und Holzbläsergruppen.

Daß mit dem *Rheingold* eine neue Epoche der Musik beginnt, macht bereits das Orchestervorspiel hörbar, das einmalig in seiner Art ist: ein einziger, 135mal wiederholter Es-Dur-Dreiklang, abgespielt von Kontrabässen und von hinzukommenden Fagotten und Hörnern. Die erste

Melodie der *Ring*-Musik besteht aus einer einfachen diatonisch aufsteigenden Linie, die gegen Ende die helleren Register des Orchesters mehr und mehr anschwellen läßt. Das Thema ist Werden der Natur, eine – im Gegensatz zur jüdisch-christlichen – »germanische« Schöpfung, die zu jener Unschuld des Urzustandes führt, wie sie im Spiel der Rheintöchter ausgedrückt ist.

Nixen, die sich auf dem Grunde des Rheins tummeln und den Frieden einer unbeschädigten Flußwelt genießen!

Weia! Waga!
Woge, du Welle,
Walle zur Wiege!
Wagalaweia!
Wallala weiala weia!

Da erscheint Alberich, der sie verspottet und sie dann jagt, um sie zu besitzen. Wir wissen bereits, was geschieht und – die Wortdichtung mit dem germanischen Stabreim als Konsonantenanlaut berichtet es – wie das »germanische« Gegenstück zur Erbsünde aussieht.

Hier wird von der Partitur auf engem Raum die Technik in der Gestaltung der Themen demonstriert. Das Thema von einer Natur im Zustand unbeschädigten Friedens braucht nur umgekehrt zu werden, um als Weltuntergangsthema zu erscheinen: Vergehen ist der Gegensatz von Werden, das Ende steht dem Anfang entgegen. Im Entsagungsthema liegt die Formel ausgedrückt, nach der sich das schreckliche Geschehen abspielt. Vergebens sind die Klagen der Rheintöchter. Das Ring-Motiv klingt auf und kehrt dann von Tuben und Posaunen gespielt im Walhalla-Motiv wieder. An Röckel hatte Wagner zur Arbeit am *Rheingold* am 25. Januar 1854 geschrieben: »Das Orchester bringt fast keinen Takt, der nicht aus vorausgehenden Motiven entwickelt ist.«

Hier wird ein Netz von Beziehungen ausgespannt, wo ein Thema auf das andere übergreift, aber auch der Klang aus dem dichterischen Vers herauszuwachsen scheint, Instrumente, Instrumentenmischungen mit ihren Valeurs die Symbole auf ihre Weise reden lassen. Im Speer-Motiv, von drei Posaunen und einer Kontrabaßposaune gespielt, sinkt die Tonreihe ab, droht sie, weist auf den Tod. Der Speer ist Wotans Waffe, die den Vertrag garantiert, aber dem Vertragspartner den Untergang beschert. Er ist aus dem Holz der Weltesche geschnitten, die danach sofort zu verwelken beginnt. Gewaltige Klangwirkung hat das Riesen-Motiv mit dem Einsatz der Pauke, die von den Violoncelli und Kontrabässen nicht eingedeckt werden kann. Im Schmiede-Thema kehren die gleichen

Rhythmen wieder. Es gibt natürlich im *Ring* jene verweilenden Überleitungen, das Ausruhen und Abklingen nach Partien der hochgetriebenen Spannung. Aber es gibt nie ein Abbrechen der Melodie. Das Wort von der »unendlichen Melodie« hat bei Wagner eine vielsagende Bedeutung. Es meint, daß die alte Aufteilung der Oper in Rezitativ und Melodie hinfällig geworden ist. Der *Ring* kennt keine bloß rezitativischen Überleitungsphasen, sondern nur eine fortlaufende, nie abreißende Bewegung. Die Melodie spinnt sich fort, auch wenn der Gesang aufgehört hat.

Wenn im *Rheingold* schon beinahe die Hälfte aller im Gesamtwerk erscheinenden Motive auftreten oder wenigstens anklingen, muß die steigernde Fortsetzung der musikalischen Handlung über andere Mittel erfolgen. Dazu gehören Ausführung, Wechsel der Instrumente, Anschwellen durch Hinzuführen neuer und größerer Instrumentengruppen oder Umtönen. Es kann überhaupt kein Zweifel bestehen, daß Wagner die Aufgipfelung der Tetralogie zur *Götterdämmerung* hin nicht nur theoretisch, sondern auch praktisch erreicht hat. Bekanntlich ist die Wirkung auf das Publikum nicht immer entsprechend. An Beliebtheit und Zahl der Aufführungen steht die *Walküre* allen anderen Teilen voran. Und doch bedeutet eine Einzelaufführung immer gewaltsames Herausreißen eines Stücks. Man kann am *Ring* natürlich die Viersätzigkeit der Symphonie beobachten, aber die Aufteilung in drei Abende als drei Akte einer einzigen Oper mit vorangestellter Ouvertüre, die wesentliches Motivmaterial des Gesamtwerks bereits enthält, kommt seiner Form näher, ohne ihr allerdings ganz zu entsprechen.

Der Sturm in den drohenden Streichertremoli der Einleitung zum ersten Akt der *Walküre* verheißt nichts Gutes. Unheimlich ist die Monotonie der auf- und absteigenden Bässe. Das bedeutet, nach der Ober- und Unterwelt, nach Göttern, Riesen, Zwergen und Nixen, ein Hineinsteigen in die Menschenwelt, und das ist die Heldenwelt der Wälsungen. Donner und Blitz mit dem nachfolgenden Einschlag durch die Pauke kündigen die Katastrophe an. Aus der thematischen Figuration des Sturmes klingt, von den Bässen vorgetragen, das Siegmund-Motiv auf, dem das Sieglinde-Motiv antwortet. Hier geht musikalisch Eigentümliches vor: Denn das Sieglinde-Motiv ist nichts anderes als das umgekehrte Ring-Motiv. Das Wälsungen-Paar befindet sich schon auf dem Weg ins Unheil. Siegmunds Erzählung für die noch unerkannte Schwester läßt das Schlimmste erwarten:

Nun weißt du, fragende Frau,
warum ich – Friedmund nicht heiße!

In dieser Tonfigur ist ebenso wie im »Nur wer der Minne Macht versagt . . .« bereits das Thema des Trauermarschs aus der *Götterdämmerung* vorweggenommen.

Die folgende Begegnung Siegmunds mit Hunding wurde oft sehr einseitig als Kampf des todgeweihten Wälsen mit einem barbarischen Unmenschen verstanden. Das trifft nicht zu. Hunding tritt für Sitte und bestehendes Recht ein und gehört als Abkömmling des Riesengeschlechts zu den Geprellten, der sich, als er den Betrug erkennt, gegen den Eindringling zur Wehr setzt. In seiner Einladung und Mahnung an Siegmund ist er ein Mann des Gesetzes:

Heilig ist mein Herd:
heilig sei dir mein Haus!

Hier schließt sich musikalisch das Speer-Motiv an das Ring-Motiv. Daß jetzt Gesetz und Recht gebrochen werden, gehört zum Unheil, dem Siegmund ausgeliefert ist. In dessen Melodie »Winterstürme wichen dem Wonnemond« als Erinnerungsthema schimmert noch etwas von der alten Arie durch. Der Weg zum Ende des ersten Akts ist dann gleichzeitig Weg zum Gipfel. Siegmunds Griff zum Schwert, das im Eschenstamm steckt, bedeutet einen der musikalisch größten Augenblicke der Tetralogie:

Heiligster Minne
höchste Not,
sehnender Liebe
sehrende Not
brennt mir hell in der Brust,
drängt zu Tat und Tod!

In der Einleitungsmusik zum zweiten Akt mit Schwert-Motiv und anhängendem Liebes-Motiv der Wälsungen wird das Klangmaterial entwickelt, das im folgenden seine weitere Ausbildung durchmacht. Bisher nicht Gehörtes ist in Wirklichkeit bereits Zusammenführung gekannter Tonfiguren. Als Brünnhilde zum ersten Mal auftritt, wird durch den Hojotoho-Ruf auf ihre walkürische Herkunft angespielt. Von hier bis zu dem auf dem Dreiklang aufgebauten Walküren-Ritt ist dann kein weiter Weg mehr. Es wird jetzt auf unbedingte Höhepunkte der Tetralogie hingesteuert wie Wotans Klage

Der Fluch, den ich floh,
nicht flieht er nun mich

während gleichzeitig das Liebesnot-Motiv zu hören ist, oder die ganze Siegmund-Sieglinde-Szene. Das musikalisch-thematische Material dieser Szene ist nicht neu, neu ist nur seine Zubereitung. Das Vorspiel zum dritten Akt bringt dann den vorbereiteten Walkürenritt in seiner breiten Ausführung mit dem Gesamtaufgebot der schweren Bleche. Aber so wie der Ritt befreiender Abschluß längerer motivischer Vorarbeit ist, gibt er zugleich schon musikalisch Neues: Brünnhildes Verheißung mit dem Siegfried-Thema. Damit wird ihre Trennung von Wotan intoniert. Brünnhildes Aufsagen an den Vater schlägt in E-Dur über: die Tonart der Liebe, die einzige, an die der sonst alle Tonarten durchschweifende Loge sich für eine Weile binden läßt. Was Brünnhilde vom künftigen Geliebten trennt, ist der Flammenring, der sie umgibt. Der sie aber auch dem einen einzigen vorbehält! Damit wirkt der Vater für die Tochter, ohne es zu wollen. Was er gegen die heraufdringenden Flammen spricht, deren Schutz er Brünnhilde anvertraut, ist Abschied und Lebewohl. Er wendet sich für immer von ihr ab. Aber aus Wotans Beschwörung der Flammen geht, ohne daß der Gott es wüßte oder verhindern könnte, das Siegfried-Thema hervor und demonstriert beim langsamen Fallen des Vorhangs mit schwerem Orchester die Unwiderstehlichkeit des heranwachsenden Geliebten.

Der Übergang von der *Walküre* zum *Siegfried* führt hinein in eine Welt der Idylle, gewissermaßen in den Zustand der »reinen Natur«, wie er vorher schon auf dem Grund des Rheins anzutreffen war. Das bedeutet Erweiterung der Kompositionsstrukturen, insbesondere gesteigerte Technik der Motivstellvertretung, bzw. die Möglichkeit, ein Motiv aus einem anderen hervorgehen zu lassen oder es zu karikieren. Das berühmte Hornmotiv am Anfang kehrt später abgewandelt in der *Götterdämmerung* wieder und ist auch im Schmiederhythmus des sein Schwert herrichtenden Helden gegenwärtig. Wagner hat die früh einsetzende Bevorzugung der *Walküre* durch die Theater immer verärgert zurückgewiesen. Mit Recht, denn an Innovationskraft ist der *Siegfried* der *Walküre* zumindest ebenbürtig. Die Harmonik der Vogelstimmen und der Waldvogelkoloraturen kennt in der Musikgeschichte keine Entsprechung. Alles in dieser Partitur ist in fortwährender Bewegung. Mimes Melodie

Als zullendes Kind
zog ich dich auf

etwa erscheint in anderem Rhythmus und von Moll nach Dur transponiert am Ende der zweiten Szene wieder, wo sich das »Kind« bereits in den furchtlosen Helden verwandelt hat. Mit dem zweiten Akt ist die Naturidylle zu Ende. An einigen Stellen, so im Drachen-Motiv mit seinem Flackern und in der Waldvogel-Partie, war musikalisch das eröffnet, was später als »Impressionismus« bezeichnet wird. Der Übergang zum dritten Akt könnte thematisch nicht gewaltsamer sein. Wotan ist zum Gott außer Dienst, zum »Wanderer« geworden. Freude an der Natur weicht der Weltuntergangsstimmung, als das Vorspiel einsetzt. In den Wanderer-Akkorden droht künftiges Unheil. Wotan, der als »Weckrufer« vor das Felsentor tritt, erinnert mit seinem Motiv an das Thema der Liebesnot: ein letzter und schließlich vergeblicher Versuch, den eigenen Untergang abzuwenden. Als dann Siegfried sich dem Feuer nähert, scheinen die Violinen den Flammenbogen um Brünnhilde zu errichten, den er durchschreiten muß, um zu ihr zu gelangen. Das Freia-Motiv aus dem *Rheingold* wird hörbar und ebenso beziehungsreich das Waberlohe-Motiv. Siegfried kommt in die Bannmeile des Eros, gerät aus der Freiheit der unschuldigen Natur unter den Zwang der unentrinnbaren Liebe. Das Achthaben vor der Frau wird akkordisch angemahnt. Die Erweckung Brünnhildes, ihr Erschrecken vor Siegfried beschwört in der musikalischen Erinnerung den zweiten Akt der *Walküre* mit dem Walhall-Thema herauf. Mit dem, was sich hier abspielt, droht der Götterburg neue Not. Der abschließende Zwiegesang, der große stimmliche Anforderungen, insbesondere an den Sänger des Siegfried nach der Beanspruchung in den beiden vorausgehenden Akten stellt – zumal er auf eine »ausgeruhte« Brünnhilde trifft –, atmet *Tristan*-Nähe. Damit ist alles gesagt. Während der Vereinigung der beiden Liebenden fließen Walküren- und Siegfried-Thema zusammen.

Die Partitur der *Götterdämmerung* entzieht sich vollends dem Zugriff der Sprache. Beim Versuch, das Werk zu analysieren, bleiben Reste, die nicht aufgehen. Das gilt für den Schluß, der auf verschiedene Weise, als Ende ohne Aussicht, als Untergang, um dem Weg in eine Erneuerung eine Chance zu geben oder als Ereignis ewiger Wiederkehr gedeutet wurde. Das gilt für die Nornenszene, wo die vier Akkorde von Brünnhildes Erwachen rätselhaft am Anfang stehen. Das gilt für Teile wie die Hochzeit der Gibichungen, Siegfrieds Rheinfahrt, Hagens Wacht oder die Jagdszenen, um nur sie zu nennen, die wie freskohaft entworfene symphonische Einlagen über jede fest markierte Grenze hinauswachsen. Das heißt, die drei Akte sind noch einmal zusätzlich aufgeteilt, aber über die Grenzen zieht die »unendliche Melodie« hinweg, so daß man sie nicht mehr fest wahrnehmen kann. Wieder ein neues Strukturelement, das sich so vorher nicht findet! Die *Götterdämmerung* als letztmaliges gesteigertes Durchmusizieren der seit dem *Rheingold* angelegten Themen, als Zusammenführen und Verknüpfen der Motivfigurationen, als neu aufgearbeitete, neu durchrhythmisierte Erinnerungsmusik mit schon wieder neu durchgetönter Harmonik: das alles reicht nicht aus, um das Werk irgendwie brauchbar zu charakterisieren. Nichts ist hier der reinen Willkür überlassen. In das Spiel der Motive untereinander ist unendliche Bewegung gebracht. Wir wissen, Siegfried, der Held, wird jetzt zu Fall kommen, und Hagen ist der Täter. Als er vom Schiff an Land geht, empfängt ihn die Hagen-Quinte. Hagen ist eine der Gestalten, für die kein eigenes Motiv steht. Stattdessen gehört ihm ein Intervall. Wir kennen ihn als Oktave beim Auftreten Alberichs aus der ersten Szene des *Rheingold*, wo er für den Tod figuriert. Und Alberich ist Hagens Vater. Im heuchlerischen Ausruf

Heil! Heil Siegfried teurer Held!

mit dem Hagen den Ankömmling empfängt, wird diese tückische Quinte unüberhörbar untergeschoben. Sie bleibt ebenso unüberhörbar mitbeteiligt am Untergangswerk der züngelnden Flamme Loges, steht zusammen mit dem Speer-Motiv, das auf Tod und Vernichtung weist, kehrt im Horn-Motiv Siegfrieds wieder, klingt schließlich in Hagens berühmtem »Hoiho« auf. Schon der Ruf ist vorwegnehmendes Mordsignal.

Hagens Mord an Siegfried und seine Folgen: Das wies auf die ursprüngliche Konzeption in *Siegfrieds Tod* zurück. Noch in der Schlußfassung der *Götterdämmerung* klingt dies musikalisch in Siegfrieds Trauermarsch durch. In ihm kann man die tragische Schlußmusik für das Gesamtverhängnis hören, das über den Nibelungen liegt. Hier wird über Siegfrieds Verhängnis hinaus alle Schuld aufgerechnet. Man kann sogar sagen und hat es auch gesagt, daß das ganze Werk aus drei Abenden und einem Vorabend auf dieses Musikstück hin komponiert ist. Im Trauermarsch sind alle Wälsungen-Themen zusammengeführt, wird ihr »Wehe« vereinigt mit den Hörnern als der Hauptstimme, die aber durch die Oboen abgedämpft werden. Beim Rhythmiker bricht der Hang zur Mischung der Klangfarben elementar durch. Es gibt keine festen Regeln, nach denen die Instrumente zum Einsatz kommen, Personen, Stimmungen, Situationen charakterisieren und bestimmte Mischtimbres erzeugen. Wir wissen aus den Berichten Hans Richters über Wagners Luzerner Werkstatt, wie die Zusammenstellung der Klangkombinationen und ihrer Valeurs immer auch ein Ergebnis der kompositorischen Praxis ist. Die Klangwirkungen werden vom inneren Ohr des Komponisten ausprobiert. Er braucht dazu keine Instrumente.

Der dritte Akt der *Götterdämmerung* beschwört die Erinnerung an vergangenes Geschehen vom Ringraub bis zu Siegfrieds Betrug herauf: »Erinnerung« als immer neues, immer gesteigertes, mit wechselnder Belichtung erfolgendes Durchspielen der Motive. Die Instrumente werden ausgetauscht, ihre Klangvaleurs schimmern in sich wandelnden Tönungen. In diesem unerhört bewegten Motivgewebe klingen die Anfänge des *Rheingold* auf. Noch einmal erhebt sich das Wallhall-Thema und mit ihm das Ring-Thema als seine Variation zur letzten Steigerung, bevor es sich in den chromatisch auf- und absteigenden Feuerfigurationen Loges verliert. Der Himmel ist vom Brand der Götterburg gerötet. Aus dem Orchester kündigt sich im gleichmäßigen Wellengang des Rheins die wiedergefundene Unschuld der Natur an.

20. »Richard Wagner, Oberkirchenrat«

Auf dem Weg in den Kult

»Richard Wagner, Oberkirchenrat«
Wagners selbstironische Widmung des Parsifal-Librettos an Friedrich Nietzsche

Als sich Wagner mit Familie und dem Faktotum Schnappauf von der kleinen Bayreuther Bahnstation auf die Reise in den Süden begibt, hat sein Auftreten zum ersten Mal in seinem Leben die Eigenschaft des »Reichsoffiziellen« bekommen. Daran können auch die Angriffe gegen ihn nicht das geringste ändern. Was sich da in Bewegung setzt, ist selbst schon Hofstaat mit Anhang und Trabanten geworden, tritt aus der bloß privaten Sphäre weit hinaus. Die ersten Stationen der Reise bedeuten Rückkehr in Wagners eigene, noch an ihm haftende Vergangenheit. München, wo er in den »Vier Jahreszeiten« wohnt, hatte ihm kaum vernarbte Wunden geschlagen – ein Grund, es so schnell wie möglich wieder zu verlassen. Verona wird für ihn dann zur Pflichtstation des deutschen Bildungsreisenden, an das ihn keine persönlichen Erinnerungen vergleichbarer Art wie an Venedig binden, das zum längeren Verweilen ausersehen ist. Hier führt er die Familie an die Stätten seines Aufenthalts, während dem der zweite Akt des *Tristan* entstanden war: den Palazzo Giustiniani, den Markusplatz, auf dem er nach der täglichen Arbeit am späten Nachmittag sein gewohntes Eis verzehrt hatte. Die Stadt mußte zur Erinnerung an die erste Isolde, Mathilde Wesendonk, werden, an deren Stelle die zweite und jetzige Frau in seiner Begleitung getreten war. Cosima haben es besonders die von den Fischern gesungenen Gesänge des Tasso angetan, die hier zu hören sind und von denen sie nie genug bekommen kann. In Bologna dann darf Wagner sich großer Sympathien sicher sein. So eigentümlich es klingen mag: Italien hatte eher als Deutschland in Wagner den Meister der »Melodie« erkannt und Bologna, mit Wagners Freundin Frau Lucca als seiner energischen Schrittmacherin, ist die Zentrale der Wagnerkunst im Lande. Gerade wird hier der *Rienzi* einstudiert, zu dessen Aufführung Wagner eigens einige Wochen später zurückkommen wird.

Wagners Aufenthalt in Italien hat sich auch als bürgerliche Familienreise keineswegs von dem seit Goethes »Italienischer Reise« aufgekommenen Stil entfernt. Vor allem studieren Wagner und Cosima das Volksleben, insbesondere in Neapel, wo Bewegung und Geschäftigkeit auf den Straßen am größten sind. Eigentliches Ziel war ursprünglich Sorrent, aber Ärger und besonders die Feuchtigkeit des gemieteten Quartiers lassen ihn zur vorzeitigen Abreise drängen. Natürlich wird Capri besucht und ein Ausflug nach Pompeji unternommen, in Neapel die Antikensammlung besichtigt.

Doch Wagners Stimmung ist schlecht und wird immer schlechter beim Eintreffen neuer Berichte über das Bayreuther Defizit. Körperliche Beschwerden melden sich. Sein Auftreten ist wie immer jede Situation beherrschend. Man merkt ihm nicht an, was ihn bedrückt. Und wieder das alte Lied: Was ihm berichtet wird, läßt auf den drohenden Ruin schließen. Ein Brief des von ihm hochgeschätzten Bayreuther Stadtrats Feustel stellt alles seiner persönlichen Verantwortung anheim. Wie wird das fehlende Geld aufzubringen sein, um die Rechnungen zu bezahlen? Wird es ein Einspringen des Königs geben, oder sind die Vorstände der begüterten Wagner-Vereine ansprechbar? Wagners Überlegungen gehen dahin, ein legales Bankrottverfahren einzuleiten, mit seinem persönlichen Besitz zu haften, Wahnfried zu verkaufen, um die Schulden zu bezahlen. Heckel in Mannheim, die treibende Kraft der Wagner-Vereine, macht den von Wagner günstig aufgenommenen und auch sehr zukunftsweisenden Vorschlag, statt drei Zyklen beim nächsten Mal vier Zyklen zu geben, um das Defizit zu decken. Aber an eine Wiederaufführung des *Ring* im kommenden Jahr ist überhaupt nicht zu denken. In Rom, wo er übrigens die erste flüchtige Bekanntschaft Gobineaus macht, scheint sein Stimmungsbarometer auf dem Tiefstand angelangt zu sein. Trotz der Anteilnahme an der Stadt mit ihren Altertümern, die er sich mit letzter Intensität zu erschließen sucht, ist es unübersehbar, daß er sich in einer neuen Lebenskrise befindet.

Einer Krise mit Übergang in ein neues Stadium von Leben und Kunst! Wagner ist dabei, geltende Anschauungen zu überdenken. Gerade Bayreuth und sein erstes Resultat mußten ihn überzeugen, daß mancher liebgewordene Gedanke revisionsbedürftig war. Vor allem das Vertrauen auf den »deutschen Geist« beginnt gerade jetzt erste Brüche zu bekommen. Auf die bekannten Vorhaltungen, die Franzosen zu verachten, kann er dem französischen Professor Monod in einem für dessen Pariser Revue bestimmten Brief schreiben:

»Meine Bayreuther Bühnenfestspiele sind von Engländern und Franzosen richtiger und kenntnisvoller beurteilt worden, als von dem allergrößten Teil der deutschen Presse. Ich glaube, diese Erscheinung dem verdanken zu müssen, daß eben gebildete Franzosen und Engländer durch eine eigne selbständige Kultur dazu ausgerüstet sind, gerade auch das Eigene und Selbständige an einem ihnen bisher fremden Kulturgut zu erkennen.«

Alte Vorstellungen geraten ins Wanken, werden auf ihre Kehrseite hin untersucht. Präziser verfolgen lassen sich diese inneren Vorgänge in den Tagebüchern Cosimas, die darin – alles in allem genommen – sehr genau ist.

Der dreimonatige Aufenthalt in Italien bedeutet so etwas wie das langsame Hineingleiten eines Alternden in eine Lebenswelt, die sofort neuen Stil und neue Form abwirft. Er muß offenbar erst diese Schwelle überschritten haben, um für die Ausführung des *Parsifal* gerüstet zu sein. Die Idee und Skizzen zum Werk liegen weiter zurück. Als Wagner sich ganz den Vorbereitungen für den ersten Festspielsommer widmen mußte, empfand er das bereits als eine ärgerliche Störung bei der Arbeit an der *Parsifal*-Musik. Aber wir wissen auch von inneren Widerständen, daran fortzufahren und überhaupt sich noch einmal an ein Großwerk wie das zunächst noch unklar konzipierte eines *Parsifal* zu begeben. Sich nach all den Mühen wieder den Kopf zu zerbrechen über Dichtung, Komposition und Instrumentierung, erscheint ihm bisweilen als unsinniges Unternehmen. Vielleicht sehr geeignet, sich damit ein neues finanzielles Fiasko einzuhandeln! Aber die äußerlich unterbrochene, innerlich weitergehende Arbeit ist bereits so weit fortgeschritten, daß es bald kein Zurück mehr gibt.

Daß die Reise nach Italien Ende eines Lebensabschnittes ist, hatte

Wagner vielleicht nirgendwo mehr erfahren als in Sorrent, wo Nietzsche in der Begleitung zweier Freunde erschienen war. Sich dort zu treffen, war in Bayreuth verabredet worden. Mit Malwida von Meysenbug als Mittelpunkt der kleinen Gesellschaft konnte gute Aussicht bestehen, hier in der Sommerfrische einen Kreis erprobter Freunde zusammenzubringen. Aber es waren bereits im August in Bayreuth Schatten des Mißbehagens aufgestiegen. Nietzsche zeigte sich von der Seite äußerster Zurückhaltung, war in sich gekehrt und zeitweise finster. Vielleicht war, wie bei anderen Festgästen auch, die Eitelkeit des befreundeten Mitstreiters verletzt, der sich nicht genügend beachtet sah. Wir wissen aus Nietzsches Aufzeichnungen, daß die Gründe tiefer lagen, daß seit Bayreuth Eindrücke in ihm wirken, die auf den Abfall von Wagner hinarbeiten. Ihre Naturen waren im Grund bei allem Zusammenklang der Meinungen so verschieden, daß eine Übereinkunft nur vorübergehender Art sein konnte. Das »Können« des Künstlers und das »Erkennen« des Philosophen stehen sich mit einem Male hart gegenüber. In Bayreuth hatte Nietzsche nicht mehr den in der Triebschener Einsamkeit schaffenden Komponisten am Werk gesehen, der zur philosophischen Diskussion immer bereit gewesen war, sondern den »Artisten«, der sich vor seinen Augen in den »Schauspieler« verwandelte. Nietzsches Wort von Wagner als »Schauspieler« wird noch tief treffende Wirkung haben. Tatsächlich sind in diesen Wochen und Monaten von Nietzsche jene Gründe für die Wagnerkritik zusammengetragen worden, auf der, als der einzig ernst zu nehmenden, alle künftigen Gegner Wagners aufbauen werden, auch wenn sie es selbst vielleicht gar nicht wissen. Am düsteren Schweigen Nietzsches mochte Wagner, der schon durch dessen Sympathie für Brahms vorgewarnt war, mit einiger Sicherheit erkennen, was sich hier vorbereitete. Nietzsche, der alte Propagandist des Wagnerianismus und zugleich einer seiner Väter, zeigt sich in Italien indigniert und auf peinliche Weise um seine eigene Gesundheit besorgt. Als man sich trennt, weiß man noch nicht, was man vielleicht bloß ahnen kann: daß es die letzte Begegnung war. Um so heftiger wird die schriftliche und vor allem von Nietzsche einseitig gegen Wagner geführte Polemik in der Zukunft sein. Es lag allerdings auch eine gewisse Perfidie des Kritikers Nietzsche darin, sich in Sorrent noch einmal in die Wagnersche Familie hineinzubegeben, sich seine wenig günstigen Eindrücke über ihn und die Gründe für seine Abkehr von allen früheren Idealen bestätigen zu lassen. Denn Nietzsche führt genau Buch und tritt in der Folge mit dem Beobachteten hervor. Das ging nicht ohne Indiskretion über Familiäres und auch sonstwie Intimes ab – ein Vorwurf, den Nietzsche übrigens auch Wagner machen wird. Wagners Enttäuschung später war verständlich. Er, der große Kämpfer gegen die historisch gewordene Religion, wird sich am Ende von Nietzsche in die Rolle des »Oberkirchenrats« gebracht sehen. Der Mann des Fortschritts war zum Protagonisten der Reaktion geworden; so mußte es aussehen, wenn man seinem Ankläger in dessen Schrift »Der Fall Wagner« Glauben schenkt. Aber in einem werden die späteren Angriffe Nietzsches gegen Wagner ihre Rechtfertigung bekommen: Wagner ist ihm Symptom für ein europäisches Geschehen, Wagners Geschichte eine verkleinerte Wiedergabe der europäischen Krankheitsgeschichte. Das war gewagt, hatte sehr viel für, manches aber auch gegen sich und war immerhin des Nachdenkens wert.

Das alles ließ sich beim Abschied in Italien noch nicht voraussehen. Im übrigen hat Wagner sehr entschiedene private Interessen. Immer geht es ihm auch darum, den Sohn Siegfried als wichtigen Reiseteilnehmer sehr früh in die italienische Kunstwelt hineinwachsen zu sehen. In Rom wird das Forum Romanum staunend besichtigt, Florenz mit dem Besuch der Uffizien bildet vielleicht den Höhepunkt der Reise. Wagner verfolgt genau die Wirkungen der Eindrücke auf den Sohn, der übrigens dem äußeren Aussehen nach wie seine Karikatur im Kleinmaßstab erscheint. Und noch ein episodisches Erlebnis hat er, bevor er über Bologna die direkte Rückreise nach München antritt: Er sieht Jessie Laussot wieder, sechsundzwanzig Jahre nach jenem Abenteuer mit der Engländerin in der französischen Provinz, das so sang- und klanglos geendet und Wagner zeitweise in die Hände der französischen Polizei gebracht hatte. Übrigens war sich Jessie jetzt dessen genau bewußt, was ihr damals noch nicht klar sein konnte, daß sie eine Begegnung mit einem der größten musikalischen Genies aller Zeiten gehabt hatte.

Mit der Ankunft in München ist Wagners Italienreise beendet. Drei Monate war er von Deutschland abwesend gewesen. Die keineswegs niedrigen Reisekosten hatte er mit dem Honorar von fünftausend Dollar für den *Amerikamarsch*, den *Großen Festmarsch G-Dur*, bezahlt. Er erfährt von der Bereitschaft Ludwigs II., über die Bayreuther Unkosten zu verhandeln. Das hört sich gut an, weckt sofort Erwartungen, trifft aber ebenso auf die Skepsis Wagners im Blick auf die Höhe der Zuwendungen und den Zeitpunkt, an dem mit der Auszahlung begonnen wird. Wir sehen denn auch, wie Wagner ungeachtet der gemachten und doch sehr vagen Versprechungen nach der Rückkehr in Wahnfried sofort einen Aufruf zur Bildung eines »Patronatvereins zur Pflege und Erhaltung der Bühnenfestspiele in Bayreuth« verfaßt. Als der Zug in den Bahnhof eingefahren war, stand ein Kreis von Freunden und eine Menge Schaulustiger zu seinem Empfang bereit. Ein Fackelzug schloß sich an und gab ihm das feierliche Geleit.

Als erstes nach seiner Rückkehr von der Reise macht er die Erfahrung, daß die Wochen seiner Abwesenheit nichts an seiner traurigen materiellen Lage zum Besseren verändert hatten. Allen Zusagen zum Trotz wird es wahrscheinlich nur eine einzige Hilfe geben, nämlich die, die auf eigenen Überlegungen und Aktionen beruht. In diesem Sinne ist auch sein Aufruf zur Gründung des »Patronatvereins« zu verstehen. Mit ihm ist eine wichtige Neuorganisation des Festspielunternehmens ins Auge gefaßt. Sie sieht für jeden der drei Zyklen die Ausgabe von tausend Zuschauerkarten zu hundert Mark vor. Die Plätze sind nur Mitgliedern des Patronatvereins zu überlassen. Unberührt davon ist die Frage der »Freiplätze« für »Unbemittelte«, namentlich unter der Jugend. Hier sind letzte Reste des griechischen Theaters als dem Theater der Gleichen unter Gleichen übriggeblieben, in das der Zugang ohne Eintrittsgeld erfolgen kann. Die bürgerliche Wirklichkeit der siebziger Jahre in Deutschland hatte Wagner von der Unmöglichkeit überzeugt, dieses ursprüngliche Konzept, das auch das seine war, durchzusetzen. Selbst der Besuch der erlesensten Festgäste hatte ins Defizit geführt. Aber die Praxis der »Freiplätze« an sich darf deswegen nicht ausgestrichen werden, wenn nicht die ganze Festspielidee Schaden leiden soll. Nur sind zu ihrer Unterstützung die »obersten Reichsbehörden« heranzuziehen, müßte man sich hier an Bismarck, das Parlament, den Kaiser selber wenden. Eine neue zusätzliche Maxime der revidierten Zutrittsordnung ist: Journalisten sind selbstverständlich von der Kartenvergabe ausgeschlossen. Für einen Hanslick und seinesgleichen werden die nächsten *Nibelungen* nicht aufgeführt werden.

Dieser Aufruf Wagners, der etwas von einer Neuverordnung an sich hatte, war zweifellos aus der Not geboren und enthielt praktische Vorschläge, deren Berücksichtigung geeignet sein konnte, den Bayreuther Etat zu verbessern. Wenn nicht Unvorhergesehenes hinzutrat, war es ein Weg, Schulden zu vermeiden. Aber er zeigt zugleich, wie Wagner dabei ist, die Grundlagen für die öffentlich angebotene authentische Wagnerkunst zu verengen. Der Kreis, an den er sich wendet, sind Freunde, sind Mitglieder des Patronatvereins, im besten Falle einige noch nicht voll Erwachsene und darum Nicht-Zahlende, die aber zu den besten Hoffnungen Anlaß geben, dereinst zum Kreise der ganz Dazugehörigen zu zählen. Sorge und Schulden haben Wagners Feder geführt, als er den Text des Neureglements verfaßte. Es gilt, die Wiederholung der Festspiele zu sichern. Hier ist das Rezept. Es gibt nichts, was dem entgegenzuhalten wäre außer der Tatsache, daß damit die große Öffentlichkeit aus gleichen, sich auf die Zirkel regelmäßig ihre Beiträge zahlender Vereinsmitglieder zusammenzog. Hatte Nietzsche also recht gehabt, wenn er bei Wagner eine vollkommene Kehrtwendung konstatierte? Der Patronatverein war zweifellos im Gegensatz zu allen zufällig des Wegs daherkommenden Festspielbesuchern geeignet, die zur »Urgemeinde« zählenden Freunde neu zu organisieren. Hier liegt denn auch ein Stachel, der fest ins Fleisch drückt und an dem die Wagnergegner kräftig pressen. Die Kunst in Wagners *Parsifal*-Periode verlangt Initiation, Probezeiten, die zu durchlaufen sind, um die notwendige Würde für sie zu erlangen: so wie Parsifal selber Prüfungen zu bestehen hat, bis er in den Kreis der Arthusrunde aufgenommen wird. Der Orden – das steht in Wagners Altersdenken vorweg – schließt sich durch Auswahl ab und die Nicht-dazu-Gehörenden von sich aus. Es scheint, daß der Geist des Dresdner Volksmanns jetzt vollständig verweht worden ist.

Aber genau gesehen war dies kein regelrechtes Brechen mit der Vergangenheit. In Wagners Vorstellung vom romantischen Künstler, wie er sie von E. T. A. Hoffmann als seinem frühen Lehrmeister mitbekommen hatte, war der Gedanke der unvergleichlichen, aus der bürgerlichen Normalität herausgelösten Ausnahmenatur über die Jahrzehnte hinweg unversehrt geblieben. Beides: Demokrat und Auserwählter standen beim Künstler Richard Wagner auf eigentümliche Weise im Einklang mit den Forderungen der Zeit. Ein Musiker ist nicht der rechte Mann, stets gegen seine Zeit anzuleben. Was immer man der Bismarck-Ära mit der Begründung der Sozialversicherung an Großem nachsagen kann: die Demokratie war ihre Sache nicht. Und so passen auch die »Bayreuther Blätter«, die jetzt als Sprachrohr eines auf letzte Erlesenheit bedachten Wagnerianismus begründet werden, genau in ihre Zeit. Erste Spuren eines Bayreuth-Kults, »Bayreuther Blätter« und *Parsifal* gehören eng zusammen. Sie bedeuten aber auch: Wagner beginnt, seine eigene Lebensgeschichte in ihrer äußeren politischen Form von sich abzustreifen. Er kann sie – und darüber belehren ihn Cosima und Ernst von Wolzogen ebenso wie die frischerwachte vaterländische Gesinnung – nicht mehr wahrhaben wollen. Schon die autobiographische Schrift *Mein Leben*, die ausdrücklich für Ludwig II. bestimmt war, um den König mit der Vorgeschichte seines Idols vertraut zu machen, war eine beschwichtigende Version seiner Vergangenheit gewesen. Die ganze volle Wahrheit scheut hier das Licht; jenes Licht wohlgemerkt, in dem der »Meister« jetzt gesehen zu werden wünscht.

Es ist eine ganz andere Luft, in der seine neue Gestalt, der Parsifal, atmet. Es ist ein ganz anderer »Held«, der hier heranwächst im Klima der Bayreuther Künstlervilla mit Zugang zum Hofpark und seinen Weihern und schwarzen Schwänen: ein »Held«, der in Wahrheit gar keiner mehr ist. Der Ausführung des neuen Werks, das jetzt nach Wagners Rückkehr aus Italien und mitten in der durch den ersten Festspielsommer ausgelösten kritischen Lage schöne Fortschritte macht, war eine lange Reifungszeit vorausgegangen. Große Schwierigkeiten hatten sich für Wagner aus der mittelalterlichen Dichtung selbst ergeben. Er war sich lange über das Verhältnis zwischen Amfortas und Parsifal nicht schlüssig gewesen. Geht es um die Frage, die an Amfortas gestellt werden muß und die zum Mitleiden führt, das »Erlösung« bringt, oder geht es um die Tat, um das Wiedergewinnen der geraubten Lanze? Die Hauptsymbole des Parsifal sind Speer und Wunde: der Speer, der durch Berührung die Wunde heilt, die er selber geschlagen hat.

Das ist natürlich nicht ohne weiteres verständlich; wie denn überhaupt der *Parsifal* vom Text her die allergrößten Schwierigkeiten bereitet. Wagners langsamer Gesinnungswandel setzt dem vom *Tristan* oder *Ring* oder gar von den Werken der mittleren Periode Herkommenden Widerstand entgegen. Daß Dichtung und Musik jetzt in Wahnfried, also am Ort der für sie vorgesehenen Festspielstätte entstehen, kommt dem Statischen dieses Mysterienwerks sehr entgegen. Nur die Londoner Reise mit ihren unerquicklichen Folgen im Blick auf den erwarteten Gewinn und die Gesundheit haben Wagner an der Arbeit am *Parsifal* noch empfindlich gestört. Wagners seelische Verfassung war angesichts der Lage höchstens zu vergleichen mit dem Tiefpunkt zur Zeit der Flucht, als Pfistermeister den Gesuchten in Stuttgart ausmachte und ihm die Einladung Ludwigs II. brachte, oder jenem grauen Tag, an dem er in München ausgewiesen von Cosima zum Zug in die Schweiz begleitet wurde. Der durch die Festspiele schwer angeschlagene Wagner fühlt sich von den verschiedensten Seiten unter Druck gesetzt. Wien, so läßt man wissen, wird die Frau Materna für eine weitere Aufführung des *Ring* nur freigeben bei Überlassung des *Tristan*. Der *Ring des Nibelungen*, bekommt Wagner von der Königsseite zu hören, ist Eigentum Ludwigs, der ihn mit der Ablöse alter Forderungen an Wagner, so von Otto Wesendonk, erworben hat. Darum konnte der Eigentümer eine Aufführung des Werks nach eigenem Belieben und mit vollem Recht ansetzen, was Wagner ja schon mit der Münchner Aufführung von *Rheingold* und *Walküre* zu seinem Leidwesen erfahren hatte.

Das alles und vieles mehr lastet auf ihm, als er die neue Reise nach England antritt. Vorgesehen sind im Vertrag mit der englischen Agentur, deren junge Besitzer hier einen ersten Versuch machen, mit einem großen Namen ins Geschäft zu kommen, sechs Konzerte in vierzehn Tagen. Dazu gibt es aus dem Kontrakt herausgehaltene Sonderkonzerte auf Wagners eigene Rechnung. Die Unkosten für die mitzubringenden Sänger aus der Bayreuther Produktion des letzten Sommers fallen Wagner zu.

Nach den Angeboten der Londoner Konzertagenten hätten die Einnahmen in England die Bayreuther Festspielschulden decken müssen. Es kommt freilich schon bald, ehe Wagner überhaupt abgereist ist, zu Vertragsänderungen. Die Agentur bittet um Stundung der Vorauszahlung. Immerhin durften auch jetzt noch die Erwartungen groß sein. Die Londoner Albert-Hall mit ihren zehntausend Plätzen verfügt über ein Raumvolumen, das einzig ist in der Welt. Und Wagners Erinnerungen an London mit seinen Erfolgen beim Publikum sind die besten. In der Zentrale des viktorianischen Imperialismus, wo die Geldströme aus aller Welt zusammenfließen, muß auch für einen romantischen Musiker vom Kontinent, der die Phantasie der Massen entzünden kann, noch etwas abfallen. Das sind Überlegungen, die er während einer Dampferfahrt auf der Themse mitten im dichten Nebel bekräftigt findet:

»Der Traum Alberichs«, so meint er, ist »hier erfüllt: Nibelheim, Weltherrschaft, Arbeit, Tätigkeit, überall der Druck von Dampf und Nebel.«

Hier in der Welthauptstadt des kapitalistischen Wirtschaftens findet er alles bestätigt, was er von Proudhon her weiß, was sich in seinen Gesprächen mit Röckel und Bakunin bei ihm verfestigt hatte und in die Konzeption des *Ring* eingegangen war. Hier in Banken, Werften, Kontoren sind die Nibelungen am Werk, hier werden die Goldvorräte aus allen Erdteilen gehortet, wird durch ein Schiffahrtssystem alles in beständiger Bewegung gehalten.

Über den Erfolg bei den Londonern brauchte Wagner sich nicht zu beklagen. Im Verlaufe der Konzerte kommt ein Querschnitt des gesamten Schaffens vom *Holländer* bis zum *Ring* zur Aufführung. Die *Tannhäuser*-Ouvertüre und die Hallen-Arie der Elisabeth sind erprobte und dem englischen Publikum längst vertraute Zugnummern. Neu sind der Walkürenritt und der Trauermarsch auf den Tod Siegfrieds aus der *Götterdämmerung*. Der Empfang bei den Musikern und der Enthusiasmus der Besucher läßt nichts zu wünschen übrig. Nur kann die wagnerfeindliche Presse, die in London natürlich den Ton angibt, seine Erfolge leicht in Mißerfolge umdeuten durch den alten Londoner Mißstand, daß während der letzten Musiknummer Teile des Publikums üblicherweise bereits zum Aufbruch rüsten. So verbreitet sich bald das von gewissen Kreisen gerne weitergegebene Gerücht, in London seien die Leute scharenweise aus den Konzerten geflüchtet.

Und doch: trotz künstlerischer Erfolge eine fatale Wiederholung der Ereignisse! Der Mann, der ausgezogen war, durch die Londoner Konzerte die Schulden abzutragen, kommt mit neuen nach Hause. Vor allem aber, was bei ihm viel schwerer wiegt und worüber er sich brieflich ausspricht, mit einem gewaltigen Kräfteverschleiß! Die Endabrechnung durch die Londoner Konzertunternehmer ergibt zwar ein Plus, das sich jedoch durch die Unkosten nach der Bezahlung der Sänger zu Lasten Wagners in ein Minus verwandelt. Die Anstrengungen durch die Reise, die Konzerte, die Empfänge bis zur Königin Victoria, die Besuche der Kritiker und die üblichen Querelen, die sich dadurch ergeben, dann das Londoner Klima: das alles hatte ihm auf so nachhaltige Weise zugesetzt, daß ihn jetzt kein Gedanke mehr beherrscht als der, sofort eine Kur in Bad Ems anzutreten.

Man könnte die Londoner Wochen als eine für die eigentliche künstlerische Produktion verlorene Zeit ansehen, wenn Wagners Arbeitsweise eine andere gewesen wäre. Doch die Kompositionsvorgänge gehen auch ohne Feder und Papier unablässig weiter. Über das innere Fortschreiten der Kompositionsarbeit volle Sicherheit gewinnen wollen, hieße freilich das unzugängliche Land künstlerischen Arbeitens betreten. Die Dichtung des *Parsifal* war – wie fast immer der Text bei Wagner – in verhältnismäßig kurzer Zeit entstanden. In den bis dahin vorliegenden Kompositionsskizzen sind schon einige bedeutende musikalische Einfälle und ihre Ausführung enthalten. So waren das erste große Thema »Nehmet hin meinen Leib, nehmet hin mein Blut« und ebenso die Sakralmelodie »Der Glaube lebt« sehr früh entworfen worden. Die Arbeit an der *Parsifal*-Musik wird von der Arbeitsorganisation des Bayreuther Wagner her in einer von allen übrigen Werken abweichenden Weise vor sich gehen und jahrelang sich hinziehendes, beinahe gleichbleibendes Niederschreiben von Takt zu Takt sein. Gerade die Tagebücher Cosimas bezeugen die Langsamkeit der Niederschrift und die technischen Erwägungen, die Wagner jetzt mehr als früher von der Seite der Musiktheorie aus anstellt. Der Wagner des *Parsifal* zieht die Summe aller praktischen Erfahrungen und technischen Einsichten und faßt hier die beiden Hälften seiner Natur zusammen: den »Einheit« schaffenden Künstler und den »Zergliederer«.

Die Monate nach dem ersten Festspielsommer, die zugleich eine Periode des Atemholens mit fortwährend neuer Entnervung bedeutet hatten, führten schließlich doch zu einer Konsolidierung, die für Wagners Weiterarbeit unerläßlich war. München, und das heißt hier das vom König dazu veranlaßte Hoftheater, lenkt durch die Aussicht auf den *Parsifal* ein, den Ludwig gerne aufgeführt sehen möchte. Am 31. März 1878 kommt ein Tantiemen-Vertrag zustande, der die Abdeckung der Wagnerschen Schulden vorsieht und dem Hoftheater das Recht verleiht, den *Parsifal* zu geben. Für alle Münchner Aufführungen müssen in der Folge an Wagner Gewinnanteile abgeführt werden: eine Regelung, auf die der Komponist lebenslang gewartet hatte. Jetzt, mit 64 Jahren, ist er erstmals am finanziellen Ertrag der Aufführungen selbst beteiligt.

21. ». . . und aus sich wirkte, was ich nur will«

Friedrich Nietzsche – Propagandist und Abtrünniger

»Wie macht ich den Andren,
der nicht mehr ich,
und aus sich wirkte,
was ich nur will?«
Die Walküre, Zweiter Aufzug

»Alles erwogen, hätte ich meine Jugend nicht ausgehalten ohne Wagnerische Musik. Von dem Augenblick an, wo es einen Klavierauszug des Tristan gab . . ., war ich Wagnerianer.« Das sagt Nietzsche in seinem Buch »Ecce Homo«. Heute wissen wir: Das sagt jemand, der als einziger unter Wagners Freunden ein Mann des gleichen Rangs war. Auch wenn Wagner das nicht hat wahrhaben wollen! Als Philosoph, Prophet, Moralist gehört Nietzsche zu den Richtunggebern für das Europa des zwanzigsten Jahrhunderts. Mit Nietzsche beginnt ein Umbruch, dessen Folgen bis heute noch nicht abgeschlossen sind. Für unanfechtbar gehaltene Wahrheiten werden gewissermaßen auf den Kopf gestellt. Sie verlieren ihren alten Sinn und erhalten einen neuen. Die Zukunft Europas ist überschattet vom Nihilismus. So lautet die Prognose: »Gott ist tot«. Der Anbruch einer vor Kälte starren Welt gilt ihm als ausgemachte Sache. Es werden Ereignisse kommen, für die es in der Vergangenheit keinen Vergleich gibt:

»Konvulsionen« welthistorischen Ausmaßes. Die einen ganz neuen Menschen, und zwar »biologisch« und »physiologisch« erforderlich machen und durch Aufzucht herbeiführen werden; einen Menschen, der die Katastrophe überlebt – die er selbst herbeiführt!

Der Verführungskraft solcher Ideen haben sich schon um die Jahrhundertwende empfängliche Köpfe nicht leicht entziehen können; ebensowenig ihren Gefahren. Die Wirkungen, die von Nietzsche ausgingen, steigerten sich eher noch während der Zeit zwischen den beiden Weltkriegen, schlugen sich aufs Politische nieder und hatten Folgen, die jeden Zusammenhang mit seiner Philosophie entbehrten – ja ihr diametral entgegenstanden.

Nietzsche ist wie Wagner Sachse. 1844 geboren trennt ihn freilich eine Generation von ihm. Was ihn bei Wagner anzog, war zunächst seine Musik. Als Schüler hat er wahre *Tristan*-Orgien auf dem Klavier gefeiert. Doch darüber hinaus ist es das Erneuernde in Wagners Natur. Hier spürt er verwandten Stoff, den Willen zum Bruch mit dem Abgelebten, zum Stürzen alles dessen, was fallen soll und will.

Die erste persönliche Begegnung findet 1868 statt. Nietzsche hatte erfahren, daß Wagner in Leipzig bei seiner Schwester zu Besuch weilte, die dort mit dem Professor Brockhaus, dem Sohn des Verlagsgründers, verheiratet war. Durch einen Mittelsmann läßt Nietzsche anfragen, ob er von Wagner empfangen werden könne. Er hat dann dieses erste Zusammentreffen selbst beschrieben:

»Ich werde Richard Wagner vorgestellt und rede zu ihm einige Worte der Verehrung; er erkundigt sich sehr genau, wie ich mit der Musik vertraut geworden sei. – Vor und nach Tisch spielte Wagner alle wichtigen Stellen der Meistersinger, indem er alle Stimmen imitierte und dabei sehr ausgelassen war. Er ist nämlich ein fabelhaft feuriger und lebhafter Mann, der sehr schnell spricht, sehr witzig ist und eine Gesellschaft dieser privaten Art ganz heiter macht.«

Hier sind die geselligen Eigenschaften Wagners auf das kürzeste zusammengefaßt mit seiner Gabe, als Alleinunterhalter für sich auf bezwingende Weise einzunehmen. Wenn er Lust dazu hatte! Nietzsche ist klassischer Philologe, Kenner der alten Welt. Das zusammen mit seiner musikalischen Begabung macht ihn für Wagner sofort interessant. So seltsam es klingen mag: auch als Denker ist Nietzsche Musiker. Sein »Zarathustra« wird symphonisch in vier Sätzen aufgebaut sein. Damit ist zugleich seine Anziehungskraft beschrieben, mit der er auf Wagner wirkt. Er kommt als Philosoph gewissermaßen vom Klavier her. Freunde sprechen später noch von dem Glück, Nietzsche als Klavierspieler gehört zu haben. Wagner, ganz Instinkt, errät sofort, welcher Kraft er in diesem Vierundzwanzigjährigen begegnet. Auf einem kleinen Zettel lädt er ihn wenige Tage später zu sich, um »Musik« und »Philosophie« zu »machen«.

So beginnt eine Freundschaft, die zu den denkwürdigsten des ganzen Jahrhunderts gehört, in der – und das ist nicht zuviel gesagt – das kommende Jahrhundert schon vorbereitet wurde.

Wagner war kurz von Triebschen nach Leipzig herübergekommen. Nietzsche, der gerade sein Studium abgeschlossen hatte, wird einige Monate später nach Basel gehen, wo er an der Universität eine außerordentliche Professur antritt. Kaum ist er da, läßt Wagner ihn brieflich wissen: Luzern ist nicht weit. Am Pfingstmontag 1869 macht er seinen ersten Besuch in Wagners Landhaus am Vierwaldstättersee. Er findet Wagner bei der Arbeit am *Siegfried* und den *Meistersingern.* Diese erste Erfahrung, einem Künstler wie Wagner in seiner Werkstatt zuzusehen, wird bleibenden Eindruck auf Nietzsche machen. Und wer ist dieser Mann für ihn? In jedem Fall jemand, der aus seiner Verbindung zu einer mehr als zweitausend Jahre alten klassischen Kulturwelt lebt. »Schopenhauer, Goethe, Aischylus und Pindar leben noch, glaub' es mir!« schreibt er an einen Freund. In Wagner sind Wissen und Können, Erkennen und Tun eins geworden. So sieht er es damals. Was ihm von Wagner hier leibhaftig vorgelebt wird, bestätigt ihn in seinen Einsichten. Aischylos war in der Gestalt Wagners zu neuem Leben gelangt. Die Tragödie ist aus dem Chor entstanden, Musik ihr eigentliches Lebenselement. »Die Geburt der Tragödie aus dem Geiste der Musik« heißt der Titel der von Nietzsche einige Jahre später verfaßten Schrift, in der die Eindrücke und Gespräche dieser Triebschener Zeit verarbeitet und zusammengefaßt worden sind. In der Tragödie, und das bedeutet hier: in ihrer von Wagner erneuerten Form erhebt sich Dionysos über Apoll, der Gott des schöpferischen, gleichzeitig zerstörerischen Rausches, über den Gott der nüchternen, formalen Schönheit. Denn das Dionysische ist die Geburtsstätte der Musik und Wagner selbst der neue Dionysos. Und Dionysos: er nimmt die Stelle des Welterlösers ein. Die Kunst ist im Begriff, in die Rolle der Religion hineinzuwachsen, ihre Funktion der Befreiung des Menschen zu übernehmen.

Das waren Gedanken, die Wagner sehr gelegen kamen. Er fühlte sich verstanden. Cosima hat sich bei Nietzsche brieflich bedankt für seine tiefen Einsichten in das Werk Wagners. Das alles darf man im Blick auf den zukünftigen Verlauf dieser Beziehung nicht vergessen. Nietzsche wußte durch und durch, wer Wagner war. Er schaut ihm auf den Grund und wird gerade darum alle Bewegungen, die von ihm ausgehen, genau verfolgen – und natürlich auch jeden Wandel.

Umgekehrt war Wagner nicht nur zufrieden mit seinem neuen jungen Freund, er erkennt die Chancen, die sich durch Nietzsche für ihn ergeben. Ein Universitätsprofessor und dazu ein Stilist von solcher Meisterschaft, der für die Wagnersche Sache eintritt, konnte nicht hoch genug eingeschätzt werden. Die Propagandawirkungen mußten unabsehbar sein. Wagner hat sofort die Brauchbarkeit Nietzsches für die Verbreitung seines Werkes herausgespürt. So zieht sich denn ein roter Faden sehr prosaischer Zweckmäßigkeitserwägungen auf seiten Wagners durch diese Freundschaft von ihren Anfängen bis zu ihrem bitteren Ende, wie sie bei Nietzsche nicht bestanden. Wagner nutzt wie immer den Vorteil seiner Suggestivwirkung durch die Musik gegenüber einem Freund, dem solche Mittel nicht zur Verfügung stehen. Gegen die Macht einer solchen Musik gibt es keine Widerstände, wenn man in der Öffentlichkeit ihr Wegbereiter sein will. Ihr und dem Komponisten ist man mit Haut und Haaren ausgeliefert. Hier liegt freilich ein Fehler in der Rechnung, der bei Wagners Natur nicht zu verhindern war und der, als letzte Konsequenz, dazu führen mußte, aus Nietzsche einen ganz gewöhnlichen »Wagnerianer« zu machen. Schon in den Anfängen ist durch die Macht der Umstände ein solches Debakel programmiert gewesen.

Für Nietzsche wird die Beziehung mit Wagner über sein ganzes Leben entscheiden. Das beginnt bei seiner beruflichen Laufbahn und endet im ganz persönlichen Bereich. Seine Basler Schriften, die sich im Wagnerschen Geist mit den Anfängen der griechischen Tragödie befassen, waren in einem Deutsch geschrieben, das in seiner Vollkommenheit an Goethe und Schopenhauer erinnern mochte. Aber sie waren wissenschaftlich unhaltbar. Es wurde hier ein Wissen besonderer Art vermittelt. Altphilologischen Fachleuten jedoch erschien das als Holzweg. Jakob Burckhardt, der als Kulturhistoriker nicht leicht Vorurteilen zuneigt: von seinem Basler Kollegen Nietzsche rückte er ab. Sein Lehrer Ritschl in Leipzig, der ihn nach Basel empfohlen hatte, ist sehr unglücklich über das Maß der Verirrung bei seinem Schüler. Und so ist der Abgang Nietzsches von der Universität, der später aus Krankheitsgründen erfolgt, schon sehr früh, und zwar mit seinem Eintreten für Wagner unabwendbar geworden. Nietzsche stellt sich auch sehr bald auf die zu erwartenden Folgen ein. Die Universität ist nicht die rechte Umgebung für jemanden seines Zuschnitts. Weil voraussehbar wird, daß für ihn hier keine Zukunft ist, beschließt er nunmehr bald, sich in seinen Ausgaben einzuschränken. Seine Zukunft liegt im Ungewissen. Thomas Mann hat das richtig gesehen: Nietzsches Nervenerkrankung und das Krankwerden an Richard Wagner gehören zusammen. Es sind zwei Motive, die zu einem einzigen werden und Nietzsche zu frühzeitiger Pensionierung zwingen.

Damals, in den Jahren der Freundschaft, treten diese Gefahren noch nicht offen zutage. Für Nietzsche bedeuten die Aufenthalte in Triebschen Aufenthalte auf der Insel der Seligen, Flucht aus dem nüchtern spießbürgerlichen Basel und der Universität, deren Anforderungen er gesundheitlich nicht gewachsen war. Die Übereinstimmung mit dem Gastgeber ist vollkommen. Der Gast gehört zur Familie. Er nimmt an den Vorgängen von Cosimas Ehescheidung teil, die von hier betrieben wird, und ist intimster Vertrauter. Während Wagner am *Siegfried* arbeitet, wird ihr gemeinsamer Sohn geboren, dem Nietzsches ganze Liebe gehört. Er läßt keine Gelegenheit aus, auch nur für ein oder zwei Tage mit der Eisenbahn von Basel nach Luzern zu fahren.

Der Wagner der Triebschener Zeit ist ein Wagner in der Veränderung. Er, der ehemalige Flüchtling aus Dresden, hat längst die Chancen herausgefunden, die das Exil bietet. Er hat gerade hier – wenigstens für eine Zeit – Boden unter den Füßen bekommen. Für den Fortgang seiner Arbeit bedeutet Freiheit von jedem Musikamt einen unbezahlbaren Vorzug. Den Wagner, den Nietzsche hier vor sich hat, ist der Wagner im Vollbesitz seiner Leistungskraft, der in vollen Zügen davon Gebrauch macht. Das Haus ist Mittelpunkt der Freunde, ein Ort ständigen Kommens und Gehens. Natürlich dringen die Stimmen der Gegner, die vor allem an der nicht legalisierten Beziehung mit Cosima von Bülow Anstoß nehmen, bis in diese Idylle vor. Nietzsche ist Zeuge, wie Wagner auch diese schweren Schläge zusammen mit den vernichtenden Urteilen der Presse unerschüttert übersteht. Der Rückzug auf die Musik, das Eintreten in diese von außen unzugängliche Welt machen ihn letztlich unangreifbar.

Aber dieser Wagner, der dabei ist, sich einzurichten und eine zweite Ehe zu schließen, hat die Veränderung der Zeitumstände wahrgenommen. Allem voran den Aufstieg Preußens durch die Erfolge der Bismarckschen Politik! Er, der in Dresden erlebt hatte, wie durch die Intervention preußischer Truppen seine Freunde erschossen oder in den Kerker geworfen wurden, ist inzwischen auf dem Weg, selbst ein Anhänger der Preußen zu werden. 1864 werden die Dänen besiegt, 1866 die Österreicher. Dem preußischen Vorrücken ist in Deutschland kein Widerstand mehr entgegenzusetzen, das Ziel der Einheit, das er als Anhänger der demokratischen Linken für das Frankfurter Parlament gewünscht hatte, liegt zum Greifen nah. Das aber bedeutet, daß ein Siegfried als Welterneuerer nicht im Sinne der utopischen Sozialisten wirken kann. Das war jetzt überholt. Damit ließ sich nichts mehr ausrichten. Aber Wagner brauchte gar nicht mit seinen alten Überzeugungen zu brechen, er brauchte lediglich die alte nationale Konzeption aus seinem Aufsatz über die *Wibelungen* wiederaufleben zu lassen, um mit sich und seinem Werk ins reine zu kommen. Nun stellt sich heraus: Wagner war auch hier gewappnet gewesen. Seine Lehre vom »Reich« war schon 1848 fix und fertig. War nämlich die Weltherrschaft vom »Urkönig« im Hochgebirge Asiens auf die Merowinger und Karolinger übergegangen und hatte sich von hier auf die späteren Kaisergeschlechter vererbt, dann trat das neue »Reich« eben ihre Nachfolge an. Hier beginnt die Nationalisierung der Wagnerkunst, von hier geht der dröhnende Anspruch aus, der sich in den Augen vieler mit ihr verbindet. Das Schwert, mit dem Siegfried den Drachen tötet, wird zum preußisch-deutschen Säbel, Recken und Riesenweiber können leicht zu protzigen Kraftnaturen aus den frühen Gründerjahren umstilisiert werden, bei denen auch das Geld aus den Gewinnen der Rüstungsindustrie für keine guten Manieren garantiert. Hier hat die Kritik keine Gelegenheit zur Parodie ausgelassen. Walküren, blonde Bestien, Übermenschen als Typen einer ganz neuen Rasse waren hier einträchtig versammelt. Marx hörte nicht falsch, wenn Wagnersche Musik für ihn zur Staatsmusik wurde. Hier waren die Säuren aus der Entwicklung seit der Revolution von 1848 bis zur Gründung des Reichs von 1871 wie von einem Schwamm aufgesogen.

Nietzsche hat als erster diesen ihm merkwürdig erschienenen Wandel bei Wagner bemerkt. Das war nicht von einer Stunde zur anderen erfolgt, sondern ging aus einem langen Erfahrungsprozeß hervor. Nietzsche konnte es nicht verborgen bleiben, daß Wagner ihn im Sinne seiner eigenen Absichten in die Rolle eines hochwillkommenen Werbers hineindrängte. Widerstand gegen die eigentliche Machtlosigkeit regt sich in ihm. Vielleicht hat er sich in Wagner getäuscht? Aber wenn er sich in Wagner getäuscht hat, dann hatte sich Wagner auch in ihm getäuscht. Denn Nietzsche verfügt über den Scharfblick des bösen Auges. Er kennt die Wagnersche Kunstwerkstatt, weiß, wie dort gearbeitet wird. Vor allem kennt er den alten französischen Revolutionismus in ihm, er kennt den aus verwandtem Material gearbeiteten Atheisten. Nietzsche, der sich selbst als radikaler Antichrist verstand, hatte Wagner ihrer gemeinsamen Verwurzelung in Schopenhauer wegen als Gleichgesinnten gesehen. Das gehört zur Basis ihres Verkehrens miteinander. Natürlich läßt sich die Entwicklung nicht mehr zurückdrehen. Nietzsches eigenes Denken ist selbst aus der Wagnerschen Musik hervorgegangen, ist durch den Gott Dionysos mit ihr verbunden. Aber gerade darum kann er keine Abweichung vom gemeinsamen Weg dulden. Man darf es jetzt schon sagen: Im Rückblick auf die Gemeinsamkeiten mit Wagner wird Nietzsche konsequent weitergehen und weit über Wagner hinaus in seiner Vorstellung eine von Zarathustra vorausgesagte Welt begründen, in der die Wagnerschen Riesen beinahe Zwerge geworden sind. Das Wagnersche Programm vom »neuen Menschen«, das Wagner selbst im Verlauf der Arbeit am *Ring* wieder umwirft, wird von Nietzsche ausgeführt: Nietzsches »Übermensch« hatte Wagners Siegfried zum Vorbild gehabt. Siegfried scheitert auf dem Weg der Erneuerung, aber der »Übermensch« Nietzsches wird leben. Nietzsche setzt hier voraus, er denkt vor: der Mensch der Zukunft wird ganz andere Eigenschaften haben müssen als der Mensch der Vergangenheit, um bestehen zu können; seine Organe müssen anders ausgestattet sein, wenn er überleben will. Der Kampf ums Dasein im Sinne Darwins läßt sich nicht mit den Tugenden der alten historisch gewordenen Religionen gewinnen.

Nietzsche konstatiert den Bruch, der den *Ring des Nibelungen* ja im Weltanschaulichen tatsächlich aufsplittert. Wagner ist all dem untreu geworden, um dessentwillen er in ihm den Kampfgefährten für lange Jahre gesehen hatte, jener Wagner, der »es in allem stärker, verwegener, härter, höher getrieben habe, als es ein Franzose des neunzehnten Jahrhunderts treiben konnte«, und zwar »Dank dem Umstande, daß wir Deutschen der Barbarei noch näher stehen als die Franzosen«. So Nietzsche, als er sich später in »Jenseits von Gut und Böse« über das Ende der Freundschaft mit Wagner und seine Gründe Rechenschaft ablegt!

Die Entfremdung war eine Entfremdung von zwei Gestirnen gewesen, die eine Weile sich in der gleichen Bahn befinden und dann ihrer eigenen Schwerkraft folgen und auseinanderlaufen. Wo Wagner Musik macht, gibt es kein Ankommen gegen ihn. Das weiß Nietzsche genau. Er muß also, wenn er Wagner treffen will, die ganze Wagnersche Richtung, seinen Geschmack, seine Ästhetik, seinen Stil, sein Wollen, seinen Anhang treffen. Er muß Wagner im Zusammenhang mit der Krise der Neuzeit sehen, als einen Ausdruck von ihr. Das steht für ihn fest: Wagner ist eine Krankheit, er ist selbst eine »Neurose«. Seine Musik ist Krankenmusik, sie wendet sich vor allem an Menschen mit schwachen Nerven. Obwohl Nietzsche der einzige ernst zu nehmende Kritiker Wagners ist, wissen wir heute mit Sicherheit, daß das nicht vorurteilsfrei gesehen war. Aber noch in seinen Irrtümern hat sein Auge etwas Durchdringendes. Es sieht ganz richtig, daß Wagner bestimmten alten Idealen seiner

Kunst absagt, daß er durch seine Anschauungen in das gefährliche Fahrwasser des »Neudeutschen« mit der Hohlheit der sehr trivialen Industriegesinnung hineingerät, die Wagner zweifellos selbst als Bedrohung für die Kunst ansieht. Mag er in vielem am Ziel vorbeischießen, so deckt er doch, wenn man so will, ein Terrain mit seinen Geschoßsalven ein, das gefährlich ist, zu betreten. Er mißt Wagner an seinem Bayreuther Anhang und trifft ihn damit an einer empfindlichen Stelle. Sag' mir, wer deine Freunde sind, und ich sag' dir, wer du bist! Mit dieser Argumentation hat er den Wagnergegnern einen lange vorhaltenden Proviant an Munition verschafft, von dem reichlich Gebrauch gemacht werden sollte.

Hinter Nietzsches Auseinandersetzung mit Wagner stand ein menschlich zutiefst Enttäuschter. Das Ressentiment des Philosophen gegenüber dem Künstler war unverkennbar. Hier hatte sich jemand aus einem Abhängigkeitsverhältnis gelöst und seine volle Handlungsfreiheit gewonnen, doch er war damit aus einer Sphäre herausgetreten, die bis dahin seine Lebensluft war, es aber jetzt nicht mehr sein konnte! Denn Wagner war abgefallen. Nietzsche hatte in mehr als in einem recht, wenn er im Wagner von Bayreuth nicht mehr denjenigen sah, den er von Triebschen her kannte: »Kein Schatten von Ähnlichkeit«. Wagner ist für ihn unter die Wagnerianer geraten. Und was das schlimmste ist: Er ist jenem kranken katholischen Keuschheitskult aufgesessen, der allem widerspricht, was die alte Tragödie wollte. Wagner ist »fromm geworden«. Der »Gekreuzigte« gegen Dionysos! Das bedeutet ja Abschied von allem, was bis dahin bei Wagner in Ansehen stand. War es denn so falsch, wenn Nietzsche in der Verherrlichung eines Asketenideals, wie es Parsifal verkörpert, die Zerstörung der alten Tragödie vollendet fand? Nietzsche konnte sich auch in seiner großen Abrechnung mit Wagner zugute halten, was er von ihm 1873 noch schriftlich bekommen hatte:

»Ich schwöre Ihnen zu Gott zu, daß ich Sie für den einzigen halte, der weiß, was ich will.«

Wenn er diesen Blankoscheck jetzt vorlegt, dann war das ernst zu nehmen. Das Register seiner Vorhaltungen reicht weit: Es reicht von der abgestandenen Priestermoral bis zur Deutschtümelei. Wagner behänge sich mit deutschen Tugenden und handele sie gegen den »Cosmopolitismus des Geschmacks« ein. Der raffinierte Artist sei zum Nationalkünstler geworden! »Die deutsche Kunst! der deutsche Meister! das deutsche Bier!« Das war auf die *Meistersinger* gemünzt und traf sicher nicht zu, aber es zeigt, für wie »undeutsch« Nietzsche das Wagnersche Werk bis zum *Tristan* einschließlich gehalten hatte.

Mit vierunddreißig Jahren war aus dem Professor Nietzsche mit Nikkelbrille und schweren Gläsern ein Pensionär geworden. Spätestens von diesem Augenblick an ist er sich klar darüber, daß er Opfer einer »Gesamt-Abirrung« seines »Instinkts« geworden ist. Sich mit Wagner einzulassen und die Universitätslaufbahn einzuschlagen: das eine wie das andere war für ihn ein »Fehlgriff« gewesen. Und das eine hängt mit dem andern zusammen, indem es sich aufheben mußte. Man kann verstehen, was das für ihn bedeutet. Seine bürgerliche Lebensexistenz ist zerstört. Er tritt jetzt in jene »Wüste«, die sein Grunderlebnis der letzten Lebenshälfte wird, die so vieles in seiner Sicht der Dinge erklärt. Die Menschheit der Zukunft wird sich auf solches Leben in der »Wüste« einrichten müssen: »Die Wüste wächst.« Er geht voran, kundschaftet aus, was sie dort erwartet, stellt in Aussicht, warnt. Aber Wagner und der Bruch mit ihm sind das eigentliche Schlüsselerlebnis für das neue Prophetentum Nietzsches gewesen. Seine Nachforschungen nach den Gründen für das Elend, zweifellos das eigene wie auch das der Zeit, ergeben feste Resultate. Wagner hat für ihn in der Misere selbst seinen Platz. Seine Kunst ist eine »narkotische Kunst«, mit dem das »Öde- und Hungergefühl« in einem instinktwidrig gewählten bürgerlichen Beruf betäubt werden kann. Hier wird ein Mittel gereicht, um an einer unabwerfbaren Last dahinsiechende Opfer für fünf oder sechs Stunden über ihren wahren Zustand zu täuschen. Es gelangen damit Opiate in die Blutbahn, die mit den Rauschzuständen als Folgen lebensgefährlich sind: Wagners Musik als Opium fürs Volk!

Von hier aus wird Wagner zum Dreh- und Angelpunkt eines Denkens überhaupt, das im Sein oder Nichtsein, im Vernichtetwerden oder Überleben seine theoretischen Gegenstände hat. An der späten Wagnerkunst, vom *Siegfried* bis zum *Parsifal*, hat für Nietzsche der Geschmack des Bismarckschen Deutschland mitgewirkt. In ihr sei Wagner den verächtlichsten Tendenzen, die er früher so mannhaft bekämpft hatte, auf den Leim gegangen. Unverzeihlich für Nietzsche ist der Rückfall Wagners ins Christentum.

»Richard Wagner scheinbar der Siegreichste, in Wahrheit ein morsch gewordener verzweifelnder décadent, sank plötzlich, hilflos und zerbrochen, vor dem christlichen Kreuze nieder.«

Bayreuth, die Stätte seines Triumphes, ist bei Licht gesehen die Stätte seiner Niederlage. Die Wahrheit war, daß Nietzsche im Sommer 1876 beim Besuch der ersten Festspiele Wagner, den alten Freund von Triebschen, nicht mehr wiedererkannte. Wagner war nicht mehr der Mann des Exils. Er war – so konnte es scheinen – der im Siege nach Deutschland heimgekehrte Künstler, der in einer kleinen, alten und inzwischen verlassenen Residenzstadt sich mit dem Festspielhaus auf dem Hügel einen Tempel errichtete, in dem er als Religionsstifter und Oberpriester zugleich fungierte. Er war ein Mann, der Gnaden gewährte und auch verstoßen konnte. Dieser Wagner schließt sich ab, er ist dabei, das Oberhaupt einer Kirche mit gläubigen Anhängern zu werden. Er gibt Weisungen, die definitiv sind, keine Einwendungen gestatten, weil für die »Ewigkeit« gesprochen. Unterwerfungsrituale beim Meister, Dienstbeflissenheit beim Gefolge, ein eisiges Schweigen gegenüber den in das Geheimnis der Kunst nicht Eingeweihten werden hier als Zeichen eines neuen Stils mit Staunen vermerkt. Von den Absichten einer öffentlichen Kunst für alle ist hier in den weihevoll sich gebenden Zirkeln nicht viel übriggeblieben. Der anarchische Gott Dionysos scheint angesichts dieses Gehabes sehr offiziell, reichsoffiziell geworden zu sein.

Wenn einer den Stilbruch in Wagners Auftreten, den Widerspruch von ursprünglichem Wollen und Bayreuther Ausführung im neuen, sakral zelebrierten Festspiel mit einem Blick bemerkte, dann war es Nietzsche. Hier war jemand vom Wege abgewichen, den Nietzsche fest im Auge behalten hatte. Hier war mit ihrer Verchristlichung die Tragödie selbst verabschiedet. Der Kampf gegen Wagner nimmt bei ihm später blindwütige Formen an, steigert sich zur Haßtirade und läßt pathologische Züge ganz unverhüllt hervortreten. Denn die Musik selber war nicht zu treffen. Sie bleibt, was sie ist. Es ist die Musik, die recht behält. Hier bestand gar keine Aussicht für ihn, zum Zuge zu kommen. Es bestand nur Aussicht – und davon macht er erfolgreich Gebrauch –, das Phänomen des Bayreuther Wagner dem neuen Bismarckschen Reich mit seinem auf lange Sicht hohlen Boden und den Trivialitäten der Gründerjahre mit ihren Geschmacksverirrungen zuzurechnen. Hier lag Nietzsche so falsch nicht. Die Geschmackskultur des Bayreuther Wagner blieb anfechtbar, zeigte befremdliche, sogar abstoßende Züge. Sie hat der Musik und ihrer Wirkung auf breite Massen Abbruch getan. Das Pompöse, Aufwendige, drohend Nationale, das »Naturwidrige« des Parsifal, um mit Nietzsche zu sprechen, das, was auf Religionsersatz aus war, war nicht das, was standhalten konnte. Es war so wenig für die Dauer bestimmt, auch wenn es sich lang hielt und zum Teil auch heute noch hält, wie das Bismarcksche Deutschland. Hier hätte sich Nietzsche bestätigt finden können.

Aber Nietzsche, der Wagner zu kennen glaubte und ihn auch kannte, war am Ende zu sehr auf einen Riß in Wagner fixiert, den es so gar nicht gab. Er sah in Wagner den »Schauspieler«, er sah in ihm schließlich nicht mehr den Tragiker, der eine Welt in Widersprüchen aufbaut und sie in sich selber austrägt. Wagner stand der Revolution so nahe wie der Königsgewalt, dem Weltenbrand von Walhall so nahe wie der Sphärenharmonie, er ist nicht nur Holländer oder Lohengrin oder Siegfried, er ist auch der Gott Wotan wie er der Zwerg Alberich ist, er ist der Riese wie der Drache, in den er sich verwandelt. Er ist Siegmund und Hunding, der ihn erschlägt. Wagner, der in Venedig zwei Tage vor seinem Tod den Aufsatz *Über das Weibliche im Menschlichen* begann, ist auch Senta und Elisabeth, Ortrud, Brünnhilde oder Kundry. Und wenn er Tristan ist, muß er auch Isolde sein in einer Vereinigung, wo »Ich« und »Du« vertauscht werden. Seine Gestalten sind seine Geschöpfe, und er war beim Lesen wie beim Gesangsvortrag immer in der Lage, in jedes von ihnen einzusteigen, seinen Stimmpart zu übernehmen.

Es war immer auch das mimische Element, das auf Verwandlung drängt, mit dem Wagner überdauerte. Etwas, das Nietzsche nicht besaß! Er schleudert gewaltige Blitze über eine dunkle Landschaft, erhellt sie für Augenblicke, um dann selbst in das Dunkel zu versinken. Vorankündigungen gab es genug, als 1889 in Turin der Zusammenbruch erfolgte, der den zunächst nach Naumburg zur Mutter Gebrachten in die geistige Umnachtung hineinstieß, aus der er nicht mehr zurückfand.

22. »Habt Acht vor dem nächtlichen Heer . . .«

Von Junkern, Juden, Jesuiten und Journalisten

»Habt Acht! Habt Acht!
Denn dient ihr Männer
erst meiner Macht,
eure schmucken Frau'n,
die mein Frei'n verschmäht,
sie zwingt zur Lust sich der Zwerg,
lacht Liebe ihm nicht! –
Hahahaha!
Habt ihr's gehört?
Habt Acht!
Habt Acht vor dem nächtlichen Heer,
entsteigt des Nibelungen Hort
aus stummer Tiefe zu Tag«
Das Rheingold, Dritte Szene

Tun wir einmal so, als ob wir Friedrich Nietzsches überzogenem Urteil über Wagner voll Glauben schenken, dann wäre der Weg von der *Götterdämmerung* zum *Parsifal* ein Weg von der deutschen Reichsmusik der Bismarckära mit den zum ersten Mal erfolgreich erprobten Kruppkanonen hin zum kranken Ton der christlich und keusch gewordenen Tragödie, die keine mehr ist. Wir wissen natürlich, daß dies auch ohne solch verkürzende Vereinfachung nicht stimmt. Aber es ist in jedem Fall hilfreich, nicht zuletzt, um die schwüle politische Atmosphäre zu kennzeichnen, in der

der *Parsifal* entsteht. Es ist die Welt des siegreich gewordenen Reichs, aber auch die Welt der Attentate, der Repressionen, der Denunziationen, der Vorbereitung der Sozialistengesetze und ihrer Anwendung. Schon regt sich erster Widerstand, eher von sporadisch auftretenden Einzelgängern wie jenem Schützen, der in Berlin Unter den Linden auf den deutschen Kaiser zielt und sein Ziel verfehlt. Aber da gibt es ebenso den von Bismarck eingefädelten Prozeß gegen den ehemaligen preußischen Gesandten in Paris, von Arnim, mit dem der Kanzler den Beweis erbringt, daß er auch ein Meister der perfiden Intrige ist. Während des Verfahrens gerät Wagner wieder in die Spalten der Presse. Denn die Behauptung, daß Wagner der nach Bismarck größte lebende Deutsche sei, wird im Verlauf des Prozesses für eine Beleidigung des Kanzlers erklärt und unter Strafe gestellt. So schwer läßt sich jetzt selbst schon der Schatten verscheuchen, der von Bayreuth auf Berlin fällt.

Wir wissen, wie Wagner bei Bismarck zwischen Bewunderung und Ablehnung schwankt, wie sehr er auch von Bismarcks persönlichem Verhalten her keinen Grund hat, von ihm für sich und sein Werk etwas Förderliches zu erwarten. Als die Sozialistengesetze verkündet werden, fühlt er sich selbst nicht mehr davon betroffen. Aber er lehnt sie unumwunden ab, warnt vor der »Reaktion« und verurteilt die leichtsinnige Gesetzgebung, die Zustände hervorgebracht habe, in denen man sich von solchen Gesetzen etwas erhofft. Doch der Kritiker der Sozialistengesetze ist selbst kein Sozialist mehr, sondern ein Kritiker der Sozialistenumtriebe und der sozialistischen Parteiführer, die aber ihrer ausgemachten Torheit zum Trotz den schließlichen Sieg des Sozialismus nicht würden verhindern können. Hier kommen wieder unwandelbare Anschauungen Wagners zum Vorschein. Im Kern bleibt auch der neue Elitäre der, der er war. Als Mann des Theaters kennt er die Masken und Kostüme, die im Lauf der Zeiten ausgewechselt werden, während die Mitspieler die alten bleiben.

In den siebziger Jahren mit dem gewaltigen Aufschwung, den technischer Fortschritt, Industrialisierung und Kapitalisierung des aufsteigenden Bürgertums dem Zeitalter bereiten, greift eine bis dahin in Deutschland unbekannte Bewegung um sich. Nichts wird beim alten bleiben. Dieses Gefühl breitet sich aus, auch wenn die Zonen der »machtgeschützten Innerlichkeit« davon nicht betroffen zu sein scheinen und die breite Behaglichkeit des bürgerlichen Lebens kaum gestört wird. Es ist die gleiche Bewegung, die in die Kompositionsvorgänge des *Parsifal* eingeht und dem entstehenden Werk die Modernität seiner Harmonik beschert.

Auch in seinen Anschauungen zieht Wagner nach. Das geschieht nicht ohne auffällige Konfusionen, die beim Schriftsteller immer das Einsichtige neben das Verwegene, das Vernünftige neben das Phantastische stellen. Wagner weiß indessen genau, was er sagt, wenn er vor den Rückfällen in die Reaktion warnt. Damit verband sich bei ihm vor allem Österreich und die Politik der Metternichschule. Jugenderinnerungen werden wach, Erlebnisse, die immer gegenwärtig bleiben: Karlsbader Beschlüsse, Demagogenverfolgung, Polizeiregime, Pressezensur, steckbriefliche Ausschreibungen. Damit hatte er vor nicht allzu langer Zeit zu leben gehabt. Nach dem Übergang der Führungsrolle von Österreich auf Preußen haben sich die Gewichte verschoben, sind die Probleme andere geworden. Aber auch die neuen Mächte, die dabei sind, sich fest zu etablieren, stehen unter dem Gesetz der Geschichte: »Alles, was ist, endet.« Die preußische Herrschaft, das mächtig gewordene Deutschland werden nicht bleiben. Für Deutschland wäre Dauer nur garantiert, wenn es Mittelpunkt eines europäischen Föderativsystems nach der Art der nordamerikanischen Freistaaten würde, wie es damals Konstantin Frantz in seinen von Wagner beifällig aufgenommenen Schriften fordert. Es hätte Bestand nur in einem mitteleuropäischen Bund, der das Gebiet von der Mündung der Schelde bis zur Mündung der Donau, vom Genfer See bis zum Peipussee umfaßt und übervölkisch, übernational wäre wie das alte »Heilige Römische Reich Deutscher Nation«. Doch die Wirklichkeit macht keine Anstalten, sich auf solche Vorstellungen aus Vernunft und Romantik einzulassen. Im Gegensatz dazu regiert ein von Preußen-Deutschland ausgehender Militarismus, der den Völkern immer neue Lasten auferlegt und die Militärorganisation über die Organisation der Arbeit stellt. Gegen das, was eigentlich geboten wäre, gebärdet sich der deutsche Nationalgeist am lautesten. So Wagner in Gesprächen, die Cosima in ihren Tagebüchern festgehalten hat.

Man wird nicht sagen können, daß der deutsche Nationalist Richard Wagner, der Bismarck so begeistert begrüßt wie die Franzosen grausam und platt verhöhnt hatte, sich über die Grundlagen der neuen Reichswirklichkeit irgendwelchen Illusionen hingegeben hätte. Es schleicht sich Zweifel ein, der zur Hoffnungslosigkeit anwächst. Den Sturz dessen zu sehen, der noch fest auf dem Boden steht, gehörte zu den visionären Gaben des Dichter-Komponisten. Darum wächst auch sein Mißtrauen in die Bismarcksche Politik mit ihrer Praxis der Reichstagsauflösungen, um fehlende Mehrheiten durch Machtanspruch zu ersetzen.

»Den Parsifal schreibe ich noch für meine Frau; ›im Vertrauen auf den deutschen Geist‹ würde ich nicht mehr sagen«

können wir jetzt hören. Der Berliner Kongreß, der im Urteil der großen europäischen Mächte ein Erfolg Bismarcks war und ihn als unbestrittenen Schiedsrichter in Europa gezeigt hatte – für Wagner ist er ein Skandal. Dazu paßt seine Mitteilung an den Bayreuther Freund Feustel vom 4. März 1880:

»Meine Hoffnungslosigkeit für Deutschland und seine Zustände ist durchaus vollständig.«

Mit dem Christentum – das muß man sich beim Komponisten des *Parsifal* und gegen Nietzsches Meinung vor Augen halten – ist überhaupt nichts zu machen. Schon der deutsche Idealismus war mit einer irgendwie kirchlich organisierten Religion furchtbar ins Gericht gegangen. »Religion« als »Priesterbetrug« gilt bereits als gängige Münze bei einem Kopf wie Herder, der noch ein Mann des achtzehnten Jahrhunderts gewesen war. Irgendwelchen Glaubensgewißheiten anzuhängen, auf irgendwelches Heil überirdischer Art zu setzen, gehörte nicht zu den Merkmalen der Wagnerschen Generation, zu der auch Georg Büchner und Friedrich Hebbel zählen, die an zwei europäischen Revolutionen beteiligt sein wird. Sie ist gerade deswegen bereit, sich dem Materialismus eines Feuerbach und Ludwig Büchner oder dem Anarchismus eines Stirner oder Bakunin zu öffnen. So war es ja bei Wagner der Fall gewesen. Aber auch der Übergang Wagners zur Schopenhauerschen Philosophie bedeutet ein Weitergehen auf dem Wege in die Illusionslosigkeit gegenüber allen Ansprüchen der historischen Religionen, ganz konkret des jüdisch-christlichen Monotheismus und des daraus erwachsenen Unheils. Dieses Abstoßen der jüdisch-christlichen Elemente aus der europäischen Geistestradition vollzieht sich geradezu auf der am höchsten entwickelten Stufe des deutsch-bürgerlichen Bewußtseins und konnte sich auf das Erbe der Weimarer Klassik berufen. Insofern war auch Nietzsche, der mit Wagner eine lange Wegstrecke zusammen geht, ein erklärter Traditionalist und Goethe einer seiner Gewährsleute. Seine Feindschaft zum Christentum ist kompromißlos. Wenn er Wagner später gerade beim *Parsifal* ein Einschwenken zur Religion des »Gekreuzigten« vorwirft, traf dieses Urteil gewiß nicht zu. Wagner hat sich auf den Gedanken, daß sich das Christentum im Verlauf seiner Geschichte auf eine ihm gemäße Weise verwirklicht habe, nie eingelassen. Die Kirche als bestellte Sachwalterin Christi hat das Christentum in Wahrheit ruiniert. Auch seine besondere Hochschätzung Luthers, wie sie in der Bayreuther Zeit zutage tritt, ist mehr ein Angebinde im Stil des deutschen Kulturprotestantismus der Bismarckzeit als Ausdruck christlich-religiösen Interesses. An ihm bewundert er die Mannhaftigkeit, seine Kraft, Widerstände zu überwinden: eben das, was er als verwandt mit sich selbst empfindet. Daran gemessen sind die lutherischen Konsistorialräte, die sich als seine Nachfolger ausgeben, in Wahrheit reine Karikaturen. Der »Priester« – damit teilt er Nietzsches Meinung – als von den historisch gewordenen Religionen hervorgebrachter Typus ist eine gefährliche Erscheinung. Die Zukunft wird über den »Priester« das Urteil sprechen, wenn sie ihn zum Objekt der Verachtung aller Gesunden und Liebenden macht. Daß sein Schwiegervater Franz Liszt die Priesterweihe empfangen hatte, fand er anstößig, und das läßt er auch Cosima gegenüber durchblicken. Der »Priester« als geweihter Amtsträger ist für ihn seiner Natur nach jemand, der keine Liebe kennt. Die »Kirche ist schrecklich« ist eine Äußerung Wagners, die uns Glasenapp berichtet und deren Wahrheitsgehalt durch ähnliche Bekundungen in den Tagebüchern Cosimas bekräftigt wird. Das gilt für eine Kirche im Vollbesitz ihrer Macht, zu deren Mittel die Anwendung von Gewalt und das Bündnis mit Machthabern gehört, die keine Skrupel kennen. Das gilt natürlich auch für eine Kirche, die nach dem Verlust der Macht ihren Feinden jene Praktiken wie Zwang, Kontrolle aller inneren Regungen und Gefühle vorwirft, für die sie selbst ein jahrhundertealtes Gebrauchsregister zur Verfügung hat. Mit ihrer Erfahrung, Menschen zu unterwerfen, ist sie nicht zu überbieten und allenfalls Vorbild für Einrichtungen, Gruppen, Verbände, die sich Unterwerfung und Unterdrückung zum Ziele setzen. Hier sieht Wagner inmitten einer hochgestimmten, von freilich – wie wir wissen – falschem Optimismus beseelten Zeit das Ende der historischen Religionen heraufziehen. Im Blick auf seine schlechten Erfahrungen mit dem Berliner Generalintendanten kann er sagen:

»Der Sultan in Konstantinopel, der Papst zu Rom und der Herr von Hülsen sind die drei Skandale.«

Das alles gehört in die wenig erwartungsvolle Bestandsaufnahme des Deutschen Reichs der siebziger und achtziger Jahre. Wagner sieht, trotz Bismarck und sogar seinetwegen, die Lage der Deutschen als hoffnungslos an. Diese von ihm sehr offen ausgesprochenen Überzeugungen standen außerhalb aller Opportunitätserwägungen, waren angesichts der preußisch-deutschen Euphorie sogar das Gegenteil davon. In einem von politischem und militärischem Erfolg getragenen, vom Aufschwung der Industrie zehrenden neuen Reich gab es nicht viel, was sich für sie anführen ließ. Aber hier war schon die auf die Erfüllung der nationalen Wünsche folgende Krise vorweggenommen. Hier mußte sich der Widerstand gerade an der Gestalt entzünden, die für den Erfolg stand, also an Bismarck. Wagner indessen jetzt einfach seinen weitgestreuten Gegnern zuzurechnen, geht nicht an und würde auch wenig über ihn besagen. Zu ihnen zählten die Altkonservativen wie die zugunsten Preußens um ihre Herrschaft gebrachten Territorialfürsten, gehörten die norddeutschen Hansestädte, die Rheinländer, die Süddeutschen in ihrer Majorität, die Bayern, aber auch die Katholiken und die Alldeutschen im Altreich wie im österreichisch-ungarischen Reichsverband. Unter ihnen waren die Sozialdemokraten, gegen die Bismarck sein zunächst auf zwei Jahre befristetes Verbot durchsetzte, noch die schwächsten. Besonders betroffen durch die Bismarcksche Politik der kleindeutschen Lösung waren die Deutschen der Donaumonarchie, dem Staat mit einer slawischen Bevölkerungsmehrheit. Was sich unter ihnen als Widerstandsparolen von den siebziger Jahren an ausbilden wird, hat ihre Ursprünge in den von der veränderten Mehrheit ausgelösten und in den folgenden Jahrzehnten sich immer mehr steigernden Ängsten. Es wird daraus die Angst des deutschen Bürgers vor den vom Land in die Stadt und das städtische Industriezentrum dringenden bäuerlichen Slawen und ihrer großen Zahl.

Das war nicht unbegründet und wird zusätzlich bemerkenswert durch neue Varianten. Zum befürchteten Sieg der Tschechen in Österreich über die Deutschen kommt die Überlegenheit der Juden über die Germanen, für die sich seit der zweiten Hälfte des Jahrhunderts vielsagende wirtschaftliche Anhaltspunkte aus dem Bereich der Banken, Versicherungen, Eisenbahngesellschaften mit ihren Aktienmehrheiten und den daraus geschaffenen Vermögen anführen ließen. »Die schimärische Nationalität des Juden ist die Nationalität des Kaufmanns, überhaupt des Geldmenschen« ist ein Satz, der nicht von einem antisemitischen Alldeutschen, sondern von Karl Marx stammt und dessen Wahrheit in den deutschen Grenzgebieten des Ostens und Südostens beim Vorrücken industriekapitalistischer Tendenzen des Wirtschaftens manchem einleuchtete. Der Wagner aus der Zeit von Wahnfried, von dem ähnliche Gedanken wie tägliches Kleingeld in Umlauf gebracht werden, ist keineswegs der Erfinder solcher Anschauungen, sondern als Künstler und Kunstschriftsteller ihr prominentester Protagonist, von dem allerdings eine Entwicklung ausgeht, die in der Zukunft außer Kontrolle gerät. Das begründet seinen völlig unverdienten Ruf als Ahnherr des deutschen nationalistisch auftretenden Antisemitismus, als welcher er in den Schriften seines Schwiegersohns Houston Stewart Chamberlain und in einer sehr umfangreichen Traktat-Literatur insbesondere seit den neunziger Jahren unter Führung der Ostara-Hefte immer wieder beschworen wird. Daraus sprach ein unverantwortlicher Hang zur Vereinfachung. Über das Elend der deutschen Arbeiter und seine Gründe dachte er nicht anders als die deutschen Sozialdemokraten. Im Gegensatz zu ihnen nimmt er sich aber auch der kaum geringeren Misere der deutschen Bauern in vielen Gegenden an und sieht sie als Opfer der Wucherspinne. Das wich nicht von dem ab, was Marx und Engels über die Ökonomie des Dorfs, ganz besonders natürlich wieder des Ostens mit seiner Mischbevölkerung aus den verschiedensten Nationalitäten, auf andere Weise sagten. Für Wagner stehen seine Auslassungen über das Judentum während der siebziger Jahre, so der Aufsatz *Modern*, eigentümlicherweise im Zusammenhang mit seiner immer stärker werdenden Opposition gegen Bismarck. Er macht Bismarck den Vorwurf, die Hauptsorge der Beteiligten des Berliner Kongresses sei es gewesen, die Lage der Juden in Rumänien zu verbessern, statt sich um die geistige Kultur des deutschen Volkes zu kümmern. Hier bricht Wagners Unbehagen voll durch: Vor lauter Pflege der materiellen Wohlfahrt hatte Bismarck dem Bayreuther Unternehmen seine Unterstützung versagt. Aber die Angriffe gegen den mächtigsten Mann in Europa, wie er sie in Wahnfried vor Freunden und anderen Zuhörern führt, zeigen, so emotionell sie durch persönliche Enttäuschungen sein mochten, auch die Verwundbarkeit des Angegriffenen. Sie lassen selbst einen Bismarck nur als Gestalt des Übergangs erscheinen, über die in Zukunft die Wellen einer anderen und mächtigeren Politik treiben, um sie wegzuspülen.

Den ersten Vorgeschmack der Niederlage hatte Bismarck bekommen, als er vor einer äußerlich gesehen schwachen, in Preußen politisch und wirtschaftlich vernachlässigten, in ihrer sozialen Geltung herabgedrückten Gruppe zurückweichen mußte: den Katholiken. Österreich und Frankreich waren zu besiegen gewesen, Sozialdemokraten konnte man wenigstens zeitweise verbieten, aber den »Kulturkampf« gegen die katholischen Bischöfe, die Zentrumspartei, die katholischen Arbeiter- und Gesellenorganisationen hat Bismarck verloren. Er hat es später bereut, die Auseinandersetzung mit der katholischen Kirche gesucht zu haben. Interessant ist, wie Wagner Bismarcks Katholikenpolitik beurteilt. Er wirft ihm übertriebene Milde vor und stellt das Zurückweichen in dieselbe Linie seiner Kapitulation vor dem Judentum aus Angst vor möglichen Angriffen seitens der Presse. Seine Vorschläge waren politisch natürlich unrealistisch, aber sie bewegten sich nach den in seinen eigenen Schriften gegebenen Rezepten, waren konsequent und bezeichneten sehr wohl eine ganz neue politische Linie mit möglicherweise großen Aussichten für die Zukunft.

Hier muß man zumindest kurz verweilen im Hinblick auf eine Zeit, in der Wagners Gedanken keine bloßen Phantastereien mehr waren, sondern zur Grundlage für eine blutige Wirklichkeit wurden. Wagners Kampf gegen den Katholizismus liegt auf der gleichen Ebene wie sein Kampf gegen das Judentum; beide Formen der Religion sind für ihn nur graduell unterschieden in ihrer Schädlichkeit für das Volk. Der Gedanke ist selbst nicht im geringsten originell, sondern gab sehr wohl die Stimmung des preußischen Staatsprotestantismus bis in die Kreise des Berliner Hofpredigers Stöcker wieder, bot also innerhalb der eigentlich herrschenden Schichten des neuen Reichs keinen Grund, daran Anstoß zu nehmen. Dahinter stecken Überlebensängste, die hier um sich greifen. Das Deutschtum hat für den Wagner von Wahnfried alle Anzeichen einer untergehenden Rasse. Angesichts von Fortschritt, Parlamentarismus, Industrie, Konkurrenz gebe es keine Deutschen mehr, wird er nicht müde, seinen Besuchern zu predigen. Als ihm der Historiker Konstantin Frantz sein Buch über den Föderalismus zusendet, stimmt er ihm in allen seinen Thesen zu mit einer einzigen Ausnahme: Er tadelt ihn in seinem Denkschreiben darin, daß

»Sie unter den Faktoren des Unterganges der Deutschen fast nur den Feudalismus, nicht aber die diesen Feudalismus ausbeutende katholische Kirche bezeichnen«.

Frantzens Lösung, durch Wiederherstellung einer weltumspannenden neuen katholischen Einheit, d. h. Verzicht auf die Leistung der Reformation, die Übel der Neuzeit zu vertilgen, hält er im Blick auf die Geschichte von Ländern wie Frankreich, Spanien, Italien, die mit verheerenden Folgen alle reformatorischen Ansätze erstickt haben, für unannehmbar. Die Kirche kann allenfalls Heilgehilfen für das Elend bereitstellen, an dem sie mitgewirkt hat. Hier liegt auch der einzige Vorbehalt, den Wagner später gegen Gobineau geltend macht. Es sei inkonsequent, für die Erhaltung von Rassen und Völkern auf die katholische Kirche zu setzen, deren Charakter darin bestehe, an ihrer Auflösung mitzuwirken. Gerade hierfür hatte er die größte politische Autorität für sich, die sich um diese Zeit denken ließ. Das entsprach nämlich den Grundzügen der Bismarckschen Politik, der für die Form seines Umgangs mit dem deutschen politischen Katholizismus gute Gründe hatte. In den Untergang des Bestehenden sind in Wagners Sicht der Dinge auch die historischen Religionen einbezogen. In solchen Fragen sprach der Dichter-Komponist des *Ring* als Experte. Gerade im Hinblick auf die Ansprüche der katholischen Kirche kann er seinem ergebenen Anhänger und ersten Dirigenten des *Parsifal,* Levi, Zuspruch zuteil werden lassen: Wenn die Katholiken sich für vornehmer halten als die Protestanten, dann haben die Juden das Recht, sich für die allervornehmsten zu halten.

Damit war alles gesagt: Die historischen Religionen, die ihre eigenen Ideen in der Praxis denunzieren, werden den rechten Weg nicht weisen.

Wagners gleichbleibende Grundsätzlichkeit in weltanschaulichen Fragen, das Festhalten an bestimmten Vorstellungen über Jahrzehnte hinweg, steht keineswegs im Widerspruch zur außerordentlichen Elastizität, mit der er sie im Alltag verwendet. Rubinsteins Judentum hindert ihn nicht daran, den jungen Enthusiasten in seiner musikalischen Werkstatt anzustellen und Artikel wie jenen gegen Robert Schumann in den »Bayreuther Blättern« schreiben zu lassen, wobei der Autor den Stil seines Auftraggebers annimmt, so daß Bülow zunächst Wagner selbst für den Verfasser hält. Als Levi, der Sohn eines Rabbiners in Gießen, deswegen Bedenken hat, ob er in den Augen Wagners überhaupt der rechte Mann sei, um ein so »christliches« Werk wie den *Parsifal* zu dirigieren, wird er vom Komponisten mit allen Formen der Auszeichnung darum ersucht. Das geschieht freilich auf dem Gnadenwege. Aber gerade diese Ausnahmeregelung führt wieder ans Grundsätzliche heran und bestätigt sie. Darum bedeutet es auch keinen Bruch seiner Vorstellungswelt, wenn er die »Hebridenouvertüre« Mendelssohns, der nicht nach seinem Geschmack war, für eines der besten Musikstücke hält und dessen »Schottische Symphonie« in das Lob einbezieht.

Am Gesamturteil ändert das für Wagner nichts. Hier ist er konstant: Der Besitz ist die Quelle allen Übels, der Einfluß von Judentum und katholischer Kirche hat auf die Völker verderblich gewirkt. Es ist nicht zu bestreiten, daß hier ein Samen ausgestreut wird, der voll aufgeht. Hier werden Urteile begründet, die eine Beharrungskraft haben und zu gegebener Zeit schrecklichste Folgen zeitigen. Was schon kernhaft in ihnen steckt, zeigt sich bei Wagners Reaktion, als er vom Brand des Wiener Ring-Theaters anläßlich einer Aufführung einer Offenbach-Operette hört. Die Nachricht hinterläßt beim Komponisten der *Götterdämmerung*, der mit dem Feuer auf gutem Fuß stand, das Gefühl einer außerordentlichen Befriedigung:

»Wenn in einer Kohlengrube Arbeiter verschüttet werden«, kann er dazu bemerken, »da ergreift und empört es mich, da kommt mir das Entsetzen an über eine Gesellschaft, die sich auf solchem Wege Heizung verschafft. Wenn aber so und soviele aus dieser Gesellschaft umkommen, während sie einer Offenbachschen Operette beiwohnen, worin sich auch nicht ein einziger Zug von moralischer Größe zeigt – das läßt mich gleichgültig, das berührt mich kaum.«

Der Name des Komponisten besagt ihm in dieser Hinsicht alles. Daraus sprach nun nicht die belanglose Meinung eines Einzelnen, der als Komponist groß, aber als Philosoph über kein Amt verfügte, um moralische Lebensregeln verbindlich festzulegen. Hier wird auch keineswegs etwas Neues erfunden. Hier melden sich unterschwellige Bewußtseinszustände, die verbreitet waren und für die sich hier oder da Mehrheiten ergeben konnten. Sprach daraus die Angst einer Welt im Zustand der Veralterung angesichts des Schauderns vor der herandringenden neuen Welt mit der Industriegesinnung und der Konkurrenz, so war sie gerade in ihrer Panik noch imstande, der Bewegung neue Emotionen zuzuführen. Auch die Wagnerkunst mit ihrer Herkunft aus der Romantik gehörte bei allen ihren revolutionären Neuerungen in der Harmonie, dem Rhythmischen, der Instrumentierung einer zu Ende gehenden Welt an, die in der »Moderne« ihre Todfeindin sieht.

Modern heißt ein kleiner Aufsatz Wagners aus der Zeit der Arbeit am *Parsifal,* und das Wort bedeutet ihm soviel wie: Geist des großstädtischen Journalismus, Herrschaft der Feder, des Essays, der Kritik. Nicht mehr Dinge tun, Kunstwerke hervorbringen, sondern die Dinge und Kunstwerke der anderen kritisieren! Die seichte Machart der »Presse«, den jeweiligen »Moden« nachzugeben und sich der »Wahrheit« nur ausnahmsweise zu bedienen! Gegen sie haben die Angehörigen der alten Welt mit ihrer umständlichen Ausrüstung keine Chance mehr. Wagner wußte, was er schrieb. Er war in mehr als einer Hinsicht ein Betroffener. Denn in einer von der modernen Presse beherrschten Öffentlichkeit hat ein Künstler, der ein Bühnenwerk von fünfzehn Stunden Aufführungsdauer wie den *Ring* schreibt, damit zu rechnen, daß ein Mann der leichten Feder es ihm mit ein paar aufs Papier gesetzten Sätzen nicht nur verreißt, sondern auch noch Vertrauen bei seinen Lesern findet. Da hatten es die Verfasser kleiner dreiaktiger Komödien einfacher. Diese Proben hatte Wagner immer wieder aufs Exempel gemacht. Gegen die Formeln eines auf das »Moderne« setzenden Liberalismus mit seiner »Freien Presse« bleibt der Künstler Richard Wagner allergisch.

So gab es am Ende des vierten *Nibelungen*-Zyklus in Berlin einen großen Eklat. Angelo Neumann, der die Aufführung als privater Unternehmer besorgt hatte, wollte vor versammelter Zuhörerschaft eine Dankadresse an Kaiserhaus, kunstsinniges Publikum und Presse richten. Bei der Aufzählung verläßt Wagner, als er das Wort »Presse« hört, sofort die Bühne. Er hatte geglaubt, der Dank gelte den Künstlern. Deswegen hatte er sich vorher zu einer Erwiderung von Neumanns Rede bereit erklärt. Der Gedanke, der Presse, die ihn jahrzehntelang in Berlin so überaus erfolgreich bekämpft hatte, auch noch zu danken, war ihm unerträglich. In seinem Tagebuch, das er ausdrücklich für Ludwig II. angelegt hatte, um ihn mit seinen Gedanken vertraut zu machen, stand unter dem 14. September 1865:

»Wir haben die ganze Presse gegen uns, was sehr natürlich ist: für sich hat sie nur der, welcher sie für sich materiell interessiert. Alle Gewalthaber dieser Welt, von den höchsten bis zu den niedrigsten Mächten, haben ihre Vertreter, ihre Organe in der Presse. Überzeugung ist hier nichts, Interesse alles. Ich habe es, mein Augenmerk nur auf die Ermöglichung guter Aufführung meiner Werke richtend, stets verschmäht, die Presse für mich zu interessieren, dagegen habe ich es mir nötigenfalls angelegen sein lassen, das Publikum über mich und meine Zwecke unmittelbar aufzuklären.«

Hier sprach Wagner in eigener Sache. Das Pressewesen gilt ihm als mit dem Deutschen nicht zu vereinbarende Einrichtung. Es wird von der »Großstadt« aus organisiert, verbreitet die Fäulniserreger der Lüge um sich und steht für eine »französisch, jüdisch-deutsche Demokratie«. Hier sind lateinische und jüdische Welt zusammengerückt, die sich, Wagner zufolge, im römischen Katholizismus treffen. In einem Brief an Heinrich von Stein aus Venedig vom 31. Januar 1883 spricht er von Fähigkeiten der deutschen Stämme, »die der gänzlich semitisiert lateinischen Welt verlorengegangen« sind. Dieser Satz aus den letzten Lebenstagen war in seinen Folgen insofern gegen Gobineau, von dem er so große Belehrung empfangen hatte, gerichtet, als Wagner die katholische Kirche ja gerade wegen der von ihr geförderten Rassenvermischung verwirft, während Gobineau in ihr ein durch die Jahrhunderte hindurch stabiles Element der Ordnung sieht.

Bei der »Freien Presse« war Wagner nicht nur auf erhebliche Widerstände gestoßen, sondern auch auf die Grenzen seiner Wirkungsmöglichkeiten. Sie hatte ihm, so etwa in Wien, den Weg seiner Werke auf die Bühne buchstäblich verstellt. Kein Wunder, daß er hier dunkle Machenschaften, die Intrigen im Verborgenen operierender Feinde vermutet. Demgegenüber gab es auch Feinde auf anderen Ebenen, die ihm seit Dresden das Leben sauer gemacht hatten, da sie in ihm den bürgerlichen Demokraten witterten. Das waren die Herren Hofopernintendanten, die »Excellenzen«: Lüttichau in Dresden, Hülsen in Berlin, Perfall in München, die Leute mit dem vermeintlichen Kunstsinn, der auf routinierter Erfahrung beruht, der Allmacht, die sie unangreifbar macht. So hatte von Hülsen als preußischer Generalintendant von Berlin aus zugleich die Macht über die Hoftheater in Hannover und Wiesbaden uneingeschränkt in seinen Händen. Gegen sie hatte Wagner alle Partien verloren. Gegen die adligen Intendanten war der Komponist als bürgerlicher

Frondeur allemal auf der Strecke geblieben, und wenn er sich auch hier und da in künstlerischen Sachfragen durchgesetzt hatte, so war ihre Schuld an den körperlichen Beschwerden, mit denen er sich in Bayreuth herumschlug, doch ein sehr erheblicher. Von ihnen hatte er manche Demütigung hinnehmen müssen. Hülsens Starrsinn war auch später, als sich die Aufführung Wagnerscher Werke an der Berliner Hofoper nicht mehr verhindern ließ, unwandelbar geblieben, er gefiel sich geradezu darin, Wagner Ärger zu bereiten. »Die Theater den Junkern . . ., die Konzertinstitute den Musikjuden: was blieb uns da noch übrig?« hatte Wagner im Neujahrsbrief von 1869 an seine Freundin Frau Muchanoff geschrieben. Die Anmaßung, verbunden mit unentwickeltem Sachverstand, die Wagner dem »Junker« zuschreibt, war indessen immer ernst zu nehmen, weil sie Leiden verursachen konnte. Hier sprach aus Wagner der Sachse, der gegen die junkernhaften Züge im ostelbischen Preußen stets empfindlich blieb und sie auf den ungeliebten Typ des rücksichtslosen Aristokraten überträgt. Im Bericht seiner Reise nach Petersburg in *Mein Leben* gibt er die Schilderung eines im gleichen Eisenbahncoupé sitzenden baltischen Junkers, der in seinen Augen alles das verkörpert, was ihn in seinen Augen unsympathisch macht.

Das waren bei Wagner immer Urteile des »Künstlers«, der für die große, gesamtgesellschaftliche Bewegung empfindlich ist und jeden Wandel darin wie ein Seismograph wiedergibt. Der *Ring* und seine Umkonzipierung im Laufe eines Vierteljahrhunderts zeigen an, was sich politisch und gesellschaftlich inzwischen verändert hatte. In Wagners oft schwer verständlicher und verschachtelter Prosa verbirgt sich nicht selten eine ganz rationalistische, auf umstürzende Überzeugung bedachte Argumentation. Wenn von der deutschen Revolution kurz vor der Jahrhundertmitte die Rede war, konnte er als einer ihrer Anhänger sich hier als zuständig erklären. Aber was ist seitdem alles aus Deutschland geworden? Wie werden Ausländer darüber urteilen?

»Wie muß einem Franzosen, einem Engländer, ja einem Türken zumute werden, wenn er solch eine Parlamentshauptstadt beschreitet, und hier überall, nur in schlechtester Kopie, eben sich wiederfindet, dagegen nicht einen Zug deutscher Originalität antrifft? Und nun diese ausgebreitete Nichtswürdigkeit wiederum von einer ›allgewaltigen Tagespresse‹, vor welcher die Minister ihrerseits bis in die Reichskanzlei hinein sich fürchten.«

Welche Bewandtnis es mit einer Revolution in Deutschland hatte, darüber hatte sich Marx zur Genüge ausgesprochen. Als gescheiterte, darin kommt ihm Wagner nahe, hat sie in eine untergründige oder offene Misere hineingeführt mit einem Reichskanzler an der Spitze, der vor seinen bewaffneten Feinden keine Angst hat, wohl aber vor den Journalisten.

Das sind Argumente, die in ihrer Zeit wirkungslos waren und bleiben mußten, deren Ernsthaftigkeit aber nicht unterschätzt werden darf. Wehe, wenn ihre Stunde gekommen ist!

Bei Wagner gehört das zur Bestandsaufnahme seiner Gegenwart. In ihr sind die Mißstände zusammengesehen und gewissermaßen gebündelt. Parlamentarismus, Herrschaft und Presse, Triumph der Großstadt über das flache Land gehören in dieser Sicht zusammen:

»In Deutschland ist wahrhaftig nur der ›Winkel‹, nicht aber die große Hauptstadt produktiv gewesen. Was wäre uns von je von den großen Marktplätzen, Ring- und Promenadenstraßen zugekommen als der Zurückfluß der nationalen Produktion? Ein guter Geist waltete über unseren großen Dichtern und Denkern, als er sie aus diesen Großstädten verbannt hielt. Hier, wo sich Rohheit und Servilismus gegenseitig den Bissen des Amusements aus dem Munde zerren, kann nur wiedergekäut, nicht aber hervorgebracht werden. Und nun gar eben unsere deutschen Großstädte, wie sie unsere nationale Schmach uns zum Ekel und Schrekken aufdecken.«

Die deutsche Kultur eine Kultur der kleinen Stadt, des »Winkels«! Die Großstadt dagegen ein Sumpf zur Kulturverfaulung, in dem, was zum Gedeihen bestimmt ist, zu Grunde gehen muß! Das ist von Wagner mit seinem früh ausgebildeten Instinkt für die durch Industrie verunreinigte Luft vom Standpunkt des Künstlers geurteilt und wird von ihm schon als Motiv für eine zukünftige Politik angesehen. Wagnersche Vorstellungen in ihrem Mißbrauch haben sehr wohl zur politisch militärischen Praxis des »Lebensraumes« ermuntert, beruhen aber auf der durchaus vernünftigen Einsicht vom Verhängnis der großen Stadt für menschlich-organisches Leben in Verhältnissen der Hochindustrialisation, wo an ein Zustandekommen schöpferischer Kulturleistungen nicht mehr zu denken ist. Was von Wagner richtig gesehen wurde und sich hier und da, und sei es mit Gewalt, zeitweilig durchsetzen lassen wird, war dabei selbst von der Altertümlichkeit einer zu Ende gehenden Welt gezeichnet, für die es keine Hoffnung gab. Vor der Maschine als einem Geschenk der Hölle schaudert er zurück. Das Segelboot, und wie es sich die Kräfte der Natur zunutze macht, ist ihm wichtiger und sympathischer als das Dampfschiff. Das sind Vorstellungen, die aus einem letzten Aufbäumen des »romantischen Künstlers« gegen den unaufhaltsamen Siegeszug der Maschinenwelt hervorgehen.

23. »Hier wo mein Wähnen Frieden fand . . .«

Idyll und Weltanschauung

»Hier wo mein Wähnen Frieden fand
Wahnfried
sei dieses Haus von mir benannt«
Wagners Sinnspruch auf sein Bayreuther Domizil

Die Monate, die dem ersten Festspielsommer, dem Aufenthalt in Italien, der Konzertreise nach London und der Emser Kur folgen, werden Wagner endlich jenes geregelte Gleichmaß des Lebens und der Arbeit im eigenen Haus, im Kreise der Familie bescheren, das ihm während der Jahrzehnte der Flucht und Unrast beständiger Wunschtraum gewesen war. In dem Brief an Ludwig II. vom 25. April 1874 hatte Wagner den für das palastartige Eigentum gedichteten Sinnspruch mitgeteilt, der einprägsam seine Lebenswende faßt und die Front des Hauses bis auf den heutigen Tag unübersehbar ziert.

Mit dem Einzug in Wahnfried war nicht nur der Einzug Wotans in eine stattliche Götterburg erfolgt, es breitet sich auch das Gefühl des Behagens aus, das Wagner so nie gekannt hatte. Was er inzwischen an Familie besaß mit Cosima, dem eigenen Sohn Siegfried und den Töchtern Isolde und Eva sowie Daniela und Blandine aus der ersten Ehe seiner

Frau, konnte sich sehen lassen. Das Ehe- und Familienglück nach den langen Mißklängen der Verbindung mit Minna ist freilich ein spätes; er war sich dessen schmerzlich bewußt.

Was sich hier direkt vor den Augen einer deutschen und einer europäischen Öffentlichkeit abgespielt hatte, ist der Erwähnung wert. Ein Künstler, vielleicht der Künstler seines Jahrhunderts mit der größten Fähigkeit zur Selbstdarstellung, war nach langen Irrfahrten heimisch geworden. Er richtet sich ein, führt aber sein Leben mit der gewohnten Intensität weiter. Wagners Haus ist ein für seine Freunde offenes Haus – und sogar für seine Feinde.

Gäste kommen und gehen. Da waren zunächst die Konzipenten der Nibelungen-Kanzlei gewesen, Mitarbeiter wie Seidl und Hans Richter, die zeitweilig zur erweiterten Familie gehören, und später dazukommend Hans von Wolzogen, der ein Grundstück neben dem Garten von Wahnfried erwirbt und hier ein Haus baut. Es gilt die Verabredung, daß die dazwischenliegende Gartenpforte nie abgeschlossen sein darf und ein Herüber- und Hinübergehen zu jeder Stunde möglich ist. Das Leben des »Meisters« mit seinen »Gesellen« – hier ist es Wirklichkeit geworden. Da gibt es natürlich die Musiker-Sonderlinge wie jenen Joseph Rubinstein, dem gegenüber Wagner seine Urteile über das Judentum zeitweise revidiert. Rubinstein hatte sich im März des Jahres 1872 brieflich aus Charkow, von wo er stammte, mit folgenden Worten an Wagner gewandt: »Ich bin ein Jude. Hiermit ist für Sie alles gesagt.« Die Antwort bestand aus einer liebenswürdig gehaltenen Einladung. In Bayreuth ist Rubinstein, der zunächst in der Stadt ein bescheidenes Domizil bezieht, Mädchen für alles. Er schreibt Stimmen der Partitur bei der *Götterdämmerung* und dem *Parsifal* aus, fertigt Klavierauszüge an, probt als Repetitor mit den Sängern, trägt bei Hauskonzerten vor und nimmt es hin, von Wagner immer wieder mit Kopfschütteln bedacht zu werden.

Dazu die ständigen Besucher! Liszt erscheint jedes Jahr einmal, bleibt aber meistens nur ganz kurz. Besonders gerne gesehen ist Wagners alte Freundin Malwida von Meysenbug, die sogar beschließt, sich für immer in Bayreuth anzusiedeln, aber wegen des für sie schwer erträglichen Klimas nach mehreren Monaten den Plan wieder aufgibt.

Die Theater melden sich, die jetzt den *Ring* oder Teile davon spielen wollen. Und es melden sich Besucher der Aufführungen, die wenig Günstiges davon berichten. In Leipzig hatte man sich an der Tetralogie versucht, Weimar war gefolgt. In München, wo man Wagner mit vorgezogenen Aufführungen der beiden ersten Teile so sehr verärgert hatte, spielt man jetzt den *Siegfried*, den man hier noch nicht kannte. Das sind keine guten Nachrichten. Besonders peinlich berührt ist er von jenem ihm übertrieben erscheinenden Realismus, mit dem in der nachfolgenden *Götterdämmerung* die Brünnhilde auf einem ungesattelten Pferd über den brennenden Scheiterhaufen mit Siegfrieds Leiche setzt. Solche equilibristischen Kunststücke sind für ihn Theatereffekte, die vom Eigentlichen ablenken. Freude dagegen hat er bei der Nachricht von der Aufführung des *Siegfried* in Wien. Es kam ihm unerhört vor, daß er mit diesem Werk sogar beim Wiener Publikum Erfolg hatte, das gewöhnlich um elf Uhr abends noch einmal zu speisen beliebt. Darum gesteht er Jauner, der ja vor allem ein Meister der leichten Muse ist, bereitwilligst einige kräftige Striche in der Partitur zu.

An den *Parsifal,* der zum »Hauptgeschäft« wird, war er ursprünglich eher zögernd und sogar widerstrebend herangegangen. Wagner hat – von Ausnahmen abgesehen – nie schnell komponieren können. Die Arbeit durch längere oder kürzere Pausen zu unterbrechen, ist bei ihm ständiges Bedürfnis gewesen. Beim Komponieren des *Parsifal* wird daraus ein System. Die Lektüre nimmt jetzt im täglichen Arbeitsrhythmus seine Zeit in Anspruch wie kaum je zuvor. Er liest Shakespeare und immer wieder Schiller. Sein Vortrag von Werken E. T. A. Hoffmanns ist besonders hervorgehoben worden. Mit ihm war er schon früh vertraut gewesen, und er freut sich, daß ihm gesagt wird, er sei ihm in der äußeren Erscheinung ähnlich. Schließlich hatte er den Kapellmeister Kreisler zu seinem Lehrmeister im Komponieren erklärt. Tiecks »Gestiefelter Kater« wird von ihm selbst abendlichen Zuhörern vorgelesen, obwohl er findet, daß die Zeit vorbei sei, wo man noch problemlosen Zugang zu diesem absonderlichen Humor gehabt habe. Ganz große Bewunderung hat er für Balzac. Aus Scotts Romanen wird in der öffentlichen Abendgesellschaft vorgetragen. Über Leopardis »Weltschmerz« stellt er Überlegungen hinsichtlich seines Charakters an. Auch sein *Holländer* hatte schließlich dieser europäischen Bewegung angehört. Mit den Biographien des Plutarch hat er sich immer wieder befaßt. Sie gehören zu seiner Lieblingslektüre. Von den Russen, die ja noch seine Zeitgenossen waren, zieht er Turgenjew gegenüber Gogol vor. Den Homer kennt er, der ausgezeichnete Gräzist, von Jugend an. Der steht außer Diskussion, mehr als Dante, den er zwar auch bewundert, dessen der Welt entrückte Gegenstände ihm aber nicht viel besagen. Er liest genau und nur, wenn ihm das Sujet nicht zusagt, was selten ist, flüchtig. Die Lektüre von Lekkys »Geschichte der Zivilisation« von der ersten bis zur letzten Seite erstreckt sich über Monate. Über allen aber steht ihm Goethe. Gelegentlich kritische und sogar absprechende Urteile besagen da nicht viel.

Gerade die Bayreuther Jahre sind neben der Arbeit am *Parsifal* zugleich Pflege der musikalischen Tradition. Man muß es sich in Erinnerung rufen: Der musikalische Neuerer Wagner konnte durch seine keineswegs glänzende Ausbildung und den angeborenen Hang zum Autodidaktischen gewiß nicht als vorzüglicher Kenner der musikalischen Vergangenheit bezeichnet werden. Carl Maria von Weber war sein erstes lebendes Idol gewesen. An der Partitur von Beethovens Siebter Symphonie hatte er sein auf eigene Faust betriebenes Kompositionsstudium orientiert. Er kannte manches von Mozart, den Italienern und Franzosen durch seine Kapellmeistertätigkeit. Gerade jetzt in der zeitweiligen Bayreuther Ruhe aber erfolgt ein vertiefendes Eindringen in die inzwischen historisch gewordenen Partituren, und zwar immer vom Blick seiner eigenen Kompositionspraxis aus. So hat er eigentlich jetzt erst Zeit, die kompositorischen Techniken Bachs genau zu studieren, von denen er einiges, wie ja die *Meistersinger* zeigen, bereits verwendet hat. Das ist für ihn jetzt »absolute Musik«, wo völlige Beherrschung der musikalischen Regeln und Inspiration des Augenblicks zusammengehen. Bach steht bei ihm im Gegensatz zu Mozart außerhalb jeder Kritik. Er findet bei Mozart zwar nie wieder erreichte Schönheiten, wie er an Beispielen der am häuslichen Flügel demonstrierten Partien aus »Figaros Hochzeit« aufzeigt, aber er weist auf die Mittelstücke zwischen den Themen hin. Den Vorzug Beethovens gegenüber Mozart sieht er darin, daß bei ihm die überbrückenden Teile fehlen, daß hier schon alles Melodie geworden sei. Aber interessant ist, wie er Beethoven auf seine Instrumentierung hin untersucht und Umgruppierungen beim Orchester vorschlägt, um den vom musikalischen Einfall unabhängigen Klang zu verbessern. Änderungen der Beethovenschen Instrumentation sind das Werk des Klangpraktikers Wagner und bleiben auch, wenn man den Vorschlägen nicht folgt, erwähnenswert.

In der komfortablen Fülle und Breite des familiären Lebens von Wahnfried sind die einschränkenden Züge des flüchtigen Revolutionskünstlers von ehemals, nicht zuletzt durch das häusliche Regiment Cosimas, mehr und mehr zurückgetreten. Einschränken war, sofern es ihm nicht aufgezwungen wurde, nie seine Sache gewesen. Es setzt sich jetzt bei ihm das verständliche Gefühl durch, sich für die Leiden und Entbehrungen der Vergangenheit zu entschädigen. Diese Ader war bei ihm nie zugeschüttet gewesen. So findet er für das Zeremoniell des »Meisterlichen« bei seiner Liebe zur wohlgesetzten freien Rede auf Banketten und zu anderen öffentlichen Anlässen stets ein reiches Betätigungsfeld. Und Wahnfried ist immer zugleich familiär und öffentlich, ist Ausdruck eines das Bürgertum hinter sich lassenden Künstler-Fürsten der Bismarckzeit. Da werden umständliche Vorbereitungen für Cosimas Geburtstagsfeiern an jedem 25. Dezember getroffen. Von der Meininger Hofkapelle hatte man Musiker ausgeliehen, die das *Parsifal*-Vorspiel bereits einstudiert hatten. Nach einer Probe mit einigen Bläsern der Bayreuther Militärmusik am Vorabend wird das Orchester um sieben Uhr in aller Frühe heimlich eingelassen und aufgestellt. Und dann klingen zum ersten Mal die Takte einer Musik auf, deren Entstehen das überraschte Geburtstagskind über Jahre hinweg beigewohnt hatte. Keines der gekrönten Häupter der Zeit hätte Vergleichbares im Familienkreis anzubieten gehabt.

Nie aufhörende Ursache zu neuem Leiden in diesen an sich glücklichen Jahren sind neben dem Ärger über die Verhunzung des *Rings* an den meisten deutschen Bühnen die körperlichen Übelstände, die ihn seit Jahrzehnten begleitet hatten. Wagner spricht nach wie vor von nicht näher bezeichneten Unterleibsbeschwerden. Dazu plagt ihn jetzt der Rheumatismus, Herzstiche kommen hinzu, sein Husten mit Blutauswürfen beunruhigt ihn. Bemerkenswert ist, daß der behandelnde Arzt keine ernsthaften Erkrankungen feststellt und sein Unwohlsein gelegentlich als das naturgemäße Leiden des Genies bezeichnet. Schlaflosigkeit war eines seiner chronischen Übel gewesen, das ihn auch in Bayreuth nicht im Stich läßt. Er hatte schließlich Schläge hingenommen, von denen einer genügt hätte, um ihn körperlich und seelisch zu ruinieren. Wagner hatte sie nicht nur eingesteckt und ihnen standgehalten, er hatte immer neue geradezu herausgefordert. Sein einziges Mittel, zu widerstehen und alles zu ertragen, war schließlich der Rückzug in die Kunst, in die dichterisch-kompositorische Arbeit, die ihn in Zonen führte, wohin die Verfolger nicht gelangen konnten. Daß Kunst erzwungener Lebensersatz und Weiterführung eines Lebens ist, das sonst keine Chance hat, ist ein Gedanke, den er in verschiedener Form ausspricht. Ungebrochen war sein Vertrauen in die Heilkraft des Wassers geblieben, und so kommt es, daß er in Bayreuth abwechselnd Marienbader und Emser Wasserkuren mit ausgewählter Diät macht. Überlegungen über die Ernährung, insbesondere mit fleischloser Kost, haben ihn damals unablässig beschäftigt, und zwar im Zusammenhang ihrer Rolle für die Geschichte der Zivilisationen. Hier lag wie immer beim Theoretiker Wagner klügste Einsicht neben vager Spekulation in den daraus gezogenen Schlüssen. Aber mit seinen Grundansichten über die Rolle der Ernährung, des Klimas, der Luft, die er aus der persönlichen Erfahrung und der eigenen künstlerischen Arbeit bezog, lag er zusammen mit Nietzsche, der sie viel weiter entwickelte, hoch über den deutschen Universitätsphilosophen seiner Zeit, für die das keine ernst zu nehmenden Fragen bedeuteten. Er hatte einen ausgebildeten ökologischen Instinkt und war geschärft wie kaum ein anderer seines Zeitalters für die an die menschliche Ernährung zu stellenden Forderungen.

Der Eindruck, den Wagner jetzt auf seine Besucher macht, ist der von ungebrochner Aktivität. Gleichzeitig kommt er seinen Repräsentationspflichten auf die entgegenkommendste Weise nach. Das Weimar Goethes scheint im Bayreuth Wagners in die Nachfolge eingetreten zu sein. Wagner weiß, was er der Vergangenheit schuldet. Wahnfried ist musikalischer Fortschritt und ebenso Stätte der Bewahrung mit allen deklamatorischen Erhobenheiten. Da reist Cosima nach München, um sich von Lenbach porträtieren zu lassen. Das Gemälde wird später vor der Familie und Gästen feierlich enthüllt. Da wird die Heimkehr der ältesten Tochter nach ihrer Wiedergenesung vom Scharlach mit einem Feuerwerk im Garten von Wahnfried gefeiert. Da gibt es die Goethefeier zum 28. August, wo Liszt auf dem Flügel aus seiner Faustsymphonie vorspielt: »Der vom matten Lampenlicht und blassen Vollmond beschienene Greis zaubert eine ganze Phantasiewelt in die Seele des Hörers«, weiß Glasenapp darüber zu berichten. Wagner selbst wirkt um diese Zeit, trotz chronischer körperlicher Beschwerden, wie ein »sprühender Funkenherd«. So beschreibt ihn der Redakteur des »Gaulois«, Louis Fourcaud. Und er fügt hinzu:

»Sein ganzer Körper war durch die Nerven beherrscht und barg in sich eine Elektrizität, die sich seinem Zuhörer mitteilte. Ich sehe ihn noch auf seinem Stuhle unruhig werden, sich erheben, beim Sprechen auf und ab gehen; ich höre ihn noch sich ergießen, sich zurückhalten, ungeduldig werden, in Lachen ausbrechen, ernste Gedanken mit scherzhaften Wendungen unterbrechen.«

Von München gelangt inzwischen merkwürdige Kunde nach Bayreuth. Es verdichten sich die Gerüchte von der möglichen Abdankung Ludwigs II. Das waren keine guten Nachrichten. Der König, von Wagner inzwischen lange getrennt, von der Hofverwaltung und dem Ministerium isoliert, hatte sich mehr und mehr in sich selbst eingesponnen. Er war auch dem Volke, in dem er durchaus seinen treuen Anhang besaß, durch das Gebaren des Träumers ferngerückt. Nichts gibt vielleicht die Trostlosigkeit Ludwigs II. besser wieder als die Aufführung des *Rheingold* und der *Walküre* ohne jedes Publikum, allenfalls mit ein paar zugelassenen Besuchern und einigen verborgenen Lauschern in den Logen. Hier feiert die Trauer eines Ästheten Feste der Einsamkeit. Das war so besorgniserregend wie die Phantasiebauten in seinem Auftrag, in denen Wagner sehr bald den Ausdruck der Gefühlsverwirrung erkannt hatte. In dieser Wunscherfüllung durch die Errichtung von Traumschlössern kündigt sich die Resignation vor der Wirklichkeit an, liegt schon Abschied von der Welt, auch von Wagner. Als Wagner erreichen kann, daß der *Parsifal* Bayreuth vorbehalten bleibt, tröstet Ludwig in München nur das »Vorspiel« in einer privaten Wiedergabe mit Wagner als Dirigenten.

Es war natürlich, daß es Wagner danach drängte, seine Einsichten über künstlerische und weltanschauliche Fragen in abschließender Form, gewissermaßen in einer Fassung »letzter Hand«, vorzutragen. Das geschieht vor allem in seiner letzten großen Schrift *Religion und Kunst*, die in den »Bayreuther Blättern« erscheint. Doch die Umkehrung der Begriffe gerade in dieser Abhandlung im Vergleich zum früher Gesagten ist nur scheinbar. In Wirklichkeit hat er seine Grundanschauungen nicht geändert, sie sind jetzt in staatstragender und wahre Religion fördernder Weise neu aufgearbeitet und für das neue Reich und die Bayreuther Festgemeinde mit ihrem staatsoffiziellen Publikum annehmbar gemacht. Aber Wagner als Ideologe ist derselbe geblieben. Wir finden das auch durch Aussagen von Menschen seines persönlichen Umgangs und in Briefen aus dieser Zeit bestätigt. Es ist seit den Dresdner Tagen einiges hinzugekommen, so seine Teilnahme an der Bewegung des Kampfes gegen die Versuche an lebenden Tieren. Doch auch das war in seinem Kern so neu nicht und fand den Schopenhauerianer in ihm, der durch Leiden für das Mitleiden vorbereitet war, auf dem Plan. Der Gedanke an Tierversuche im Interesse der Wissenschaft bereitet ihm schlaflose Nächte und läßt ihn vor allem gegen den Alibi-Gedanken des wissenschaftlichen Experiments im Dienste des Fortschritts zu Felde ziehen. Das lag außerhalb der Kunst selbst wie auch seine Gedanken zur katholischen Religion, zum Judentum, zur vegetarischen Lebensweise, Verstädterung, Luftverunreinigung, aber es zeigt, daß Wagner seine künstlerische und außerkünstlerische Wirksamkeit, wie immer man sie beurteilen mag, in einen gesamt-gesellschaftlichen Prozeß hineingestellt sieht, der keine Lebensregung ausläßt. Es geht wie im *Ring des Nibelungen* um das Weltganze. Und hier ist alles beim alten geblieben. Zieht man die deklamatorisch aufgelegten Häute des Theaterunternehmers mit gewaltigem Defizit weg, bleibt ein mit »sakralen« Mitteln auftretender Aufrührer zurück, den das aufwendige Gepränge der Festspielkunst mit den erlauchten Gästen dem direkten Zugriff entzieht. Mit dem Sozialismus der deutschen Sozialdemokratie eines Lassalle, der ihm persönlich wenig sympathisch war, hatte er nichts zu tun. Aber der Sozialismus als schließliches Ziel der Zukunft steht für ihn außer Frage, mögen die Arbeiterführer, die ihn wollen, mit ihrem Unvermögen seine baldige Heraufkunft noch so sehr verzögern. In die große Vision mischt sich dann, wie oft bei Wagner, wenn aus dem Künstler der Propagandist wird, merkwürdig Schrulliges ein:

»Dennoch könnte man«, schreibt er in *Religion und Kunst,* »selbst den heutigen Sozialismus als sehr beachtenswert von seiten unserer staatlichen Gesellschaft ansehen, sobald er mit den drei zuvor in Betracht gekommenen Verbindungen der Vegetarianer, der Tierschützer und der Mäßigkeitspfleger in eine wahrhaftige und innige Vereinigung träte.«

Hier sind auf engstem Raum einige der wichtigsten Altersanschauungen Wagners zusammengetragen, sicherlich nicht in irgendeinem »orthodoxen« Sinne der Religion und des Sozialismus, sondern viel eher von der Grunderfahrung Wagners her: dem Bedürfnis nach »Erlösung«. »Erlösung« durch Mitleiden, das die Grenzen zwischen Mensch und Tier aufhebt, weil sie durch das Gemeinsame ihrer Kreatürlichkeit zu einer Einheit gehören! Hier ist Darwin im Spiele und neben Christus gerückt.

Die anhaltende rauhe Witterung in Bayreuth und der unverändert graue Himmel des Herbstes 1879 hatten Wagners Stimmung verdüstert. Sein Gesundheitszustand hat sich sehr verschlechtert. An ein Vorwärtskommen bei beständiger Schlaflosigkeit und Unterleibschmerzen scheint derzeit nicht zu denken. Und so richten sich seine Hoffnungen erneut auf den Süden, auf Italien. Und wieder auf Neapel, das ihm bei seinem letzten Besuch eine arge Enttäuschung bereitet hatte! Die Verhandlungen wegen der Übernahme einer Ferienvilla für die ganze Familie ziehen sich lange hin, aber schließlich ist das Gesuchte gefunden: die Villa Angri, ein stattliches Haus mit einer Terrasse, die den Blick auf den Golf und den Vesuv freigibt. So sieht das Ziel der Reise des Künstler-Fürsten im Stil der Gründerjahre aus, das mit allen Attributen des Komfort einschließlich Pinien und Zypressen aufwartet. Nach einigen frostigen Tagen stellt sich die Sonne am blauen Himmel ein. Kurz, das Neapel der Bildpostkarte ist Wirklichkeit geworden.

Aber Wagner ist erneut zum Leiden verurteilt. Die Gesichtsrose stellt sich wieder ein. Er hält sich mit wattevermummtem Gesicht im Hause auf und ermuntert Frau und Kinder, ohne ihn Ausflüge in die Umgebung zu unternehmen und ihm später davon zu berichten. Beim Anblick von Neapel steigen ihm Gedanken über das Elend der bestehenden Zivilisation in tausend Erscheinungen auf. Das war nicht irgendeine fatale Marotte, sondern, von einem Zentrum hellenistischer Kultur aus gesehen, das Weiterwirken des Themas aus dem *Ring*, die Vision vom Ende der bestehenden Weltverhältnisse. Das war bei Wagner die aus den vorhandenen Symptomen schließende Vorwegnahme des Verfalls der Kultur. Das Wort »Pessimismus« ist hier nicht recht am Platze, paßt ohnehin nicht zu Wagner, so wenig wie zu Schopenhauer und Nietzsche. Denn aus dem versinkenden Alten geht immer wieder lebenskräftiges Neues hervor. Stärker als alles andere ist bei ihm jetzt die Enttäuschung über das Deutschland und die Deutschen im Bismarckschen Reich. Von ihnen ist nichts mehr zu erhoffen. Nach dem Defizit von Bayreuth hatte Wagner den schon früher erwogenen Gedanken der Übersiedelung nach Amerika mit allem Für und Wider ernsthaft geprüft. Der Vorsatz erscheint ihm jetzt wieder der Beachtung wert. Aber es wird ihm abgeraten: Amerika, wo nur der materielle Erfolg zähle, sei nicht das rechte Land für ihn und er würde sich hier am Ende noch verlassener fühlen als in Deutschland. Dies Argument gewinnt Überzeugungskraft, vor allem der Gedanke Gobineaus, Amerika sei überhaupt kein neues Land, sondern die alte Bevölkerung Europas, seine Reproduktion auf einem anderen Kontinent.

Allem Ankämpfen gegen die herrschenden Lebensformen und Stiltendenzen des neuen Reichs zum Trotz war der Wagner des *Ring* und des *Parsifal* selbst auf die höchste Höhe der bürgerlichen Kulturentwicklung gelangt, die er als Künstler verachtet hatte. Welcher Weg war vom Stand des Musikbediensteten, von dem sich Haydn und Mozart nie völlig hatten lösen können, bis zum Patriarchen von Wahnfried inzwischen zurückgelegt worden! Wagners Hochschätzung Beethovens lag unabhängig vom Künstlerischen auch darin, daß er in ihm den unabhängigen Musiker sah, den als Leiter einer Hofkapelle zu engagieren kein regierender Fürst mehr gewagt hätte, weil er dazu – genau wie er selbst in Dresden – in Wirklichkeit ungeeignet war. Der Bayreuther Wagner scheint jetzt in den Kreis der Herrschenden eingetreten zu sein. Er hat Ehren und Gunst zu vergeben, setzt Maßstäbe, verkündet Kunst- und Lebensregeln, empfängt Gäste und einfache Bittsteller, gewährt und versagt. Als der Herzog von Meiningen, der Theaterherzog, und der Fürst von Liechtenstein, beide mit ihren Frauen, in der Villa Angri Wagner und Cosima ihren Besuch abstatten, sind diese Angehörigen von zwei der damals großen Familien in Deutschland und Österreich-Ungarn bescheidene Leute, die man mehr oder weniger zu Wagners Gefolge rechnen kann. Beim Besuch des Konservatoriums von Neapel erfährt er die Huldigung von drei italienischen Herzögen, was er aber als glatte Mißverständnisse angesichts des zeitgenössischen italienischen Musikgeschmacks betrachtet. Sein 67. Geburtstag wird in der Villa Angri mit allem repräsentativen Aufwand einschließlich Böllerschüssen gefeiert. Für die Eisenbahnfahrt durch die Landschaft von Salerno hat man eigens einen Salonwagen gemietet. In den verborgenen Tälern mit ihrer üppigen Vegetation glaubt er Klingsors Zaubergarten anzutreffen. Neapel als Ausgang für solche kleineren Reiseunternehmen scheint ihm alle Elemente des Lebens zu vereinen. Es ist für ihn mehr als Rom die eigentliche »Welthauptstadt«. Endloses Treiben auf den Straßen und Gassen, das Leben als Spiel und Elend. Eine neapolitanische Fronleichnamsprozession mit dem Lärm der Massen und ihrem ganzen heidnischen Wesen macht auf ihn den Eindruck eines einzigen Kannibalenzugs.

Von den neuen Hausgenossen während dieser Zeit ist der junge russische Maler Joukowsky zweifellos der interessanteste. Den Auftrag, Cosima zu malen, nimmt er gern an. Das lebensgroße Gemälde wird später in der Halle von Wahnfried seinen Platz finden. Jetzt liegt ihm in der Nähe Wagners an nichts mehr, als außerdem Entwürfe für den *Parsifal* anzufertigen. Für Wagner stand bei der ganzen Anlage des »Bühnenweihfestspiels« fest, daß die Bühnenbilder nicht bei den berufsmäßigen Dekorationsmalern der Münchner Hofburg in Auftrag gegeben werden können. Der »Enthusiasmus«, den er vor aller Kunstfertigkeit und dem Glanz der Stimme bei den Sängern wünscht, ist auch für den Bühnenbildner geboten. Darum ist Joukowsky für ihn der richtige Mann. In ihm hat er den ersten Szenenausstatter des *Parsifal* gefunden, der übrigens beinahe Arnold Böcklin geheißen hätte. Böcklin war bei seinem Aufenthalt in Neapel in der Villa Angri erschienen, hatte seine Karte abgegeben und wurde von Wagner empfangen. In seinem eigenen Bericht über diesen Besuch stellt er sein Widerstreben heraus, als Bühnenbildner für Wagner zu wirken, das sich auch von der werbenden Liebenswürdigkeit Cosimas nicht habe bezwingen lassen. Ein von Wagner und Böcklin zusammen in Bayreuth in Szene gesetzter *Parsifal* hätte auch von Wagners Gegnern nicht zwangsläufig als unpassend empfunden werden können.

24. ». . . nach der Verdammnis Quell zu schmachten!«

Geheimkorrespondenz mit Judith Gautier

»Doch, wer erkennt ihn klar und hell,
des einz'gen Heiles klaren Quell?
Oh, Elend, aller Rettung Flucht!
Oh, Weltenwahns Umnachten:
in höchsten Heiles heißer Sucht
nach der Verdammnis Quell zu schmachten!«

Parsifal, Zweiter Aufzug

Das erste Bayreuther Nibelungen-Fest hatte Begebenheiten gebracht, die von der feiernden oder bloß auf gesellschaftliche Repräsentation bedachten Festgemeinde unbemerkt geblieben waren. Zum zweiten *Ring*-Zyklus dem ja auch Nietzsche beiwohnte, war aus Paris Judith Gautier angereist. Die damals Sechsundzwanzigjährige gehörte nicht nur zum Kreis von Wagners französischen Freunden, sondern auch zum Kern seiner Propagandisten. Die Anfänge ihrer freundschaftlichen Beziehungen lagen schon einige Jahre zurück. Als Judith mit ihrem Mann Catulle Mendèz in Triebschen bei Wagner zu Gast weilte, war sie neunzehn und sollte bald darauf Zeugin der deprimierenden Vorgänge in München werden. Bei der entscheidenden Unterredung, die Wagner in seinem zeitweiligen Münchner Domizil mit dem Hofrat Düfflipp und Perfall hatte, wartete sie von der Straße aus auf den Ausgang und sah, wie Düfflipp in Schweiß gebadet zusammen mit dem Intendanten aus dem Hause kam. »Die beiden schienen mir«, so schreibt sie später, »Mienen von Banditen zu haben«. Sie steigt die Treppe hinauf und findet Wagner in einem Zustand unbeschreiblicher Erregung. Eine entschiedenere Parteigängerin Wagners als sie ließ sich kaum vorstellen.

Sie war denn auch in die privaten Verwicklungen von Cosimas Ehescheidungsangelegenheiten eingeweiht und galt als deren Vertraute. Als Liszt für einen Tag und eine Nacht nach Triebschen kam, verteidigte sie Cosimas Standpunkt gegen ihren betrübten Vater auf das entschlossenste. Sie gehörte übrigens zu dem kleinen Kreis der Teilnehmer an Wagners und Cosimas Hochzeit.

In ihren Memoiren hat sie später über die Begegnung mit Wagner und Cosima berichtet, und mag auch manches im trüber gewordenen Licht der Erinnerung verwischte Umrisse angenommen haben, so steht ihre Vertrauenswürdigkeit im Dienst der Wagnerschen Musik außer jedem Zweifel.

Dafür sprach schon ihre Vorgeschichte. Sie ist die Tochter des Schriftstellers Théophile Gautier, nimmt gegen die Vorliebe ihrer Familie für Rossini als Spielerin Bachscher Fugen den Standpunkt der »deutschen Musik« ein und erklärt jedem den Krieg, der ihr darin widerspricht. Aber ihrer Entschiedenheit in musikalischen Dingen gleich kommt ihre außerordentliche literarische Begabung, die ihr schon in ganz jungen Jahren Ansehen als Schriftstellerin und Stilistin vorzüglichen Rangs verschafft. So ausgefallen ihre Parteinahme für die deutsche Musik ist, so apart wirkt sie als Vertreterin der »orientalischen« Richtung der französischen Literatur. Sie ist angezogen vom Exotischen des »Morgenlands«, vom Schwül-Phantastischen Persiens und seiner Haremswelt oder was sie darunter versteht und kennt sich in den hier gepflegten Genüssen auf das allerbeste aus. Mit Catulle Mendèz heiratet sie den jungen Herausgeber der Pariser »Revue Fantaisiste« und zugleich einen Gesinnungsgenossen.

Die beiden Mendèz' hatten den Wagnerschen Entwicklungsgang von Paris aus genau verfolgt, galten als Gewährsleute für seine französischen Interessen und hatten es so nicht schwer, auch Wagners Aufmerksamkeit auf sich zu lenken. Bei einem Besuch in München 1865 verschafft Wagner Catulle, der ihn darauf angeschrieben hatte, Zugang zu den für Ludwig II. veranstalteten Privataufführungen im Residenztheater. In der Folge aber übernimmt Judith die Initiative, um die Beziehung weiter voranzutreiben. Sie hatte einige Aufsätze über Wagner verfaßt und tritt unter Beifügung der Manuskripte brieflich an ihn mit der Bitte heran, sie zu korrigieren. Wir kennen die Antwort Wagners aus Luzern, der sehr erfreut das Interesse der Briefschreiberin vermerkt und ihr Urteil lobt mit der einzigen Ausnahme: sie kenne noch nicht die *Meistersinger*. Wagners erster Brief an Judith Gautier ist auch insofern ein kaum vergleichbares Dokument, weil er eines der ganz seltenen Beispiele enthält, wo Wagner seine eigene Musik erklärt, wo er zeigt, wie er die »Motive« musikdramatisch »arbeiten« läßt. Seine eigene Deutung gilt dem Anfang des dritten Aktes:

»Das erste Motiv der Streichinstrumente freilich war zugleich mit der dritten Strophe des Schusterliedes bereits im zweiten Akt vernommen worden. Dort sprach es die Klage eines entsagenden Mannes aus, welcher der Welt ein heiteres, energisches Antlitz zuwendet. Eva hatte diese verhohlene Klage begriffen, und tief betrübt hatte sie fliehen wollen, um diesen anscheinend so frohen Gesang nicht mehr hören zu müssen.

Dieses Motiv erklingt jetzt allein und entfaltet seine Innigkeit, um endlich in entsagender Schwermut zu verhauchen: aber gleichzeitig lassen die Hörner wie aus weiter Ferne die feierliche Weise ertönen, mit der einst Hans Sachs Luther und die Reformation begrüßt hat, und die dem Dichter eine unvergleichliche Volkstümlichkeit eintrug.

Nach der ersten Strophe nehmen die Streichinstrumente sehr weich und in sehr verlangsamtem Tempo die Weise des wahren Schusterliedes auf, als ob der Mann von seiner Handwerksarbeit den Blick in die Höhe wendete, um sich in zarten, seligen Träumereien zu verlieren. In diesem Moment stimmen die Hörner mit kräftigerem Klange den Meistergesang an, mit dem dann Hans Sachs im dritten Aufzuge bei seinem Erscheinen auf der Festwiese vom ganzen Volk Nürnbergs in donnerdröhnendem Einklang aller Stimmen begrüßt werden wird.

Das erste Motiv aller Saiteninstrumente kehrt jetzt nochmals mit dem starken Ausdruck der heilsamen Erschütterung einer tiefbewegten Seele wieder. Das Motiv beruhigt sich, ebbt ab, erhebt sich zur höchsten Verklärung einer milden, seeligen Entsagung.«

Wagners Brief ist in einem Französisch gehalten, das von den Freunden inzwischen mit »besser als sehr gut« bezeichnet wird, sich allerdings einige Freiheiten herausnimmt, die aber gerade Judith später als gelungen empfindet. Was diesem Text der Eigeninterpretation fehlt, ist jeder Ansatz zu musikologischen Klugredereien. Es ist der gelungene Versuch, musikalisch-dichterische Vorgänge in eine einfache, jedermann verständliche Sprache umzusetzen. Offenbar muß der Schreiberin des vorausgegangenen Briefes, den wir nicht kennen, das »Wahn! Wahn! überall Wahn!« einige Verständnisschwierigkeiten bereitet haben, denn

Wagner erklärt ihr, daß er es nicht ins Französische übersetzen kann, auch nicht mit »folie! partout la folie!«, weil dies den Sinn von »Wahn« nicht wiedergibt, »der viel umfassender ist, indem er ebensosehr den Gegenstand der Narrheit ausdrückt als die Narrheit selber.«

Nach dieser Antwort Wagners sind die Beziehungen mit Judith zunächst einmal in Fluß gekommen. Die Antwort seiner leidenschaftlichen Anhängerin läßt denn auch gar nicht lang auf sich warten. Judith wünscht von Wagner nähere Angaben über die Zeit seines ersten Aufenthaltes in Frankreich. Sie möchte mit der Veröffentlichung eines Artikels darüber sein künftiges Auftreten in Paris vorbereiten. Hier spürt man, wie die Aktivitäten seiner Korrespondentin den Dingen vorausgehen. Denn Wagner hat nicht die Absicht, nach Paris zu kommen. Er will die Aufführung des *Rienzi,* die im »Théatre Lyrique« vorbereitet wird, gar nicht sehen, um von vornherein jeden Eindruck zu vermeiden, mit einem solchen Unternehmen irgend etwas zu tun zu haben. In seiner Antwort macht sich Wagner die Mühe, seinen Standpunkt sehr ausführlich darzulegen: Der *Rienzi* sei ja ursprünglich für Paris geschrieben worden, dort habe man ihn damals nicht gewollt. Inzwischen sei er über eine solche Musik längst hinaus und auch gar nicht mehr interessiert, durch irgendwelche Interventionen einem Werk wie diesem zum Erfolg zu verhelfen. Das Ganze seiner Argumentation läuft auf die alte Anschauung heraus, die Dinge sich selbst zu überlassen, um auf keinen Fall bei der Kritik irgendeiner persönlichen Nachhilfe wegen sich bedanken zu müssen. Im übrigen zweifelt Wagner nach wie vor daran, daß sich sein Werk in Frankreich »naturalisieren« lasse und macht die Empfängerin unumwunden mit seinem entschiedenen Selbstverständnis des »deutschen Künstlers« vertraut.

Die Anteilnahme Catulle Mendèz' war schon in München durch Wagners Sympathie erwidert worden, die Briefe von dessen Frau verraten ein Einfühlungsvermögen, wo Klugheit und ausgefallenstes Raffinement zusammengehen, so daß der nähere Umgang zum aufrichtigen beiderseitigen Wunsch wird. So erfolgt im Juli 1869 Wagners Einladung an Judith. Am Luzerner Bahnhof nimmt Wagner seine Gäste in Empfang. Der Besuch hat durch die exotische Eleganz des Ehepaars bei der einheimischen Bevölkerung, die durch die Sommergäste an einiges gewöhnt war, bald großes Aufsehen erregt. Catulle wurde zeitweilig für Ludwig II. gehalten, seine Frau für die Sängerin Adelina Patti, die gekommen war, um mit Wagner eine Opernpartie einzustudieren.

In Urteilen über Judith Mendèz fällt die Bewunderung ihrer körperlichen Vorzüge schwer ins Gewicht, von den Anflügen einer mediterranen

Üppigkeit geht bei der jungen Frau mit den braunen Haaren, den dunklen und etwas tiefen Augen eine erotische Ausstrahlung aus, gegen die Cosima eckiger, sparsamer, vergeistigter wirkt. Dazu ist sie die Französin, die sich wie keine andere – als Literatin – in Haremsgewohnheiten arabischer Scheiche oder türkischer Potentaten auskennt. Mit ihr zieht der Person gewordene Exotismus in die Wagnerwelt ein, erfolgt vom »Nordischen« des *Ring* eine Wendung zum Mittelmeerischen, zum »Süden« des *Parsifal*, eine Wendung, die übrigens auch im abtrünnigen Nietzsche vor sich geht, nur daß es eben der »Süden« der »Carmen« ist. Wo in aller Welt hätte sich Wagner im persönlichen Umgang bessere Kenntnis des »Orients«, seiner Magier und Blumenmädchen verschaffen können als bei Judith Gautier! Angesichts dieses Paares ist Wagner sofort bereit, seine Vorurteile gegenüber Franzosen zurückzustellen. Er wird sie bei geeigneter Gelegenheit freilich auch diese Freunde wieder spüren lassen. In Triebschen als Gäste in Wagners Haus und Garten mit der ansteigenden Wiese, die langsam in das Hochgebirge des Hintergrunds überzugehen scheint, sind sie sich des Privilegs bewußt, am Treiben auf der Insel der Seligen teilzunehmen. Die Mendèz' sind Zeugen, wie Wagner – er ist damals 57 Jahre alt – sich in seiner Ausgelassenheit nicht zurückhalten läßt, auf die Bäume zu steigen und in schwindelnder Höhe vor der erstarrten Cosima Turnübungen zu veranstalten. Als die Nachricht vom Deutsch-Französischen Krieg eintrifft, befinden sich Wagner und Cosima gerade in der Gesellschaft ihrer französischen Gäste, die beschließen, sofort am nächsten Tag die Rückreise nach Paris anzutreten, um allen möglichen Paßschwierigkeiten an der Grenze aus dem Wege zu gehen.

Das bedeutet – wie sich zeigen wird – für die Beziehungen zu Catulle Mendèz den Anfang vom Ende, für die zu Judith nur eine Unterbrechung. Was dazwischenliegt, ist die Scheidung des Literatenpaares. Hinzu kam allerdings, daß Wagner gerade in den letzten Tagen ihres Beisammenseins in der Schweiz seine Gäste mit patriotischen Gefühlen derartig traktierte, daß Villiers und Catulle Mendèz ihm dies nicht vergessen konnten und nur Judith, wie sie später schrieb, gerade deswegen von ihm angezogen wurde. Man braucht bloß die entsprechenden Tagebuchaufzeichnungen Cosimas aus den Juli- und Augusttagen von 1870 nachzulesen, um sich von Wagners massiven Angriffen gegen Frankreich und die Franzosen ein Bild zu machen. Seine Gäste waren schwer verletzt, mochten sie auch vielleicht hier und da selbst nicht zurückgesteckt haben. Den entscheidenden Schlag versetzte Wagner der Freundschaft mit Catulle Mendèz durch sein Lustspiel *Eine Kapitulation*, wo er seinen wenig freundlichen Gefühlen gegen Frankreich mit zweifelhaften Witzen freien Lauf läßt. Nicht nur der deutsche Sieg führt die volle Befriedigung des Meisters herbei, sondern auch die Mordlust der Pariser Aufständischen. Cosima wird notieren: »Übrigens, daß die Kommunisten wirklich ganz Paris in Brand stecken wollten, ist der eine grandiose Zug.« Die Nachrichten von den Pariser Abscheulichkeiten wecken bei Wagner wieder die Instinkte des alten Umstürzlers der Bakuninschen Richtung, beleben seinen Wunsch nach dem brennenden Paris. Es kann nicht verwundern, daß Catull Mendèz, der persönlich auch Cosimas volle Zuneigung besaß, bei aller Liebe zur Wagnerschen Musik später nicht mehr seine Nähe sucht. Es gibt zwar nach Beendigung des Kriegs einen Brief Wagners an das befreundete Ehepaar, aber es scheint die Korrespondenz doch sonst erheblich ins Stocken geraten zu sein.

Erkennbar wird die Wiederanknüpfung der alten Beziehungen erst mit der Ankunft Judiths in Bayreuth. Ihre Erscheinung ist wie immer aufsehenerregend. Wagner führt die blendend schöne Frau, die nach der Scheidung wieder ihren Mädchennamen angenommen hatte, durch das Festspielhaus, macht sie mit den Einrichtungen des Bühnenraums vertraut, erklärt ihr die Dekorationen und führt sie zum »mystischen Abgrund« des Orchestergrabens. Die Auszeichnungen, mit denen er die junge Pariserin bedenkt, sind nicht zu übersehen. War bisher Judiths Beziehung zu Cosima die vielleicht vertraulichere, so steht jetzt die Freundschaft mit Wagner im Vordergrund. Und weiter: Sie nimmt in den wenigen zur Verfügung stehenden Tagen Formen an, die es geboten erscheinen lassen, sie der Öffentlichkeit vorzuenthalten. Es kommt zu heimlichen Treffen. Wir wissen davon genau, weil Wagner in seinen späteren Briefen an Judith auf die »Küsse« anspielt, die hier ausgetauscht wurden. Es sind Schreiben unterschiedlichster Art, Zettel mit flüchtig hingeworfenen Sätzen, aber auch Briefe von kalligraphischer Sorgfalt. Wie weit die Intimitäten reichten, ist nicht ersichtlich. Judith soll später Männern gegenüber jede sexuelle Beziehung mit Wagner bestritten haben, während sie sich zu Frauen unklarer aussprach. Daran ist nichts auszusetzen. Sie wohnte damals in einem Bayreuther Privatquartier, wo sie offenbar auch Wagner zu Besuch hatte, und wo sich einiges nicht ganz nach den Wünschen des heimlichen Gastes abgespielt haben mochte. Die Klagen Wagners über ihre Grausamkeit ziehen sich in der einen oder anderen Form durch die erhaltenen, in ihrem »Aroma« unvergleichlichen Briefe. Oder sollte sie sich in Bayreuth entgegenkommender gezeigt haben und später nicht mehr daran erinnert werden wollen? Wagners Briefe sagen darüber nichts Genaueres.

Vor Cosima waren die Zusammenkünfte streng geheim zu halten. Hilfreiche Dienste leistete dabei Wagners Diener, der Judith nach ihrer Ankunft in Bayreuth zum Haus des Wohnungsgebers begleitet hatte.

An der Heftigkeit und Tiefe von Wagners Gefühlen gegenüber Judith Gautier können keine Zweifel bestehen. Der Alternde sieht aus der Sicherheit seiner Ehe mit Cosima in aller Bewußtheit, wie hier zum letzten Mal in seinem Leben eine Leidenschaft vulkanartig aufsteigt. Er überdenkt, legt sich Rechenschaft ab, stellt sogar Vergleiche mit Cosima an. So jedenfalls ist seine Klage zu verstehen, Judith Gautier zu spät in seinem Leben kennengelernt zu haben. Im Rückblick auf die erste Pariser Zeit und die Not des Flüchtlings, den das Elend durch die Straßen treibt, schreibt er: »Damals hätte ich Sie finden sollen!« Dahinter liegt die tief menschliche Frage, für die es keine Antwort gibt: Was wäre aus mir geworden, wenn dieser »Überfluß meines armen Lebens« mir eher zuteil geworden wäre? Eigentümlich bleibt, daß bei aller Erschütterung Wagners in diesen Wochen und Monaten an der jetzt bestehenden Ordnung seines Lebens, »das nun so gut befriedet und behütet ist, seitdem ich Cosima habe«, eben seiner Ehe, nicht gerüttelt wird. Judith Gautier hatte alle Gründe, sich abgesehen von einigen Unberechenbarkeiten, die zum menschlichen Fühlen gehören, auf nichts einzulassen. Es gibt nicht die geringste Spur, daß das von ihrer Seite aus auch je geschehen wäre. Selbst nach London, wohin Wagner sie dann einlädt, ist sie nicht gekommen, worüber er sich in einem Brief vom Mai 1877 sehr bekümmert ausspricht. In ihrer Leidenschaft für die Wagnersche Musik, die bis zur Kompromißlosigkeit reichte und auf Wagner als Künstler und Menschen übergriff, war Judith nicht zu übertreffen: Das tief erotische Moment, das zu ihrer Beziehung gehört, hat aber durch zwingende Umstände im gelebten Leben des Künstlers und seiner Bewunderin keine Chance, anders als durch die Musik verwirklicht zu werden.

So werden denn auch Wagners Klagen von der schönen, für seine Musik so empfänglichen Korrespondentin wohl gehört, aber nicht eigentlich angenommen. Leider sind ihre Antworten verlorengegangen. Man scheint hier zeitweise auf zwei verschiedenen Ebenen Briefe ausgetauscht zu haben. Wagners Beschwerden haben dabei noch zusätzlich reale Ursachen, nämlich die Bayreuther Festtage, »die für manche so erfreulich und für mich so unbefriedigend waren«. Für ihn ist diese Begegnung »ein letztes Geschenk der Götter, die mich nicht unter dem Gram des falschen Ruhms der ›Nibelungen‹-Aufführungen wollten erliegen lassen«.

Daß sie durch den Bayreuther Aufenthalt bei ihrem musikalischen

»Gott« selbst Mitwirkende in der Göttergeschichte geworden war, stand für Judith Gautier fest. Aber als Frau mit ihren honorigen Bedenken gegenüber Cosima hatte sie bald noch andere, sehr vernünftige Einwände und auch einen triftigen Grund, sich Wagners Werbungen zu erwehren. Er bestand darin, daß sie nach ihrer Rückkehr in Paris einem Musiker namens Benedictus begegnet war, der jetzt ihre Gunst genoß. Dieser Benedictus, den keine Musikgeschichte nennt, Judith aber offenbar für begabt hielt, beginnt eine Rolle in ihrem Briefwechsel zu spielen. Judith muß ihn erwähnt und Wagner offenbar gebeten haben, die Kompositionen ihres Freundes zu beurteilen. Wagner ist in eine peinliche Lage gebracht. Soll er – man stelle sich vor: der Verächter von Schumann und Brahms – die Kompositionen loben, was unmöglich ist, oder soll er sie ablehnen, was Judith verletzen würde. Es ist bei Wagner ein rührender Zwiespalt zu beobachten, wenn er vom »vortrefflichen Benedictus« spricht und sich durch nichtssagende Jovialitäten aus der Affäre zu ziehen versucht. Doch anscheinend hat Judith bald das Unangemessene ihrer Bitte eingesehen und auf die Begutachtung verzichtet. Wagner dankt mit der ausdrücklich für Benedictus bestimmten Sendung des *Siegfried-Idylls* dafür, daß man ihm dessen Musikmanuskripte nicht geschickt hat.

Übrigens drängen sich bald andere Themen vor, die Wagner mehr am Herzen liegen und mit denen er sich auf sehr sublimierte Weise für den ausbleibenden erotischen Genuß entschädigt. Die Liebesbeteuerungen waren in einen Katalog Pariser Galanteriewaren übergegangen, um deren Zusendung er die ferne Geliebte bittet. Zunächst handelt es sich um ein Parfüm-Geschenk zum Geburtstag für Cosimas Tochter Daniela. Zweiundsechzig Franken werden per Postanweisung im voraus bezahlt, und es ergeht die Bitte an Judith:

»Duft nach Ihrem Geschmack, aber so recht nach Ihrem Geschmack, und vielleicht legen Sie etwa ein halbes Dutzend Papiersachets bei, damit ich sie zwischen meine eigene Morgenwäsche stecken kann, so verschaffe ich mir eine innige Beziehung zu Ihnen, sobald ich mich ans Klavier setze, um die Musik zu ›Parsifal‹ zu komponieren.«

Die Geheimadresse ist beigefügt und besteht mit »Herrn Bernhard Schnappauf, Heilgehilfe, Ochsengasse, Bayreuth« aus niemand anderem als Wagners altem Faktotum. Hier drängen sich geradezu wichtige materielle Elemente bei der Arbeit am »Bühnenweihfestspiel« zusammen: Von Judith Gautier eigens ausgewählte Pariser Düfte, die aufsteigen und jene Inspiration steigern, die Wagner jetzt bei der Arbeit braucht. Aber nicht nur das! Der Wunschzettel wird ständig erweitert: Für die Chaiselongue eine »ganz unerhörte Decke«, ein »Seidenstoff« – gelbes Satin, mit Gewinden von Blüten bestreut. Gibt es kein »Gelb«, dann »lichtes Blau«, eventuell auf weißem Grund und sechs Meter davon? Sind die Bestellungen ausgeführt und die Sendungen eingetroffen, werden neue Wünsche nachgereicht. Da geht es um Handschuhe nach festgelegtem Modell, dreißig Meter Satin nach beigegebenem Muster, wobei die Schattierung des »Rosa« in Judiths Belieben gestellt ist, möglichst »blaß«. Des weiteren neue Parfüms nach dem Geschmack seiner Pariser Beauftragten: »Exquisite« von Rimmel oder »Rose«, dann »aber stark«, Essenzen fürs Bad und Cold Creams! Besonders nachdrücklich und mit der Erklärung, das Fläschchen solle nicht beschädigt werden, erbittet er einen Parfümzerstäuber. Für Bengal-Rosenpuder gibt es als Gegengabe etwas vom ersten Akt des *Parsifal*: »Sie bekommen sogleich ein Pröbchen.«

Wagners Bestellungen bewegen sich zwischen genau einzuhaltenden Anweisungen und größtmöglicher Freiheit für seine in diesen Dingen sehr erfahrene Vertraute. Er möchte bestimmte Vorstellungen an Material, Farbe usw. befolgt sehen und gleichzeitig die Eigenheiten und die Phantasie der Pariser Freundin erfahren, denen er in den Gegenständen und Düften begegnet. Aber er hat dafür etwas anzubieten:

»Ja die Musik zu ›Parsifal‹ kommt aufs Tapet«, schreibt er an Judith. »Ich konnte nicht mehr existieren, ohne mich in ein solches Unternehmen zu stürzen. Helfen Sie mir!«

Die Zusammengehörigkeit der Arbeit am »Bühnenweihfestspiel« mit neuem Sakralcharakter und den Pariser Sendungen von Duft und Seidenstoffen ist eklatant. Wenn er sie ausdrücklich »für die guten Vormittage mit Parsifal« wünscht, kann er des Verständnisses bei Judith, die die Kritik den »Walter Scott des Orients« genannt hat, sicher sein.

Hier schien sich auch für sie mitten in Europa die Welt aufzutun, die sie suchte. Früher Anstoß, die Nähe Wagners zu suchen, waren für Judith Gautier die vielen Gerüchte gewesen, die sich mit seinem Namen verbanden. Da gab es die Geschichte, daß Wagner einen Serail mit vielen Frauen aus den verschiedensten fremden Ländern unterhielt, zu dem naturgemäß der Zugang verboten sei. Ohne daß sie es eigentlich gewollt hätte, war sie plötzlich selbst unter die »Blumenmädchen« in Klingsors Garten geraten, eine verführerische Giftpflanze im Garten des Magiers. Wir bewegen uns dabei keineswegs von den wirklichen Verhältnissen weg, in denen der Bayreuther Wagner sich jetzt befand und die besonders seine Gegner auf phantastische Weise ausstaffierten. Danach wird die neuklassizistische Fassade von Wahnfried die Orgien verbergen, die sich hinter ihr abspielen. Das war falsch und hatte doch auch einiges für sich. Es mochte hier zwar Cosimas umsichtiges Auge regieren, aber mit der Arbeit am *Parsifal* feiert Wagner unter Zuhilfenahme knisternder Brokate mit ausgewählten Farben und erregendsten Gerüchen ein Bacchanal, das seinesgleichen nicht kennt. Es gibt auch hier wieder den Zeugen, der ein Auge für diese Vorgänge hat, sie geradezu in sich einsaugt, um später mit ihnen hervorzutreten. An den gleichen vier *Ring*-Abenden und Empfängen in Wahnfried wie Judith Gautier nimmt Friedrich Nietzsche teil. Er sieht die geheimen Verbindungen, die hier eingegangen werden, und glaubt zu bemerken, daß die eigentlichen Anhänger der Wagnerschen Musik nicht mehr in Deutschland zu finden sind, sondern da, wo die Luft der décadence am dünnsten ist: in Paris und Petersburg. Darin lag eine Anspielung auf Wagners verstorbene Freundin Muchanoff, geborene Kalergis, deren Anhang aus der russischen Hauptstadt gekommen war und die in der gleichen Festspielwoche Wagners besondere Auszeichnung erfährt.

Die Wagnerschen Briefe machen allen Augen klar: Aus diesen ihm zugeschickten Pariser Toilettenartikeln, die wie Narkotika auf ihn wirken, schöpft er Phantasie, mit ihr baut er das »Montsalvat« des *Parsifal* auf, die ins »Südliche« hineinverlegte Götterburg des »arabischen Spanien«. Wie hieß es in einem seiner Briefe an Judith Gautier mit ihren orientalischen Visionen?

»Aber nochmals, seien Sie verschwenderisch, vor allem in der Qualität der Badeessenzen, etwa bei den Ambrasorten usw. Ich habe die Badewanne unterhalb meines Ateliers und habe es gern, wenn Düfte aufsteigen.«

Aber mit Sätzen wie diesen wird es schnell sein Bewenden haben. Wir werden bald Zeuge, wie dieses »Stück harmlos-unheimlicher Künstlerpathologie«, um mit Thomas Mann zu reden, sich langsam im größer werdenden Werk aufzulösen beginnt. Tiefer gehende Gemeinsamkeiten bei Wagner und Judith gibt es nicht. Es gibt kein Verständnis in der Art wie bei Mathilde Wesendonk und Cosima. Angezogen hatte ihn bei Judith Gautier vor allem das luxuriöse Air, das sie verbreitet und das ihm in dieser Weise vergleichbar nirgendwo begegnet war. Insofern lag in dieser jahrelang und ohne Schatten bestehenden Beziehung immer etwas Unwirkliches. Judith war ihren sicheren Instinkten gefolgt, wenn sie Wagners Wünschen nicht nachgegeben hatte.

Die Intensität Wagners in der Sache läßt denn auch bald nach. Er gibt zwar noch einige Kommissionen nach Paris, aber tritt die weitere Erledigung an seine neue Bevollmächtigte ab:

»Ich habe Cosima gebeten, sich von nun an mit Ihren Pariser Besorgungen zu befassen ... Seien Sie lieb zu Cosima: Schreiben Sie ihr gut und ausführlich. Ich erfahre dann alles.«

Wir kennen die Gründe zum Verzicht auf Wagners persönliche Weiterführung der Korrespondenz nicht. Seine Angabe, daß ihm die Zeit fehlt, ist allerdings glaubhaft. Cosima hatte sich in der Angelegenheit zurückgehalten. Unbemerkt konnten ihr die zeitweise sehr heftigen Gefühle Wagners für Judith nicht geblieben sein, aber sie durfte die Gewißheit haben, daß dieser Beziehung für die Dauer jeder Boden fehlte. So war es am Ende völlig in der Ordnung, daß sie im Auftrag Wagners mit Judith die Verbindung aufrechterhält und damit zugleich auch Sorge trägt, daß der Warenfluß nicht ins Stocken gerät. In dem Augenblick, wo die Korrespondenz zwischen Wagner und Judith Gautier ihren Geheimcharakter verliert, verliert sie ihren eigentlichen Gegenstand und bricht ab.

Wagners Briefe an die Pariser Empfängerin hören – wenn nicht alles täuscht – in den ersten Monaten des Jahres 1878 auf. Die Arbeit am *Parsifal* nimmt ihn ganz gefangen. Im Herbst 1881 kommt Judith nach Wahnfried. Der Eindruck, den sie macht, ist wie immer fesselnd und hinreißend. Liszt, der ebenfalls in Bayreuth weilt, schreibt an die Fürstin Sayn-Wittgenstein: »Mme Judith Gautier ist zu Besuch hier und schwebt in himmlischen Entzückungen.«

Im folgenden Jahr 1882 ist sie wieder in Bayreuth, diesmal, um den Aufführungen des *Parsifal* für das »Patronat« beizuwohnen. Sie hatte nicht unrecht, wie wir jetzt genau wissen, den *Parsifal* auch als »ihr« Werk zu sehen und kann sich berufen fühlen, den Franzosen Wagner als Musiker und Dichter nahezubringen. Sicher war niemand besser geeignet, den *Parsifal* ins Französische zu übersetzen. Daß sie von Dichtung etwas verstand, wird man ihr, die in der Luft des »Parnasse« großgeworden ist, wohl zugestehen müssen. Zum Briefwechsel hat es nach ihrer Abreise aus Bayreuth keine Gelegenheit mehr gegeben.

Judith Gautier sollte diesen letzten Sommer Wagners noch um fünfunddreißig Jahre überleben. Sie starb in Paris in der Rue Helder, wo ihre größte Sorge ihrem japanischen Hund und ihrer Siamkatze galt; und Wagner, über den sie einige Schriften verfaßte, der immer neu umkreiste Gegenstand ihrer Erinnerungen war.

25. ». . . doch kroch nie der Fisch aus der Kröte!«

Gobineau oder »Die Ungleichheit der menschlichen Rassen«

»Da sah ich denn auch
mein eigen Bild: –
ganz anders als du
dünkt ich mir da;
so glich wohl der Kröte
der glänzende Fisch,
doch kroch nie der Fisch aus der Kröte!«

Siegfried, Erster Aufzug

Wagner war »Schopenhauerianer« gewesen, lange bevor in Zürich der Freund Herwegh ihn auf »Die Welt als Wille und Vorstellung« hingewiesen hatte. Schon auf den ersten Seiten findet er seine eigenen Gedanken in ein philosophisches System gebracht. Niemals sei über das Wesen der Musik klarer gesprochen worden als bei Schopenhauer, bemerkt er und wird sich in seinen eigenen Auslassungen zur Musik von diesem Schopenhauerschen Ausgang später in keinem Augenblick mehr entfernen. Als er zu Beginn der achtziger Jahre Gobineaus Buch »Über die Ungleichheit der menschlichen Rassen« liest, hat er das Gefühl, hier auf einen Gleichgesinnten zu treffen. Er begegnet darin dem Terminus »Rasse«, den er vor der Lektüre des vierbändigen Werks schon in seinem Aufsatz *Was nützt diese Erkenntnis?* gebraucht hatte. Wohl kennt er Gobineaus Buch über die Renaissance und schätzt ganz besonders seine »Asiatischen Novellen«, von denen er einige in Wahnfried einem kleinen Familien- und Besucherkreise vorgelesen hatte. Die Lektüre des Rassenbuchs verzögert sich. Denn als er es sich vornehmen will, muß er feststellen, daß es im Buchhandel nicht erhältlich ist. Es war vor einem Vierteljahrhundert erschienen, dann aber, wohl auch seines Umfangs wegen, über den er später erschrickt, nur schlecht verkauft worden und verschollen. Um es zu bekommen, muß er sich an den Verfasser selber wenden, der ihm sein letztes eigenes Exemplar leihweise zur Verfügung stellt.

Mit dem Gedanken vom fortschreitenden Kulturverfall hatte Gobineau Wagners besonderes Interesse erweckt. Das war – gerade im Blick auf die Musik – eine Grundanschauung Wagners schon in seinen frühen Schriften gewesen. Auch Schopenhauer hatte besonders durch sein Mißtrauen in jede Art eines landläufigen Fortschrittsverständnisses auf Wagner gewirkt. Es steht mit der Menschheit nicht zum Besten, und alle von Politikern, Philosophen und Demagogen gehegten Zukunftserwartungen sind reine Schaumgebilde, die sich angesichts der unerbittlichen Wirklichkeit von selber auflösen. Nach Schopenhauer liegt in der ansteigenden Zahl der Menschen das Bedrohliche. Eine wachsende Menschheit bedeutet wachsendes Leiden, weil jede menschliche Einzelexistenz an sich schon mit Leiden verbunden ist. Mit der Vermehrung der Menschheit aber geht nach Schopenhauer eine Verschlechterung des Blutes zusammen, sie ist deren Folge und zugleich Ursache für den weiteren Ruin der Kultur.

Das fügte sich bei Schopenhauer mühelos ins Systemganze. Von einer ausgebildeten Rassenlehre in seinem Denken ließ sich nicht sprechen. Erst bei Gobineau, der im philosophischen Niveau weit unter Schopenhauer lag, werden die Fragen des Bluts radikaler angepackt, ist vor allem mit der Möglichkeit gerechnet, daß die Menschheit sich ihrem Ende zubewegt. In einer kurzen Einleitung zu dem kleinen Artikel, den Gobineau unter dem Titel »Ein Urteil über die jetzige Weltlage« für die »Bayreuther Blätter« im Jahre 1881 veröffentlicht, stellt Wagner den Autor wie seine Sache sehr einprägsam vor:

»Den Grafen Gobineau, der aus fernen Wanderungen durch die Gebiete der Völker müde und erkenntnisbelastet heimkehrte, frugen wir, was er vom jetzigen Zustand der Welt halte; seine Antwort teilen wir heute unseren Lesern mit. Auch er blickte in ein Inneres: er prüfte das Blut in den Adern der heutigen Menschheit und mußte es unheilbar verdorben finden.«

Als Künstler und philosophischer Schriftsteller ist Wagner von Gobineaus Rassenvorstellungen bis dahin völlig unabhängig. Er lernt sie eigentlich erst mit der Lektüre des Rassenbuches kennen, sieht allerdings hier eine gewisse sehr bedeutende Übereinstimmung. Gobineaus Leitidee war der Gedanke, daß im Römischen Reich die Germanen und nicht die mittelmeerischen Völker das eigentlich biologisch wertvolle Element und damit auch das für den Fortbestand der Kultur entscheidende waren. Gobineau hat nicht gezögert, als Franzose daraus unbarmherzig die Folgerung für Frankreich zu ziehen mit einem – wie sich leicht verstehen läßt – verheerenden Fazit, wodurch er sich im eigenen Lande in fast völlige Isolation brachte. Das »Blut«, auf das es ankommt, fließe bei den Franzosen in den Adern der germanischen Nachkommen, mit dem rassischen Material der übrigen sei es durch beständige Rassenvermischung nicht zum Besten bestellt. Das wurde nicht gern gehört und hat nicht nur wegen der etwas krausen Beweisführung fast alles gegen sich. Wagner hat bekanntlich methodische Mängel Gobineaus sehr wohl erkannt, das Weitschweifige erschreckt ihn, aber immerhin sei das Werk durch die eigenen Gedanken des Verfassers so umfangreich geworden und nicht, wie bei den »deutschen Professoren«, durch die mit Fleiß zusammengestellten Fußnoten.

Aus der Verschiedenheit der menschlichen Rassen bei Schopenhauer und Darwin war bei Gobineau die »Ungleichheit« geworden. Das war die These eines französischen Aristokraten, der mit der égalité der Revolution nicht viel im Sinn hatte. Aber gerade diese »Ungleichheit« kommt Wagners Ansichten seiner Altersjahre nahe, bestätigt seine eigene Künstlererfahrung, die ihn von der Demokratie weg und auf die Seite ihrer Verächter zieht. Das empfielt ihm, jetzt die Bundesgenossenschaft Gobineaus anzunehmen, was so weit reicht, daß er in ihm den einzig gleichwertigen unter den Zeitgenossen überhaupt sieht. Gobineau bekräftigt Wagners Aufspaltung der Menschen in die »Heroen« wie Wotan, Siegmund, Siegfried und die »Nicker« wie Alberich, Loge, Mime, die in der Darstellung herkömmlicherweise mit gestenreicher Gewandtheit und dem Falsett in der Stimme gegeben werden. Die schwere wuchtige Gebärde des Helden, der zwar auch launisch und tükkisch sein kann, aber als einzige Waffen Schwert und Speer kennt, im Gegensatz dazu der listige Wicht, der mit heimlichen Fallstricken seine Widersacher zur Strecke bringt! Als Wagner jetzt, nachdem der *Ring* fertig ist und schon in Bayreuth aufgeführt worden war, Gobineau liest, sieht er seine Unterscheidung der Menschenarten gerechtfertigt. Mime, der den elternlosen Siegfried großgezogen hatte, konnte nicht dessen

Vater sein. Wenn Hagen später die hinterlistige Mordtat ausführt, dann darum, weil er der Sohn Alberichs ist. Hier heldisches Germanentum der reinsten Blüte, dort Vermischung mit dunklen Blutskräften!

Das mag heute nicht mehr plausibel erscheinen und auch sehr befremdlich wirken; aber diese Unterscheidung, die er bei Gobineau von der ganz anderen Sicht des Völkerkundlers getroffen sieht und durch die er sich bestätigt findet, führt in die eigentliche Wagnerwelt seit dem *Lohengrin* erst ein. War auch der Widerstand gegen Wagner keineswegs gering, sondern, wie wir wissen, heftig, so kommen die Grundtendenzen dieser Ansichten der eigentlichen Interessenlage großer Teile des deutschen Bürgertums sehr gelegen. Hier hat es nach dem Sieg über Frankreich etwas, das sein neugewonnenes Selbstbewußtsein untermauert. In ihm stecken noch unentdeckte Möglichkeiten, wie die Zukunft erst zeigen soll. Vor allem: Hier waren die eigentlichen Kräfte beim Namen genannt, denen die Zerstörung der Kultur zuzuschreiben ist.

»Wir erkennen den Grund des Verfalls der historischen Menschheit, sowie die Notwendigkeit einer Regeneration derselben; wir glauben an die Möglichkeit dieser Regeneration und widmen uns ihrer Durchführung in jedem Sinne.«

So lautet der Lehrsatz am Ende von Wagners ganz im Gobineauschen Geist gehaltenen kleinen Schrift *Erkenne dich selbst* aus dem Jahre 1881. Hier war das Geheimnis gelüftet: Schuld an allem ist die Blutvermischung mit den Folgen immer weiterer Verschlechterung der Substanz. Wer den Gedanken läppisch findet, sollte ihn nicht für ungefährlich halten. Im Gegenteil: Fünfzig Jahre später tritt der Terror hervor, der in seinem Kern angelegt ist.

Die Unterscheidung der Menschheit in rassische Gruppen war eine ethnologische Grundtatsache, über die es nichts zu streiten gab. Hatte die Biologie im neunzehnten Jahrhundert sich durch Darwin zu einer exakten Wissenschaft entwickelt, die den Siegeszug der Naturwissenschaften überhaupt mitbegründen half, mußten die Darwinschen Gesetze von der »Auslese der Arten« sich auch auf die Nachbardisziplinen auswirken. Huxley in England, Claude Bernard in Frankreich, Ernst Haeckel in Deutschland, die Schule des »Naturalismus«, die in Frankreich ihren Ausgang nahm und bis nach Rußland hinüberreichte, Zola mit Tolstoi, die Gebrüder Goncourt mit Gerhart Hauptmann verband: Der Gedanke der Abstammung bestimmte sie alle, er war das beherrschende Thema der Wissenschaft, der Philosophie, der Literatur. Gobineau hatte aus eigenen völkerkundlichen Beobachtungen sehr früh Konsequenzen gezogen mit dem Grundverhalt, daß sich bestimmte Arten stammverwandter

Menschen – Rassen – unter gewissen Bedingungen voneinander absondern, unter gewissen Bedingungen miteinander vermischen. Die Blutmischung über Jahrtausende hinweg wird von ihm als Übel, als ein Verlust der alten, in der Natur liegenden Ordnung eingeschätzt. Hier findet die alte Menschheitsfrage nach den Ursachen des Elends in der Welt eine neue Antwort.

Das war eine Diagnose der Menschheitsmisere, die weiter nachzuweisen auch gegenüber den Gegnern dieser Anschauungen nicht notwendig war, weil sie den Sozialisten durch den vorherrschenden Kapitalismus ohnehin feststand. Wir wissen, wie genau Wagner sich insbesondere im französischen Frühsozialismus auskannte. Daß das »Eigentum« für den Menschen zerstörerische Folgen hatte, war für ihn ausgemachte Sache und wird es bleiben. Die ursprüngliche Konzeption seiner Nibelungen-Tragödie, *Siegfrieds Tod*, ist frühsozialistisch-eigentumsfeindlich. In der fast fünfundzwanzig Jahre sich hinziehenden Arbeit am *Ring* war aus der Siegfriedtragödie eine Wotanstragödie als ein Zerbrechen des Weltalls, allerdings mit variiertem Schluß, geworden, und aus Wagner jener Patriarch, der in Wahnfried seines Amtes waltete. Er gehört, wie Gobineau bei seinem Besuch in Bayreuth sagt, zu den Menschen, die noch »von den Göttern abstammten«. Das bedeutete zugleich Bestätigung der Einzigartigkeit von Person und Auftrag, die sich mit den frühsozialistischen Anschauungen nicht mehr vertrug und aus den von ihm herausgegebenen »Bayreuther Blättern« das Sprachrohr für die Proklamierung einer auf Aussonderung beruhenden Elite machte. Wagners politisches Programm von 1881 besagt jetzt – daran gibt es keinen Zweifel – Rückläufigkeit der Geschichte, ihr Verlauf muß in genau umgekehrter Richtung wie bisher weitergehen: Statt der Degeneration durch Blutmischung hat die Regeneration durch neu vorzunehmende Auslese stattzufinden. Das gab Sinn nur nach darwinistisch-biologischen Vorstellungen.

Nicht daß Wagner diese Wendung irgendwie von außen aufgeredet worden wäre! Aber sie erhält feste Stützen durch Cosima, die das Geniebewußtsein ins Kultische hinaufsteigert und allen Egalitätsgefühlen des alten Demokraten ein Ende bereiten hilft. Mit Cosima und dem Grafen Gobineau hält der Geist der französischen Gegenrevolution Einzug in Bayreuth und räumt hier die Widerstände hinweg. Es ist ein ganz eigentümliches Schauspiel, wie bei Gobineaus Besuchen in Bayreuth Wagner und sein Gast, ein alter, einsamer, leidender Mann, ein ausgedienter, resignierter Diplomat, Zwiesprache halten. Nicht daß hier völlige Übereinkunft ihrer Ideen bestünde! So ist Gobineau gegen das Christentum als eine »Religion der Armen am Geist«, während der Wagner des *Parsi-*

fal im Christentum jetzt das Element der »Erlösung« wahrnimmt, das ihm über alles geht und das er in einem neuen Werk, den *Siegern,* auf buddhistische Weise beschwören will. Gobineau hängt noch den germanischen Göttern an, die in der Normandie von Priestern im katholischen Gottesdienst kultisch verehrt werden. Frankreich, so klagt Gobineau über seine geschlagene Nation, sei dem Verfall preisgegeben. Für diese These, die bis weit ins zwanzigste Jahrhundert hineinwirken wird und immer wieder auflebt, ist Gobineau wie kaum ein anderer Gewährsmann und Wegbereiter. Auf die mittelmeerische Welt ist keine Hoffnung zu setzen, sie ist zu alt und durch die Rassenmischung zu verdorben: »Die Germanen waren die letzte Karte, welche die Natur auszuspielen hatte.« Wagners Antwort darauf: »›Parsifal‹ ist meine letzte Karte.«

In diesen Ansichten eines müden Greises und eines Künstlers auf der höchsten und letzten Stufe seiner Kunst hatten sich Züge der Resignation angesichts der näheren Zukunft Europas vereint. Aber die Hoffnungslosigkeit griff ja nicht an den Dingen vorbei, sie entsprang der Endzeitstimmung, die in den achtziger und neunziger Jahren aufkam. Hier verbreitet sich die Ahnung einer großen, für das kommende Jahrhundert vorausgesagten Wende. Gobineau ist es, der Wagners Rassedenken die entscheidende theoretische Zuspitzung gibt. Man muß sich in Erinnerung bringen: Wagner war in der ersten Auflage seiner Schrift über das *Judentum in der Musik* kein konsequenter Rassentheoretiker gewesen. Die erweiterte Fassung enthielt zwar Verschärfungen, gab aber im Grunde auch nur in der breiten Öffentlichkeit geltende Anschauungen des christlichen Bürgertums wieder und hielt sich sehr wohl an das Thema, das sich auf die Musik beschränkte. Es fand sich hier nichts von der Grundsätzlichkeit, mit der der französische Ethnologe die Juden in die Vorgänge der Rassenvermischung von der alten Welt bis zur Entwicklung der modernen europäischen Großstädte einbezog und gerade sie zum eigentlich fermentierenden Element machte. Das war nicht ernst genug zu nehmen. Gobineau hält gerade die sogenannte romanische Welt für ungeeignet, den Juden Widerstand entgegenzusetzen, weil sich der hier vorherrschende Menschentypus im Erscheinungsbild nicht immer deutlich von ihnen unterscheidet, klare Grenzen selten überzeugend sichtbar zu machen sind.

Das ging weit über das hinaus, was Wagner bis dahin zur Sache geschrieben oder gesagt hatte. Der Jude galt ihm bis dahin für veränderbar. Legt er sein Judentum ab wie Ludwig Börne, ist der Fall erledigt. Dem Kapellmeister Levi empfiehlt er wiederholt die Taufe, um ihn für Vorstellungen des »christlichen« Staates annehmbar zu machen. Natürlich blieben hier unaufgeklärte Zwischentöne, aber sie waren nie von der grundsätzlichen Art wie bei Gobineau. Wagner war Musiker und Dichter, kein Naturwissenschaftler und Völkerkundler. Es sind die Lektüre von Gobineaus Rassenbuch, der persönliche Umgang mit dem französischen Grafen bei seinen beiden Besuchen im Hause Wahnfried und auf den Spaziergängen in der Umgebung von Bayreuth, die Wagner für entschiedene Gedankengänge aufgeschlossen zeigen. Seine Zuwendung zu den Religionen, deren historische Formen er als Tragiker für den Untergang der griechischen Antike verantwortlich gemacht hatte, wird jetzt von der Zuwendung zum »Blut« als dem, was eigentlich gilt, in Anspruch genommen.

Wenn im Hause Wahnfried nicht nur über die alte Welt zu Gericht gesessen, sondern zugleich über den Weg, den die neue Welt bei ihrer Begründung einzuschlagen habe, vorverhandelt wurde, dann war das alles sehr ernsthaft in Betracht zu ziehen. Wie weit man heute noch über diese Zusammenhänge im dunklen sich bewegt, zeigt die Verharmlosung an, mit der man Wagner auf den Begriff »Antisemit« reduziert. Als gerade in diesen Monaten Angelo Neumann, Direktor des Berliner Victoria-Theaters, die Vorbereitung einer vollständigen *Ring*-Aufführung ins Auge faßt und ihm dazu eine Erklärung abnötigt, antwortet Wagner:

»Der gegenwärtigen ›antisemitischen Bewegung‹ stehe ich vollständig fern: ein nächstens von mir in den ›Bayreuther Blättern‹ erscheinender Aufsatz wird dies in einer Weise bekunden, daß Geistvollen es sogar unmöglich werden dürfte, mich mit jener Bewegung in Beziehung zu bringen.«

Nein, dem »Antisemitismus«, ein Wort, dem übrigens völlige Unklarheit anhaftet, ließen sich vielleicht wirtschaftlich bedrohte Handwerker, vom Zins ruinierte Bauern, lutherische Pastoren, Teile des katholischen Klerus und des Kleinbürgertums in Wien und anderswo zurechnen: der Komponist des *Tristan* und des *Parsifal* jedenfalls nicht. So harmlos, Anhänger einer der unzähligen Bewegungen des neunzehnten Jahrhunderts zu sein, war er nicht.

Von Gobineau war Wagner in bestimmten eigenen völker-biologischen Ansichten befestigt worden. Der Aufsatz über *Heldentum und Christentum* ist ausdrücklich verfaßt, um im Anschluß an die mit Gobineau in Bayreuth geführten Gespräche sich über seine neuen Einsichten Rechenschaft abzulegen. Die Schrift zeigt, wo er Gobineau annimmt und wo er von ihm abweicht. Der rein biologische Rassegedanke Gobineaus wird vom Komponisten des *Parsifal* durch das Verständnis für das »Christliche« abgeschwächt, aber die Kirche, die Wagner im Auge hat, tritt im Mittelalter selbst – und zwar in fragwürdiger Weise – biologisch aussondernd auf, indem von ihr »nur vollkommen gesunde und kräftige Individuen zu dem Gelübde gänzlicher Weltentsagung zugelassen wurden.« Hier war, wie immer bei Wagner, das Weltzentrum von einander entgegengesetzten Enden angegangen. Die Welt beruht auf ihren Widersprüchen, die Wagner nur musikalisch auflöst. In seinen kulturphilosophischen Schriften bestehen sie weiter und werden – wie sich noch zeigen wird – zu Elementen der Disharmonie. Die katholische Kirche des Mittelalters ist demnach selbst immer ein Institut, das für den Aufbau der eigenen Hierarchie nach der »Auswahl der Arten« im Sinne Darwins verfährt, deren Botschaft aber »aus dem Schoße der ungemein mannigfaltigen Rassenvermischung hervorgegangen« war. Die »römisch-katholische Kirche« ist geradezu das »Eigentum« dieser Mischrasse, ihr Klerus, der zu seiner Erhaltung sich aus den biologisch starken Naturen rekrutiert, wird das fortschreitende Elend, das aus dem Verderben der Rassenvermischung hervorgeht, als seinen großen Erfolg verbuchen.

Kein Zweifel: Hier ist Schopenhauer mit Gobineau verbunden, und auch Feuerbach meldet sich wieder. In den Hintergrund gerückt war hier der »Arier« Gobineaus, in dem Wagner den vorherrschenden Typus der aus Zentralasien nach Westen wandernden indogermanischen Völker wiederentdeckt. Als Verfasser des Dresdner Aufsatzes über die *Wibelungen* fühlt er sich bestätigt. Gobineau bekräftigt ihm, daß in den Vorgängen immer weiter um sich greifender Rassenvermischung der »Arier« als der zum »Heldentum« und dem eigentlichen Kulturaufbau befähigte Typus auf die Leidensseite geraten sei.

Damit war genug gesagt. Es bedurfte nur noch einiger Anstöße, um die bürgerliche Welt in Deutschland aufhorchen zu lassen, sie für solche Vorstellungen empfänglich zu machen, Überlebensängste bei ihr auszulösen. Damit werden – wie sich zeigen sollte – die Dinge in Gang gesetzt.

26. ». . . durchzückt von seligsten Genusses Schmerz«

Vorbereitungen zum Sterben

»Des Weihgefäßes göttlicher Gehalt
erglüht mit leuchtender Gewalt;
durchzückt von seligsten Genusses Schmerz,
des heiligsten Blutes Quell
fühl' ich sich gießen in mein Herz:
des eig'nen sündigen Blutes Gewell
in wahnsinniger Flucht
muß mir zurück dann fließen,
in die Welt der Sündensucht
mit wilder Scheu sich ergießen;«

Parsifal, Erster Aufzug

Der siebenmonatige Aufenthalt in Neapel zur Wiederherstellung seiner Gesundheit sollte zugleich ein letztes Ausruhen vor dem Abschluß des *Parsifal* sein. Er zeigt gerade wieder als Unterbrechung der eigentlichen kompositorischen Vorgänge, wie auch in solchen längeren Pausen die Arbeit unsichtbar weitergeht und die Einfälle dann später rasch zu Papier gebracht werden können. Wagners eigentliche Beschäftigung während dieser Monate war die Niederschrift der Abhandlung über *Religion und Kunst* gewesen. Dieser Aufsatz sollte Endgültiges und Abschließendes sagen, sollte sein kunstphilosophisches Testament sein. In seinen Erwartungen, die er in die Seebäder von Neapel gesetzt hatte, war er enttäuscht worden. Das Klima selbst wurde von ihm als wohltuend empfunden, aber eine Linderung seiner Unterleibsbeschwerden war nicht erfolgt, im Gegenteil: Er hat plötzlich das Gefühl, daß ein weiterer Aufenthalt sich nachteilig auf seine Gesundheit auswirken würde. Und so ist sein Entschluß, Neapel zu verlassen, schnell gefaßt. Am 7. August reist er mit der Familie ab. Joukowsky ist zurückgeblieben und beauftragt, alle mit der Haushaltsauflösung verbundenen Dinge zu regeln.

Es war auch das Bedürfnis nach Luftveränderung, das ihn so plötzlich von Neapel wegtreibt. Dahinter steckt eine heimliche Unruhe, denn sein Umherreisen durch Italien, zunächst nach dem ungeliebten Rom, dann nach Florenz und weiter nach Pistoja, hat Züge einer gewissen Ratlosigkeit, vor allem wenn man bedenkt, daß er gerade jetzt auf der Rückfahrt nach Bayreuth mit dem Gedanken einer ständigen Übersiedlung in dieses Land spielt. Eine Überraschung, eine Entdeckung für ihn ist Siena. Nach Neapel, in »Afrika« gelegen, findet er hier den eigentlichen europäischen Süden, den er gesucht hatte. In der Villa Torre Fiorentino, die Cosima gemietet hatte, entschließt man sich, zwei Monate zu bleiben.

Es war das »Gotische« der Stadt, das ihn hier anzog. Insbesondere der Dom! Was er später in Jakob Burckhardts kulturhistorischer Erklärung dieses Bauwerks darüber nachliest, enttäuscht ihn durch die Kälte des Urteils, die er unangemessen findet. Für ihn ist es mehr. Das Gotische mit seiner Herkunft von Spanien, das sich die Araber unterworfen hatten, bedeutet ihm ein Stilelement des »Gral«. Joukowsky muß auf seine Veranlassung eine Zeichnung vom Inneren der Kirche anfertigen, die er später für den Entwurf des Bühnenbildes verwendet. Der Gralsburg des *Parsifal*, die seit der Uraufführung über fünfzig Jahre lang als unantastbar geltende Dekoration bei jeder Bayreuther Aufführung gezeigt wurde, hatte der Dom von Siena als Vorbild gedient.

Die Reise nach Italien hatte ihm mit der Unterbrechung der Arbeit am *Parsifal* die Bürde des Alters als unausweichliche Erfahrung gebracht. Gerade jetzt häufen sich darüber die Klagen. Den *Parsifal* wolle er noch zu Ende bringen und sich dann auf den Tod rüsten, hören wir wiederholt in der einen oder der anderen Form. Das Sterben erscheint jetzt wie ein Vorgang, der als unentrinnbare Naturerscheinung nach einem gewissen, genau einzuhaltenden Zeremoniell vor sich zu gehen hat. Die Schopenhauersche Lehre, die zeitweise ja seine eigene war, war immer auch Einübung des Sterbenkönnens. Aufgabe des Willens zum Leben als Erlösung: das war Tristan und Isolde, aber auch Wotan und Brünnhilde. Wagner hatte während des Aufenthalts in Sorrent an mehreren Abenden die »Oresteia« des Aischylos im kleinen Kreis vorgelesen. Hier war er zu seinen eigenen Ausgängen zurückgekehrt: zur Tragödie der Schreie, wie es der *Ring* ist, der auch eine Familientragödie ist. Wagners Vortrag hatte auf die Zuhörer einen unauslöschlichen Eindruck gemacht. In seiner Sprache, in seiner Stimme brach der Schauder vor der schreckenerregenden Untat, dem blutbespritzten Täter auf das unheimlichste durch. Hier im Griechischen war er in seinem Element, so gut wie in der germanischen Welt. Und so stellt er auch Vergleiche zum *Tristan* und zum *Ring* an.

Die Rückreise von Neapel nach Bayreuth war eine Reise vom italienischen Sommer in den deutschen Herbst und Winter gewesen. An den Aufenthalt in Siena hatte man noch vier Wochen in Venedig angehängt, der alten, vom *Tristan* her vertrauten Stadt, die ihn aber auch an die Einfälle für die *Meistersinger* erinnern mußte. Auf der Weiterfahrt wird in München Station gemacht. Die Wiedergabe eigener Werke im Hoftheater findet nicht seinen Beifall. Der König empfängt ihn, zeigt ihm Zeichen allerhöchster Gnade. Es kommt zu jener Aufführung des Vorspiels zum *Parsifal* mit dem König als dem einzigen offiziellen Zuhörer, der von dem Werk so ergriffen ist, daß er eine Wiedergabe anordnet. Darin sieht Wagner bereits das Mißverständnis, sein für sakrosankt gehaltenes Werk mit einer jederzeit wiederholbaren Nummernarie zu verwechseln. Und dann die noch weitergehende Beleidigung durch den König, der zum Vergleich das Vorspiel zum *Lohengrin* hören möchte! Wagner reicht daraufhin den Dirigentenstab an Levi. Seine Erregung ist besorgniserregend. Für die nach der Aufführung vorgesehene Verabredung läßt er sich entschuldigen. Kaiser und Könige seien alle gleich, auch Bismarck gehöre dazu – sagt er später unter Lenbachs Protest, der ein Anhänger des Kanzlers ist –, sie dächten in ihrem Unverstand an nichts anderes als an sich selber. Der Vorgang im Theater und die heftige Reaktion darauf waren wie eine schwere Attacke gegen seine Gesundheit gewesen, zu deren Wiederherstellung er sich ja auf die lange Reise begeben hatte.

Im übrigen aber schien ihm München diesmal besser bekommen zu sein. Die alte Feindseligkeit gegen ihn gab es nicht mehr. In der Hofverwaltung sitzen jetzt Wohlgesinnte, sogar Anhänger. Es wird ihm eine große Sorge genommen, nämlich die um den *Parsifal*. Der König verzichtet auf seine Ansprüche. Das Münchner Hoftheater kann laut königlichem Dekret vom 15. Oktober 1880 keine Verfügung über den *Parsifal* mehr treffen. Wagner wird darin bestätigt, »daß das heilige Bühnenweihfestspiel nur in Bayreuth gegeben und auf keiner anderen profanen Bühne entweiht werden dürfe«. Er konnte sich nicht erinnern, München jemals in so guter Laune verlassen zu haben.

Am 17. November, nach fast einjähriger Abwesenheit, trifft er wieder in Bayreuth ein. Am Bahnhof stehen die Freunde vollzählig zum Empfang bereit. Das Festspielhaus hat man feierlich geflaggt. Aber das Wetter ist herbstlich rauh, »nordisches« Klima erwartet ihn. Kein Wunder, daß in der Rückschau Italien im besten Licht erscheint. Beim Einblick in die Verwaltung der Festspielgeschäfte taucht das Gespenst der Sorge wieder auf. Sofort beginnt der Ärger über die Honorarabrechnungen seiner Agenten Volz und Batz. Dazu kommt die Angst, daß sich seine Gesichtsrose wiederholen könnte. Er trifft Bayreuth so wieder an, wie er es verlassen hatte: Kälte, Nässe, Nebel, beständig grauer Himmel lassen kein Gefühl der Freude aufkommen. Sogleich werden Pläne für eine weitere Reise nach Italien im nächsten Jahr gefaßt.

Er nimmt gleich nach der Ankunft die Arbeit an der Partitur des *Parsifal* wieder auf und findet, daß er eigentlich am liebsten noch einmal von neuem beginnen möchte, so unzufrieden ist er zunächst mit dem bisher Geleisteten. Aber das sind Zweifel, die dann bei der Instrumentierung wieder der Freude am Geschaffenen weichen. Die Hauptsorge stellt sich jetzt schon ein: Wie wird der *Parsifal* sich szenisch verwirklichen lassen? Im »Hotel Reichsadler«, wo er sich eingemietet hat, arbeitet Joukowsky weiter an den Bühnenbildern, an Gralstempel, Klingsors Garten und Blumenaue. Die Entwürfe entsprechen nicht immer sogleich Wagners Erwartungen, befriedigen aber auch den Bühnenbildner selber nicht in jedem Fall. So liegen der Dekoration zum Zaubergarten sieben Versuche zugrunde. Daneben beratschlagt man mit dem Maschinenmeister Brandt. Es zeigt sich, daß die Verwandlungsmusik des ersten Aufzugs für die Dauer des Dekorationswechsels zu kurz ist. Wagner muß wegen dieser technischen Gründe eine Verlängerung zusagen.

Nicht verlassen wird ihn während dieser Zeit das Gefühl der materiellen Bedrängnis. Es setzt sich bei ihm die Einsicht durch, daß sich sein Plan, den *Parsifal* nur für die Mitglieder des Patronatvereins aufzuführen, nicht werde verwirklichen lassen. Daraus sprach Enttäuschung über dessen Tätigkeit. Der Patronatverein war den ursprünglichen Anschauungen Wagners zufolge ein notwendiges Übel gewesen. Nur durch seine Hilfe konnte an das Zustandekommen der ersten Festspiele überhaupt erst gedacht werden. Seine Gründung aber hatte Wagner weiter denn je von der alten Festidee mit dem unentgeltlichen Zutritt für jeden weggeführt. Sie hatte außerdem den elitären Tendenzen des Bayreuthgedankens Vorschub geleistet. Gerade der *Parsifal* als festlich-kultisches Ereignis sollte durch die neuen wirtschaftlichen Notwendigkeiten den Mitgliedern des Patronatvereins vorbehalten sein. Daß das von seinen ursprünglichen Absichten abwich, darüber brauchte Wagner nicht aufgeklärt zu werden. Aber es gab über Jahre hinweg nur die Frage: entweder eine Aufführung des *Ring* mit dem Patronatverein oder keine. Nun stellt sich seine Funktion als unzureichend heraus, und es bleibt wieder nur eine – auch diesmal widerwillig in Aussicht genommene – Lösung übrig, nämlich den *Parsifal* dem breiten Publikum gegen Eintrittszahlung zu öffnen.

Der Arbeit am *Parsifal* also gilt jetzt seine Hauptsorge, aber sie wird auch schon stundenweise Ausgang für die Resignation gegenüber dem, was auf ihn folgen soll. Hier überschlagen sich zeitweilig die Dinge. Manchmal handelt es sich bei ihm nur noch darum, den *Parsifal* aufzuführen und dann alles liegenzulassen und zu sehen, was die anderen daraus machen. Schwer lastet der Gedanke auf ihm, es könne alles noch einmal so kommen wie bei den ersten *Ring*-Festspielen mit anschließendem Defizit als zweitem Hauptergebnis neben dem künstlerischen Erfolg. Daneben steigt zwischendurch immer wieder der Gedanke der Auswanderung nach Amerika auf. Es melden sich die Pläne, nach dem *Parsifal* als letztes Werk noch die *Sieger* zu dichten und zu komponieren. Dabei steht es nicht gut um ihn. Das Feuerwerk von geistvollen Scherzen, mit denen er die Familie, Freunde und Gäste unterhält, täuscht über seine körperlichen Beschwerden. Beim Besuch der Berliner *Ring*-Erstaufführung, mit dem er seine Arbeit am *Parsifal* unterbrochen hatte, war er durch Angelo Neumanns Dank an die Journalisten so erregt worden, daß er unter Herzkrämpfen die Bühne verlassen mußte. Neumann sah in Wagners Verhalten einen Affront gegen sich selbst und schenkt dessen Worten keinen Glauben. Als er einige Wochen später nach Bayreuth kommt, in seinem Beleidigtsein immer noch unversöhnlich, nimmt ihn Wagner im Garten von Wahnfried kurz vor der Abreise beiseite. »Herr Neumann«, so wird die Szene nach Neumanns Schilderung wiedergegeben, »Sie haben mir in Berlin unrecht getan. Wenn Sie wüßten, wie es mit meinem Herzen bestellt ist!« Erzürnt läßt Wagner Neumanns Hand los und wendet sich ab, als ihm sein Gast auch jetzt noch keinen Glauben schenkt.

Wagners künftiges Leiden und die spätere Todesursache bezeugen, wie wenig er in Berlin die Beschwerden vorgetäuscht hatte. Wieder, wie schon immer, begegnet er dem körperlichen Unwohlsein mit Wasserbehandlung und Diät. Während einer Kur im eigenen Hause mit Kissinger Wasser und den üblichen Duschen sowie dem Verzicht auf Butter bei regelmäßigen Spaziergängen wird die Arbeit am *Parsifal* unterbrochen. Hier hält sich Wagner strikt an die Sommerzeit, wartet für den Beginn der Kur wärmere Temperaturen ab. Während der Wintermonate dagegen stellen sich immer Schwierigkeiten ein, das große Haus zu heizen. Feuchte Kälte stimmt ihn depressiv. Wie kann man den Beschwernissen besser entgehen als durch das Sterben!

Dann wieder melden sich neue Reisepläne. Er denkt an Spanien, möchte den nächsten Winter in Andalusien, in Sevilla, verbringen. Als Gobineau bei ihm zu Besuch weilt, bittet er ihn, den Freunden in Athen seinen Besuch anzukündigen, damit sie entsprechende Vorbereitungen treffen können. Aber erstrebenswertestes und greifbarstes Ziel bleibt ihm doch immer wieder Italien.

In der Familie litt man allgemein darunter, daß Bülows Töchter trotz Wagners Wunsch nicht adoptiert werden können. Es verbreitet sich stets Unruhe, wenn Daniela, die übrigens von Humperdinck, Wagners neuem »Gesellen« und Kopisten der *Parsifal*-Partitur, Klavierunterricht bekommt, den bei der Scheidung ausbedungenen Besuch bei ihrem Vater Bülow macht. Hier können dann empfindliche Saiten plötzlich grell angeschlagen werden. Bei solchen Besuchen gibt es immer Spannungen in der Familie.

Unbetroffen von allen Wechselfällen im Familienleben ist der Stolz Wagners auf den Sohn Siegfried. Wohlgefällig ruht sein Auge auf dem, der nach dem Urteil derer, die ihn sehen, verkleinertes Ebenbild des Vaters zu sein scheint. Wagner empfindet außerordentliche Befriedigung, mit der Mutter zusammen die ersten Anzeichen der sich entwickelnden »Persönlichkeit« des Knaben wahrzunehmen. Alle Sorgfalt und Regelmäßigkeit in der Ausbildung werden aufgeboten, um am Sohn nachzuholen, was an ihm selbst versäumt worden war. Zerrissenes Schulleben in einer nicht intakten Familie, Wechsel des Wohnsitzes, sporadischer Musikunterricht, teilweise autodidaktisches Vorwärtsdringen als Folge der »Vaterlosigkeit« und späteres Ausbrechen in die Revolution: dem wird bei der Erziehung Siegfrieds von Anfang an ein Riegel vorgeschoben. Statt des Besuchs einer öffentlichen Schule erfolgt die Unterrichtung durch Hauslehrer, von denen sich von Stein als ein ganz vorzüglicher Pädagoge erweist, dem Wagner bei jeder Gelegenheit seine Hochschätzung bezeugt. Leider findet seine Tätigkeit ein vorzeitiges Ende, weil seine Familie auf berufliche Sicherheit drängt und für ihn die Universitätslaufbahn in Aussicht genommen hat. Aber das »Schicksal der zweiten Generation« konnte auch Stein durch die vorzüglichsten erzieherischen Maßnahmen nicht wenden. Es ging nicht um eine Jugend wie auf dem Leipziger Brühl, wo Wagner sich selbst überlassen blieb und sehr früh für die rauhe Zeit des Exils, der Kämpfe und der beständigen

Flucht vorbereitet worden war. Wahnfried bedeutet für den Sohn eines alternden Vaters, der dabei ist, den *Parsifal* zu Ende zu komponieren, eine Stätte unbestreitbaren Wohllebens. Siegfried hat sehr früh inmitten des Luxus, den sich der Vater jetzt unbedenklich einräumt, die Treibhausluft von Klingsors Zaubergarten eingeatmet, die es dort auch gab. Insofern steht er nicht am Ende, sondern setzt fort, legt sogar neuen Grund für das Atridenschicksal der Familie mit nicht zu schlichtendem Zwist. Merkwürdig bleibt ein Schleier des »Wahns«, durch den Wagner auf seinen Sohn schaut, wenn er ihm neben der Fähigkeit für die unterschiedlichsten Berufe zeitweilig auch die für die direkte Nachfolge einräumt. Die *Sieger* – so meint er einmal – würde er vielleicht noch selber dichten, Siegfried kann sie dann komponieren.

Nach der Instrumentierung des zweiten Akts des *Parsifal* ist für Wagner die Reise in ein wärmeres Klima dringend geboten. Den Winter in Bayreuth zu verbringen, hält er, nicht zuletzt durch den Rat seines Arztes bestätigt, für wenig ratsam. Brustkrämpfe signalisieren, wie es um ihn steht. Von Palermo hatte Rubinstein geschrieben. Als Ziel war es lange in Aussicht gekommen. Während des letzten Aufenthalts in Neapel hatte Wagner schon daran gedacht.

Es hatte sich übrigens eine unerwartete Verbesserung seiner finanziellen Verhältnisse eingestellt. Durch Angelo Neumanns vier Berliner Zyklen des *Ring* waren Honorare in ungewohnter Höhe eingegangen. Von ihm konnte auch für die Zukunft das meiste erhofft werden. Neumann dachte an die Gründung eines Richard-Wagner-Theaters in Berlin, mit dessen Ensemble er Gastspiele unternehmen will unter der Bedingung, das ausschließliche Aufführungsrecht für den *Ring* zu bekommen.

Daraus sprach der gute Instinkt des erfahrenen Theaterunternehmers, der das Berliner Publikum kannte. Bei seinem letzten Aufenthalt hatte Wagner es zu spüren bekommen, daß der Bann der Stadt gegen ihn gebrochen war. Das Volk war immer auf seiner Seite gewesen, wenn man ihm die Gelegenheit gab, seine Werke zu hören. Als in Berlin sein Besuch und seine Anfahrt zum Theater bekannt wurden, hatten die Berliner Unter den Linden ein riesiges Spalier gebildet. Bis in die Baumkronen waren die Zuschauer gestiegen, berittene Polizei sorgte gut preußisch für Ruhe und Ordnung.

Das hatte es bisher noch nicht gegeben. Auf Berlin konnte also gesetzt werden. Aber nicht in der Weise, wie Neumann es wollte! Berlin als neues Wagnerzentrum gegen Bayreuth, die »Großstadt« gegen den stillen Flecken mitten in Deutschland zu stellen, war undenkbar. Damit wäre Wagners Vorstellungswelt zum Einsturz gebracht worden. Weitere Erschwernisse kommen in die Verhandlungen, weil Neumann jetzt auch den *Parsifal* in sein Aufführungsprogramm miteinbeziehen will. Aber der war Bayreuth vorbehalten. Selbst Ludwig II. hatte durch königliche Verordnung den Verzicht des Münchner Hoftheaters auf dieses Werk zugestanden.

Am 1. November reist Wagner mit seiner Familie nach Italien. Das Ziel war das schon erwogene Palermo. Ein eigens bestellter Salonwagen nimmt die Reisenden, bestehend aus Wagners ganzer Familie einschließlich des Hausfaktotums Schnappauf und Siegfrieds Hauslehrer Türk, am Abfahrtsbahnhof Bayreuth auf. Die Fahrt geht bis Neapel und von hier nach kurzem Aufenthalt in der Villa Angri per Schiff weiter nach Sizilien. Im »Hotel des Palmes« von Palermo, wo er eine Wohnung im ersten Stock mit drei Räumen und Blick zur Frontseite bezieht, empfängt ihn, dem Namen des Hauses entsprechend, eine tropische Vegetation.

Hier – und das besagt nicht wenig – soll die Arbeit am *Parsifal* fortgesetzt werden. Wagner bemerkt sofort den großen Unterschied zu Neapel. Palermo scheint ihm mehr in die Breite zu streben, das Leben dem ersten Eindruck nach nicht die bunte Vielfalt Neapels zu haben, strömt aber auf die Dauer die größere Behaglichkeit aus. Was er vor allem gesucht hatte, war das Klima. Und das enttäuscht ihn, abgesehen von einer kurzen Regenperiode, während seines Aufenthaltes nicht. Klima und dazugehörige Vegetation scheinen ausdrücklich gesucht, um die Nerven noch empfindlicher für die Klangvaleurs bei der Instrumentierung zu stimmen. Man muß hier festhalten: Das technische Bewußtsein ist bei Wagner – auch beim *Tristan* und bei der *Götterdämmerung* nicht – zu keiner Zeit so geschärft gewesen wie während der Arbeit am *Parsifal*. Sich über die Anwendung der Mittel Rechenschaft abzulegen, überhaupt über die Entwicklung seiner Technik vom *Tannhäuser* an zu sprechen und zugleich die Mischung der von den Instrumenten erzeugten Tonfarben genau zu bedenken, gehört zur Eigenart dieser späten Schaffensperiode. Es geht ihm darum, im *Parsifal* alle grellen Wirkungen zu vermeiden. Auch im *Ring*, so bemerkt er, sei er nicht auf schreiende Effekte aus gewesen, sondern habe er die Vermittlung bevorzugt. In den Luftzonen von Palermo sucht er die Sensibilität gegen alles Laute und Schneidende zu steigern. Die Wiedergabe von Klang und Klangfiguren durch das Klavier bedeutet ihm nichts im Vergleich zur durchinstrumentierten Fassung. Lebensnotwendig erscheint ihm jetzt die Aussicht auf ständig blauen Himmel, und er sieht sich bereits im nächsten Jahr auf einer Nilreise, die ihn noch weiter vom grauen Alltag des Nordens mit den fortwährenden Beunruhigungen entfernt.

Was ihn in Palermo zusehends bedrückt, ist die Hinfälligkeit des Lebens, wie sie ihm beim Anblick der vielen Bettler begegnet. Er leidet unter ihm wie unter der Grausamkeit des Vogelfangs, deren Zeuge er wird. Hier ist die Einheit von Mensch und Tier betroffen. Es meldet sich bei ihm die Angst, mit dem *Parsifal* nicht fertig zu werden, vorher zu sterben, aber auch der Trost, daß er eigentlich bei jedem seiner Werke vor ihrem Abschluß das gleiche gefürchtet habe.

Gegen die Diagnose des Bayreuther Hausarztes wie auch Erlanger Spezialisten, die ihm vor der Abreise völlige organische Gesundheit bestätigt hatten, war, abgesehen vom Herzbefund, wahrscheinlich wenig einzuwenden. Wagner selbst sieht noch kurz vor seinem Tod sein »Leiden«, wie er dem Arzt Dr. Förster schreibt, »einzig von der nervösen Aufregung« verursacht, der er bis zu seinem siebzigsten Lebensjahr ununterbrochen ausgesetzt gewesen sei. Jetzt in Palermo macht er die unmittelbare Erfahrung, daß die Alterungsvorgänge die Organe befallen; daneben gleichzeitig das Gefühl des Jungseins, das ihn im *Parsifal* wieder etwas Neues erschaffen läßt! Er sieht sich grau geworden und meint doch, seit Jahrzehnten derselbe zu sein. Wieder wird ein Zwiespalt in ihm produktiv. Während der Entdeckung einer neuen Harmonik, die alle Instinkte der Jugend ihm beansprucht, spürt er, wie in seinem Körper abtragende Kräfte arbeiten. Die Ursache der nervösen Beschwerden sieht er einzig und allein in der ständigen Anspannung aller Energien.

Es gibt aus diesen Wochen ein Porträt von Renoir, der sich in Palermo aufhält und Wagner um die Bewilligung einer Sitzung bittet. Das dauert eine halbe Stunde und bringt später ein Ergebnis zustande, das Wagner nicht befriedigt. Aber Renoirs Porträt ist in der Tat das Bild eines fast Siebzigjährigen, der zu sein Wagner bei seinem Anblick sich offenbar sträubt. Außerdem ärgert ihn die flackernde Bewegung in seinen Zügen, ein Porträt hat seiner Auffassung nach den Porträtierten immer im Zustand der Ruhe darzustellen.

In seinem Hotel haben sich inzwischen unerfreuliche Begleitumstände eingestellt. Es stört ihn der Lärm der nächtlichen Neuankömmlinge, die ihn aus dem Schlaf reißen. Gleichzeitig hat sich ein Berliner Journalist im Hause eingemietet, der seine Zeitung mit Ereignissen aus Wagners Aufenthalt in Palermo versorgt, ohne es dabei mit der Wahrheit genau zu nehmen. Sogar das »Bayreuther Tageblatt« weiß schon Neuigkeiten über ihn zu berichten. Der Ärger häuft sich. So werden auf den Zwischenrechnungen des Hotels dem Gast unbillig erscheinende Posten vermerkt. Kurz: Seine Abneigung gegen das Hotelleben beginnt zu wachsen. So stimmt er, ohne viel zu überlegen, dem Anerbieten des Fürsten Gangi zu, in eines seiner Landhäuser zu ziehen. In dem Augenblick, wo der *Parsifal* beendet ist, kündigt Wagner das Hotel auf.

Aber das neue Landhaus – es läßt sich bald nicht übersehen – ist von äußerster Schlichtheit. Also kaum nach Wagners Geschmack! Es ist wenig möbliert, Teppiche fehlen und was noch schlimmer während einer kurzen Periode mit Schnee und Hagel im Februar ins Gewicht fällt: die Öfen. Die Kosten für die Neuanschaffung schlagen gewaltig zu Buche. Noch in seinem Alter bestätigt er die Regel, die Otto Wesendonk für ihn aufgestellt hatte: Man darf Wagner kein Geld in die Hand geben. Schon nach ein paar Tagen hat er alle Ursachen, den Umzug aus dem Hotel zu bereuen. Immer neue beschwerliche Umstände kommen hinzu. Das Haus liegt abgelegen. Man ist auf Sizilien. Wagners Freund und Gönner, der Graf Tasca, stellt zum Schutz gegen Banditen zwei bewaffnete Leibwächter zur Verfügung, die ihn nun nicht mehr aus den Augen lassen. Für ihn ist solche ständige Begleitung ärgerlich und störend. Nach drei Tagen werden sie von ihm mit gehöriger Bezahlung aus ihrem Dienst wieder entlassen.

Nach dem Abschluß des *Parsifal*, der mit dem Auszug aus dem Hotel zusammenfällt, müssen neue Energien für eine umfangreiche Korrespondenz aufgewandt werden. Es geht jetzt um die Vorbereitung für seine Aufführung. Joukowsky war derentwegen schon vorzeitig von Palermo über Rom, wo er Liszt für zwei Tage besuchte, nach Bayreuth aufgebrochen. In dieser Zeit trifft wie ein schwerer Schlag die Nachricht vom Tode des Bühnenmeisters Brandt ein, des Mannes, dem der Erfolg für das technische Gelingen des ersten *Ring*-Festspiels zu verdanken war. Weil man in der Familie weiß, wie sehr Wagner die Nachricht treffen würde, versucht man, sie ihm zunächst zu verheimlichen. Dazu kommen die Sorgen wegen des Patronatvereins. Diese Einrichtung, an die Wagner so viel Hoffnungen geknüpft hatte, soll aufgelöst werden. Sie hat ihren Zweck, für die Verwirklichung der Idee zu arbeiten, nicht erfüllt, sondern war mehr und mehr für einige wohlbestallte Mitglieder eine Interessenorganisation zum Anrecht auf Theaterplätze geworden. Was ihm vorschwebt, ist eine völlige Neuordnung der Dinge, die wieder auf die alten utopisch-sozialistischen Grundgedanken zurückgreift. Er wird einige Monate später in seinem offenen Brief an Friedrich Schön vom 16. Juni 1882 die Aufgabe des neu zu gründenden Vereins darin sehen,

»die Mittel zu beschaffen, um gänzlich freien Zutritt, ja nötigenfalls die Kosten der Reise und des fremden Aufenthaltes solchen zu gewähren, denen mit der Dürftigkeit das Los der meisten und oft Tüchtigsten unter Germaniens Söhnen zugefallen ist.«

Die Monate in Palermo hatten sich inzwischen dem Ende genähert. Als Abschiedsfeier gibt es eine Matinee, zu der die Spitzen der einheimischen Gesellschaft geladen sind. Eine Militärkapelle war aufgeboten worden; Wagner selbst dirigiert aus eigenen Werken den *Kaisermarsch* und, mit ganz besonderem Erfolg beim sizilianischen Publikum, das *Siegfried-Idyll*. Anschließend ist noch ein Aufenthalt in Acireale bei Catania am Fuße des Ätna vorgesehen. Von der Terrasse des »Grand Hotel des Bains« geht der Blick auf die weite Fläche des Ionischen Meeres. Was ihn hier besonders bezaubert, sind die italienischen Komödianten, die man ins Hotel bestellt und vor ihm auftreten läßt. Aber so befriedigend die Umwelt und besonders das sommerliche Klima sind, die Stimmung dieser Tage mit den Fahrten in die Umgebung wird beeinträchtigt durch nächtliche Brustkrämpfe. Die Umgebung spürt, wie es ihn langsam nach Norden zieht. Natürlich ist die Rückreise ohne einen Aufenthalt in Venedig auch diesmal nicht denkbar. Aber als er dann am 1. Mai in Bayreuth eintrifft und ihn bei nebliger Kälte sofort die Vorbereitung für die *Parsifal*-Uraufführung in Anspruch nimmt, hat er das Gefühl, viel zu früh zurückgekehrt zu sein.

Die Proben selbst sind anfangs für Wagner kein Grund zur reinen Freude. Er hat es mit achtbaren, aber im Grunde doch vergleichsweise ungeschulten Künstlern zu tun. Als er Winkelmann in der Partie des Parsifal erlebt, schmerzt ihn der Gedanke an Schnorr. Bei Frau Materna und noch mehr dem alternierenden Fräulein Brandt in der Rolle der Kundry wagt er sich eine Schröder-Devrient erst gar nicht vorzustellen, um nicht gleich die Lust zu verlieren. Nach den ersten Eindrücken von ihren Leistungen fallen Worte wie »greulich« und »entsetzlich«. Auch bei den Bühnenproben scheint sich zunächst alles gegen ihn verschworen zu haben. Die Diskussion über die Verwandlungsdekorationen gab es schon mit dem inzwischen verstorbenen Brandt und wird nun mit dessen an seine Stelle getretenen Sohn fortgesetzt. Szenischer Umbau und »Verwandlungsmusik« passen ihrer Dauer entsprechend nicht zusammen. Wagner und auch Humperdinck hatten sie durch Wiederholung und Erweiterung gestreckt. Nun stellt sie sich immer noch als zu kurz heraus. Wagner ist gereizt und zeigt sich versöhnt eigentlich nur durch das hinreißende Spiel des Orchesters. Erst langsam finden sich auch die Sänger in ihre Partie.

Und dann wird die Erstaufführung des *Parsifal* am 26. Juli 1882 ein Erfolg, der dem des *Ring*-Zyklus sechs Jahre zuvor gleichkommt. Die beiden ersten Abende sind nicht öffentlich, also nur für die Mitglieder des Patronatvereins bestimmt, der gleich anschließend aufgelöst wird. Der Vorstand tritt ab und überläßt alle Zuständigkeiten dem Verwaltungsrat. Erst die nachfolgenden vierzehn Aufführungen sind für die große zahlende Öffentlichkeit bestimmt, die das in der Premiere bereits geschaffene, in der zweiten Aufführung übernommene Verfahren ritualisiert, nach dem ersten Akt auf jede Beifallskundgebung zu verzichten und erst nach dem zweiten und dritten Akt den Künstlern durch Applaus zu danken. Das Theater ist für das »Bühnenweihfestspiel« Stätte eines Zeremoniells geworden, das sich für seinen Ablauf Zeit läßt. Der erste Akt dauerte bei der Erstaufführung eine Stunde und fünfzig Minuten, die Pause zum zweiten, der darstellungsmäßig mit dem Auftreten der Blumenmädchen in den Augen Wagners der gelungenste war, eine dreiviertel Stunde. Vor dem dritten Akt war eine einstündige Pause angesetzt worden. Das Theater als Überwindung von Raum und Zeit! Bei allem, was man gegen Wagner, seinen *Parsifal* und die Idee des sakralen Opfers sagen kann: hier war es Wirklichkeit geworden.

Es hatte unter vielen anderen Enttäuschungen eine besonders große gegeben: Der König von Bayern war nicht erschienen. Die vorgeschobenen Gründe waren offizieller Natur, die wirklichen lagen tiefer. Die immer größer werdende Menschenscheu zusammen mit dem Hang zur Einsamkeit hatten ihn von der Stätte ferngehalten, die ohne ihn nicht gewesen wäre.

Bei Wagner machte sich jetzt im Verlaufe der weiteren Aufführungen Müdigkeit bemerkbar. Neben den Vorgängen im Theater gab es wieder die zweimal in der Woche stattfindenden Empfänge, manchmal mit bis zu zweihundert Besuchern, von denen jeder natürlich wünschte, vom Meister des längeren oder breiteren ins Gespräch gezogen zu werden. Man rühmte die Ausdauer, mit der sich Wagner diesen Pflichten unterzieht. Das geht bis zur fünften Aufführung. Dann ist es soweit: In seinem Empfangszimmer neben der Halle wird Wagner von einem der starken Herzkrämpfe befallen. Der Sänger Scaria, der Darsteller des Gurnemanz, ist Zeuge, wie Wagner im Gesicht plötzlich blau anläuft, auf das Sofa sinkt und Armbewegungen macht, als ob er mit einem unsichtbaren Feind ringt. Scaria, der von Wagner gebeten wurde, über den Vorfall zu schweigen, hat erst später einen schriftlichen Bericht darüber gegeben. So bleibt in der Öffentlichkeit unbemerkt, was sich jetzt und in den nächsten Tagen abspielt. Wagner zieht sich mehr und mehr zurück, legt sich während der Empfänge ins Bett oder liest, um mit seinen Kräften hauszuhalten. Aber die Krämpfe nehmen zu, werden mit warmen Umschlägen behandelt. Der nach außen triumphierende Wotan leidet im geheimen.

Dazu kommen neue Aufregungen. Mit Liszt gibt es Ärger. Bei fortschreitendem Alter hatten sich zwischen beiden die Gegensätze verstärkt. Es kommt jetzt immer häufiger vor, daß in einer Gesellschaft jeder gleichzeitig redet, ohne auf den anderen zu hören. Gegen den Wunsch Wagners, der ihn angesichts seiner vielen Pflichten gern in seiner Nähe gehabt hätte, war Liszt für einige Tage nach Weimar gefahren, der Stadt seiner ersten Kapellmeistertätigkeit. Wagner fühlt sich von ihm im Stich gelassen.

Weitere Aufregung gibt es mit dem katholischen Pfarrer in Bayreuth. Anlaß gab ein bevorstehendes Ereignis in der Familie Wagner. Privates Resultat der Reise nach Sizilien war die Bekanntschaft, die Blandine in Palermo mit dem Grafen Gravina gemacht hatte. Die Verlobung war bald erfolgt, die Heirat sollte folgen. Da Blandine bei der Heirat mit dem katholischen Mann nicht auf ihre lutherische Konfession verzichten will, ist bei dieser »Mischehe« katholischerseits ein Dispens notwendig. Dazu muß man sich mit dem katholischen Priester der Bayreuther Hofkirche ins Benehmen setzen. Sein Urteil ist für Wagner empörend, war aber nicht ganz unverständlich. Wenn der Priester nach Palermo schrieb, daß Blandine für die katholische Kirche »keine gute Acquisition« sei, weil sie aus einem Hause käme, wo der Katholizismus beständig verhöhnt würde, dann war das eine böse Sprache, traf auch nicht den Ton, der bei Wagner gegenüber der katholischen Religion angeschlagen wurde. Aber daß er einer ihrer – weltgeschichtlich gesehen – größten Gegner war, ließ sich nicht bestreiten, auch wenn der geistig bescheidene Pfarrer sich über diese Bedeutung in ihrem ganzen Ausmaß nicht klar sein konnte. Immerhin hatte er recht, wenn er in das »Milieu« Wagners Mißtrauen setzte.

Aber es gab auch Erfreuliches. Dazu gehören die Nachrichten, die er von Angelo Neumann über das Wandertheater erhält, das mit dem *Ring* in großen europäischen Städten gastieren soll. Der Kontrakt sieht das alleinige Aufführungsrecht Neumanns für die Tetralogie vor. Ausgenommen davon sind nur diejenigen Hoftheater, die das Werk schon bis zu diesem Zeitpunkt erworben hatten. Auf diese Weise braucht Wagner selbst keine Verhandlungen mit den einzelnen Opernhäusern zu führen und erhält großzügig bemessene Honorare in Aussicht gestellt. Der Kontrakt, der bis zum Jahre 1889 gültig ist, soll nach Neumanns Vorschlag sogar auf den *Parsifal* ausgedehnt werden. Neumann behauptet in seinem Erinnerungsbuch, von Wagner sogar eine Zusage bekommen zu haben. Er sei deswegen mit dem bereits vorbereiteten Vertragstext in Wahnfried erschienen. Das mochte richtig sein, der Bericht zeigt aber zugleich Wagner als großen Diplomaten, wenn er, ohne sein Wort zu brechen, seine wirklichen Absichten gegenüber dem äußerst tüchtigen Theaterunternehmer durchsetzt:

»Neumann, ich habe es Ihnen versprochen und wenn Sie darauf bestehen, unterschreibe ich Ihnen den Vertrag. Sie würden mir aber einen großen Gefallen tun, wenn Sie heute nicht darauf bestünden. Sie haben mein Wort, der ›Parsifal‹ gehört keinem anderen als Ihnen.«

Was bleibt Neumann schon anderes übrig, als dem Wunsch Wagners nachzukommen. Er verzichtet für den Augenblick und damit für immer. Seinem Sohn, der während der ganzen Zeit vor der Villa gewartet hatte, erklärt er, »durch den Verzicht auf den ›Parsifal‹ Millionen preisgegeben« zu haben.

Das spielt sich alles zwischen den Aufführungen des zweiten Festspielsommers ab. Dazu kommen noch zusätzliche Proben, mit denen Wagner die Leistungen der Sänger weiter vervollkommnen möchte! Frau Materna wünscht – keineswegs unverständlicherweise – noch einige Aufschlüsse über den Charakter der von ihr gesungenen Kundry. Ihr werden Sinn und dramatische Funktion der Stelle

So war es mein Kuß,
der welthellsichtig dich machte?

von Wagner persönlich nahegebracht. Winkelmann erhält noch nach der zehnten Aufführung eine Privatprobe für die Darstellung des Parsifal. Wenig zufrieden ist Wagner, abgesehen von ihrem großen mittleren Akt, mit Fräulein Brandt, der zweiten Besetzung der Kundry. Er trägt ihr nach, die Partie im Stil der Meyerbeer-Schule zu bewältigen, ihr ein arienhaftes Gepränge zu geben. Dazu kommen Streitigkeiten zwischen den Sängern, die es zu beschwichtigen gilt, so zwischen Scaria und Siehr, die beide abwechselnd den Gurnemanz singen. Als Siehr sich von Wagner benachteiligt glaubt, reist er unverzüglich ab und überläßt das Feld dem Rivalen.

So ist die Zeit dieser zweiten Festspiele wie die der ersten mit Aufregungen vollgefüllt. In den Nächten müssen noch vermittelnde oder anordnende Briefe geschrieben werden. Das Beispiel von dem Streifen Haut aus Balzacs berühmtem Roman »La Peau de Chagrin«, der täglich kleiner wird, war ihm vertraut. Er hatte es oft erwähnt und macht die von der Außenwelt unbemerkte Erfahrung langsam nachlassender Energien, die unter Anspannung aller Willenskräfte noch einmal hochgetrieben werden. Wagner war stets ein Mann des Willens gewesen. Auch sein Können hatte unter der Herrschaft des Willens gestanden. In diesen Wochen, die ja die Erfüllung seines Lebens bedeuten, wird ihm das Letzte abverlangt.

Als ob die Beanspruchung durch künstlerische und verwaltungsmäßige Organisation während dieser Augusttage nicht ausgereicht hätte, wird zwischen der dreizehnten und fünfzehnten *Parsifal*-Aufführung Blandines Hochzeit gefeiert. Nach eingetroffenem kirchlichen Dispens war die Ziviltrauung für den 25. August angesetzt worden. Anschließend findet das Hochzeitsessen mit mehreren Adressen an das Brautpaar und Wagners großer Ansprache statt, wo er übrigens das ganze Elend seiner ersten Ehe erwähnt wie auch die »Erlösung«, die ihm durch die zweite mit Cosima zuteil geworden sei und in die man die »Kinder« mit hineingenommen habe. Die Tafel mit anschließendem halbstündigen zwanglosen Beisammensein wird gegen zwei Uhr aufgehoben, kaum daß die Teilnehmer Ruhe bis zum Beginn der Aufführung haben. Am folgenden Tag findet in der katholischen Kirche die kirchliche Trauung statt. Danach begibt sich das Paar sofort auf die Reise in den Süden. Wagner und Liszt, die sich bereits verabschiedet und unmittelbar darauf ins Festspielhaus begeben hatten, erscheinen noch einmal überraschend am Bahnhof, um den Abreisenden zuzuwinken, als sich der Zug in Bewegung setzt.

Der Festspielsommer nähert sich dem Ende. An Erfolgen hatte es nicht gefehlt. Es gab sogar eine Steigerung in den künstlerischen Leistungen, die von manchen Unsicherheiten der ersten Aufführung wegführte. Dem Prinzip der Perfektion bei der bühnenmäßigen Darstellung hat Wagner nie angehangen. Als Regisseur bekannte er sich – was oft vergessen wird und bei der *Parsifal*-Aufführung wieder durchbricht – zu einem aus dem Augenblick und dem Gefühl heraus entwickelten Zusammenspiel der Darsteller: »Hier auf meiner Bühne herrscht die Anarchie, ein jeder tut, was er will.« Danach ist bei der Wiedergabe des »Bühnenweihfestspiels« verfahren worden. Der Enthusiasmus bei den Zuschauern gab ihm recht.

Die letzte *Parsifal*-Aufführung endet auf ungewöhnliche Weise. Wagner, der sich meist in seiner Loge aufgehalten hatte, steht diesmal während des zweiten Akts hinter der Szene. Im dritten Akt begibt er sich ins Orchester. Es war ihm das Unwohlsein des Dirigenten Levi aufgefallen. Jetzt, nach der Verwandlungsmusik, ergreift er mitten im Spiel selbst den Stab und dirigiert, unbemerkt von den Zuhörern, mit geschlossenen Augen das Werk zu Ende.

27. ». . . dein harret seine Ritterschaft«

Die geheime Tempelmusik vom Gral

»O Gnade! Höchstes Heil!
Oh! Wunder! Heilig, hehrstes Wunder!
O Herr! War es ein Fluch,
der dich vom rechten Pfad vertrieb,
so glaub, er ist gewichen.
Hier bist du, dies des Grals Gebiet;
dein harret seine Ritterschaft.
Ach, sie bedarf des Heiles,
des Heiles, das du bringst.«

Parsifal, Dritter Aufzug

Jedes Werk der Wagnerkunst vom *Holländer* bis zur *Götterdämmerung* kann mit dem Anspruch auf einen eigenen Stil bei besondern Eigentümlichkeiten der Harmonik auftreten. Daß dies auch für den *Parsifal* gilt, muß nicht erst hervorgehoben werden; aber es besagt viel zu wenig angesichts der Entstehung und des besonderen Platzes, den das Werk bei Wagner selbst einnimmt. Die *Ring*-Tetralogie war geschaffen worden für ein erst noch zu gründendes neues Theater, das allen Erfordernissen genügt, die das mit den geltenden Konventionen brechende Werk daran stellt. Bayreuth als Institution hat ursprünglich den einzigen Zweck, daß hier der *Ring* gespielt wird. Die Wagnersche Absicht war zunächst noch ausschließender: Die Festspielstätte soll dieses Werk und kein anderes außer ihm zur Aufführung gelangen lassen. Und: Nur hier und nirgendwo sonst kann man ihm beiwohnen. In der Praxis sieht das dann alles anders aus. Die harte Forderung wird schon bald aufgeweicht durch die Ansprüche, die der Eigentümer der Gesamtpartitur, der bayrische König, daraus ableiten kann. Dazu kommen die Theater, die, ob zu Recht oder zu Unrecht, sich daranmachen, das Werk zur Aufführung zu bringen! Wir sehen noch an dem erbitterten, hinhaltenden und schließlich vergeblichen Widerstand Wagners gegen die vom König gewünschten Münchner Aufführungen, wie sehr ihm ein solches Unternehmen mißfiel. Als Otto Wesendonk seine Ansprüche auf das *Rheingold* und die *Walküre* an den König abgetreten hatte, war die Entscheidung bereits gegen Wagner und seine ursprüngliche Absicht gefallen. Wagner wußte sehr schnell, wie schwach seine Position war. In seiner Bereitschaft, nachzugeben, unterscheidet er in der Folge nur noch zwischen autorisierten und nichtautorisierten Aufführungen, wobei die Grenze naturgemäß sehr bald zu verschwimmen beginnt.

Der *Parsifal* dagegen ist ein Werk für die schon geschaffene Einrichtung des Festspiels. Hier liegt eine ganz neue Situation vor, und zwar eine solche, die von Wagner nicht zu jeder Zeit unbedingt erwartet werden konnte. Wie lange hatte er zweifeln müssen, ob überhaupt je der Tag kommen würde, an dem der Ring abgeschlossen wäre! Weiter: ob es zum Bau des Hauses und schließlich zur Aufführung des Ganzen käme. Daß dies dann alles Wirklichkeit geworden war, grenzte für Freunde wie Feinde und am Ende sogar für ihn selbst an ein Wunder.

Die Behandlung des Parsifal-Stoffes hat bei Wagner natürlich, wie immer, ihre Inkubationszeit hinter sich, bevor es zur Niederschrift der ersten Skizze im Zürcher »Asyl« kommt. Vielleicht hat die dichterische Phantasie etwas nachgeholfen, wenn Wagner in seiner Autobiographie über die Anfänge des Werks während der für ihn sonst so wenig erfreulichen Frühlingstage 1857 im Zürcher »Asyl« schreibt:

»Nun brach auch schönes Frühlingswetter herein; am Karfreitag erwachte ich zum ersten Male in diesem Hause bei vollem Sonnenschein: das Gärtchen war ergrünt, die Vögel sangen, und endlich konnte ich mich auf die Zinne des Häuschens setzen, um der langersehnten, verheißungsvollen Stille mich zu erfreuen. Hiervon erfüllt, sagte ich mir plötzlich, daß heute ja ›Karfreitag‹ sei, und entsann mich, wie bedeutungsvoll diese Mahnung mir schon einmal in Wolframs Parsifal aufgefallen war. Seit jenem Aufenthalte in Marienbad, wo ich die ›Meistersinger‹ und ›Lohengrin‹ konzipierte, hatte ich mich nie wieder mit jenem Gedichte beschäftigt; jetzt trat sein idealer Gehalt in überwältigender Form an mich heran, und von dem Karfreitags-Gedanken aus konzipierte ich schnell ein ganzes Drama, welches ich, in drei Akte geteilt, sofort mit wenigen Zügen flüchtig skizzierte.«

Darin lag sicher vieles von einer aus dem Rückblick vorgenommenen Romantisierung jenes Augenblicks, wo der Stoff des *Parsifal* in ihm den zündenden Funken erzeugt, der zur ersten Prosaskizze führte. Aber dieser Augenblick bleibt zunächst ohne nachhaltige Folgen. Der Plan wird bald wieder zurückgestellt, versinkt, anderes drängt sich vor. Er scheint ins Vergessen einzutauchen.

Wenn man die Schwierigkeiten bedenkt, die sich beim Eindringen in Wagners *Parsifal* heute ergeben, wird klar, welche unterschwellige Arbeit zu leisten war, bevor – unabhängig von der Musik – bei der Behandlung des Stoffes die verschiedenen Schichten abgetragen werden konnten und er die endgültige Form angenommen hatte. Denn nicht Parsifal ist zunächst die tragende Gestalt. In seinem Brief vom 29./30. Mai 1859 an Mathilde Wesendonk schreibt Wagner:

»Genau betrachtet ist Amfortas der Mittelpunkt und Hauptgegenstand. Das ist denn nun aber keine üble Geschichte das. Denken Sie um des Himmels willen, was da los ist! Mir wurde plötzlich schrecklich klar: es ist mein Tristan des dritten Aktes mit einer undenklichen Steigerung. Die Speerwunde – und wohl noch eine andre – im Herzen, kennt der Arme in seinen fürchterlichen Schmerzen keine andre Sehnsucht, als die zu sterben; dies höchste Labsal zu gewinnen, verlangt es ihn immer wieder nach dem Anblick des Grals, ob der ihm wenigstens die Wunden schlösse, denn alles Andre ist ja unvermögend, nichts – nichts vermag zu helfen: – aber der Gral gibt ihm immer nur das Eine wieder, eben daß er nicht sterben kann; gerade sein Anblick vermehrt aber nur seine Qualen, indem er ihnen noch Unsterblichkeit gibt.«

Hier liegt ein Schlüssel zum Verständnis von nicht ganz Einfachem. Aber der Schlüssel ist direktem Zugriff entzogen. Bei der Empfängerin des Briefes durfte Wagner voraussetzen, daß sie verstand, was er meinte. Sein Hinweis auf den Amfortas als gesteigertem Tristan rechnet mit der Unlösbarkeit des beiden bekannten Konflikts, der jetzt in einer neuen Konstellation verstärkt wieder auftritt. Den Tod, den Tristan und Isolde sterben durften, der »Erlösung« bot, verhindert der Anblick des Grals, des gleichen Grals, der die Schmerzen des Todwunden lindert. Das war nur zu fassen über Schopenhauers Lehre von der Verneinung des Willens zum Leben und der Bejahung des Willens zum Tod. Der Gral zögert das Ende der Qual hinaus, die als Zustand zwischen Leben und Sterben die Folter der beiden Liebenden an Schmerzhaftigkeit noch übersteigt.

Ausgang war hier die Geschichte vom traurigen König, der sterben will und nicht kann, dessen Fall zwar wie eine Nachfolge Christi aufgezogen wird, aber zugleich als schaurige Perversion erscheint. So ist gerade schon vom ersten hier beschriebenen Konzept her jeder irgendwie noch verständlichen »Christlichkeit« entgegengewirkt. Dem Amfortas werden zwar die Leidensattribute des »Heilands« zuerkannt, ihm ist die Wunde vom gleichen Speer zugefügt worden, der auch Christus traf, aber: »Die Wunde des Amfortas ist Mal seiner Schuld; die Wunde Christi ist Mal seiner Unschuld.« (Wapnewski). Gewiß, das Leiden des Amfortas wird mit Mitteln dargestellt und durch eine Musik bestätigt, die der »Heilsgeschichte Christi« würdig wäre, aber im voraus liegt die Vorgeschichte von Klingsors Zaubergarten und die Verführung, die von ihm ausgegangen und der der leidende König erlegen war.

War die Amfortasgeschichte, wenn auch in unglaublicher Entstellung, nach dem Vorbild der Heilsgeschichte auf Erlösung gerichtet, dann war die Parsifalgeschichte eine abgewandelte Wiederholung. So jedenfalls nach dem Brief Wagners an seine Zürcher Freundin, der ja bezeugt, wie Parsifal erst im Laufe langer Durcharbeitung zur Hauptgestalt gegenüber Amfortas wird. Hauptgestalt insofern, als er nicht mehr Erlöster, sondern Erlöser ist!

Hier liegt natürlich der Grund für Mißverständnisse, die nicht leicht auszuräumen sind. Es bleibt in jedem Fall Widersprüchliches im Spiel. Daß sich in der Gestalt Parsifals Christus-Züge finden, mit Vorgängen wie Fußwaschung und Salbung durch die »Sünderin«, deren Taufe die Stellvertretung Christi symbolisch demonstriert und dessen Gegenwart im Gral gefeiert wird, liegt vor Augen. Es irritiert darum vielleicht im ersten Moment, wenn man von Wagner hört: »Ich habe an den Heiland dabei gar nicht gedacht«. Mit diesem von Cosima unter dem 20. Oktober 1878 in den Tagebüchern festgehaltenen Satz desavouiert er alle Vermutungen, die sich daraus für die Parsifalgestalt ergeben können. Sollte er sich über die Tragweite der hier verarbeiteten Symbolwelt im unklaren befunden haben? Sollte er vergessen haben, wie sehr die Sprache Anlaß zu solcher Annahme geben kann? Für das eine wie das andere gilt: wohl kaum. Wagner sagt hier ganz einfach die Wahrheit. Sein Erlösungsgedanke war schopenhauerisch, nach wie vor, war ins Indische, Buddhistische ausgeweitet, versichert sich beim *Parsifal* lediglich des mittelalterlichen symbolischen Gerüsts von Wolframs Dichtung und gestaltet es um. Der Künstler, der gerade mit dem *Parsifal* im besten Sinne des Wortes zum Artisten wird, ließ sich ebensowenig dafür in Anspruch nehmen. Auch hier ist nicht Christus der König, sondern Dionysos.

Die Aufnahme des Werks und seine Beurteilung zeigen, wie wenig dem Glauben geschenkt wurde, wie sehr man Wagners eigene Aussage in Zweifel zog. Der »Kuß«, den Kundry mit werbenden Worten Parsifal abgewinnen will, begründet nicht wie bei Siegfried und Brünnhilde einen Bund der freien Liebe, den Nietzsche sah, sondern wird schaudernd zurückgewiesen. In der Beziehung zur Frau bleibt Parsifal zuerst und zuletzt Sohn der Mutter Herzeleide, die er verlassen hatte. Grausig mageres Asketentum wird zur Richtschnur seiner Natur, macht ihn reif und würdig für den Gral, der von der eingeschlechtlichen Runde der Arthusritter umgeben ist. Die Schönheit der Chöre verbreitet die Gefährlichkeit eines unerbittlichen Männerbundes, deren Mitglieder sexuell zu kurz kommen.

Im Gigantismus des *Ring* war alles das überboten worden, was seit den Anfängen der griechischen Tragödie je über eine Bühne gegangen war. Ließ sich das alle Maße und Formverhältnisse Sprengende dieses Werks noch einmal steigern? Die Antwort ist einfach: In ähnlicher Weise und mit ähnlichen Mitteln gewiß nicht. Aber es konnte der Anspruch heraufgesetzt werden, es konnte mit dem Sakralen dem Werk eine Aura gegeben werden, über die der *Ring des Nibelungen* als Werk des Umsturzes nicht verfügte, eine Weihe, die auf die ganze Stätte übergehen mußte. Im neuen Werk feiern sich Werk, Stätte seiner Aufführung und zugrunde liegende Idee gewissermaßen selber.

Hier bereitet sich Neues vor, das sich vom Alten unterscheidet, wie der Wagner des Jahres 1878 von dem der 48er Revolution und der Vorformen des *Ring*. Das war natürlich. Aber es konnte den Anschein haben, daß es kein Weitergehen auf dem gleichen Weg, sondern Einschlagen einer nach rückwärts verlaufenden Spur war. So sieht Nietzsche im *Parsifal* sowohl dichterisch als auch musikalisch ein Werk der »Gegenreformation«.

Wenn dies, wie so oft bei Nietzsche, auch nur eine Halbwahrheit war, so bestätigt es ungewollt doch auch das Neue, das für die Wagnerkunst mit dem *Parsifal* heraufzieht. Wagner hat während der Entstehung des Werks selbst sehr früh diesen Eindruck gehabt. So etwas »Tolles« habe er noch nie komponiert, bemerkt er einmal, wie Glasenapp notiert.

Aber zugleich war das hier Entstehende, das den Einklang mit dem Zeitwandel kennt, Widerstand gegen die herrschenden Mächte. Der *Parsifal* ist die entschiedenste ästhetische Opposition gegen die Bismarck-Ära, die sich denken läßt. Der Wagnersche »Held« schlägt um in den von der Sphäre des »Heiligen« getragenen »Antihelden«. Er wird zum »Toren«. Parsifal bedeutet für Wagner – ob philologisch zu Recht oder zu Unrecht, sei dahingestellt – das arabische Wort für den reinen (fal) Toren (parsi), wie er es Judith Gautier in einer brieflichen Erklärung mitteilt. Eigentümlich ist, daß er dabei an »die das Feuer anbetenden Parsen« denkt. Der Tor steht ausdrücklich gegen die auf Zwecke gerichteten Interessen des neuen Zeitalters. Er ist Bekenntnis zum »Wahn« in neuer Verkleidung, ein Fremdling in einer Welt, die auf die Kalkulation setzt. Kein strahlend Siegreicher mehr, sondern ein Leidender!

Das paßt nun wirklich nicht in ein Deutschland hinein, das im Gegenteil gerade auf seine Erfolge pocht und sich laut und vernehmlich Gehör verschafft. Darin lag zweifellos auch eine Rückzugsbewegung, ein Weg zum »Martyrium« mit allen hohen Ansprüchen, die sich von ihm ausbreiten. Der Verzicht gebiert gewissermaßen neue Forderungen, stillere, aber auch kühnere. Denn so töricht der Tor auch sein mag: Er selbst ist ein Wesen der Auswahl und der Aussonderung, das selber wieder auswählt und aussondert, nach der »Art« und »Rasse« unterscheidet. Für den Wagner des *Parsifal* war Schopenhauer nur eine Vorschule gewesen, die ihn zu Darwin und Gobineau hinführte. Die Philosophie hatte als Vorbereitung zur Biologie gedient. Vererbungslehre, Entstehung der Arten, Entstehung der Rassen und ihre Fortbildung sind Themen eines naturwissenschaftlichen Zeitalters, das seinen Tribut fordert. Die Lektüre Darwins während der Arbeitspausen gehört vor allem bei Beginn der Komposition des *Parsifal* zum Tagespensum. Gobineau wird später persönlich in seinen Gesichtskreis treten.

Das kann alles nicht ernst genug genommen, am allerwenigsten durch bloße Kritik aus der Welt geschaffen werden. Denn hier stoßen die großen gesellschaftlichen Kräfte aufeinander. So wie der »Aristokrat« kein »Bürger« ist, konnte Siegfried nicht der Sohn Mimes sein, bleibt Parsifal für Kundry unerreichbar, ist – wie Gurnemanz dem Toren Parsifal ärgerlich mitteilt – für »Gans« und »Gänser« kein Platz in der Welt der Schwäne. Das mochte alles richtig sein und stimmte auch anstandslos für die gesellschaftlichen Verhältnisse, in denen Wagner sich zeitlebens bewegt hatte. Aber lag hier ein Parteiwechsel des bürgerlichen Demokraten vor, der auf den Dresdner Barrikaden gegen das »System« gekämpft hatte? Das konnte so scheinen und hatte auch viele Gründe für sich. Aber nicht alle! Für den Wagner, der sich mit den herkömmlicherweise dem Adel entstammenden Hoftheaterintendanten herumgestritten hatte, der ihre Anmaßung, Intrigenhaftigkeit und Unvernunft hatte hinnehmen müssen, galt das zweifellos. Aber es galt nicht für den aus der Zeit herausgelösten Musiker, der als Tannhäuser, Lohengrin, Tristan oder Siegfried auf der Seite der Helden, Fürsten, von Fürsten ausgezeichneten

Sänger oder der Schwäne gestanden hatte. Und noch mehr: Als »Künstler« war er aus jeder Königsherrschaft entlassen. So sehr er sich in äußeren Dingen ihr auch unterwerfen mochte, er stand höher als sie. Der Dichter-Komponist des *Ring*, der wie Wotan Erbauer von Walhall ist, kann sogar den Eindruck bei den breiten Massen hinterlassen, in Wahrheit mehr als Kaiser und König zu sein: und dies in vollem Einklang mit der Idee des Künstler-Fürsten, bei dem Kunst, Wille, Anspruch selber grenzenlos sind.

So ist denn der *Parsifal* gegenüber dem Vorausgehenden eine Steigerung trotz dem Gedämpften in den sakralen Tonketten. Nicht daß hier eine ganz unbekannte Welt erstellt würde. Es wird mit vertrauten Elementen gebaut. Wie Lohengrin ist Parsifal ein Ritter des Gral, nur daß dies Symbol, das im früheren Werk eher beiläufig erwähnt wird und auch hier im Zusammenhang mit dem Schwan steht, jetzt in die Mitte rückt. Es steht mit dem Geheimnisvollen im Bunde und ist doch Ordnungsmacht, von der alles Tun und Lassen seinen Ausgang nimmt. Jede Erklärung für das, was der Gral bedeutet, wofür er steht, bleibt unzureichend. »Das sagt sich nicht«, erwidert Gurnemanz auf die Frage Parsifals nach seinem Sinn. Der Gral als Gefäß, als Kelch, in dem der Legende nach das Blut Christi von Joseph von Arimathäa aufgefangen wurde, reicht nicht ans Ganze seiner Bedeutung heran. Parsifals Weg zum Gral ist zweifellos ein Weg zum Mitleiden durch die vorausgehende Erfahrung des Leidens:

Durch Mitleid wissend,
der reine Tor,
harre sein',
den ich erkor!

Das war ein weites Feld, insofern hier das »Leiden« der griechischen Tragödie einen christlichen Farbton annahm und auch noch etwas vom Wesensgesetz der Schopenhauerschen »Kreatur« in sich hatte. Die Tragödie als Opferfest geht hier mit den Formen des Sakraments, mit »Wein und Brot des letzten Mahles«, vor sich. Das Schwert des Ritters war bei Parsifal in den Speer verwandelt, der an das Leiden des von ihm getroffenen Leibes Christi erinnert. Hier geraten die Bedeutungen der Symbole ins Schwanken: denn der Speer war auch die Waffe Wotans und Brünnhildes mit ihren Walküren gewesen. Wenn es im *Parsifal* am Ende um »Erlösung« geht, dann ist es allein der Speer, der sie schaffen kann: »Die Wunde schließt der Speer nur, der sie schlug.«

Heilen der Wunde als Mittel zum erlösenden Sterbenkönnen bedeutet Ende des Lebens als Ende der Schmerzen. Wagner wußte aus eigener leidvoller Erfahrung, was damit gemeint war. Erfolgen kann es nur, wo der Speer in die von ihm geschaffene Wunde zurückfindet. Wir wissen – nicht zuletzt durch Wieland Wagners *Parsifal*-Inszenierung –, welche Möglichkeiten sich hier der Ausdeutung eröffnen. Ist der Eros die größte Kraft, die sich auf dem Theater alles andere unterwirft, dann zieht sie auch im *Parsifal* noch einmal ein, bedient sie sich neuer Symbole. Stand für Wieland Wagner der *Tristan* unter dem Zeichen des Phallus, dann wird im *Parsifal* mit dem Speer, der die Wunde schließt, beim Fest der Bühnenweihe das Fest des Eros mitgefeiert. Beim Wagnerschen Theater bleibt es immer im Spiel, selbst da, wo es mit ausgewechselten Masken vor sich geht.

So bedeutet das Neue des *Parsifal* stets auch ein Weiterführen des Alten, das über sich hinausgelangt. So ist Titurel niemand anderes als Wotan, der im Abschiednehmen von der Welt »Erlösung« findet, Gurnemanz ist mit Hans Sachs und Kurwenal zu vergleichen. Klingsor setzt Alberich fort, der auf den Betrug baut und – Wagner bemerkt es ausdrücklich – wie die Jesuiten nicht an das Gute glaubt. Denn das »Christentum« hat Wagner zufolge erst das »Böse« in die Welt gebracht, das in Klingsor Person geworden ist. Klingsors Zauberschloß mit Kundry und den Blumenmädchen kann den Verdacht, ein verfeinerter Venusberg zu sein, nie abstreifen und ist, von der Partitur aus gesehen, Feier gewordene Ekstase. Und dann Kundry, die psychologisch interessanteste und stimmphysiologisch das weiteste Stimmregister einnehmende Frauengestalt, die Wagner geschaffen hat! Was eine »Frau« ist, möglicherweise sein kann, zeigt Kundry an, die verführerisches Mädchen, Dirne, Mutter, Spötterin, hingebende Geliebte, jugendliche Schönheit, häßliche Alte in einer Person ist und diese Gestalten durch ihre immer neu wechselnde Stimmlage hindurchzieht.

Hier werden wir schon bis an die Schwelle zur nachwagnerschen Moderne herangeführt: den Übergang zu einer Technik, die auf den bewußten Umgang mit ihren Mitteln setzt. Das »Bühnenweihfestspiel« hat im Gegensatz zu allem von Wagner vorher Geschaffenen keinen dynamisch-dramatisch vorwärtstreibenden Charakter, sondern ist statisch-verweilend. Zum ersten Mal arbeitet Wagner mit Dreiklängen als Formeln. Formeln, die zu einfachen »sakralen« Tonketten werden! In dieser Einfachheit liegt zugleich die Mühe. Die Arbeit am *Parsifal* erscheint ihm schwerer als die an jedem anderen Werk. »So etwas schreib' ich nicht wieder«, erklärt er nach Abschluß des zweiten Aktes Malwida von Meysenbug. Die Komposition, die zum ersten Mal im August 1877 zusammenhängend begonnen wird und in der Folge viele Unterbrechungen kennt, geht bald als ein mühsames Takt-für-Takt-Schreiben vor sich.

Gerade über die Arbeitsvorgänge beim Komponieren des *Parsifal* sind wir dank Cosimas Aufzeichnungen besonders gut unterrichtet. Im Hause Wahnfried bilden sich für Wagners Arbeitsorganisation über längere Zeiträume hinweg feste Gepflogenheiten aus, wie es sie in dieser Weise vorher nicht gegeben hatte. Die Regel ist, daß sich Wagner am frühen Vormittag in das Arbeitszimmer des oberen Stockwerks begibt und hier bis über Mittag bleibt, des öfteren auch das Essen nach oben bringen läßt, wenn er sich im vollen Arbeitsfluße befindet. Gewöhnlich nimmt er die Mittagsmahlzeit mit Cosima ein. Aber weil er nach eigenem Bezeugen seine besten Einfälle weniger im geschlossenen Raum als bei Spaziergängen, Wanderungen, Reisen hat, spielen die Ausgänge im Hofgarten und die nähere oder weitere Umgebung von Bayreuth eine große Rolle. Aber auch so beträgt das tägliche Arbeitsprogramm oft nicht mehr als sieben oder acht Takte. Wagner wundert sich darüber, daß Komponisten wie Rubinstein so schnell und geradezu ununterbrochen komponieren können. Beim *Parsifal* erfolgt das Vorrücken der Komposition mit langsamen Überlegungen über die Anwendung der technischen Mittel.

Es gehört zur Eigentümlichkeit des *Parsifal*-Tons, daß hier nichts ganz ausgeführt ist, daß alles bloß in ein Dämmern hineingerückt wird, gewissermaßen in den Synkopen stecken bleibt. Die Macht der erotischen Lust soll gestürzt werden, die aber zugleich auf das Sinnlichste heraufbeschworen wird. Wieder wie schon früher beim *Tannhäuser* in den Venusbergen geht von dem zu Überwindenden der musikalische Fortschritt aus. Es ist in der Erfindungskraft zur Innovation »Zauberei« am Werk, wenn hier mit verhältnismäßig einfachen Mitteln das Tor zur musikalischen Zukunft aufgestoßen wird. Ohne das geringste Mißtrauen in die Melodie! Das Auftreten Parsifals im dritten Akt, wo er seine Waffen ablegt und in ein Gebet versinkt, wird angekündigt durch einen Paukenwirbel im Pianissimo. Kundry, die »Höllenrose«, die Frau, die von ihrem »Fluch« befreit wird, fällt trotz ihres »Heilsstrebens« immer wieder in Zustände der »sündigen Kreatur« zurück. Nach einem dissonierenden Fünfklang erfolgt ein Absturz über drei Oktaven: »Da schwingt sich die Wilde herab«. Es hat etwas für sich, die Kundry einen weiblichen Holländer zu nennen. Ihr Umherschweifen ist sogar noch mehr als die Weltflucht des gespenstischen Seefahrers ein Abenteuer durch beständigen Wandel der Lebenszustände, der inneren Bewegung einer Frau, in der wie in einem Regenbogen die verschiedensten Farben ineinander übergehen. Gewiß, Kundry wird »Erlösung« zuteil, aber auch als einer zur »Erlösung« Bestimmten bleibt ihr die Gemeinschaft mit Parsifal durch den angebornen Unterschied der »Art« verwehrt.

Hier eben brechen die Altersanschauungen Wagners durch. Anderes und zweifellos Absonderliches mischt sich ein wie jener neuasketische Geist, der noch im Wagner des letzten Aufenthaltes in Neapel voll durchschlägt, wo er mit Cosima und seinem Arzt Erwägungen über die fleischlose Ernährung und sexuelle Enthaltsamkeit anstellt. Aber es sind wie seine kulturphilosophischen Vorstellungen über Christentum und Judentum oder sein Glauben an den schließlichen Sieg des Sozialismus außermusikalische Gesichtspunkte. Wagner selbst sieht alles als Einheit, stellt Leben, Kunst und Denken in einen einzigen Vorgang gesamtgesellschaftlichen Fortschreitens. Beweise für die Richtigkeit dieses Sehens konnten von Fall zu Fall konstatiert werden – oder auch nicht, je nachdem, was man zu sehen wünschte. Hinter allem lag die schließliche Rätselhaftigkeit des Mythos, der sich nie ganz entschlüsseln läßt und auch die gegenteilige Auflösung über sich ergehen lassen kann.

Nietzsche klagte in seinen späteren Angriffen gegen Wagner über die Ströme des Sakralblutes, die im *Parsifal* vergossen würden. Das Urteil traf insofern, als es den Wandel in Wagners Ästhetik bemerkt, ein Wandel, der von der Bildsymbolik des Dichters zur Klangsymbolik des Musikers herüberreicht. Diese Freude am kultischen Blut, am Speer, der die Wunde sticht und es zum Fließen bringt, wies schon auf die Horrorwelt der Moderne, die Wagner so erbittert bekämpfte, die sich bei Baudelaire und dem »Parnass'«, mit dem es nicht zuletzt durch Judith Gautier Verbindung gab, vorarbeitet und bald widerstandslos den Weg bahnt. Wagner hat nicht gewußt, wie sehr er der Lehrmeister für die Grausamkeit der musikalischen Nachfolger war, die wie Richard Strauß den Weg zu Aischylos über Oscar Wilde und Hugo von Hofmannsthal finden werden. Vor einer Salome und einer Elektra von Strauß stand Wagners Kundry mit ihrer tief im Sexuellen angelegten Schrecklichkeit, die ein Gralsritter mit inzwischen abgeschwächten Trieben in die Schranken verweist. Wenn auch Kundry, diese moderne Masochistin, von der Erlösungskraft Parsifals »entsühnt« wird, wenn er wie Christus selbst die »Sünderin« annimmt, dann ist ihr Fallen psychologisch interessanter als ihre Erhöhung. Der Sturz aus der Höhe in dem

Ich sah – Ihn – Ihn –
und . . . lachte . . .

zum Sprechgesang des letzten Worts war musikalischer Umsturz, der direkt in den nachwagnerschen Modernismus mit Einschluß der antiwagnerschen Sezessionisten hineinführt. Der Wagner des *Parsifal* ist weit geöffnet zur Zukunft hin, die Brillanz der Klänge wirkt eigentümlich gedämpft. Es ist Musik der reinen Sphäre mit einem Ton, den die Musikgeschichte bisher nicht gekannt hatte. Was beim *Parsifal* in sakraler Absicht geboten wird, ist selbst raffinierte Moderne, die mit veralteten Mitteln arbeitet, sie in ungekannter Weise einsetzt. Im Gralsmotiv zitiert Wagner das sogenannte »Dresdner Amen«, das sich im ersten Satz von Mendelssohns Reformationssymphonie findet. Das Motiv war diatonisch vorgetragen, während in der Klingsor-Musik Chromatisches vorherrscht. Dort Ruhe, hier Bewegung! Das Abendmahlsmotiv leitet das Vorspiel durch Streicher und Holzbläser ein, wird aber dann – eine stille musikalische Revolution sondergleichen – abgesetzt. Das Thema wird zurückgenommen. Oboen und Trompeten tragen es einstimmig ein zweites Mal vor, eine Wiederholung in c-Moll löst sich in den schwebenden Akkorden der Flöten und Klarinetten auf.

Der eigentümlich »kranke« *Parsifal*-Klang war mit außerordentlichem Bedacht im Technischen angelegt. Es fehlt die Vorherrschaft der schweren Bleche des *Ring*-Orchesters. Die von Wagner beabsichtigte Einfachheit bei der Anwendung der Mittel liegt auch in der starken Reduzierung des Orchesters, bei dem jetzt die Streicher und die Holzbläser den Ton angeben. Daraus wird dann jene geheime Tempelmusik, die im wahrsten Sinne für den Ausschluß der großen Öffentlichkeit gedacht ist. Beim *Parsifal* wird Wagner durchsetzen, was ihm beim *Ring* wohl vorgeschwebt hatte, sich aber nicht verwirklichen ließ, nämlich das Fernhalten des Werks von jeglichem Operntheater. Der *Parsifal* bleibt Bayreuth vorbehalten. Hier und nur hier ist die Musik zu hören und dem sakralen Geschehen beizuwohnen. Wer es kennenlernen will, muß sich der Reise zur Festspielstätte wie der Pilger zum heiligen Kultplatz und der Gralsritter zur Gralsburg unterziehen. Erst nach Ablauf der urheberrechtlichen Sperrfrist, die für die Dauer von dreißig Jahren nach dem Tode des Komponisten gilt, wird der *Parsifal* 1913 für die Theater freigegeben.

Hier war im Sinne von Wagners Altersanschauungen nicht mehr bloß die Kunst an die Stelle der Religion getreten, hier war »Kunst« selber »Religion« geworden. Nach allem, was Wagner vorher über deren Verhältnis gesagt hatte, ein Bruch mit seiner Vergangenheit als Künstler! Nietzsche hatte nicht unrecht, wenn er darauf den Finger legte.

28. ». . . daß heilig ich sterbe«

Der Tod des Dionysos

»Nimm mir mein Erbe.
Schließe die Wunde,
daß heilig ich sterbe,
rein dir gesunde!«

Parsifal, Erster Aufzug

Die Abreise nach Venedig erfolgt am 14. September 1882. Wieder war der Aufenthalt als eine – dieses Mal vorzeitige – Flucht vor dem gefürchteten Winterklima in Deutschland gedacht, und wieder war die Wahl auf die für ihn so erinnerungsreiche Stadt gefallen. Der Abreisetermin mußte mehrfach verschoben werden, weil wichtige Erledigungen Wagners Aufenthalt in Bayreuth noch erforderlich gemacht hatten. Strömender Regen begleitete die Fahrt in den Süden. Es gab eine Unterbrechung in Verona. Am 16. ist man in Venedig, wo Wagner mit seiner Familie im »Hotel Europa« für zwei Tage und zwei Nächte absteigt. Danach bezieht er im Mittelstock des Palazzo Vendramin eine Wohnung: achtzehn Räume für ihn und die Angehörigen nebst benötigter Dienerschaft zu einem erträglichen Preis auf ein Jahr. Der Herzog della Grazia als Besitzer und Vermieter hatte annehmbare Konditionen eingeräumt. Die Wohnung ist möbliert, es entstehen somit keine zusätzlichen Kosten für die Einrichtung Gegen alle Erwartungen ist das Wetter trübe. Aber es gibt bald Vertrautes, dem er wieder begegnet, Neues, das er entdeckt. Die Renaissance hatte ihn immer kalt gelassen. Es stört ihn in der Wiederherstellung der Antike das lateinische Element darin, das im byzantinischen Bau von San Marco nicht zum Zuge kommt. Am Dogenpalast zieht ihn das »Mittelalter« an. Der Besuch von Museen und Galerien war nie seine Sache gewesen. Er sucht die Kunstwerke in ihrer eigentlichen Umwelt, für die sie geschaffen wurden. In dem ehemaligen Gebäude der Sankt-Rochus-Bruderschaft besagen ihm die Wand- und Deckengemälde des Tintoretto mehr. Und so hat es ihm auch die Madonna mit den vier Heiligen des Giovanni Bellini in der Kirche San Zaccaria angetan. Am meisten aber fesselt ihn doch immer wieder, wie auch in Neapel, das bunte Treiben in der Öffentlichkeit, das Leben auf der Piazza, das bis in die dunklen Seitengassen dringt.

An Nachrichten aus Deutschland trifft Erfreuliches, doch leider mehr Betrübliches ein. Neumann telegraphiert ihm von den Erfolgen des Wandertheaters. Breslau, Königsberg, Danzig, Hannover waren die ersten Stationen der Tournee, die die Erwartungen des Theaterunternehmers vollauf erfüllte; auf die Nachricht hin wird eine Flasche Champagner geöffnet. Im Gegensatz dazu steht die unangenehme Korrespondenz, die wegen der Auflösung des Patronatvereins zu führen ist. Außerdem droht ein Prozeß zwischen seinem Verleger Schott in der Person des Dr. Strecker und Wagners temperamentvoller Interessenvertreterin für Italien, Frau Lucca in Bologna, die Rechte für die italienischen Veröffentlichungen des *Parsifal* geltend macht. Briefe, die in dieser das »Bühnenweihfestspiel« betreffenden Angelegenheit geschrieben werden, sind seiner Gesundheit nicht zuträglich. Seine Angehörigen sehen, manchmal auch auf Spaziergängen, sein von Krämpfen gezeichnetes Gesicht. Aber Wagner hält trotz gelegentlich aufkommender Resignation an einem langen Leben fest, beruft sich auf Träume, worin die Zahl vierundneunzig eine Rolle spielt. Entweder er wird dieses hohe Alter erreichen oder bis 1894 leben: Mindestens so lange muß ihn seine Familie noch ertragen, kann er erklären.

Aber was ihn plagt, sind Zweifel darüber, ob nach seinem Tod Bayreuth überhaupt weitergeführt werden könne. Wer wäre in der Lage, in seinem Sinne weiterzuwirken? Bisher hatte er noch niemanden entdeckt, der mit seinem Urteil übereingestimmt hätte. Wo aber ein solcher einzelner fehlte, hätte ein Komitee an seine Stelle treten müssen. Das aber erschien ihm wiederum ganz widersinnig. Ein Komitee oder ein Verein – wie gerade der aufgelöste Patronatverein bewiesen hatte – war in seinen Augen für dergleichen ganz unbrauchbar.

Seine Gesundheit wird zusätzlich untergraben durch die jetzt in Venedig schriftlich weitergeführten Verhandlungen mit seinen Agenten Volz und Batz, die die Aufführungslizenzen für seine Werke mit Ausnahme des *Tristan* besaßen, wo eine Klausel für besondere Fälle die Genehmigung Wagners bei einer geplanten Aufführung erforderlich machte. Wagner sah sich durch diesen Vertrag in der Schlinge und keine Möglichkeit, aus ihr herauszukommen. Auch die ihm zustehenden Honorare wurden oft nur zögernd oder erst auf nachdrückliches Drängen hin bezahlt. Das genügt, ihm die Tage zu verderben und verläßt ihn auch bei Nacht nicht.

Welch große Enttäuschung ihm der König von Bayern bereitet hatte, wird ihm erst in den ruhigen venezianischen Wochen ganz bewußt, wo er Zeit hat, darüber nachzudenken. Ludwig war nicht nach Bayreuth gekommen; was er damit durchblicken ließ, war offenbar der Wunsch nach einer Separataufführung des *Parsifal*. In einem Brief an den königlichen Kabinettsekretär von Bürkel kommt Wagner mit Trauer auf dieses unzumutbare Anliegen zu sprechen und gibt diplomatisch verklausuliert zu verstehen, eher auf die notwendige und großmütige Unterstützung des Königs zu verzichten, als von seinen Prinzipien zu lassen.

Am stärksten aber trifft ihn die Nachricht vom Tode Gobineaus. Mochte es auch zur Blindheit Wagners gegenüber anderen großen Zeitgenossen gehören, in Gobineau den einzigen gleichen Ranges zu sehen, so machte ihn die spät entdeckte Verwandtschaft im Denken mit dem Franzosen jetzt besonders betroffen. Die Wochen und Monate in Venedig werden eine Zeit der Bestandsaufnahme und des Prüfens der eigenen Vergangenheit. Er sucht, so gut es geht, jeden Verkehr mit der großen internationalen Gesellschaft, die sich um diese Zeit in den Hotels der Stadt alljährlich einfindet, zu vermeiden. Das ist nicht immer leicht. Er wird auf der Straße erkannt. Die Nachricht von seiner Anwesenheit verbreitet sich, die Kinder werden daraufhin angesprochen, die Kapelle auf dem Markusplatz spielt Potpourris aus *Tannhäuser* und *Lohengrin*.

Aber Wagner leidet. Er leidet mehr als die Öffentlichkeit und selbst die Familie es bemerken können. Das Leiden, das am Anfang gestanden hatte, ist ihm jetzt mit aller Bewußtheit gegenwärtig. Die Gestalt Buddhas steigt vor seinen Augen auf. Von ihr fühlt er sich angezogen. Denn Buddha wußte die Grundfragen der Existenz zu beantworten: Wie entsteht Leiden? Wie kann man Leiden aufheben? Das hatte ihn seinerzeit zu Schopenhauer geführt, ließ ihn so empfänglich für seine Lehre von der »Erlösung« werden. Das machte Buddha in seinen Augen auch dem durch das Dogma pervertierten Christentum überlegen.

Es ist schwer zu sagen, wie ernsthaft er in diesen Wochen überhaupt noch an die Ausführung eines neuen Werks gedacht hat. Schon daß der *Parsifal* abgeschlossen und aufgeführt worden war, grenzte nach allen Bedenken, die Wagner am Anfang gehabt hatte, an ein Wunder. Seine Vorstellungen von dem neuen Werk, das er *Die Sieger* nennen würde und von jener buddhistischen Mystik leben sollte, blieben, nach allem, was man darüber weiß, unausgegoren. Andeutungen lassen für die beabsichtigte Komposition wieder Neuerungen der Klangästhetik vermuten: Aber auch Unvollendetes bei dem von ihm schon Geschaffenen beunruhigt ihn. Unbefriedigt hatte ihn vor allem der *Tannhäuser* gelassen, und er fühlt jetzt, daß er ihn eigentlich der Welt noch schuldig geblieben sei. Eine Symphonie möchte er schreiben, aber keine mit Thema und Gegenthema wie bei Beethoven, sondern als »unendliche Melodie« angelegt.

An Musik war natürlich im Vendramin kein Mangel. Auf dem als Gabe vom Wuppertaler Instrumentenhersteller Ibach nach Venedig geschickten kleinen Konzertflügel, der an die Stelle des großen Mietflügels tritt, ist sehr oft Liszt der Herr und Meister, wenn er zu Gast weilt. Aber sein unstetes Leben hatte ihn in der Vergangenheit häufig von Wagner ferngehalten. Er mochte seine Gründe dafür haben. Wagner wirft ihm wiederholt sein Wanderleben vor: »Halb Franziskaner, halb Zigeuner« nennt er ihn unter Anspielung auf sein spätes Priestertum und seine Vergangenheit als reisender ungarischer Virtuose. Liszts Freundin, die Fürstin Wittgenstein in Rom, deren Nähe er ebensowenig für lange Zeit ertragen konnte, nahm wiederum Anstoß an seinen Besuchen bei Wagner, weil er hier doch nur »Statist« sei. An guten Tagen ist Wagner in Venedig mit seinen Gesangsvorträgen am Klavier unübertroffen. Der künftige Schwiegersohn Dr. Thode berichtet, mit welcher Liebenswürdigkeit er bei seinem ersten Besuch von Wagner aufgenommen worden sei. Wagner bringt mit gewaltiger Wirkung »Hagens Wacht«, geht über zu »Isoldes Liebestod«, dann folgen Teile aus den Partien von Marke und Tristan und anschließend die Nachtwächterszene aus den *Meistersingern.* »Was hat Ihnen besser gefallen, mein Baß oder mein Tenor?«, fragt er bei der Verabschiedung seinen Gast.

Viele der Mühen Wagners, sich in Venedig einem verpflichtenden und ermüdenden Gesellschaftsleben zu entziehen und an den Abenden allenfalls im kleinen Freundeskreis zu verkehren, sind vergebens. Auch hier treten die Gegensätze hervor. Liszt gibt in der Regel der Whistpartie den Vorzug, Wagner der Lektüre. Aber dann machen sich doch Zwänge bemerkbar, als der Reihe nach Freunde und Mitarbeiter wie Joukowsky und

Levi eintreffen und Anhängerinnen wie die Fürstin Hatzfeld und die Gräfin Dönhoff Aufmerksamkeit für sich beanspruchen. Wagner hat plötzlich das Gefühl, zur eigentlichen Arbeit nicht mehr zu kommen. Dazu das betrübliche Wetter, das seine große Angst vor der Krankheit in diesem gesundheitsschädlichen Klima in ihm weckt! Alles das lastet wie schwere Gewichte auf ihm. Wenn man sich die Welt so denkt, wie sie wirklich ist, muß einem der Schrecken kommen, ist eine seiner immer wieder abgewandelten Redensarten. Im Leiden des Gealterten wird diese Erfahrung des *Ring*-Komponisten täglich gegenwärtig. Es meldet sich die Vergangenheit: Von Nietzsche kommt ein Exemplar der »Fröhlichen Wissenschaft«, die gerade erschienen ist. Nach einem flüchtigen Blick wird das Buch abgeurteilt: Keine eigenen Gedanken, alles von Schopenhauer genommen, der Verfasser und ehemalige Freund ein Mensch ohne einen Tropfen eigenen Bluts! Sorge um den Sohn, der zwar schon dichtet und komponiert, aber – Wagner denkt hier vorweg – sein Leben im Schatten des väterlichen Ruhms wird verbringen müssen!

Wagner fühlt sich müde und bleibt gleichwohl aufmerksamer Beobachter des Lebens in der Stadt. Er nimmt sogar noch daran teil, wie beim bunten Treiben des Karnevals. So ist er Zeuge, wie der Markusplatz bei der festlichen Illumination in einem Meer von Gaslichtern schwimmt und dann plötzlich kleine Armeen von Maskierten und Kostümierten aus den Seitengäßchen hereinströmen. Mit einem Male sieht er sich selber von den tanzenden und singenden Scharen umringt wie Klingsor von den Blumenmädchen. Am folgenden Tag fährt er mit seiner Frau hinaus zur Totenstadt, auf die Insel San Michele. Aber er beginnt sich unpäßlich zu fühlen und dringt darauf, gleich wieder nach Hause zurückzukehren. Eine Erkältung stellt sich ein, die aber von den Ärzten angesichts seines widerstandsfähigen Organismus für nicht gefährlich gehalten wird. Er beklagt sich über Luftmangel und denkt gleichzeitig daran, daß er in Bayreuth als nächstes Werk einen umgearbeiteten *Tannhäuser* aufführen möchte. Bei den ersten Anzeichen der Besserung werden die Ausgänge und Gondelfahrten wieder aufgenommen. Die Musik scheint jetzt für Augenblicke zurückzutreten gegenüber dem, was ihn gedanklich fesselt. Er will einen Aufsatz schreiben *Über das Weibliche im Menschlichen*. Das soll ein allerletztes Resümee seiner philosophischen Ideen sein. Der Eindruck stellt sich ein, als ob mit einem Male alle seine über alle Wandlungen hinweg durchgehaltenen Grundgedanken zur Stelle sind. Bei einer Fahrt auf den Kanälen kann er angesichts der vielen geschlossenen Paläste sagen:

»Das ist Eigentum! der Grund alles Verderbens! Proudhon hat die Sache noch viel zu materiell von der äußeren Seite her aufgefaßt; denn die Rücksicht auf den Besitz bedinge bei weitem die meisten Eheschließungen und dadurch die Degeneration der Rassen!«

Hier ist es heraus: Der utopische Sozialist, der die relative Harmlosigkeit Proudhons sehr wohl kennt, findet über Schopenhauer zu Gobineau. Über alle bürgerliche Sicherheit hinweg und gerade mit ihr sieht er die Welt ihrem Verderben zustreben. Hier war die *Ring*-Konzeption noch einmal in ihrem frühen Stadium festgehalten und mit dem Gedanken von einer durch das Besitzdenken zerstörten Rasse verbunden: Krise des Besitzes und Rassenverfall sind jetzt zusammengebracht.

Wagner hatte sich am Morgen des 13. Februar 1883 nach dem mit seiner Frau gemeinsam eingenommenen Frühstück auf sein Zimmer zurückgezogen. Er möchte nicht gestört werden. Zwei Tage zuvor war mit der Niederschrift seines Aufsatzes *Über das Weibliche im Menschen* begonnen worden. Jetzt will er daran weiterarbeiten. Sein Diener hatte bemerkt, daß er, wie das seiner Gewohnheit entsprach, im Zimmer auf und ab ging. Aber plötzlich waren die Krämpfe gekommen. Der Diener, den er ruft, verständigt Wagners Frau. Beim Eintreten ins Zimmer findet sie ihn stöhnend vor seinem Schreibtisch. Sofort wird der Arzt herbeigeholt. In der Zwischenzeit nehmen die Schmerzen zu, wird das Stöhnen lauter. Wagner erhebt sich mühsam, begibt sich in das Ankleidekabinett und läßt sich auf einer kleinen Bank nieder. Um ihm Luft zu verschaffen, entledigt ihn der Diener seines Jacketts. Dabei fällt seine Taschenuhr, ein Geschenk Cosimas, zu Boden: »Meine Uhr«, sind seine letzten Worte. Cosima sitzt an seiner Seite, sein Körper lehnt sich an sie, seellos und schwer. Es ist der Körper eines Toten.

Das war nicht nur der Tod eines deutschen Musikers an den Gestaden des Mittelmeers, dem Herrschaftsbereich des antiken Dionysos, es scheint, daß die Welt für Augenblicke den Atem anhält. Was nun folgt, ist nicht frei vom aufwendigen Stil des schon spät gewordenen bürgerlichen neunzehnten Jahrhunderts. Der Leichnam wird einbalsamiert. Aus Wien kommt ein Bronzesarg mit vier vergoldeten Löwenköpfen und Glasverschluß. Für die Überführung des Toten ist ein Sonderzug bestellt. Cosima wünscht das Unmögliche: Sie möchte allein mit diesem Sarg im Zug reisen. Der Vendramin muß wegen des Andrangs nach der Nachricht von Wagners Tod verriegelt werden.

Die Überführung wird in die Wege geleitet. Auf Gondeln gelangen zuerst Kisten, Kästen und Koffer zum Bahnhof, dazu Möbel aus dem unmittelbaren Besitz, die sofort den Schauder von Reliquien verbreiten und im gleichen Zug mit dem Toten nach Norden gelangen sollen. Dann wird der Sarg über die Treppe des Hauses zur Gondel getragen. Unter den Trägern sind Richter und Joukowsky. Dem späteren Gerücht nach soll sich auch der italienische Schriftsteller D'Annunzio darunter befunden haben. Das Trauerzeremoniell hat bereits seinen Anfang gefunden, als Cosima die Stufen hinunter zur Gondel geleitet wird, ihr folgen Siegfried und die Töchter Isolde und Eva.

Am Bahnhof wartet schon die große Öffentlichkeit Venedigs mit Vertretern der Stadt. Man weiß hier, was man dem großen Künstler schuldig ist. Der Sarg wird in den auf Schienen gestellten Leichenwagen gehoben, dahinter steht der Salonwagen für die Familie, beide Waggons werden an den Schnellzug angehängt. Erst in Vicenza soll der Sonderzug eingesetzt werden, ein ihm vorausgehender Extrazug wird den Trauerkondukt ankündigen, der über Verona, Kufstein und München nach Bayreuth geht. In Kufstein werden Kränze und ein Brief Ludwig II. durch einen Abgesandten abgegeben. Auf den Stationen, die der Zug passiert, hat man auf halbmast geflaggt. Musikkapellen und Gesangvereine sind aufgeboten. In den Münchner Bahnhof fährt der Zug zwischen gesenkten Fackeln ein. Als er sich langsam wieder in Bewegung setzt, schicken ihm die Trompeten die Trauermusik aus der *Götterdämmerung* nach.

Kurz vor Mitternacht trifft der Trauerkondukt in Bayreuth ein. Eine große Menschenmenge wartet auf dem Bahnhof und wird Zeuge eines Zeremoniells, das bereits in Venedig begonnen hatte. Während der Nacht wird der Leichenwagen mit dem Sarg auf dem Geleise stehen. Die Trauerfeier mit der Bestattung ist für den Nachmittag des 18. Februar vorgesehen. Dann wird sich der Trauerzug nach Wahnfried bewegen. Eine Estrade ist errichtet worden mit Pult, von dem aus ehrende Worte des Bürgermeisters Muncker und des Freundes Feustel zu hören sind. An den Masten befinden sich Trauerflore mit Schildern, die die Namen aller Werke vom *Rienzi* bis zum *Parsifal* tragen. Aus dem Ritual sind fast alle Züge der Bürgerlichkeit geschwunden: Es ist eine Fürstenbestattung mit dem reichsdeutschen Pomp der Bismarckära kurz vor ihrem Ende geworden. Deutsche Potentaten mit dem König von Bayern an der Spitze haben ihre Abgesandten geschickt. Mit den Freunden, den Delegationen der verschiedenen Wagnervereine, den Repräsentanten der Bürgerschaft, den Offizieren der Bayreuther Garnison ziehen sie im Konvoi von Leichenwagen, Blumenwagen und Equipagen. Die Militärkapelle spielt den Trauermarsch aus der *Götterdämmerung*. Zu beiden Seiten marschieren Fackelträger. So bewegt sich der Zug langsam durch die Straßen der Stadt, die durch Wagner in der Welt einen Namen bekommen hatte, bis zum Tor von Wagners Garten vor seiner Villa, wo die Beisetzung stattfindet. Das Jahrhundert hatte kaum ein Leichenbegängnis einer nichtfürstlichen Person gesehen, das in seinen Formen repräsentativer, in der Aufführung großartiger gewesen wäre.

Es gibt auch jetzt noch Mißverständnisse und Peinlichkeiten. Die Angehörigen sind wenig erbaut über die Worte des Bayreuther Stadtpfarrers, der den christlichen Bruder, nicht den Künstler erwähnt. Die Presse, die er zeitlebens herausgefordert hatte, ist mit einer großen Zahl in- und ausländischer Korrespondenten zur Stelle und hat mit dem Begräbnis des alten Ärgerniserregers eine Weltsensation zu berichten. Nicht erschienen war der König. Auch Liszt fehlte.

Es ist interessant, zu sehen, wie die Feinde auf die Nachricht Wagners reagieren. Nietzsche, der sich auch nach dem Bruch mit Wagner nie darüber im Zweifel war, daß Wagner seinem Leben die entscheidende Richtung gegeben hatte, legt in seinem Kondolenzbrief an Cosima gerade darüber Rechenschaft ab. Brahms sendet einen Kranz, der aber von den Hinterbliebenen – ganz zu Unrecht – als Zeichen des Hohns verstanden wird. Verdi, die italienische Parallelerscheinung, nie ein Kritiker oder gar Gegner Wagners, sondern ein Musiker, der sehr früh in Wagner die »Melodie« herausgehört hatte, nennt ihn anläßlich seines Todes in einem Brief an Giulio Ricordi »potentissima« – als künstlerische Erscheinung mächtig ohne Grenzen. Selbst Hanslick, der Erzfeind, ist betroffen. Was macht schon ein Kritiker, wenn der Künstler als Anlaß ständiger Erregung plötzlich fehlt.

Eigentümlich ist, daß das offizielle Deutschland, das Reich unter Preußens Führung mit seinem Kanzler und seinem Parlament, stumm bleiben. Man mochte Gründe dafür haben oder auch nicht, dem deutschen Musiker Richard Wagner den ehrenden Respekt durch Schweigen zu versagen. In Berlin regte sich nichts. Den Hinterbliebenen ist das nicht entgangen. Die großen Beileidsadressen kommen aus Österreich, aus Wien und Prag, aus der Steiermark und Böhmen, sie kommen aus Paris, London, Petersburg, New York, Italien und Spanien. Aus dem »deutschen Geist«, in den Wagner während der letzten Jahre seines Lebens keine Hoffnung mehr setzte, war der »Reichsgeist« geworden mit der Verödung, die der Komponist des *Ring* als einer der ersten erkannt hatte.

Gleich in diesen Tagen nach seinem Tod zeigt sich, was Wagner als Genie und auch als Ärgernis bedeutete. Er war ein Phänomen der Selbstdarstellung gewesen, das in seinem Jahrhundert ohnegleichen blieb. Er war ein Künstler, der sich in Deutschland – wie seine Lebensgeschichte zeigt – immer fremd gefühlt hatte. So war er bis zum Tode ein beständig

Flüchtender gewesen. Mit der herkömmlichen Kultur und Überlieferung hatten er und sein Werk am Ende nichts mehr zu tun, so wenig wie mit dem Bürgertum, das in seiner Zeit die Verwaltung des Kulturerbes übernommen hatte. In Wagner hatte Deutschland mit Europa zusammengefunden, Europa mit Asien, von dem es seinen Ausgang genommen hatte; war die deutschnationale Kunst des neunzehnten Jahrhunderts Weltkunst, der Künstler zum globalen Ereignis geworden.

Zeittafel

1813	22. Mai: Richard Wagner als Sohn des Polizeiaktuars Carl Friedrich Wagner und seiner Ehefrau Johanna, geb. Pätz in Leipzig geboren. Vaterschaft unwahrscheinlich. Vermutlicher Vater war der Schauspieler Ludwig Geyer.
	16.–19. Oktober: Völkerschlacht bei Leipzig.
	23. November: Tod Carl Friedrich Wagners.
1814	Wagners Mutter heiratet Geyer. Übersiedlung der Familie nach Dresden.
1821	30. September: Tod Geyers.
1822–1827	Besuch der Kreuzschule in Dresden.
1827	Übersiedlung nach Leipzig. Besuch der Nicolaischule.
1828	Trauerspiel *Leubald und Adelaide*.
1830	Julirevolution. Wagner wechselt zur Thomasschule über.
1831	Unterricht in Harmonielehre und Kontrapunkt beim Thomaskantor Weinlig. Immatrikulation als Student der Musik in Leipzig.
1832	Reise nach Wien und Prag. Beginnt seine erste Oper *Die Hochzeit*.
1833	Erstes Engagement als Chordirektor in Würzburg.
1834	Abschluß der Oper *Die Feen*. Komponiert anschließend *Das Liebesverbot*. Engagements als Kapellmeister in Lauchstädt, Rudolstadt und ab Oktober in Magdeburg.
1836	Weggang von Magdeburg. Heirat mit Minna Planer in Königsberg (24. November).
1837	1. April: Musikdirektor in Königsberg.
	21. August: Eintreffen in Riga und Stellung als Kapellmeister.
1838	Beginn der Arbeit am *Rienzi*.
1839	Juli: Flucht aus Riga und Seereise über Norwegen, London nach Boulogne sur Mer. Bekanntschaft mit Meyerbeer.
	September: Eintreffen in Paris.
1840	Bekanntschaft mit Liszt und Heine. Veröffentlichung in französischen und deutschen musikalischen Zeitschriften.
1842	Rückkehr nach Deutschland.
	20. Oktober: Uraufführung des *Rienzi* am Dresdner Hoftheater.
1843	2. Januar: Uraufführung des *Fliegenden Holländer* am Dresdner Hoftheater.
	2. Februar: Wagner wird 2. Kapellmeister in Dresden.
1844	Erstaufführung des *Fliegenden Holländer* in Berlin mit Wagner als Dirigent.
1845	19. Oktober: Uraufführung des *Tannhäuser* in Dresden.
1848	Politische Aktivitäten Wagners.
1849	Bekanntschaft mit Michael Bakunin.
	3.–9. Mai: Dresdner Revolution mit Wagners Beteiligung. Steckbriefliche Verfolgung und Flucht nach Zürich.

1850 Reisen durch Frankreich. Episode mit Jessie Laussot.
28. August: Uraufführung des *Lohengrin* unter Liszt am Hoftheater in Weimar.

1852 Bekanntschaft mit Otto und Mathilde Wesendonk. Arbeit am *Rheingold.*

1854 Schopenhauer-Lektüre.

1855 Acht Orchester-Konzerte Wagners in London.

1857 28. April: Wagner bezieht mit seiner Frau das »Asyl« auf dem grünen Hügel in Zürich. Enger Verkehr mit Mathilde Wesendonk. Besuch von Hans und Cosima von Bülow in Zürich.

1858 Abreise Wagners nach Venedig und Trennung von Minna, die nach Dresden zurückkehrt.

1859 Rückkehr in die Schweiz. Vollendung des *Tristan.* Versöhnung mit Minna und Übersiedlung nach Paris.

1860 Konzerte in Paris und Brüssel. Aufhebung des Aufenthaltsverbots in Deutschland mit Ausnahme von Sachsen.

1861 13. März: Erstaufführung des *Tannhäuser* in Paris.
Mai: Reise nach Wien, wo er der Aufführung des *Lohengrin* beiwohnt.
Ende Mai: Rückkehr nach Paris und endgültige Trennung von Minna.

1862 1. Februar: Abreise Wagners von Paris. Niederlassung in Biebrich, wo er sich an die musikalische Ausarbeitung der *Meistersinger* begibt.

1863 März–April: Konzertreise nach Rußland. Petersburg und Moskau.
Juli: Konzerte in Budapest.
November: Konzerte in Prag und Karlsruhe. Aufenthalt in Wien.

1864 Schulden in Penzing. Flucht in die Schweiz und anschließend nach Stuttgart. Einladung Ludwigs II. von Bayern und erste Begegnung mit dem König, der ihm eine Villa am Starnberger See zur Verfügung stellt und seine Schulden abträgt.

1865 10. Juni: Uraufführung von *Tristan und Isolde* in München unter Hans von Bülow.

1866 25. Januar: Tod Minnas in Dresden.
15. April: Wagner wird in Triebschen ansässig.

1868 21. Juni: Uraufführung der *Meistersinger* in München.
8. November: Bekanntschaft mit Nietzsche in Leipzig.

1869 6. Juni: Siegfried in Triebschen geboren.
22. September: Uraufführung des *Rheingold* in München.

1870 26. Juni: Uraufführung der *Walküre* in München.
25. August: Wagner heiratet Cosima von Bülow.

1871 April: Wagners Besuch in Bayreuth.
3. Mai: Wagner wird von Bismarck empfangen.

1872 April: Übersiedlung von Triebschen nach Bayreuth.
22. Mai: Grundsteinlegung zum Festspielhaus.

1874 28. April: Einzug in Wahnfried.

1876 August: Erste Bayreuther Festspiele mit der Aufführung des *Ring* in drei Zyklen. Episode mit Judith Gautier.
September: Reise nach Italien.
Oktober: Letzte Begegnung mit Friedrich Nietzsche.

1877	Konzertreise nach England. 17. Mai: Wagner wird von Königin Victoria in Windsor empfangen. Arbeit am *Parsifal*. Kuraufenthalt in Bad Ems.
1878	Erstes Erscheinen der »Bayreuther Blätter« unter der Redaktion von Hans von Wolzogen. Bruch mit Nietzsche.
1880	Italienreise. Neapel.
1881	Europatournee Angelo Neumanns mit dem *Ring*, Liszt in Bayreuth. Familienreise nach Palermo.
1882	26. Juli: Uraufführung des *Parsifal* in Bayreuth. Reise nach Italien. Venedig.
1883	13. Februar: Tod Wagners im Palazzo Vendramin in Venedig. 18. Februar: Beisetzung im Garten der Villa Wahnfried in Bayreuth.

Bibliographie
(Auswahl)

Theodor W. Adorno	Versuch über Wagner, Frankfurt/M. 1974
Wilhelm Altmann	Richard Wagners Briefe nach Zeitfolge und Inhalt, Leipzig 1905
Henrik Barth (Herausgeber) u. Käte Neupert	Internationale Wagner-Bibliographie (1956–1960) und Die Besetzung der Bayreuther Festspiele 1876–1960, Bayreuth 1961 Internationale Wagner-Bibliographie (1961–1966), Bayreuth 1968
Herbert Barth Dietrich Mack Egon Voss	Wagner. Sein Leben, sein Werk und seine Welt in zeitgenössischen Bildern und Texten. Vorwort von Pierre Boulez, Wien 1975
Charles Baudelaire	Richard Wagner und der Tannhäuser in Paris, übersetzt von Heinrich Steinitzer. In: Kritische und nachgelassene Schriften, München 1925
Bayreuther Blätter, hg. von Hans von Wolzogen	61 Jahrgänge, Chemnitz, später Bayreuth 1878–1938
Paul Bekker	Wagner. Das Leben im Werk, Berlin, Leipzig 1924
Ernst Bertram	Nietzsche – Versuch einer Mythologie, Bonn 1965.
Ernst Bloch	Das Prinzip Hoffnung, 2 Bde., Frankfurt 1959 Paradoxa und Pastorale bei Wagner. In: Verfremdung I, Frankfurt/M. 1962
Pierre Boulez	Anhaltspunkte. Essays. Deutsch von Josef Häusler, Stuttgart, Zürich 1975
Marie von Bülow	Hans von Bülow, Stuttgart 1925
Houston Stewart Chamberlain	Richard Wagner, München 1896 Die Grundlagen des XX. Jahrhunderts, 2 Bde., München 1909[9] Bde.,
Max Chop	Richard Wagner, Berlin 1904
André Cœuroy	Wagner et l'Esprit romantique, Paris 1965
Erwin Koppen	Dekadenter Wagnerianismus. Studien zur europäischen Literatur des Fin de siècle, Berlin, New York 1973
Carl Dahlhaus (Herausgeber)	Das Drama Richard Wagners als musikalisches Kunstwerk. In: Studien zur Musikgeschichte des 19. Jahrhunderts Bd. 23, Regensburg 1970 (Herausgeber), Richard Wagner, Werk und Wirkung. In: Studien zur Musikgeschichte des 19. Jahrhunderts. Bd. 26, Regensburg 1971 Wagners Konzeption des musikalischen Dramas, Regensburg 1971 Richard Wagners Musikdramen, Velber 1971
Robert Donington	Wagners ›Ring‹ and its symbols, London 1963, deutsch Stuttgart 1976
Arthur Drews	Der Ideengehalt von Richard Wagners dramatischen Dichtungen im Zusammenhang mit seinem Leben und seiner Weltanschauung, Leipzig 1931

Ludwig Feuerbach	Sämtliche Werke, neu hg. von Wilhelm Bolin und Friedrich Jodl, Stuttgart 1959ff.
Dietrich Fischer-Dieskau	Wagner und Nietzsche. Der Mystagoge und sein Abtrünniger, München 1979[2]
Elisabeth Förster-Nietzsche	Wagner und Nietzsche zur Zeit ihrer Freundschaft, München 1915
Wilhelm Furtwängler	Ton und Wort, Wiesbaden 1954
Judith Gautier	Richard Wagner et son œuvre poètique depuis Rienzi jusqu' à Parsifal, Paris 1882
Carl Friedrich Glasenapp	Das Leben Richard Wagners. 6 Bde., Leipzig 1908–23[6]
Arthur de Gobineau	Versuch über die Ungleichheit der menschlichen Rassen, deutsch von Ludwig Schemauer, 5 Bde, Stuttgart 1898–1908
Antoine Goléa	Gespräche mit Wieland Wagner, Salzburg 1968. Aus dem Französischen übersetzt
Wolfgang Golther	Richard Wagner als Dichter, Berlin 1904
Martin Gregor-Dellin	Das kleine Wagner-Buch, Salzburg 1969 Wagner-Chronik, Daten zu Leben und Werk, München 1972 Die Revolution als Oper, München 1973
Robert Gutman	Richard Wagner, Der Mensch, sein Werk, seine Zeit, München 1973[3]
Friedrich Herzfeld	Königsfreundschaft, Ludwig II. und Richard Wagner, Leipzig 1939
Kurt Hildebrandt	Wagner und Nietzsche, Breslau 1924
Adolf Hitler	Mein Kampf, München 1934 (Jubiläumsausgabe)
Vincent D'Indy	Richard Wagner et son influence sur l'art musical français, Paris 1930
Curt Paul Janz	Friedrich Nietzsche, 3 Bde., München 1978f.
Julius Kapp	Richard Wagner. Eine Biographie, Berlin 1913
Gustav Adolf Kietz	Richard Wagner in den Jahren 1842–1849 und 1873–1875, Dresden 1905
Max Koch	Richard Wagner. 3 Bde., Berlin 1907–1918
Ernst Kurth	Romantische Harmonik und ihre Krise in Wagners Tristan, Berlin und Leipzig 1920
Paul Arthur Loos	Richard Wagner. Vollendung und Tragik, Bern und München 1952
Alfred Lorenz	Das Geheimnis der Form bei Richard Wagner, 4 Bde., Berlin 1925–1933
Claude Lust	Wieland Wagner et la Survie du Théatre Lyrique, Lausanne 1969
Dietrich Mack	Der Bayreuther Inszenierungsstil, München 1976 (Herausgeber), Theaterarbeit an Wagners Ring, München-Zürich 1978
Thomas Mann	Über die Kunst Richard Wagners (1911), Gesammelte Werke X, Frankfurt 1974[2] Wie stehen wir heute zu Richard Wagner? (1927), Gesammelte Werke X Ibsen und Wagner (1928), Gesammelte Werke X Leiden und Größe Richard Wagners (1933), Gesammelte Werke IX

	Erwiderung auf den »Protest« der Richard-Wagner-Stadt München (1933), Gesammelte Werke XIII Richard Wagner und der »Ring des Nibelungen« (1937), Gesammelte Werke IX Zu Wagners Verteidigung. Brief an den Herausgeber des »Common Sense« (1949), Gesammelte Werke XIII Wagner und kein Ende (1949), Gesammelte Werke X »Meistersinger« (1951), Gesammelte Werke X Briefe Richard Wagners (1951), Gesammelte Werke X, Wagner und unsere Zeit, Frankfurt 1963
Ludwig Marcuse	Das denkwürdige Leben des Richard Wagner, München 1973
Karl Marx	Die Frühschriften, hg. von S. Landshut, Stuttgart 1957
Hans Mayer	Richard Wagners geistige Entwicklung. In: Sinn und Form III/IV, Berlin 1955 Richard Wagner in Selbstzeugnissen und Bilddokumenten, Reinbek 1959 Richard Wagner in Bayreuth. 1876–1976, Stuttgart, Zürich 1976 Richard Wagner, Mitwelt und Nachwelt, Stuttgart, Zürich 1975
Angelo Neumann	Erinnerungen an Richard Wagner, Leipzig 1907[3]
Ernest Newman	The Life of Richard Wagner, 4 Bde., New York 1933–1946 The Wagner Operas, New York 1959[2]
Carl Niessen	Wagner und seine Bühnenbilder. In: Musik und Szene, Jg. 4 (1959/60)
Friedrich Nietzsche	Werke, Kritische Gesamtausgabe hg. von Giorgio Colli u. Mazzino Montinari, Berlin 1967 ff. III/I, III/3, IV/I, VI/3
Walter Panofsky	Wagner. Eine Bildbiographie, München 1963 Wieland Wagner, Bremen 1964
Heinrich Porges	Die Bühnenproben zu den Bayreuther Festspielen des Jahres 1876, Leipzig 1896
Guy de Pourtalès.	Richard Wagner, Mensch und Meister, Berlin 1933
Emil Preetorius	Bild und Vision, Godesberg 1943
Jacques Gabriel Prod'-Homme	Richard Wagner et la France, Paris 1921
Sebastian Röckl	Ludwig II. und Richard Wagner, 2 Bde., Mücnehn 1913/20
Arthur Schopenhauer	Die Welt als Wille und Vorstellung. Sämtliche Werke Bd. 2 und 3, hg. von Arthur Hübscher, Wiesbaden 1966
Edouard Schuré	Erinnerungen an Richard Wagner, Leipzig 1900
George Bernhard Shaw	The Perfect Wagnerite, New York 1911[2]
Alice Sokoloff	Cosima Wagner, München 1973
Dietrich Steinbeck	Richard Wagners Tannhäuser-Szenarium, Berlin 1968
Richard Strauß	Instrumentationslehre von Hector Berlioz, ergänzt und revidiert, 2 Teile, Leipzig 1904
Otto Strobel	Richard Wagner über sein Schaffen, München 1924 Richard Wagner. Leben und Schaffen. Eine Zeittafel, Bayreuth 1952
Martin Vogel	Der Tristan-Akkord und die Krise der modernen Harmonielehre, Düsseldorf 1962
Egon Voss	Studien zur Instrumentation Richard Wagners. In: Studien zur Musikgeschichte des 19. Jahrhunderts Bd. 24, Regensburg 1970 Die Dirigenten der Bayreuther Festspiele, Regensburg 1976

Cosima Wagner	Die Tagebücher, ed. und komm. von Martin Gregor-Dellin u. Dietrich Mack. 2 Bde., München 1976/77
Richard Wagner	Sämtliche Schriften und Dichtungen, 12 Bde., Leipzig o. J. Gesammelte Schriften und Dichtungen, 10 Bde., Leipzig 1871–1883; 12 Bde. 1911[5] Gesammelte Schriften und Dichtungen, 10 Bde., hg. von Wolfgang Golther, Berlin, Leipzig, Wien, Stuttgart o. J. Gesammelte Schriften und Dichtungen, 14 Bde., hg. von Julius Kapp, Leipzig 1914 Die Musikdramen, Vollständige Ausgabe. Mit einem Vorwort von Joachim Kaiser, Hamburg 1971 Mein Leben, 2 Bde., Kritische Ausgabe, Erste authentische Veröffentlichung, hg. von Martin Gregor-Dellin, München 1963 Das Braune Buch, vorgelegt u. komm. von Joachim Bergfeld, Zürich 1975 Briefe in Originalausgabe, 9 Bde., Leipzig 1912–1919 Briefe an Theodor Uhlig, Wilhelm Fischer, Ferdinand Heine, Leipzig 1888 Briefe an Emil Heckel, hg. von Karl Heckel, Berlin 1898 Briefe an August Röckel, Leipzig 1912[2] Bayreuther Briefe (1871–1883), 2 Bde., Berlin 1907 Familienbriefe (1832–74), Berlin 1907 An Minna Wagner, 2 Bde., Berlin 1908 Briefe an Theodor Apel, Leipzig 1910 Briefwechsel mit seinen Verlegern, hg. von Wilhelm Altmann, 2 Bde., Leipzig 1911 An Freunde und Zeitgenossen, hg. von Erich Kloss, Leipzig 1912 Briefe an Hans von Bülow, Jena 1917 Briefwechsel mit Franz Liszt, 2 Bde., Leipzig 1919[4] Briefe an Frau Julie Ritter, München 1920 An Mathilde Wesendonk, Tagebuchblätter und Briefe (1853–1871), hg. von Wolfgang Golther, Leipzig 1920 Briefe an Hans Richter, hg. von Ludwig Karpath, Wien 1924 An Mathilde Maier (1862–1878), hg. von Hans Scholz, Leipzig 1930 Briefe an Pusinelli, ed. by A. Lenzow, New York 1932 Les lettres françaises, ed. p. Julien Tiersot, Paris 1935 Briefe an Judith Gautier, hg. von Willi Schuh, Erlenbach 1936 An Mathilde und Otto Wesendonk, Tagebuchblätter und Briefe, hg. von Julius Kapp, Leipzig 1936 König Ludwig II. und Richard Wagner. Briefwechsel, bearb. von Otto Strobel, 5 Bde., Karlsruhe 1936–1939 Briefe. Die Sammlung Burrell, hg. u. komm. von J. N. Burk, Frankfurt/M. 1953
Siegfried Wagner	Erinnerungen, Stuttgart 1923
Wieland Wagner	Richard Wagner und das neue Bayreuth, München 1963 (Herausgeber) 100 Jahre Tristan – 19 Essays, Emsdetten 1965
Wolf Siegfried Wagner	Die Geschichte unserer Familie in Bildern, Bayreuth 1876–1976, o. J.
Peter Wapnewski	Die Szene und ihr Meister, München 1978 Der traurige Gott. Richard Wagner in seinen Helden, München 1978

Felix Weingartner	Bayreuth (1876–1896), Leipzig 1896
Curt von Westernhagen	Richard Wagner. Sein Werk, sein Wesen, seine Welt, Zürich u. Freiburg/Br. 1956 Gespräche um Wagner, Bayreuth 1961 Vom Holländer zum Parsifal, Zürich u. Freiburg/Br. 1962 Wagner, Zürich u. Freiburg/Br. 1968 Die Entstehung des »Ring«, Zürich u. Freiburg/Br. 1973
Eliza Wille	Erinnerungen an Richard Wagner, München, Berlin Zürich 1935
Hans von Wolzogen	Thematischer Leitfaden durch die Musik zu Richard Wagners Festspiel »Der Ring des Nibelungen«, Leipzig 1876 Wagneriana, Gesammelte Aufsätze, Leipzig 1888 Erinnerungen an Richard Wagner, Leipzig o. J.
Hartmut Zelinsky	Richard Wagner – ein deutsches Thema. Eine Dokumentation zur Wirkungsgeschichte Richard Wagners 1876–1976, Frankfurt 1976

Register

Adorno, Theodor W. 33, 128, 130
Agoult, Marie d' 114, 134 ff., 162, 176 f., 243
Aischylos 23, 221, 239, 281, 360
Ander, Aloys 116 f., 170
Annunzio, Gabriele D' 369
Apel, Theodor 46
Arnim, Harry v. 292
August der Starke 33, 36

Bach, Johann Sebastian 134, 224, 226, 229, 308, 316
Bachofen, Johann Jakob 156
Bakunin, Michail Alexandrowitsch 61, 73 f., 76 f., 81, 83, 85, 92, 127, 142, 275, 294
Balzac, Honoré de 307, 348
Batz (und Volz), Theateragentur 338, 365
Baudelaire, Charles 14, 361
Bauer, Bruno 99
Bechstein, Pianohersteller 245
Beethoven, Ludwig van 10, 23, 34 f., 52, 86, 103, 134, 221, 224, 229 f., 250, 308, 313
Bellini, Giovanni 364
Bellini, Vincenzo 41
Berlioz, Hector 17, 124, 140, 161
Bernard, Claude 330
Bethmann, Bankhaus 135
Betz, Franz 215, 245, 253
Beust, Karl Ludwig v. 98
Bismarck, Otto v. 9, 14, 17, 21 f., 142, 144, 155, 233, 235 f., 241, 246, 254, 272 f., 283, 287 f., 292 ff., 309, 313, 337, 355, 369 f.,
Bizet, Georges 250
Böcklin, Arnold 116, 314
Börne Ludwig 33, 45, 103
Bösendorfer, Pianohersteller 248
Bonaparte, s. Napoleon III.
Brahms, Johannes 13, 17, 24, 174, 247, 249 f., 253, 270, 322, 370
Brandt, Fritz 345
Brandt, Karl 252, 338, 344 f.
Brandt, Marianne 345, 348
Breitkopf und Härtel, Verlagshaus 166, 168
Brendel, Karl Franz 103
Brockhaus, Friedrich Arnold 280
Brockhaus, Hermann 280
Bruckner, Anton 17, 24, 26, 214, 249 f., 253
Brückner, Gebrüder, Bühnenausstattungsfirma 252 f.
Buddha 15, 365
Büchner, Georg 36, 294
Büchner, Ludwig 294
Bülow, Blandine v. 305, 340, 347, 349
Bülow, Daniela v. 305, 322, 342
Bülow, Hans v. 110, 166, 169, 176 f., 197 ff., 206 f., 209, 214 ff., 232 f., 242 f., 253, 299, 340
Bürkel, Ludwig v. 365
Bulwer, Edward 41, 44, 114
Burckhardt, Jakob 154, 282, 336
Burrell, Mary 58
Byron, Georg Noel Gordon 47

Calderón de la Barca, Pedro 114
Casanova, Giovanni 122
Cervantes, Miguel de 114
Chamberlain, Houston Stewart 296
Chéreau, Patrice 28
Cherubini, Luigi 41
Chopin, Frédéric 114, 134
Cornelius, Peter 168 f., 174, 250
Czerny, Karl 134

Dahn, Felix 242

Dante Alighieri 307
Darwin, Charles 15, 20, 210, 312, 330, 334, 356
Davison, James 110
Déspléchin u. Co., Thetermaler 52
Devrient, Eduard 162
Döllinger, Ignaz 186
Dönhoff, Marie v. 367
Dorn, Heinrich 255
Dorner, Johann Konrad 112
Düfflipp, Lorenz v. 315 f.
Dustmann, Luise Mayer- 173 f., 176

Eckert, Karl 185
Einsiedel, Ernst Rudolf v. 121
Engels, Friedrich 21, 62, 149, 153 f., 297
Erard, Pianohersteller 122, 168
Esterházy 134

Feuerbach, Ludwig 15 f., 61, 77, 82 f., 86, 101, 294, 334
Feustel, Friedrich 268, 294, 369
Förster, Paul 343
Fourcaud, Louis 310
Frantz, Konstantin 293, 298
Friedrich, Großherzog von Baden 162
Friedrich August II., König von Sachsen 66
Friedrich Wilhelm IV. 76
Furtwängler, Wilhelm 155

Gangi, Fürst 344
Gautier, Judith 315 ff., 356, 360
Gautier, Théophile 314
Georg II., Herzog von Meiningen 253, 313
Geyer, Ludwig 31 ff., 245
Gibbon, Edward 85
Glasenapp, Karl Friedrich 41, 249, 295, 371
Gobineau, Joseph Arthur 21, 244, 268, 298, 301, 313, 327 ff., 340, 356, 365, 368
Goethe, Johann Wolfgang von 15, 30, 52, 65, 85, 112, 122, 240, 268, 281 f., 294, 307, 310
Gogol, Nikolai Wasiljewitsch 307
Goldwag, Bertha 179, 191, 207
Goncourt, Edmond u. Jules de 330
Gottsched, Johann Christoph 30
Gravina, Biagio 347
Grazia, Herzog 363
Grün, Friederike Sadler- 245
Gutzkow, Karl 37, 65, 100

Haeckel, Ernst 330
Hanslick, Eduard 167, 170 f., 173, 213, 226, 250, 272, 370
Hatzfeld-Trachenberg, Natalie 367
Hauptmann, Gerhart 330
Hadyn, Joseph 34, 134, 313
Hebbel, Friedrich 294
Heckel, Emil 236, 268
Hegel, Georg Wilhelm Friedrich 30, 82, 108
Heim, Emilie 139
Heine, Ferdinand 80
Heine, Heinrich 36, 44 f., 52, 65, 99, 102
Heinrichs, Rudolf 28
Heinse, Wilhelm 36
Hellmesberger, Josef 214
Helmholtz, Hermann 253
Herder, Johann Gottfried 294
Herwegh, Georg 106 f., 109, 327
Herz, Joachim 28
Hey, Julius 248
Hill, Karl 252
Hiller, Ferdinand 66
Hitler, Adolf 14, 16, 195
Hofmannsthal, Hugo v. 360
Hoffmann, Ernst Theodor Amadeus 34, 273, 307
Holtei, Karl 40 ff.
Homer 307
Hülsen, Bodo v. 176, 196, 247, 295, 301 f.
Humperdinck, Engelbert 160, 340, 345
Huxley, Thomas Henry 330

Ibach, Pianohersteller 366
Ibsen, Henrik 243

Jauner, Franz 307
Joukowsky, Paul v. 314, 336, 338, 344, 366, 369

Karl der Große 143, 148
Keller, Gottfried 20, 106 ff.
Kietz, Ernst Benedikt 87, 92

Kietz, Gustav Adolf 244
Klindworth, Karl 233
Kögel, Joseph 251
Kopf, Joseph 112
Krupp 231, 291
Kurth, Ernst 131

Lassalle, Ferdinand 255, 311
Laube, Heinrich 37
Laussot, Eugène 89 ff.
Laussot, Jessie 89 ff., 271
Lecky, William Eduard Hartpole 307
Lenbach, Franz 245, 253, 310
Leonardo da Vinci 24
Leopardi, Giacomo 307
Lessing, Gotthold Ephraim 30
Levi, Hermann 100, 298 f., 332, 337, 349, 367
Liechtenstein, Rudolf v. 313
Liebig, Justus 186
Lipinski, Karel 70, 72, 99
Liszt, Blaudine, verh. mit Emile Ollivier 162, 166, 176 f.
Liszt, Eduard 182
Liszt, Franz 17, 60 f., 64, 78, 84, 88, 99, 103, 114, 123, 133 ff., 162, 166, 176 f., 186, 197 f., 201, 207, 210 f., 232, 235, 239, 243, 250, 295, 306, 310, 316, 325, 337, 344, 347, 349, 365 f., 370
Logier, Bernhard 35
Lope de Vega, Félix 114
Louis XIV. 168, 247
Louis Philippe 35, 75, 134
Lucca, Theateragentur 268, 364
Ludwig I. 76, 192, 195
Ludwig II. 10, 17, 22, 25, 56, 69, 71, 85, 186 ff., 199 ff., 205 ff., 215 ff., 231, 233, 237, 240, 242, 245 ff., 252 f., 268, 271, 273 f., 277, 300, 305, 310 f., 316, 318 f., 337, 342, 346, 352, 365, 369 f.,
Lüttichau, August v. 59, 68, 71, 81, 301
Lüttichau, Ida v. 59
Luther, Martin 295 f., 315

Maier, Mathilde 178
Makart, Hans 242, 253
Mallinger, Mathilde 215
Mann, Thomas 20 f., 122, 254 f., 282, 324
Maria Theresia 221, 227
Marschall von Bieberstein, Hermann 111
Materna, Amalie 245, 274, 345, 348
Marx, Karl 14 ff., 21, 62, 99 ff., 103, 149, 154, 251, 384, 296 f., 302
Maximilian II. 186
Méhul, Etienne Nicolas 41
Meilhaus, Sibylle v. 186
Meiningen, s. Georg II.
Mendelssohn-Bartholdy, Felix 67, 72, 99, 101, 136, 299, 361
Mendèz, Catulle 315 f., 318 f.
Metternich, Clemens 33, 75, 293
Metternich, Pauline 163, 167 f.
Meyer, Friederike 170, 173
Meyerbeer, Giacomo 20, 43 ff., 72 f., 80, 99, 101 f., 136, 140, 161, 163, 187, 233, 348
Meysenbug, Malvida v. 233, 264, 306, 358 f.
Michelangelo 24
Monod, Gabriel 269
Montesquieu, Charles 85
Montez, Lola 192, 195 f.
Mottl, Felix 252
Mozart, Wolfgang Amadeus 34 f., 40, 68, 103, 221, 224, 226, 229, 308, 313
Mrazek, Anna 178
Mrazek, Franz 178, 208
Muchanoff, Marie v., geb. Kalergis 302, 324
Müller, Alexander 80, 107
Müller, Gottlieb 34
Muncker, Theodor 369

Nachbaur, Franz 215
Napoleon I. 22, 29 ff., 33, 40
Napoleon III. 80, 162 ff.
Neumann, Angelo 300, 333, 339, 341 f., 347 f., 364
Niemann, Albert 163, 252
Nietzsche, Friedrich 14 f., 20 f., 26, 32, 34, 70, 85 f., 116, 153 f., 156, 228, 237, 245, 249 f., 255 f., 270 f., 273, 279 ff., 291, 294, 309, 313, 315, 319, 324, 355, 370

Offenbach, Jacques 46, 299

Palladio, Andrea 116

Patti, Adelina 318
Pecht, Friedrich 196
Pedro II. 26
Perfall, Karl v. 212 f., 218, 232, 301, 315 f.
Pfistermeister, Franz v. 185 f., 201, 274
Pfordten, Ludwig v. der 192 f., 202, 208
Pindar 281
Planer, Nathalie 81, 121
Plutarch 307
Poschinger, H. v. 236
Proudhon, Pierre Joseph 76, 83, 85, 87, 127, 271, 275, 367 f.
Pückler, Hermann v. 213
Puschkin, Alexander Sergejewitsch 47
Pusinelli, Anton 26

Ranke, Leopold v. 154
Rastrelli, Joseph 50
Reissiger, Karl Gottlieb 49 f.
Ranoir, Pierre Auguste 343
Richter, Hans 160, 210, 213 ff., 218 f., 232 f., 253, 264, 306, 369
Ricordi, Giulio 370
Rienzi (Rienzo) Cola 42
Ritschl, Friedrich Wilhelm 282
Ritter, Julie 90, 93 f., 123
Ritter, Karl 90, 93 f., 109 f., 122, 198, 214
Röckel, August 17, 37, 66, 70 f., 73, 77, 83, 92, 254 f., 259, 275
Rossini, Gioacchino 316
Rubinstein, Anton 359
Rubinstein, Joseph 160, 299, 306, 341

Sachs, Hans 14, 16, 221, 224, 317
Saint-Saëns, Camille 253
Sayn-Wittgenstein, Carolyne v. 84, 88, 135 ff., 162, 177, 239, 324, 366
Scaria, Emil 346, 348
Schadewaldt, Wolfgang 83
Schiller, Friedrich v. 186, 306
Schlegel, August Wilhelm u. Friedrich 65
Schleinitz, Marie v. 235
Schlesinger, Maurice 45, 99
Schnappauf, Bernhard 267, 322
Schnorr von Carolsfeld, Ludwig 166, 169, 197, 198 f., 208, 215, 248, 345
Schnorr von Carolsfeld, Malwina 168, 197, 208
Schön, Friedrich 344
Schopenhauer Arthur 15 f., 21, 107, 126, 128, 152 f., 157, 245, 381 f., 384, 294, 311, 313, 327 f., 334, 336, 354, 356 f., 365, 367 f.
Schott, Verlagshaus 25, 160, 162, 166, 168 f., 364
Schröder-Devrient, Wilhelmine 49 f., 52, 65, 67, 109, 198, 215, 248, 345
Schubert, Franz 52
Schumann, Clara 66, 136
Schumann, Robert 17, 35, 66 f., 136, 299, 322
Schurz, Karl 107 f.
Scott, Walter 42, 114, 307, 323
Seidl, Anton 160, 306
Semper, Gottfried 66, 107, 192, 199, 232, 253
Shakespeare, William 23, 39, 65, 67, 86, 221, 307
Shaw, George Bernard 14
Shelley, Percy 122
Siehr, Gustav 348
Sophie Charlotte, Herzogin von Bayern 211
Speidel, Ludwig 26
Spengler, Oswald 102
Spohr, Ludwig 131
Spontini, Gasparo 41, 67
Standhartner, Joseph 171, 182
Stein, Charlotte v. 112
Stein, Heinrich v. 301, 340
Stirner Max 294
Stöcker, Adolf 298
Strauß, Franz 217
Strauß, Richard 131, 217, 227, 360
Strecker 364
Sulzer, Jakob 81, 107

Tasca, Graf 344
Tasso, Torquato 268
Tausig, Karl 174, 235
Taylor, Jessie, s. Laussot
Thode, Henry 366
Tichatschek, Joseph 49, 56, 65, 98, 166, 212, 215, 232

Tieck, Ludwig 65, 307
Tietjen, Heinz 27
Tintoretto 364
Tolstoi, Leo 330
Tschaikowskij, Peter Iljitsch 26, 253
Türk 342
Turgenjew, Iwan Sergejewitsch 179, 307

Uhlig, Theodor 17, 66, 87, 102
Unger, Georg 248, 252

Verdi, Giuseppe 69, 254, 370
Victoria, Queen 276
Villiers de l'Isle-Adam, Auguste 319
Vischer, Friedrich Theodor 108
Vogl, Heinrich 217
Vogl, Therese 217
Volz (und Batz), Karl, Theateragentur 354, 365

Wächter, Michael 50
Wagner, Cosima, geb. Liszt, geschied. v. Bülow, 16, 22, 25, 92, 110, 162, 166, 176 ff., 197 f., 200 f., 203, 206 ff., 216, 232 f., 239, 242 ff., 250, 252, 268 f., 273 f., 276, 281, 283, 293, 295, 305, 308 ff., 313 f., 316, 319 ff., 324 f., 331, 336, 349, 354, 359 f., 368, 370
Wagner, Eva 305, 369
Wagner, Friedrich 30 ff.
Wagner, Isolde 200, 305, 369
Wagner, Johanna (Mutter) 31 f., 245
Wagner, Johanna (Nichte) 56, 67
Wagner, Minna, geb. Planer 18, 40 ff., 46, 49 f., 50, 58 f., 65, 73, 77 f., 80 ff., 89 ff., 112 ff., 121, 137, 161 f., 164, 166, 169, 174, 177 f., 197 f., 206, 243, 306
Wagner, Ottilie, verh. mit Hermann Brockhaus 280
Wagner, Siegfried 271, 283, 305, 340 ff., 367, 369
Wagner, Wieland 11, 27, 125, 128, 358
Wagner Winfried 27
Wapnewski, Peter 354
Weber, Karl Maria v. 33, 49, 67 f., 308
Weinlig, Christian Theodor 34
Wesendonk, Mathilde 111 ff., 121 ff., 126, 128 f., 160, 165 f., 169, 176, 178, 182, 198, 201, 222, 253, 268, 324, 353 f.
Wesendonk, Otto 25, 111 ff., 123, 139, 160 ff., 166, 178, 182 f., 198, 222, 253, 274, 344, 352
Widmann 78
Wieck, Friedrich 34 f.
Wigand, Otto 141
Wilde, Oscar 360
Wilhelm I. 14, 26, 240, 253 f., 272
Wille, Eliza 109, 182 f., 188, 198, 253 f.
Wille, François 109, 182 f., 188, 246, 253
Winkelmann, Hermann 345, 348
Wolfram von Eschenbach 352, 364
Wolzogen, Hans v. 22, 258, 273, 306
Wüllner, Franz 219, 254

Zola, Emile 21, 330

Bildnachweis:
Archiv für Kunst und Geschichte (Tafel 3, Tafel 4 u. Tafel 6). Alle übrigen Abbildungen stammen aus dem Archiv des Autors.